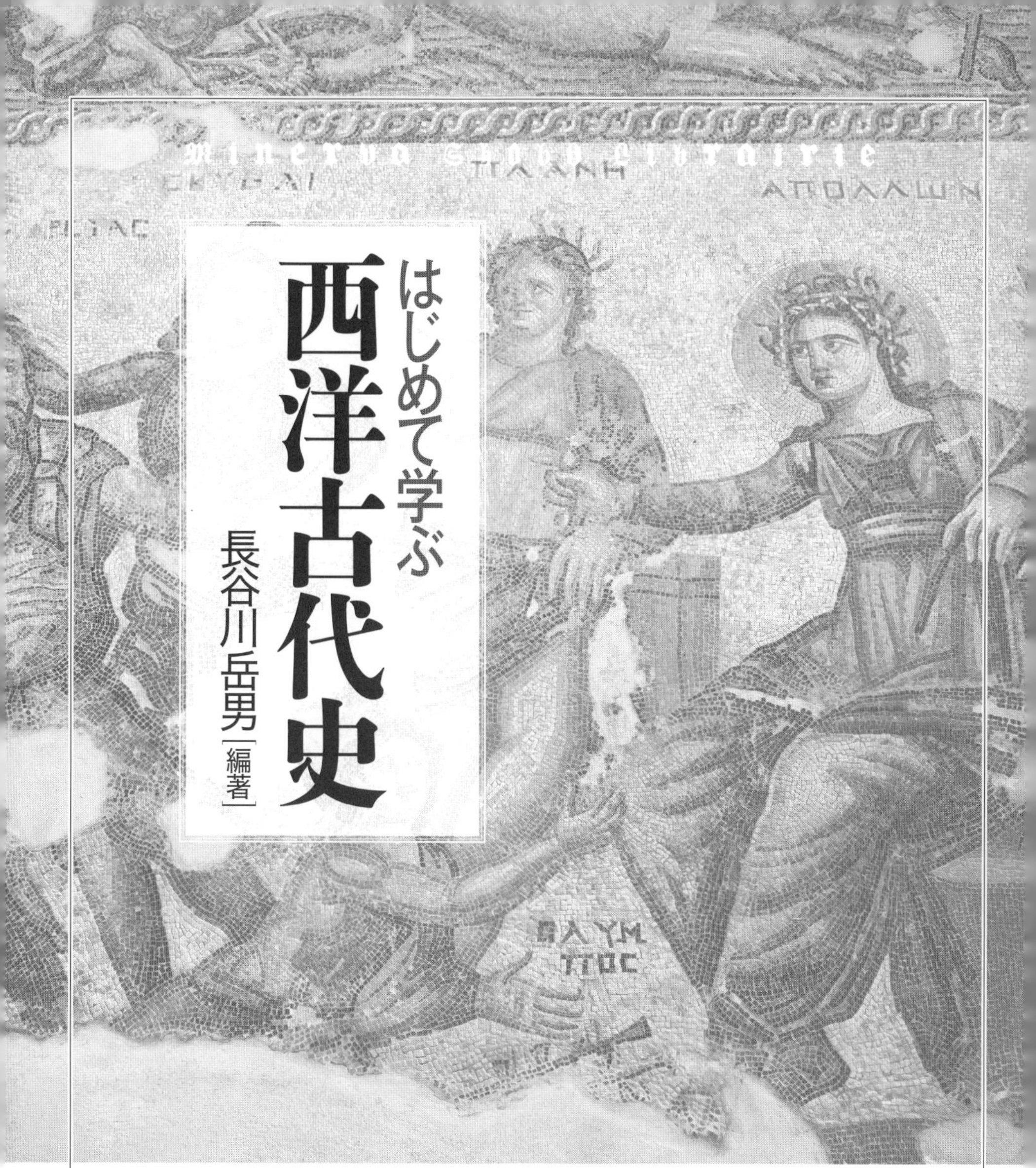

はじめて学ぶ

西洋古代史

長谷川岳男［編著］

ミネルヴァ書房

はじめに——日本と古代ギリシア・ローマ世界

その始まり

古代ギリシア・ローマ世界と聞いて、どのようなイメージが浮かぶであろうか。ゼウスやアポロン、マルス、ヴィーナスなどの神々、パルテノン神殿やパンテオンなどの建造物やミロのヴィーナスやサモトラケのニケなどの彫像、ソクラテスやプラトン、アリストテレスなどの哲学、ギリシア悲劇、ポンペイの街並みなど、思いつくままあげても、皆、日本でなじみ深いものに違いない。それは高校での世界史や美術、倫理の授業、美術館、テレビの特番やマンガ、ゲームなどを通して、古代ギリシア・ローマについての知識が自然と身についているからであろう。

そもそもわが国と古代ギリシア・ローマのつながりは予想よりはるかに古い。すでに『今昔物語』(一一二〇年以降)にはイソップ物語の内容が含まれているのである。さらに一六世紀にキリスト教の布教がなされると、早くも豊臣秀吉が朝鮮出兵を始めた一五九二年には、『チチェーロ(キケロ)演舌文集』が出版され、またその三年後には日本語、ポルトガル語、そしてローマ人の言語であるラテン語の対訳辞書が作成されている(天草學林版『拉葡日對譯辭書』)。江戸幕府の鎖国が完成する少し前の一六三二年には、今度はスペイン語とラテン語、日本語の対訳辞書も作られた(コリヤード『拉西日對譯辭書』)。

江戸時代の後半には杉田玄白の『解體新書』(一七七四年)など医学の分野で、ヒポクラテス、ガレノスなどの著書への言及が見られるようになり、一方でアレクサンドロス、プトレマイオス、アリストテレスについての記述がなされている著作も知られている。そして開国後その言及は増え、特に明六社などの文明開化の動きのなかで、飛躍的にギリシア・ローマに関することが多く活字にされるようになった。それは当時の西洋世界やその歴史を理解する一環だったと言えよう。夏目漱石の『吾輩は猫である』では、彼がイギリス留学中に仕入れたと思われる、西洋古典に関する蘊蓄が披露されていることはよく知られている話である。

第二次世界大戦後の動き

第二次世界大戦後の民主国家建設の動きを受けて、民主主義のルーツとしてギリシアの民主政への関心が高まり、ギリシア史の概説書が多く売れたという。一方で、戦後の歴史学で大きな影響力を有したマルクス主義歴史学において、その発展段階で奴隷制社会と定義されたこの世界の奴隷制も多大な注目を浴びた。このように古代ギリシア・ローマ世界は美術や哲学、文学に加え歴史自体への興味の高まりも見ることができるのである。これらの動きからは、戦後日本が進むべき道のヒントをこの世界から得ようとする姿勢を見て取ることができる。

一九六四年に東京オリンピックが開催されることが決まると、オリンピック発祥の古代ギリシアのことはさらに広く認知され、他方でハリウッドで制作される『ベンハー』（一九五九年、日本公開は翌年）、『スパルタカス』（一九六〇年）、そして『クレオパトラ』（一九六三年）などの映画が、ローマ帝国を舞台とした史劇であったこともあり、ローマ世界も多くの人たちに身近なものとなっていった。

マルクス主義歴史学が八〇年代に入り下火になると、今度は当時、アメリカに敗戦しながらそれをしのぐ勢いを見せた日本の経済復興が、第二次ポエニ戦争後のカルタゴに似ていると保守的な論陣が雑誌や一般書を中心に主張して、カルタゴブームが起きた（カルタゴは第二次ポエニ戦争でローマに敗れ、海外領土を失うとともに莫大な賠償金を五〇年年賦で課せられたが、戦後の経済復興がめざましく、繰り上げて完済したので、ローマに警戒されるようになり、最終的に滅ぼされた。詳細は第8章を参照のこと）。ここではアメリカの庇護のもと、軍事をなおざりにして経済復興した日本とアメリカの関係を、第二次ポエニ戦争後にやはり軍事力を持たず、経済復興に専心したカルタゴとローマとの関係になぞらえて論じられた。しかし面白いことに、一九三九年に出版された仲小路彰の『ポエニ戦争』（戦争文化研究所）において、著者はカルタゴを豊かな物質文明の国としてアメリカに、そして質朴で農業中心のローマを日本になぞらえているので、いかに歴史の理解がそれをなす時代の影響を受けるのかを示している（このように古代ギリシア・ローマ世界に関して、それぞれの時代による受け取り方の違いやその変遷から、それぞれの時代の特性や、現在の歴史認識の問題点を探るアプローチが欧米では盛んになっており、「受容史（reception studies）」という新たな研究分野を形成している。第14章を参照のこと）。

一九八〇年代後半のバブル経済の時代には、その先行きへの懸念からか、栄華を極めたローマ帝国の衰亡への関心が集まり、弓削達の『ローマはなぜ滅んだか』（講談社現代新書、一九八九年）が空前の売り上げを記録したが、バブルが弾けて経済的な低迷期を迎えると、今度は再びかつての繁栄を取り戻すことへの関心からだと思われるが、ローマの混乱を収束させ世界帝国への道を開いたとカエサルを魅力的に描いた、塩野七生の『ローマ人の物語』（新潮社、一九九二～二〇〇六年）が人気を博し、ローマ世界はいっそう、なじみ深いものになった。その後も日本と共通した文化である「お風呂」をテーマにした、ヤマザキマリのマンガ『テルマエ・ロマエ』（KADOKAWA、二〇一〇～一三年）とその映画化などで、古代ローマの社会はわが国で一定の関心が維持されてきた。これらに共通するのは現在の日本社会とローマの歴史が結びつけられていることであろう。

いま改めて古代ギリシア・ローマ世界と向き合う

しかし二〇二一年に東京で開催された二度目の東京オリンピックでは、もはや古代ギリシアへの関心が強く喚起されることはなかった。高校でもほぼ一九世紀以降の歴史しか教えない「歴史総合」が二〇二二年度に必修科目として導入されるので、古代ギリシア、ローマについて知る機会も減り、一方で近年はローマ帝国も含み、古代ギリシア・ローマ世界が社会的に大きく注目を集めることもほとんどなくなってしまった。これは社会全般の西洋文明への関心の低下と連動しているのかもしれないし、西洋的な要素があまりにも当たり前のものとなり、かつてのようにここから学ぶ必要を感じることが少なくなったことに一因があるのかもしれない。

昨今の世界情勢に目を向けたときに、中国の台頭、アジア、アフリカ、ラテンアメリカ諸国、あるいはイスラーム勢力の動向が大きな存在感を示すようになり、近代以降の西洋諸国の優位は大きく減退している。そしてこれまで日本が摂取してきた西洋的な価値観である基本的人権や主権在民、さらには民主主義などが絶対視されないようになり、多様な価値観や行動様式が展開する近年の状況を目の当たりにするとき、西洋世界を相対化することが求められると思われる。そしてそのためには、この根幹に位置する古代ギリシア・ローマ世界の実態の理解は有益であろう。

なぜなら従来、近代西洋世界の雛形として認識されてきたこの世界は、近年そのような先入観から離れて、違う視点で考察が進められていることは本書の内容から明らかである。そしてそのような理解を通して、この世界に源流を持つ西洋文明を相対化することで、西洋世界のあり方を絶対視する認識に距離を置くことが可能になり、混沌とした世界への対応も容易になるに違いない。本書はそのための手助けとして、この分野で活躍する代表的な研究者たちにより、概説書では伝えきることの難しい、この世界の奥深さを提示することを試みたものである。読者の皆さんが本書で専門的な研究成果の一端に触れ、この世界への興味をさらに掻き立てられんことを執筆者一同、願っている。

本書の構成

本書のタイトルは『はじめて学ぶ西洋古代史』であり、本来、「西洋古代史」とはエジプトや西アジアの諸勢力などのオリエント世界も対象となるが、ここでは内容の統一の観点から対象をギリシア・ローマ世界に限定している。さらに古代ギリシア・ローマ世界の歴史でも扱うべきテーマは多岐にわたるが、本書ではこの世界を知るための導入として重要と思われるものを取り上げた。ここからこの世界への関心を広げて多様なテーマの専門書に進んでもらいたい。そのための読書案内を各章に付している。では以下、本書の内容を簡単に紹介してみたい。

まず古代ギリシア世界は一〇〇〇以上のポリスが展開し、アレクサンドロス大王の東征以降も多くの王国が鼎立したため、全体を包括する通史的な体裁を取ることは難しい。この世界を概観すると、時代区分としてはまず、前一六世紀から前一二世紀にギリシア人によるミュケナイ文明がエーゲ海を中心に展開したが、何らかの要因で崩壊し、その後の暗黒時代（前一二～九世紀。近年では初期鉄器時代という呼び名が優勢になっている）を経て、後世にギリシア文明と知られる世界が出現する。その古い時期をアルカイック期と呼び、時代的には前八世紀から前六世紀となり、ポリスや文化の形成期と見なされている。

それに続く約一世紀半は古典期と呼ばれ、当時の世界帝国であったアケメネス朝ペルシアの侵攻を撃退したり、アテナイでは徹底民主政が展開したり、あるいは悲喜劇や哲学、歴史叙述、医学などの文化も花開いたことで、一般的にはギリシア文明の最盛期と見なされてきた。しかし前四世紀半ばよりマケドニアが台頭し、前三三八年にカイロネイアの戦いでアテナイを中心としたギリシア連合軍を破り、当時の王フィリポス二世が覇権を握ることになった。そのためギリシア人の活動がかつてのような自由と自治を享受できなくなり、ギリシア世界は衰退に転じたと捉えて、古典期は幕を閉じると見なされてきた。その後、アレクサンドロス大王の遺将の建てた諸王国が勢力を誇る世界が展開するが、前二世紀に入ると、これらの王国は、次々とローマにより打ち倒され、前三〇年にはローマに敗れたクレオパトラが自殺して、彼女が王であったプトレマイオス朝が滅亡する。ここに至るまでの時期をヘレニズム期と呼び、この動きのなかでギリシア人はかつての輝きを失い、歴史的な意義を喪失したというのが広く認識されている時代的な推移である。

しかし近年、この認識には多くの疑義が寄せられるようになった。本書でもここで中心的な存在であったスパルタ、アテナイ、マケドニアについて章を立て、右記のような時代区分にとらわれない形でその歴史と特徴が論じられる。また外からギリシア世界を見ることでこの世界を相対的に認識する試みとして、アレクサンドロス大王に滅ぼされるまで、ギリシア世界に大きく関与をしたアケメネス朝ペルシアの章から本書を始めることとした。

「第1章　アケメネス朝ペルシア」は、西アジアから地中海世界にかけて広く世界帝国を形成したアケメネス朝を取り上げる。その滅亡までギリシア人たちの歴史と切り離せない関係にあったこの地域の歴史をアッシリアまで遡り、その後のアケメネス朝成立、各王の施策などを特にギリシア世界との関わりに焦点を当てて紹介する。そこでペルシア大王の統治イデオロギーの観点からギリシアとの関わりを再解釈しており、地中海世界を多角的に見る必要を明らかにしている。「第2章　スパルタ」はわが国でも「スパルタ教育」の言葉で有名なスパルタの歴史や社会が描かれる。このポリスはアルカイック期以降のギリシア世界において、前二世紀までギリシア世界では重要な役割を果たしたことが知られ、また当時のギリシア人からも理想の国制を有し、安定した社会であったと見なされているが、その実像に関して近年、大幅な見直しが進んでおり、新たな研究成果をふまえてこのポリスの現実が紹介される。

「第3章　アテナイ」では後世、ギリシア世界の象徴的な存在として見なされ、その民主政、そしてここで生み出された文化が西洋文明に多大な影響を与えたポリス、アテナイを扱う。本章ではその国制、対外関係、内政の変遷をわかりやすく概観しつつ、これまで詳しく説明されることのなかった、貨幣や交易などの経済的な面に注目しており、このポリスがギリシア世界で有した意義を改めて理解できるであろう。アテナイとともにギリシア神話は現在でもよく知られるところであるが、ギリシア人にとっての神々とはどのような存在であったのであろうか。アテナイの事例を中心にそれを取り上げるのが、「第4章　古代ギリシアの宗教」である。ここでは古代ギリシア人の宗教をキリスト教的な宗教観で捉えることの問題を指摘し、当時の人々の観点から、神々との関係などを説明する。どうしてもギリシア神話のイメージが強いが、彼らが実際には神々をいかなるものと理解し、自分たちとの関係をいかなる行為で確認したり、構築したかを具体的にわかりやすく説き、日常生活におけるその意味を探っている。

前四世紀以降、その存在感が増し、ギリシア世界の中心となるマケドニアであるが、「第5章　マケドニア」は長い間、ほぼアレクサンドロス大王に関心が集中したため、その陰に隠れていた母国マケドニアの歴史、そして彼の父フィリポス二世時にギリシア一の強国になった背景に焦点を当てる。多くの史料が残るアテナイの視点から創造された従来のイメージに注意を促し、歴代の王の政策、この王国の経済力などを文献史料のみならず、貨幣の意匠や発掘などの考古学的成果に注目して、この王国像の修正を試みており、アレクサンドロスの東征が可能になった理由が示される。アレクサンドロスの死後、彼の帝国はその遺将によってアンティゴノス朝マケドニア、セレウコス朝シリア、プトレマイオス朝エジプトに分裂した。「第6章　プトレマイオス朝エジプトとヘレニズム世界」はアレクサンドロス大王の東征後に、その遺将の一人プトレマイオスがエジプトに建てた王朝の盛衰を、後世に美女として有名なクレオパトラの時代に滅亡するまでを要領よく説明する。文献史料だけではなく碑文やパピルス文書の精査から、この王朝の支配の実態を明らかにしており、現地の有力者であった神官勢力との協同の面や地方における行政の視点から、衰退に関して従来とは異なる認識を打ち出している点は、読者の皆さんにとっても興味深いものとなるに違いない。

ヘレニズム期に入るとギリシア世界の動きでアカイア「連邦」、アイトリア「連邦」という存在が目立つようになる。ギリシア人の政治体はアテナイやスパルタなどのポリス、あるいはマケドニアのような王国以外に、ポリスなどの共同体が連合した「連邦」というものもあった。「第7章　ギリシアの連邦」では、近代以降のアメリカ合衆国やドイツ連邦共和国といった現代の連邦制との違いに注意を払いつつ、古くから活動していたボイオティア、そして先に挙げたアカイア、アイトリアという三つの連邦を取り上げ、その制度を具体的に説明する一方で、これらの連邦の歩みから従来とは違う視点でギリシアの歴史を示す。本書では以上の構成から古代ギリシア世界の実像に迫ることを目指している。

次に地中海を内海とする大帝国を形成し、後世に計り知れない影響を与えたローマ帝国が取り上げられる。多様なギリシア世界とは異なり、ここではローマ帝国に焦点を絞ってその世界の時代的推移、帝国下の社会が説明される。まず「第8章　ローマ帝国の形成」はローマ建国の状況から始め、その後の歴史的発展について共和政の制度、イタリア統一、地中海制覇、そして共和政の終焉までを描き、対外拡大がいかなる意図でなされ、なぜ可能であったのかを論じている。このように成立した西洋世界最初の帝国であるローマには、皇帝という名称の地位は存在しなかった。しかしアウグストゥス以降は共和政とは本質的に異なる、独裁的な体制に変化したのも事実である。後世、「皇帝」と見なされた地位の実態を具体的に説明するのが「第9章　元首政期」である。アウグストゥスがいかに制度を利用して独裁的な地位を掌握し、それを継承したティベリウスから三世紀のセウェルス朝までの政治的な変遷を簡潔に示しながら、ローマの「皇帝」を理解するためには、ただ中央での動向のみならず、多角的な視点で考える必要性を提起する。

ローマは広大な地域を支配したが、その世界に焦点を当てたのが「第10章　属州」である。ここでは特に現在のフランスなどにあたるガリアを中心に、ヒスパニア（イベリア半島）、ブリタンニア（イングランドとウェールズ）との比較のなか、帝国下の支配の実相を同業者による「組合」や駐屯軍と現地社会との関係を糸口に解き明かしている。そしてローマ帝国の影響がどのような形で支配地域に与えられたのかという問題を取り上げる。つづく「第11章　ローマの経済」では、当時の基幹産業である農業の実態を説明した後、古代ローマ人の食生活に視点を据え、特に都市ローマやポンペイなどの住人がいかに食糧を確保し、どのようなものを食していたのかについて、文献からの情報だけではなく、考古学の最新成果を駆使して具体的に解説している。現在の日本とは逆に富裕層が豚肉を食べ、牛肉は主に庶民が食した理由など、筆者の独自の知見は興味深いものである。

繁栄を謳歌したと一般的に見なされているローマ帝国において、一般の人々がいかなる暮らしを送ったのかを述べるのが「第12章　ローマの社会」である。『偽ドシテウスのヘルメネウマタ』という帝政期に学校で使用されたテキストブックを取り上げ、そのなかでも「会話表現集」に注目して、現代では思いもよらない「ののしる」、「お金を借りる」というフレーズから、当時の庶民にとっての厳しい現実を活写する。そして栄華を誇ったローマ帝国も最後の時を迎えるのであるが、「第13章　ローマ帝国の衰亡と「古代末期」の気候変動」は、ローマ帝国の衰亡という古くから多くの人々が論じてきたテーマを、三世紀から八世紀までを滅亡ではなく中世への変容の期間として捉える、「古代末期」という時代設定のもと、気候変動や疫病という視点から最新の科学的なデータをも駆使して再評価を試みている。この帝国の「回復力」をキーワードに、環境変化との対峙から中世的世界への移行を論じた野心的な内容となった。以上の内容からローマ帝国を新たな視点から見直すことを目指している。

しかし古代ギリシア・ローマ世界の文化は実体の消滅とともに消え去ることはなかった。いかにして現代のわれわれの知るような形になったのかを明らかにするのが、「第14章　ギリシア・ローマ世界のサヴァイヴァル」である。この世界の芸術や学問などが、ローマ帝国滅亡後の中世以降においていかなる処遇を受け、どのような経緯で生き残ったのかが西欧、ビザンツ帝国、イスラーム世界それぞれにおける状況、そしてルネサンス以降の西洋世界での伝承から説明される。

以上の内容で構成された本書は各章で独立した記述となっているが、相互に関係する内容も多い。読者の皆さんは興味のあるテーマから読み始めて、そこから他の章へと関心を広げて古代ギリシア・ローマ世界の実像に迫っていただきたい。

読書案内

＊個々のテーマについては各章の【読書案内】を参照のこと。

概説書に関しては比較的、最近の研究を摂取している以下の二冊をあげる。

桜井万里子・本村凌二『世界の歴史〈5〉ギリシアとローマ』中公文庫、二〇一〇年

服部良久・南川高志・山辺規子『大学で学ぶ西洋史［古代・中世］』ミネルヴァ書房、二〇〇六年

＊研究文献案内としては少し前のものになるが、以下の二冊をあげる。

伊藤貞夫・本村凌二編『西洋古代史研究入門』東京大学出版会、一九九七年

松本宣郎・河原温・前沢伸行編『文献解説 ヨーロッパの成立と発展』南窓社、二〇〇七年

＊欧文では近年では少し大部であるが、「文明」をキーワードに、ギリシア・ローマの両方に目配りしたものとして以下の一冊をあげる。

Tony Spawforth, *The Story of Greece and Rome*, New Haven/London, 2018

はじめて学ぶ西洋古代史　目次

第Ⅰ部　ギリシア

第Ⅱ部　ローマ

ケルソネス
インブロス
シゲイオン
レムノス
アケメネス朝ペルシア
レスボス
スキュロス
リュディア
サルデイス
キオス
エリュトライ
エーゲ海
コロフォン
エフェソス
サモス
ケオス
ミレトス
デロス
ハリカルナッソス
コス
クニドス
ロドス

ギリシア世界

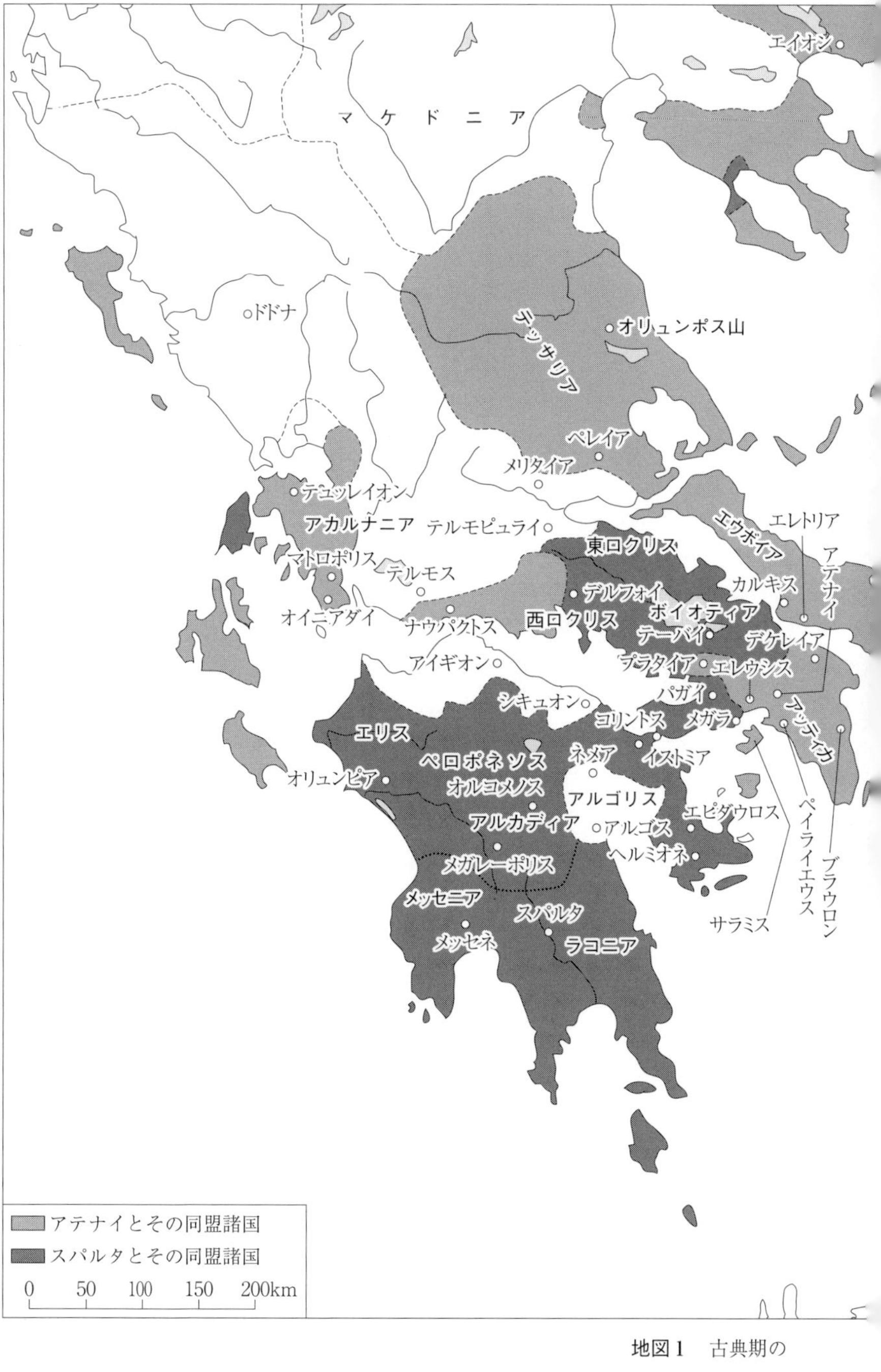
エイオン
マケドニア
ドドナ
テッサリア
オリュンポス山
ペレイア
メリタイア
テュッレイオン
アカルナニア
テルモピュライ
エウボイア
エレトリア
アテナイ
東ロクリス
マトロポリス
テルモス
デルフォイ
カルキス
オイニアダイ
ナウパクトス
西ロクリス
ボイオティア
テーバイ
デケレイア
アイギオン
プラタイア
エレウシス
パガイ
シキュオン
コリントス
メガラ
アッティカ
エリス
ネメア
イストミア
ペロポネソス
オリュンピア
オルコメノス
アルゴリス
エピダウロス
アルカディア
アルゴス
ヘルミオネ
ペイライエウス
ブラウロン
メガレーポリス
メッセニア
スパルタ
サラミス
メッセネ
ラコニア
アテナイとその同盟諸国
スパルタとその同盟諸国
0 50 100 150 200km

地図1　古典期の

オルビア
イリュリア
ドナウ川
黒 海
マケドニア
テッサロニカ
エペイロス
ペラ
トラキア
ビュザンティオン
シノペ
テッサリア
ビテュニア
ポントス
パフラゴニア
アイトリア
ペルガモン
エフェソス
ガラティア
アカイア
コリントス
アテナイ
スパルタ
フリュギア
カッパドキア
アルメニア
アラクセス川
カスピ海
アラル海
ヤクサルテス川
最果ての
アレクサンドリア
オクソス川
アイ・ハーヌム
カリア
リュキア
パンフィリア
キリキア
クレタ
ロドス
アンティオキア
ヒエラポリス
セレウキア
シリア
メソポタミア
メディア
ヒュカルニア
バクトリア
ヒンドゥ・クシュ山脈
パルティア
地 中 海
キプロス
アパメニア
エクバタナ
アラコシア
アレクサンドリア
（カンダハル）
キュレネ
キュレナイカ
シドン
テュロス
ダマスカス
ユーフラテス川
ティグリス河畔のセレウキア
コイレ・シリア
ガザ
イェルサレム
バビロン
バビロニア
ティグリス川
スーサ
アレクサンドリア
ペルシオン
シウァ
メンフィス
ファイユーム
ペトラ
ペルセポリス
インダス川
エジプト
ナイル川
アラビア
ゲドロシア
プトレマイス
テーベ
ペルシア湾
紅海
ベレニケ
インド洋
0
800km
地図 2　ヘレニズム世界

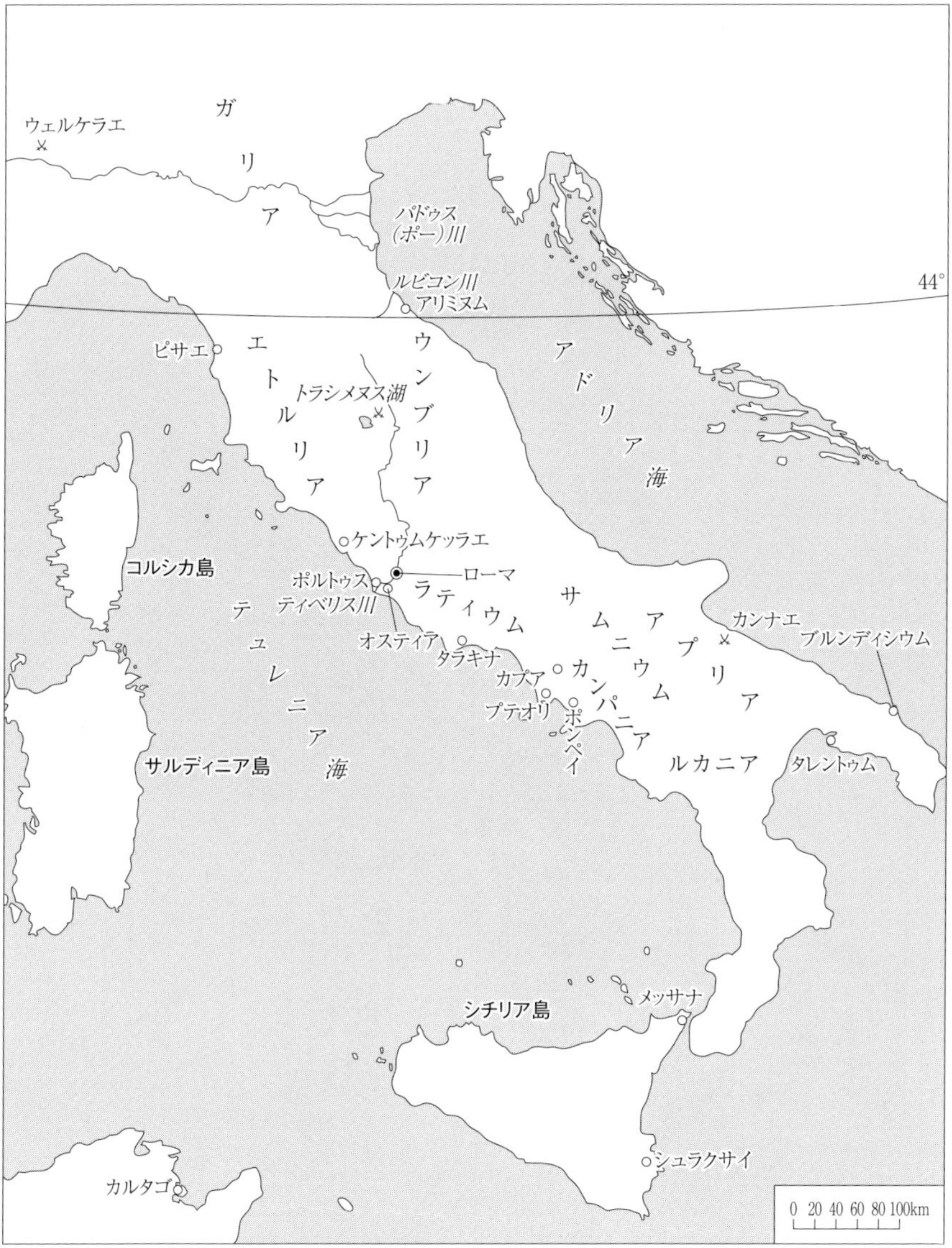
ウェルケラエ
ガリア
パドゥス(ポー)川
ルビコン川
アリミヌム
44°
ピサエ
エトルリア
ウンブリア
トラシメヌス湖
アドリア海
ケントゥムケッラエ
コルシカ島
ポルトゥス
ローマ
ティベリス川
ラティウム
サムニウム
アプリア
カンナエ
ブルンディシウム
オスティア
テュレニア海
タラキナ
カプア
プテオリ
ポンペイ
カンパニア
ルカニア
タレントゥム
サルディニア島
シチリア島
メッサナ
シュラクサイ
カルタゴ
0 20 40 60 80 100km

地図3　イタリア半島

地図4　後2世紀初頭のローマ帝国

第Ⅰ部　ギリシア

第1章

アケメネス朝ペルシア
――世界帝国とギリシア諸都市――

阿部拓児

前6世紀半ばにイラン高原に興ったアケメネス朝ペルシアは，西はギリシア北部および北アフリカから，東はインダス川にまでおよぶ大帝国であった。それは都市を基本単位としたギリシアの国家とは，まったくレベルの違う「世界帝国」だった。それゆえ，アケメネス朝ペルシアとギリシア諸都市との交渉は，必然的に，非対称とならざるをえなかった。それでは，アケメネス朝ペルシアが存続した220年間，両者の関係はどのように進展したのであろうか。

スサ出土のダレイオス彫像

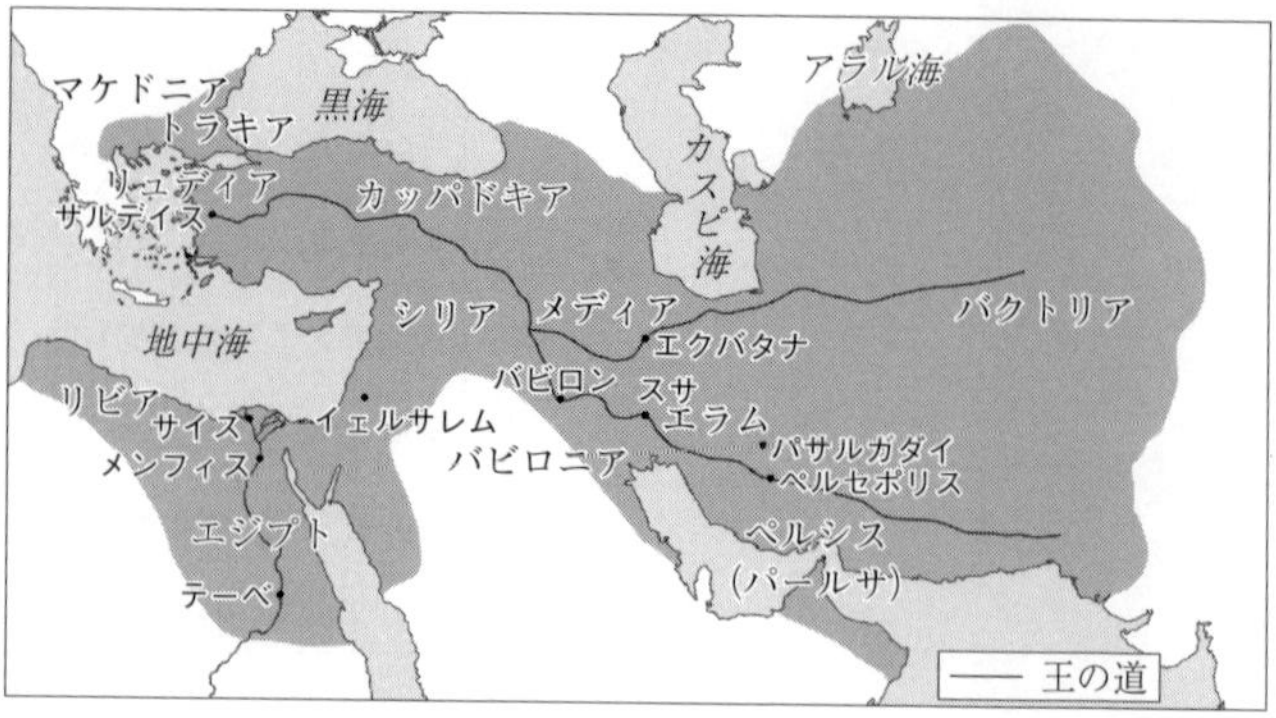

図1　アケメネス朝ペルシア帝国
（前5世紀初頭）

ギリシア人の「巨大な隣人」

前六世紀半ばにイラン高原に興ったアケメネス朝ペルシア帝国は、またたく間にメソポタミア、アナトリア（小アジア）、エジプトを支配下に収め、オリエント世界を統一した。その後、前五世紀初頭までにはギリシア北部のトラキアおよびマケドニアをも勢力圏に含め、アジア・アフリカ・ヨーロッパの三大陸にまたがる、史上最初の世界帝国となった。アケメネス朝ペルシア帝国の西の周縁に暮らしていたギリシア人らは、否が応でもこの「巨大な隣人」と付き合っていかざるをえなかった。アテナイを中心とした記述が古代ギリシア史の本流ならば、アケメネス朝ペルシアは古代ギリシア史の伏流として、つねに横たわっていたのである。本章ではこの帝国の歴史を、とりわけギリシア諸都市との関係に着目しながら、たどりたい。

アフラマズダ神の代行者

アケメネス朝ペルシア帝国第三代の王ダレイオスが、帝都のひとつ[1]であるペルセポリス[2]に作成した碑文には、つぎのように書かれている。

偉大なる（神）はアフラマズダ――それはすべての神々の上にあって最大なるものにましまし、それは天空と地界を創成したまい、また人の子を創成したまい、それはその上に生きる人の子にあらゆる祝福を与えたまい、それはダレイオスを王となしたまい、その王ダレイオスに多くの邦々、すなわち、パールサ（ペルシア）、マーダ（メディア）およびその他、海の此方ならびに海の彼方、広野の此方ならびに広野の彼方なる異邦語の、山地の、あるいは（平）地の邦々のあるこの広大な地界の上に（君臨する）支配権を授けたもうた。（「ダレイオス一世のペルセポリス碑文g（アッカド語版）」）

――伊藤義教訳を改変）

この宣言には統治者としてのペルシア大王のイデオロギーが凝縮されている。引用の冒頭に登場するアフラマズダというのは、古代ペルシアの宗教における天地を創造した主神で、歴代ペルシア大王が作成した碑文ではこの神の名がくり返し言及される。そして、この碑文が示すように、ペルシア大王はアフラマズダ神から託されて、自身の王国（アケメネス朝ペルシア帝国）、さらにはこの地上世界の統治にのぞんだのだという。

ペルセウスの末裔

ペルシア帝国の被支配地域や周縁からは、地上世界におけるアフラマズダの代行者という強烈なアイデンティティとはまた別の、ペルシア大王の自己意識を読み取ることができる。前四八〇年代末、ダレイオスの子クセルクセスはギリシアに遠征するに先立って、ギリシア南部の都市アルゴスに使者を派遣した。この使者はアルゴスに着くと、つぎのように述べたという。

アルゴスの方々よ、クセルクセス王は貴国に対し次のように申されている。われわれはわが国祖ペルセスが、ダナエの御子ペルセウスを父とし、ケペウスの御娘アンドロメダを母として出生せられたと信じている。かくしてわれわれは貴国民の後裔であるといってもよかろう。さればわれわれが己れの父祖の民に対し兵を用いることは理にかなわぬことで、また貴国が他国を援助してわれわれに敵対されることも同様であろう。貴国としてはむしろ行動を起すことなく自国内で静観せられるのが正しい態度であろう。事態が余の思いどおりに運んだ暁には、余は貴国を他のいかなる国よりも厚く遇しよう。（ヘロドトス[3]『歴史』七・一五〇、松平千秋訳）

表1　アケメネス朝ペルシア歴代の王

王　名	在位年
キュロス２世	前550～前530
カンビュセス２世	前530～前522
ダレイオス１世	前522～前486
クセルクセス（１世）	前486～前465
アルタクセルクセス１世	前465～前424/3
クセルクセス２世	前424/3
ダレイオス２世	前423～前405/4
アルタクセルクセス２世	前405/4～前358
アルタクセルクセス３世	前358～前338
アルセス	前338～前336
ダレイオス３世	前336～前330

（即位したかが不明な王については，表から除外した）

（１）アケメネス朝ペルシア帝国では、首都は一カ所に固定されておらず、スサ、エクバタナ、バビロン、パサルガダイ、ペルセポリスの五都市のうち、王と宮廷の滞在する都市がその都度、首都として機能した。

（２）ダレイオス一世がパールサ地方に建てた王宮都市。ダレイオスから孫のアルタクセルクセス一世まで、三世代をかけて完成した。前三三〇年、アケメネス朝ペルシア帝国を滅ぼしたアレクサンドロス三世によって放火され、廃墟となった。

ここでペルシア大王はギリシアの神話体系を利用し、みずからをペルセウスとアンドロメダの末裔として演じることによって、ギリシアの有力都市アルゴスの戦争参加を未然に防ごうとしたのである。先に見たような、アフラマズダの代行者としての姿をそこに見出すことはできない。

自己演出と自意識の二面性

もう一例をあげよう。帝都スサ(4)からは、エジプトで製作されたダレイオスの立像彫刻が出土している（章扉写真）(5)。この彫刻には、ダレイオス像の右半身に古代ペルシア語碑文とアッカド語(6)、エラム語(7)による対訳文が、そして左半身、ベルトの結び目、台座部にわたって、これとは別の文章がヒエログリフによって刻まれている。ペルシア語の碑文では、偉大な神であるアフラマズダが天地を創造し、ダレイオスを王としたといった内容が語られている。これに対しヒエログリフ碑文では、アフラマズダへの言及はなく、かわりに「上下エジプトの王」「（太陽神）ラーの息子」といったエジプトの伝統的な表現によって、ダレイオスの自己規定がなされているのである。

　このようにペルシア大王は被支配地域や交渉相手国の社会的・文化的コンテクストに応じて、しなやかに自己を演出した。その一方で、アフラマズダの代行者として地上世界を統治するという強力な自意識が揺らぐことはなかった。広大な領土からなる帝国を効果的に統治するために、彼らは二つの顔を巧みに使い分けたのである。本章では主にアケメネス朝ペルシア帝国とギリシア諸都市との関係史をたどることになるが、その際にもこのようなペルシア大王の二面性が理解の鍵となるだろう。

(3) 前四八〇年代、アナトリアのギリシア植民都市ハリカルナッソス（現トルコ共和国ボドルム市）に生まれた歴史家。主著は『歴史』で、ペルシア帝国とペルシア戦争の記述を軸に世界の歴史を叙述した。

(4) アケメネス朝ペルシア帝国がエラムから引き継いだ首都。前六四六年にアッシュルバニパル率いるアッシリア軍によって劫掠されたが、ダレイオスはスサを首都として重視し、積極的に整備した。

(5) この彫刻は、ダレイオスによってナイル川の支流と紅海を結ぶ運河が完成した際、記念セレモニーでエジプトからスサへと運ばれたと推測される。

(6) 古代メソポタミアで使用されたセム系の言語で、楔形文字によって表記された。北部のアッシリア方言と南部のバビロニア方言とに分かれる。

(7) 古代のエラムで使用された、系統不明の言語。楔形文字によって表記された。アケメネス朝ペルシア帝国における主要言語の一つで、ペルセポリスから出土した粘土板の多くはエラム語で記されている。

アッシリア帝国の滅亡

アケメネス朝ペルシアが誕生するより半世紀以上前、西アジア一帯を支配していたのはアッシリア帝国だった。前二千年頃、ティグリス川中流の都市国家アッシュルとして出発したアッシリアは、前一千年紀の前半に、それまでの時代を大きく越える領土を獲得した。この時代のアッシリアを、特にアッシリア「帝国」と呼ぶ。最盛期はティグラト・ピレセル三世（在位、前七四四〜七二七）からアッシュルバニパル（在位、前六六八〜六二七頃）までの諸王によって築かれ、南北メソポタミア（アッシリアとバビロニア）、イラン高原南西部（旧エラム領）、シリア・パレスチナ、キプロス島、そして短期間ではあるものの、エジプトをも支配した。しかしながらアッシュルバニパル以降、アッシリア帝国は急速に傾いていく。早くもアッシュルバニパル没後の翌年（前六二六）には、メソポタミア南部がナボポラサルのもと、分離独立する（新バビロニア王国の誕生）。新バビロニア王国は前六一五年にアッシリア帝国の旧都アッシュルを攻撃、翌年からは東方のイラン系国家メディアもこの動きに同調し、アッシリア帝国に侵入する。そして前六一二年にはついに、新バビロニアとメディアの連合軍による包囲を受け、アッシリアの首都ニネヴェが陥落した。このとき生き残った一部のアッシリア人はその後も抵抗を続けるものの、前六〇九年に最後のアッシリア王アッシュル・ウバリト二世が敗退し、ここに帝国は終焉を迎えた。

ポスト・アッシリア時代には、旧アッシリア領の多くを引き継いだ新バビロニア、この新バビロニアとともにアッシリアを滅亡に追いやったメディア、アッシリア支配の置き土産として成立したサイス朝エジプト、そしてアナトリア西部のサルデイスを首都とするリュディアなど複数の国が覇権を争いながら共存する、多極化の時代を迎えた。(8) しかし、このいずれもが、アッシリア帝国を上回る「世界帝国」の建設には至らなかった。

(8) ポスト・アッシリア時代は、新バビロニア、メディア、エジプト、リュディアの共存する「四王国分立時代」と呼ばれることもある。しかし近年、この時代の見直しが進められている。とりわけ、イラン高原からアナトリア東部にまでおよぶ広大な帝国を築いたと考えられてきたメディアの領土が、従来の想定よりもはるかに小さく見積もられるようになった。かわりに、アナトリア東部からメソポタミア北部に栄えたウラルトゥ王国、イラン高原南西部のエラムが、アッシリア滅亡後にも独立した政治体として存続していたことが明らかとなりつつある。

キュロス二世による帝国の創建

このような状況のなか、前六世紀の半ばに突如あらわれたのがキュロス二世である。じつはキュロスの出自については、よくわかっていない。かつてはヘロドトス『歴史』などのギリシア語文献史料をもとにして、つぎのように理解されていた――キュロスらペルシア人は、同じイラン系の国家であるメディア王国の支配下に置かれており、キュロス自身はメディア王アステュアゲスの孫でもあった（父はペルシア人、母はメディア人）(9)。しかし、成長したキュロスは祖父の国家を打倒し、ペルシアをメディアから独立させることによって、帝国を築いたのである。

しかし、近年はこのような歴史像が見直されつつある。ギリシア語史料に見られるような、宮廷文化が高度に花開いたメディア「王国」なるものは幻想にすぎず、メディア「王国」がペルシアを直接支配していたかも疑われているのである。さらに言えば、キュロス自身はペルシア系ではなく、エラム系だったのではないかとも推測されている。というのも、同時代の碑文ではキュロスが「アンシャンの王」と呼ばれているからで、この「アンシャン」というのはイラン高原南西部に位置し、スサと並ぶエラム(10)の伝統的な首都であった。

いずれにせよ、キュロスはまず前五五〇年にメディアを倒すと、ついでアナトリアのリュディア王国、新バビロニア王国をも征服し、一代で新帝国の領土的な基盤を築く。しかし、キュロスは生涯戦いに明け暮れていたわけではなく、征服戦争の合間には新首都パサルガダイ(11)の建設にも着手している。出自と同様、その最期についてもよくわかっておらず、ヘロドトスの『歴史』によれば、キュロスは北方の騎馬遊牧民マッサゲタイへの遠征で戦死したという。遺体はパサルガダイに築かれた墓に葬られた。

(9) キュロスの父の名は、カンビュセス（一世）といった。母は、この伝承にしたがえば、名をマンダネといい、メディア王アステュアゲスの娘であった。

(10) ザグロス山脈西裾からフーゼスターン一帯に栄えた古代国家。前八世紀末から前七世紀初頭にかけては大国アッシリアと対立し、互角に渡りあった。しかし、前六五三年のティル・トゥーバの戦いでアッシリアに大敗を喫すると、前六四六年に首都スサが劫掠される。これ以降からキュロス二世が登場する前六世紀中頃までの一世紀間、エラム史の詳細は明らかとなっていない。

(11) イラン高原西部に位置。ギリシア語文献の伝承によれば、キュロスの率いるペルシア軍が、アステュアゲスのメディア軍を撃破した地が、パサルガダイであったという。

カンビュセスによるエジプト征服

キュロスの後を継いで二代目の王となったカンビュセス二世は前五二五年、最後に残ったポスト・アッシリア時代の大国、エジプトの征服に乗り出した。入念な準備のおかげでエジプト自体の征服に無事成功すると、カンビュセスはこれに引き続き、エジプト西部のシワ・オアシス(12)や南方のヌビア(13)にも遠征した。ヘロドトスの『歴史』によれば、遠征は両方とも散々な結果に終わったというが、成功を示唆する状況証拠も残っており、成否については意見が割れている。

カンビュセスがエジプトに滞在している間の前五二二年、ペルシア本国では不穏な動きが生じた。王の不在をよいことに、カンビュセスの弟の名を騙る王位簒奪者(14)があらわれたのである。本物の王弟はこれ以前に暗殺されており、王であるカンビュセスもこの僭称王と直接対決する前に死亡した。キュロスの直系子孫が途絶えたところで、アケメネス家のペルシア人ダレイオスが有志とともに立ち上がり、僭称王を誅殺。彼は新たに王位に就くことによって、崩壊の危機に瀕した帝国を立て直したのだという。

これは主に、ダレイオス自身が作成した碑文(15)とヘロドトス『歴史』で語られる事件経過だが、現代の歴史研究者はこのようなシナリオに懐疑的である。すなわち、この事件には王位簒奪者など最初から存在せず、真相はキュロス家と血縁関係のないダレイオスが、カンビュセス王の不在をねらって起こしたクーデターだったのではないかと想像されているのである。この説にしたがえば、真の王位簒奪者はダレイオス自身となり、厳密な意味でのアケメネス朝ペルシア帝国もこのときに始まったことになる。ただし、この筋書きもあくまで仮説の一つであって、正確な事実を史料から直接証明することはできない。

(12) アンモンの神託所が位置することで有名なオアシス。近年、カンビュセスが遠征したのはシワ・オアシスではなく、南方のハルガ・オアシスおよびダフラ・オアシスだったのではないかという説が提唱されている（この二つのオアシスでは、明らかなペルシア支配の痕跡が確認されている）。

(13) 現在の国名で言えばアスワン以南のエジプトおよびスーダン北部にあたり、古代ギリシア人はこの地を「エチオピア」と呼んだ。

(14) 「ベヒストゥーン碑文」（注(15)を参照）によればガウマータ、ヘロドトス『歴史』によればスメルディス、クテシアス『ペルシア史』によればスフェンダダテス（そのほかにコメテスというラテン語形の名前が知られる）。マゴス僧と呼ばれる、ペルシアの祭司職にあった。

(15) 僭称王を誅殺、各地の反乱者を鎮圧したのち、ダレイオスがベヒストゥーン山の磨崖に作成した碑文。「ベヒストゥーン碑文」と呼ばれる。僭称王と反乱者を打倒するダレイオスの姿がレリーフに描かれ、その周囲にはペルシア語、アッカド語、エラム語の三言語によって事件の経緯を伝える碑文が刻まれている（図2）。

ダレイオス一世による帝国の完成

ダレイオスをアケメネス朝ペルシアの王統にどう位置づけるかは別にしても、彼がキュロス・カンビュセス親子から引き継いだ国家を、真に帝国と呼べる姿へと仕立て上げたことに異論はなかろう。ダレイオスは有能の士で、国内の制度を様々に改革していった。まず帝国をいくつかの州に分割し、それぞれの州に責任者として総督（サトラプ）[16]を配した。サトラプ制はおそらくダレイオス以前からも存在していたが、彼はそれを改良、再整備して完成させたのである。

また、先代の二人の王によって獲得された広大な国土を効率的に統治するためには、交通インフラの整備が不可欠であった。この幹線道路は「王の道」と呼ばれ、道路沿いには宿泊施設を備えた宿駅が数十キロメートルごとに設置された。こうして、アナトリアの中心都市サルデイスから帝都[17]、さらには帝都から東のバクトリアやインドに至るまで、既存の交通網も活用しながら、帝国を貫く大動脈が完成した[18]。

ペルシアの初等教育では読み書きが重視されなかったため、ダレイオス自身は字が読めなかった可能性が高い。しかし、そのダレイオスの指示によって、古代ペルシア文字が考案された。楔形をしたこの文字のおかげで、それまでもっぱら話し言葉でしかなかったペルシア語の表記が可能となり、これ以降ペルシア大王が作成する公的な碑文はペルシア語とアッカド語、エラム語の三言語併記が基本となった[19]。

先述の通り、キュロスはパサルガダイの地に新しい王宮都市を作った。これと同じく、ダレイオスも新しい都ペルセポリスの建設に着手した。これによって、王宮都市としての地位はパサルガダイからペルセポリスへと移っていったが、ダレイオス以後もパサルガダイの整備事業が放棄されたわけではなく、以後パサルガダイは帝国発祥の地としてセレモニアルな役割を担っていくこととなった[20]。

(16) ギリシア語の「サトラペス」に由来する用語で、古代ペルシア語では「*xsaça-pā-van*（フシャシャパーワン）」と表記された。また、各総督の管轄する行政区は、ギリシア語で「サトラペイア」と呼ばれたが、これに対応する用語はペルシア語資料中に見出せない。

(17) ヘロドトスの記述によれば、サルデイスからスサまで約二四〇〇キロメートルとなる。

(18) ペルシアの教育では、馬術および、弓・槍の武術の訓練が重視された。ペルシア語碑文でもギリシア語文献史料でも、読み書きの手ほどきについては何も語られていない。

(19) このほか、帝国内ではアラム語が広く用いられていた。アラム語は、アッシリア帝国の時代からオリエント一帯の重要な書記言語だった。ただし、パピルスや獣皮などの朽ちやすい媒体に、ペンとインクで文字が書かれることが多かったため、想定される使用頻度の割には、史料の残存点数は少ない。

(20) プルタルコス『アルタクセルクセス伝』によると、パサルガダイでは新王の即位に伴う儀式が挙行されたという。

(21) 「ベヒストゥーン碑文」のレリーフ（図2）には、その首長であるスクンカが捕縛された姿で描かれている。ダレイオスの面前に連れ出される九人の反乱者の最後尾に立ち、特徴的な「尖帽」をかぶる人物が、首長スクンカである。

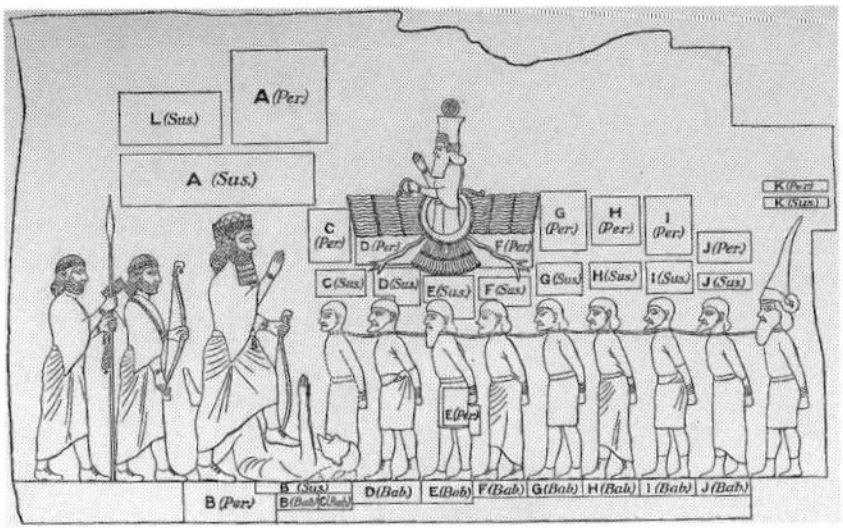

図2
ダレイオスの「ベヒストゥーン碑文」
（L. W. King and R. C. Thompson, *The Sculptures and Inscription of Darius the Great on the Rock of Behistûn in Persia,* London, 1907, 29, Pl. XIII）

膨張する帝国

ダレイオス以前の二人の王が「征服する王」だったのと同様、ダレイオスも積極的に対外遠征をくり返した。ダレイオスは王権を掌握したのち、四年をかけて国内を平定した。そして四年目の前五一九年、彼はみずから最初の国外遠征を指揮して、アラル海とカスピ海のあいだに居住する「尖帽をかぶるサカ族」を征服した[21]。

この北方遊牧民に対する最初の遠征が成功裡に終わると、数年後にダレイオスは再度北方への親征を行った。今度の相手は黒海の北岸に居住する「海のむこうのサカ族」と呼ばれる集団だった。二度目の北方遠征はさしたる成果もあげられないままに撤退するはめになったが、帰途にヨーロッパに残したペルシア軍がバルカン半島南東部のトラキア地方（現在のギリシア北東部とブルガリア）の征服に成功し、さらにギリシア北部のマケドニアに対しても臣従関係を結ばせた。ここにペルシア帝国はアジア、アフリカ、ヨーロッパの三大陸にまたがる史上最初の世界帝国となった。

これ以外にもダレイオスは帝国東方のインダス川流域と南方のリビアに対し遠征軍を派遣し、帝国領土を拡張した。

対ギリシア遠征（ペルシア戦争）

ダレイオスの治下に行われた最も有名な対外遠征は、ギリシア遠征である。この遠征はクセルクセス治下に行われたものとあわせて、一般にペルシア戦争と呼ばれる。「ペルシア戦争（the Persian Wars）」という呼称はギリシア語の表現に由来し、「ペルシアがわれわれに侵攻した戦争」というギリシア視点の用語である。一方で近年ではポリティカル・コレクトネスを重視して、「ギリシア＝ペルシア戦争（the Greco-Persian Wars）」という表記が使われることもある。ペルシア帝国の視点から見れば、それは対ギリシア遠征であった。

ヘロドトスの理解によれば、ペルシア戦争の直接的な契機は、イオニア反乱に求められるという。前四九九年、アナトリア西部のギリシア系都市ミレトスの僭主アリスタゴラスは、ペルシア帝国の総督[22]に持ち掛けた事業が失敗し、莫大な負債をおった[23]。借金返済の目途が立たないアリスタゴラスは、起死回生の一手として、ペルシア帝国に反旗をひるがえした。この反乱は連鎖的に拡大していき[24]、すべてが鎮圧されるまでに七年の歳月を要した。反乱当初にはギリシア本土のアテナイとエウボイア島のエレトリアの二都市から、ミレトスに援軍が派遣されていた。この派兵自体は継続的な援助ではなく、すぐに引き上げられたが、ダレイオスはこの事実を忘れず、イオニア反乱鎮圧後に、アテナイに報復戦争を仕掛けることに決めた。

前四九二年、ダレイオスは将軍マルドニオス[25]の率いる軍隊をギリシアに派遣した。マルドニオス軍はエーゲ海北部の海岸線に沿って進み、すでにペルシアの勢力圏に入っていたトラキアおよびマケドニアに対する支配を、より安定的に固めた。この軍隊は、ギリシア本土に入る前に暴風雨に遭い、またマルドニオス自身も現地部族の襲撃によって戦傷を負ったために、ペルシアへと引き返した。

前四九〇年、あらためて本格的な遠征隊がギリシアに派遣された。このときペルシア軍は艦隊を組んでエーゲ海を横断し、航路上に位置するナクソス島およびイオニア反乱にも加担したエウボイア島の都市エレトリアを制圧したのち、ギリシア本土に上陸した。アテナイの北東部に広がるマラトン平野で行われた決戦で、重装歩兵による密集戦術を駆使したアテナイ軍がペルシア軍の撃退に成功したことにより、ペルシア軍のさらなる軍事活動はいったん挫かれた。

ダレイオスの死去後の前四八一年、王位を継いだ子のクセルクセス[26]は軍を集め、先に

(22) リュディア総督アルタフレネス。ダレイオスの異母兄弟にあたる人物。
(23) アリスタゴラスはエーゲ海中部のナクソス島からの亡命者を受け入れ、内紛につけこんで同島の征服を計画した。リュディア総督アルタフレネスの協力を取り付けるも、軍内部の足並みの乱れから、征服事業は頓挫した。
(24) 反乱は非ギリシア系のカリア人や、海を越えたキプロス島にまで飛び火した。
(25) 父はゴブリュアス（ダレイオスとともに僭称王を誅殺したペルシア人貴族の一人）、母はダレイオスの妹。ダレイオスの娘アルトゾストラを妻とする。したがって、ダレイオスから見ると、甥にして娘婿にあたる人物。
(26) ダレイオス一世の死因は病気。後継者のクセルクセスは、ダレイオスとアトッサ（キュロス二世の娘）の長子。

ギリシア侵攻に失敗したマルドニオスとともに、みずからギリシア遠征へと乗り出した。ギリシア北部からテルモピュライの隘路を突破したペルシア軍は、アテナイの市域を含む各地を荒らした。しかし、サラミスの海戦（前四八〇）およびプラタイアの戦い（前四七九）という決定的な局面で敗れ、ギリシア本土から撤退した。以後、ペルシア帝国がギリシア本土を直接攻撃することはなくなった。

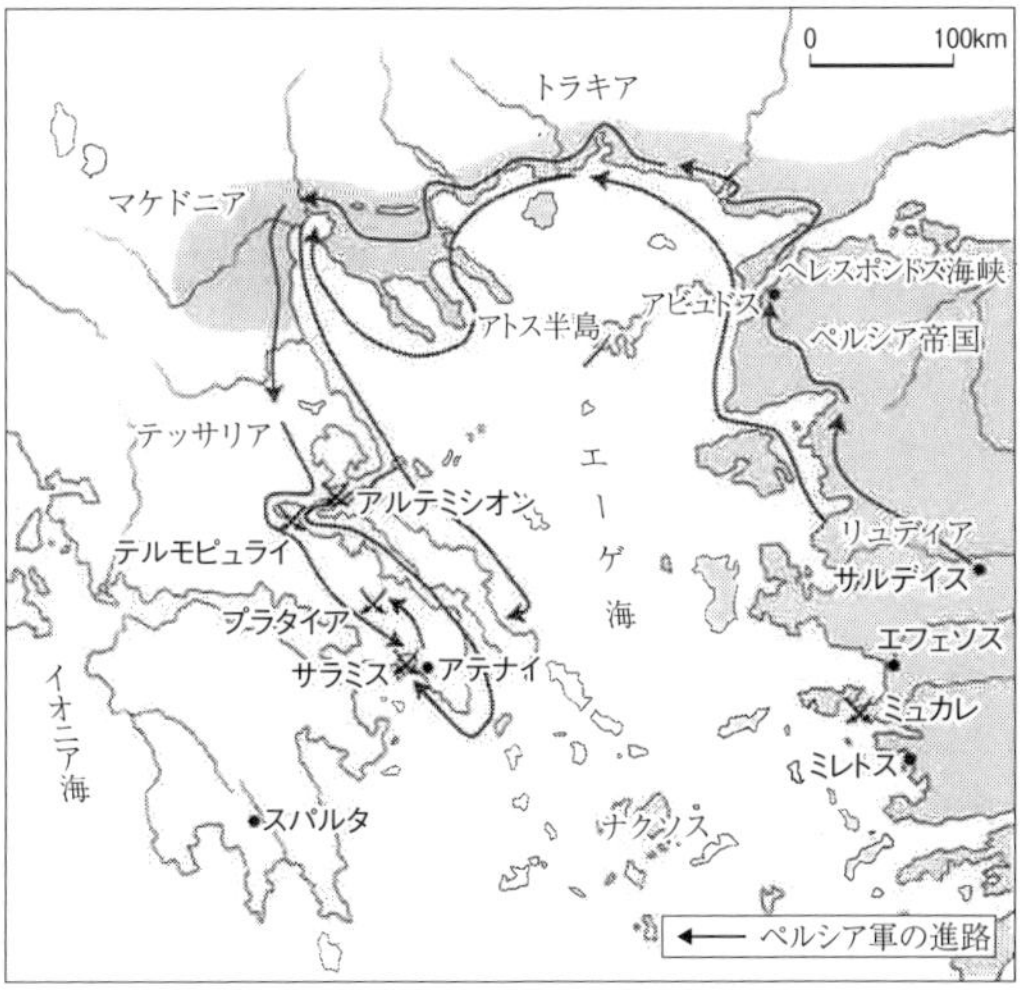

図3　クセルクセスのギリシア遠征

カリアスの和約

ペルシア戦争においてギリシア諸都市は当初、守勢であった。しかし、プラタイアの戦いと同時期に行われたミュカレの戦い以降、戦争の性格は変化した。この戦いでは、サモス島住民の要請を受けたギリシア艦隊が、わざわざペルシア艦隊をアナトリアにまで追跡して撃破したのだった。ここにおいて、ペルシア戦争はペルシア帝国によるギリシア遠征ではなく、ギリシア諸都市によるペルシア帝国領侵攻へと転換した。

その後、スパルタが戦争から手を引く一方で、前四七八年にデロス同盟を結成したアテナイは、ペルシア帝国領への攻撃を継続する。この「長いペルシア戦争」を終わらせたのが、前四四九年にアテナイの代表者カリアスとペルシア王アルタクセルクセス一世[27]の間で結ばれた、カリアスの和約である。

和約の内容について詳細な記述を残すディオドロス[28]の史書によれば、このときギリシア諸都市とペルシア帝国のあいだで「国境線」が引き直されたという。新しい「国境線」は、アナトリアのエーゲ海岸から内陸にむかって徒歩で三日[29]のところに引かれ、それよりも西側に居住

(27) クセルクセスの子。クセルクセスの暗殺によって、前四六五年に即位。
(28) 前一世紀、シチリア島出身のギリシア語史家。神話時代から史家自身に近い時代まで、全人類の歴史を一書にまとめた『歴史叢書』（全四〇巻）を執筆した。
(29) プルタルコス『キモン伝』によれば、騎馬で一日の距離。

していた多くのギリシア人はペルシア帝国の支配から脱せられた、とのことである。もしこの条項が真実ならば、対ペルシア関係におけるアテナイの快勝を意味した。しかし、カリアスの和約は同時代史料、とりわけ信憑性の高いトゥキュディデスの史書に言及が見られないことから、かつてはその実在性がさかんに議論された。現在は大半の学者が実在したと見なしているようだが、はたしてペルシア大王がカリアスの和約の内容をどう認識していたかは、再考の余地があろう。

ペロポネソス戦争への介入

アルタクセルクセス一世の後を継いだダレイオス二世(30)の治世（前四二三〜四〇五／四）は、ギリシア史の文脈ではほぼペロポネソス戦争（前四三一〜四〇四）と時代が重なる。ペロポネソス戦争とは、デロス同盟を足掛かりに広くエーゲ海に帝国主義的な支配を築いたアテナイと、それに敵対するスパルタを中心としたペロポネソス同盟軍との、言ってしまえばギリシア諸都市どうしの内輪もめである。しかしながら、この戦争をきっかけに、前五世紀半ばに武力衝突から休戦へと移行したペルシア帝国とギリシア諸都市との関係は、また新たな段階へと突入した。

それまでのギリシア諸都市間の戦争とは異なり、ペロポネソス戦争では海軍の重要性が増し、それとともに戦費は増加した。アテナイはこの膨れ上がる軍事費を、デロス同盟から吸い上げた資金によって賄うことができた。かたや伝統的な陸軍国家であったスパルタには、戦争当初から資金難が大きな課題となった。そこでペロポネソス同盟側の打ち出した奇策は、かつての敵国ペルシアに資金援助を請うというものであった。早くもペロポネソス戦争開戦の翌年（前四三〇年夏）には、アルタクセルクセス一世のもとにスパルタからの使節が複数人派遣されたが、このときは意思疎通が成立せず、計画は

(30) アルタクセルクセス一世の死後、いったんは息子のクセルクセス二世が後を継いだ。しかし、クセルクセス二世が即位直後に暗殺されたのに伴い、残ったアルタクセルクセス一世の息子どうしで後継者争いが起こり、勝ったダレイオス二世が即位した。

実を結ばなかった。

しかし、前四一三年にアテナイがシチリア島への遠征に失敗し、その勢いに陰りが見えはじめると、アテナイを叩き潰したいスパルタと、アナトリアからのアテナイ勢力の完全排除をもくろんだペルシア帝国のあいだに、ウィン・ウィンの取引が成立した。アナトリアのギリシア系諸都市に対するペルシア帝国の宗主権を認めさせることを引き換えに、スパルタを経済的に援助する条約が結ばれたのである。その後の紆余曲折をへて、最終的にペロポネソス戦争の勝者となったのは、ペルシアの支援したスパルタだった。しかし、この勝利が真に意味するところは、ギリシア諸都市間争いにおけるパトロンとしてのペルシア大王の誕生だった。

クナクサの戦い

ダレイオス二世はペロポネソス戦争終結と同じ、前四〇五／四年に死去した。ダレイオスの後には長男アルサケスがアルタクセルクセス二世として即位したが、これに弟のキュロスが挑戦した。小キュロス（キュロス二世と区別するために、こうも呼ばれる）は前四〇七年からアナトリアのサルデイスに赴任していたことからギリシア人とのコネクションが強く、王位挑戦の際にも多くのギリシア人傭兵を募った。これにアテナイから応じたのが、軍人にして歴史家、しかも哲学者ソクラテスの弟子でもあったクセノフォンだった。キュロス直属のペルシア人とギリシア人傭兵の混成部隊はサルデイスから進発し、帝都目指してペルシア帝国領を横断した。そして、ユーフラテス川畔のクナクサ村近郊でついに、兄アルタクセルクセス率いる王軍と直接対決とあいなった。前四〇一年のことである。

クナクサの戦いは文献史料に恵まれた事件だった。攻めるキュロス軍にはクセノフォンがおり、彼は後日このときの体験をもとに、戦場ルポルタージュの古典的名著である『アナバシス』（「アナバシス」とはギリシア語で「内陸へ上がる」という意味）を書き上げた。対するアルタクセルクセス軍には、ペルシア宮廷で医師を務めていたクテシアス(31)の記述が、プルタルコス(32)の『アルタクセルクセス伝』を経由して伝わっている。両陣営に所属した二人のギリシア人のおかげで、戦闘の経過を詳細かつ立体的に捉えることが可能となっているのである。それらの史料によれば、戦いの当初はキュロス軍が優勢だったが、陽が傾き視界が悪くなるなかで、キュロスは偶発的に攻撃を受けて死亡し、兄王の勝利が決定した。

「大王の和約」

ダレイオス二世治下のペロポネソス戦争以降、ペルシア大王はギリシア諸都市間争いにおけるパトロンとなった。この役割は、アルタクセルクセス二世の時代にさらに加速した。ペロポネソス戦争後、スパルタはペルシア帝国と交わした先の約束を反故にし、アナトリアのギリシア諸都市を解放すべく、軍事遠征を展開した。これに対抗するペルシアはギリシア諸都市に軍資金を配って、対スパルタ戦争であるコリントス戦争を誘発したのである（前三九五）。

コリントス戦争の初期には、ペルシアの総督ファルナバゾスがアテナイの亡命将軍コノン(33)に艦隊を指揮させ、アナトリア南西沖でスパルタ艦隊を撃破した（前三九四年のクニドスの海戦）。しかし、その後のペルシア帝国の政策は一貫しておらず、アテナイとスパルタを交互に支援したあげく、最終的にはペロポネソス戦争と同様、ペルシアの支援によってスパルタを勝たせた（前三八七）。この戦争の講和条約は、スパルタ人使節の名にちなみアンタルキダスの和約と呼ばれるが、より一般的には「大王の和約」の名で知ら

(31) 前五世紀半ば、アナトリア南西のギリシア植民都市クニドス（現トルコ共和国ダッチャ市）に生まれた歴史家。医師でもあり、前五世紀末から前四世紀初頭までペルシア宮廷に滞在し、そこでペルシア王家の侍医を務めたとされる。宮廷を離れたのち、『ペルシア史』（全二三巻）を執筆した。

(32) 紀元後一世紀から二世紀の作家。ローマ帝国下に生きるギリシア人で、主著は『対比列伝』（もしくは『英雄伝』）と呼ばれる伝記作品集。『アルタクセルクセス伝』もこのうちの一篇に数えられる。

(33) コノンは、ペロポネソス戦争末期に起きたアイゴス・ポタモイの戦いで敗戦した責任を取らされることを恐れ、戦場からアテナイに帰国することなく、しばらくキプロス島に身を寄せていた。クニドスの海戦後、アテナイに帰国し、ペルシア帝国の総督から下賜された資金を使って、ペロポネソス戦争敗戦時に破却されたアテナイの市壁を再建した。

れる。というのも、条約はペルシア大王が裁定者および監視者となって結ばれたからである。これによって、アナトリアはペルシア帝国に帰属することが明文化された。

「大総督反乱」

アルタクセルクセス二世は歴代ペルシア大王のなかで、四六年という最長の在位期間を記録した。しかし、その治世の末期となる前三六〇年代後半は、帝国西部で総督らの反乱が相次いだ(34)。この反乱については残存史料から得られる情報が錯綜しているが、前三六六年から三六一年までという比較的長い期間に発生したと推測されている。この反乱について記すディオドロスは、この時期、帝国の歳入が半減し、それゆえ資金不足に陥った大王は反乱を鎮圧できなかったと解説する。かつてはこのような記述を重視し、事件は「大総督反乱」と呼ばれ、これこそが同時代のギリシア人らが期待したペルシア帝国崩壊の予兆だったと解釈された。しかし近年では、総督らは個々に利己的な行動をとっており、そこに「大総督反乱」と一括りにできるような共通の目標や組織的な連携を見出すことはできないと結論されている。この反乱はおそらく、老いとともに王の求心力が低下していくなかで、後継者候補となる王子たちの争いと、新王に人事を握られている地方総督の不安によって引き起こされたものと推測される。

エジプトの独立と再征服

アルタクセルクセス二世の後を継いで王となったのは息子のオコス(35)、即位名アルタクセルクセス三世だった(在位、三五八〜三三八)。この王の治世で特筆すべきは、ペルシア帝国によるエジプト再征服だろう。

エジプトはカンビュセスによって征服されたのちも、ペルシア帝国に対したびたび独

(34) 史料によれば、反乱を起こしたのは、カッパドキア総督のダタメス、ミュシア総督のオロンテス、ヘレスポントス・フリュギア総督のアリオバルザネス、さらには当時ペルシアから独立していたエジプト王タコスも参戦した。リュディア総督アウトフラダテスとカリア総督マウソロスは反乱軍の討伐にむかったが失敗。以後、休戦状態で事態を静観した。最終的に反乱は、内部から裏切り者が出たことで、あっけなく瓦解した。

(35) アルタクセルクセス二世の後継者の地位は、最年長のダレイオスを筆頭に、アリアスペス、アルサメス、そして年少のオコスによって争われた。前三者が死去したことで、最終的にオコスが勝ち残った。

立運動を起こした。反乱は特にペルシア王の代替わりのタイミングがねらわれたが、前五世紀末までの試みは、いずれも独立に至らなかった。しかし、前四〇五／四年のダレイオス二世死去と前後して発生したエジプト反乱は、幸運にも小キュロスによる王位挑戦と重なったため、ペルシア帝国からの鎮圧軍が派遣されないままに、独立を勝ち取った。

アルタクセルクセス二世はその長い在位中に数度のエジプト再征服をくわだてるものの、念願を果たせずに世を去った。代替わり後の前三四三年、アルタクセルクセス三世がみずから軍を率いてエジプトに遠征し、ついに再征服に成功した。ギリシア人らはエジプトの反乱にポリスの代表として公式に、あるいは私的なネットワークから従軍しており（エジプト側にもペルシア側にも関与していた）、エジプトの動向はペルシア帝国とギリシア諸都市の関係史における重要なファクターとなっていた。

アレクサンドロスによる東方遠征

エジプト再征服は、末期のペルシア帝国においてなお、軍事力が衰えていなかったことを証明する出来事となった。それにもかかわらず、わずか十数年後に、アケメネス朝ペルシア帝国は滅亡した。

ギリシア北部に位置するマケドニアでは前三三六年、王のフィリポス二世が暗殺され、息子のアレクサンドロス三世（大王）が即位した。これと同じ年、ペルシア帝国でも王のアルセス[36]が暗殺され、王家の傍系にあたるダレイオス三世[37]が即位した。アレクサンドロスは前三三四年、父王の遺業を継ぎ、ペルシア戦争の報復を大義名分に掲げて対ペルシア遠征を開始した。

マケドニア軍とペルシア軍の直接対決はグラニコスの戦い、イッソスの戦い、ガウガ

(36) アルタクセルクセス三世の末子。前三三八年、父王の死去に伴い王位を継ぐも、前三三六年に暗殺される。公的碑文は残っていないが、即位名としてアルタクセルクセス（四世）を名乗ったのではないかと推測されている。

(37) アルタクセルクセス二世の大甥、アルセスのはとこに当たる。

メラの戦いの計三回行われたが、すべての戦いでペルシア軍は敗れた。ダレイオス三世は自身も第二と第三の戦いに参加したが、その両方で戦場から離脱し、生き延びた。しかし、けっきょく彼は前三三〇年、アレクサンドロスによる追跡途中に、側近のベッソス[38]らによって弑逆された。ここに二二〇年続いたアケメネス朝ペルシア帝国は終焉を迎えた。

地上世界の統治者と辺境の住民

アケメネス朝ペルシア帝国とギリシア本土の諸都市との接触は、帝国の創建とほぼ同時に始まった。スパルタはキュロス二世がアナトリアのリュディア王国を征服した際、彼に使節を派遣して、ギリシア人らの都市を荒らさないように警告を与えた。一方アテナイがペルシア帝国と初めて公式の接触を持ったのは前五〇七／六年のことで、スパルタとの対抗関係から、ペルシア帝国に同盟を申し入れ、その交換条件として臣従の印である「土と水」[39]の献納を約束した。以後、ギリシアの諸都市は軍事衝突や同盟締結、傭兵派遣や資金援助など、公式・非公式を問わず、ペルシア帝国と関わっていった。前六世紀半ばから前三三〇年までのギリシア史は、ペルシア史と並走していたのである。

アケメネス朝ペルシア帝国とギリシア諸都市との関係を考えるうえで忘れてならないのが、本章冒頭でも紹介した、ペルシア大王の統治のイデオロギーである。ペルシア大王はギリシア諸都市に対し、彼らの理解できるような言葉で語りかけながらも、その実アフラマズダ神の代行者として地上世界を統治しているのだという強烈な自負心が揺らぐことはなかった。たとえば、ペルシア戦争の講和条約であるカリアスの和約と、コリントス戦争後の「大王の和約」には、ときとして正反対の評価が下されることがある。すなわち、前者がペルシア大王に帝国領土の削減を認めさせた輝かしい栄光であるのに

(38) バクトリア総督。ダレイオス三世弑逆後に、即位名としてアルタクセルクセスを名乗って、王を自称した。前三二九年に捕らえられ、アレクサンドロスの前に連行されたのちに処刑された。

(39) 主にヘロドトス『歴史』に登場する、臣従関係を結ぶにあたって当事国がペルシア帝国に納めた品。ただし、臣下となる国から土地の一部である「土と水」を持ってこさせたのか、現地にて鍬入れのような儀式が行われたのか、実態は不明である。

対し、後者はペルシア大王によって押し付けられた屈辱の象徴であるという。しかし、ペルシア大王はおそらくこの両者に一貫した姿勢でのぞんでいた。

まずは「大王の和約」から考えてみよう。ペロポネソス戦争の途中からコリントス戦争にかけて、ペルシア大王はギリシア諸都市間の争いに干渉していく。それはしばしば、アナトリアの防衛を重視するペルシア大王が、アテナイとスパルタを互いに対抗させることによって、両国の伸長を防いでいたのだと説明される。しかし、地上世界の統治者を自任するペルシア大王にとって、たとえそれが外国の戦争であっても、そこに介入し調停することは、みずからの責務の一端だったはずである。この延長線上にカリアスの和約を置けば、ペルシア大王は帝国領の一部を放棄したなどという意識は持っておらず、ただ単に地上世界の統治者として、アテナイに帝国領内での活動許可を与えてやったにすぎなかった、と見方が変わる。つまり、ペルシア大王はギリシア諸都市に対し、譲歩や妥協することなく、常に「上から目線」だったのだ。ペルシア帝国とギリシア諸都市との関係を理解するためには、地上世界の統治者とその辺境に住まう者という、圧倒的に非対称な認識があったことを承知しておかなければならないのである。

アケメネス朝ペルシア帝国自体は前三三〇年をもって地上世界から消滅する。しかし、その後に登場したアルサケス朝パルティアおよびサーサーン朝ペルシアが、自身の正統性を過去に求めたことによって、アケメネス朝は古代世界において理想化されながら息づいていった。

読書案内

阿部拓児『ペルシア帝国と小アジア——ヘレニズム以前の社会と文化』京都大学学術出版会、二〇一五年

阿部拓児『アケメネス朝ペルシア——史上初の世界帝国』中央公論新社、二〇二一年

＊アケメネス朝ペルシアの通史概説書。歴代ペルシア大王の治績を軸に、アケメネス朝前夜から、アレクサンドロス三世の東征による帝国の滅亡まで、時代を追って叙述する。序章では、アケメネス朝ペルシア史の史料論についても解説する。

伊藤義教『古代ペルシア——碑文と文学』岩波書店、一九七四年

＊前半部では、アケメネス朝ペルシアの歴史を概観しつつ、王たちの作成した碑文を中心とした原典史料を訳出、解説。それを踏まえて後半部では、サーサーン朝期から一一世紀の『シャーナーメ』までのペルシア文学の概要を紹介する。

クテシアス（阿部拓児訳）『ペルシア史／インド誌』京都大学学術出版会、二〇一九年

小林登志子『古代メソポタミア全史——シュメル、バビロニアからサーサーン朝ペルシアまで』中央公論新社、二〇二〇年

＊紀元前四千年紀の都市文明のはじまりから、後七世紀のサーサーン朝ペルシアの滅亡まで、四千年におよぶメソポタミアの歴史を展望する。アケメネス朝ペルシアの歴史を長期的な視野から見定められる。

中井義明『古代ギリシア史における帝国と都市——ペルシア・アテナイ・スパルタ』ミネルヴァ書房、二〇〇五年

馬場恵二『ペルシア戦争——自由のための戦い』教育社、一九八二年

ヘロドトス（松平千秋訳）『歴史』（全三冊）岩波書店、一九七一～七二年

M. Brosius, ***A History of Ancient Persia: The Achaemenid Empire***, Hoboken, Wiley-Blackwell, 2021

＊アケメネス朝ペルシア史について、英語で書かれた最新の概説書。原典史料の翻訳や深めるべきトピックが適宜、挿入される構成となっている。各章末および巻末に付された参考文献一覧は、本格的な研究に取りかかる際の、よい手引きとなる。

A. Kuhrt, ***The Persian Empire: A Corpus of Sources from the Achaemenid Period***, London, Routledge, 2007

＊アケメネス朝ペルシア史に関する、ほぼすべての文献史料・碑文史料を網羅した史料集。史料はすべて英訳されたものだが、原典の書誌情報も掲載されており、アケメネス朝ペルシア史研究の必携書となる。

第2章

スパルタ

――その神話と実像――

長谷川岳男

誰もが一度は「スパルタ教育」という言葉を耳にしたことがあるだろう。「厳しい鍛錬を施す教育」という意味として用いられているが，なぜこのような教育に「スパルタ」の「教育」という語を用いるかについて考えられることは稀である。スパルタという国で厳しい教育が施されたとは想像がつくであろうが，それがどのような教育であり，スパルタがいかなる国であったのかについて，わが国ではほとんど知られていないのが実情である。そこで本章ではスパルタの歴史や社会に注目してみたい。

レオニダス像
（現代のスパルタ市内のもの，筆者撮影）

図1　現在のテルモピュライ
現在は堆積により断崖の下が陸地になっているが，当時は海であった（Wikipedia）。

テルモピュライの戦い

わが国で厳しい鍛錬を施すことを「スパルタ」の教育とするのは、この地で強健な兵士の育成のためにそのような教育をしていたと、西洋の伝統のなかで広く認識されていたため、それを又聞きする形で「スパルタ教育」という言葉が生み出されたと思われる。実際に市民の子弟は六歳から成人するまで、厳しい公的な教育を受けることを義務づけられていた。そしてその教育の成果により、スパルタ兵が圧倒的な強さを有するイメージを決定的にしたのが、ペルシアのギリシア遠征でのテルモピュライの戦いである。

前四八〇年、ギリシア中部のテルモピュライの隘路で少なく見積って一〇倍近い軍勢であるペルシア軍を相手に、スパルタ市民兵三〇〇名を中心とする約七〇〇〇名のギリシア連合軍は二日間、ペルシア軍の猛攻を撃退した。しかし三日目、裏切った現地の人間の先導により迂回路を進んだ別働隊に、後方から挟撃される苦境に追い込まれると、司令官のスパルタ王レオニダスは同盟軍の大半を逃がすが、自分たちは留まり、激戦の末に玉砕した。

どのような大軍であろうとも、決して敵に後ろを見せない屈強の兵士というイメージがこの戦いでギリシア世界に広がったことは、この戦いの約半世紀後、アテナイ軍に包囲されたスパルタ軍が投降すると、ギリシア人を非常に驚かしたことからも明らかである。しかしこの戦いでスパルタ兵が全員戦死したわけではなく、病気と伝令で戦場を離れていた二名がスパルタに生還していた。

彼らは戦わず死ぬことを恐れたとして（恐怖で）「震える者」と呼ばれ、徹底的な社会的な疎外といじめに遭うことになる。間もなく一名はそれに耐えきれず自ら命を絶つが、もう一人は耐えて、翌年この遠征の最後の決戦となった、プラタイアの戦いで多くの武勲をあげた後に戦死を遂げた。この他にも敗戦で生還することは恥とされ、生きて帰った子を殺した母の逸話もある。さらにそのような臆病者が様々な社会的制裁を受けた事例が多々、知られている。

このようにスパルタは屈強な兵士を生み出すために、私生活の面までも規制が強い社会として、イメージされることになるのである。しかし近年の研究は、このイメージに対して疑義が寄せられるようになった。

スパルタの幻影

現存する古代ギリシアに関する史料は、アテナイを除けばきわめて貧弱な状況にある。しかしスパルタはそれでも恵まれた方だと言えるだろう。前五世紀後半からヘロドトス[1]、トゥキュディデス[2]、そして前四世紀に入るとクセノフォン[3]によるスパルタに関する一定の叙述が現存している。

さらに歴史家以外にも哲学者のプラトン、アリストテレスは彼らの理想の国制についての議論でスパルタについて多くの言及をなし、一方でイソクラテス[4]の叙述にも貴重な情報が含まれる。前二世紀にはポリュビオス[5]がヘレニズム期のスパルタの動静とともに、理想の国制論でスパルタの国制や社会を説明した。さらにローマ帝国下では、共和政末期にディオドロス[6]が、散逸して現存しない叙述をもとに独自の情報を伝えている。元首政期のプルタルコス[7]は数人のスパルタ人の伝記を残し、他にも多くのエピソードを『倫理論集』で紹介している。二世紀後半にはパウサニアス[8]がこの地を訪れ、当時の人々の歴史認識を書き留めた。

これらの情報をもとにスパルタのイメージは形成されてきた。しかし問題となるのは、ここに列挙した人々はすべてスパルタ人ではないということである。前六世紀のテュルタイオスとアルクマンという抒情詩人の断片を除けば、ヘレニズム期以前のスパルタで

(1) 第1章注(3)、第4章注(9)を参照。
(2) 前五世紀末にペロポネソス戦争を題材に歴史を執筆した。事実の探求を重視する実証的な手法が特徴である。
(3) 第1章参照。前四世紀前半に幅広いテーマを執筆をした。トゥキュディデスの執筆した時代の後を継いで、スパルタの隆盛から没落までが含まれるギリシアの歴史、そしてスパルタの社会についての著作などがここでは関係する。彼は一時、スパルタ領内に居住を許され、二人の息子にここで教育を受けさせた。
(4) 主として前四世紀前半に活動したアテナイの弁論家、教育者。
(5) 前二世紀にローマの地中海制覇を中心に歴史を執筆。第8章参照。
(6) 第1章参照。
(7) 第1章参照。ギリシア、ローマの有力者を対にした伝記である『対比列伝(英雄伝)』、あるいは様々な著作の集成である『倫理論集(モラリア)』がある。
(8) ギリシア本土の南部を旅して、各地の名所旧跡や歴史を『ギリシア案内記』で叙述した。

活動した人物が書き残した記録は現存せず、スパルタ人自身はその気風から書き記すことすらしなかったと考えられている。すなわち、現在知られるスパルタ像は外部の人々の認識に依拠したものにすぎないのである。

さらに、スパルタは他国との交流には消極的であり、定期的に外国人の追放も行っていたため、[9]国外の者がこの社会を知ることには多くの障害があり、厚いヴェールに覆われていた。一方でスパルタ人自身が、新たに始める制度などをあたかも遥か昔からあったかのような装いでなすという、伝統の創造[10]もさかんに行っていたので、古い時代のことを明らかにすることはさらに困難になる。加えて同時代の貴重な情報を伝える碑文は、ずっと後の時代まで皆無に近く、貨幣も最初に鋳造されたのが前三世紀のことであり、この方面からの情報も期待できない。

そして現代からスパルタの現実を明らかにするうえで決定的な障害となるのが、ローマ支配下のギリシア人が文化の面で過去の栄光を呼び戻そうとする動きのなか[11]、スパルタもその傾向が強く、それまでに広く認識されていた、現実とは異なるいにしえの時代のイメージに合わせて、自らの社会を改造したことである。そのためこのような変容を理解しないまま、スパルタ自体が意図的に創り上げた、古びた外観をそのまま受け入れた叙述が多く後世に伝えられ、現在のスパルタ像に大きな影響を与えているのである。そのためこのイメージは社会の実態ではなく、ある種の「幻影」にすぎないと近年、さかんに指摘されるようになった。そこで本章でもこのような点に注意して、スパルタの歴史と社会をたどってみよう。

スパルタの成立

スパルタ人たちはヘラクレスの末裔（ヘラクレイダイ）が故地を取り戻す際に、この地

(9) 定期的な外国人の強制退去（クセネラシア）をトゥキュディデスが伝えている。

(10) ホブズボウムとレンジャー編『創られた伝統』（紀伊國屋書店、一九九二年）が明らかにするように、様々な社会で古くから継承されてきたと思われる伝統が、実はそれほど時代を遡らず、古色蒼然に演出することで、権威を得ることがなされていた。これを「伝統の創造」という用語で表すことが一般的である。

(11) このようなギリシア人叙述家などの動きを第二次ソフィスト運動と呼ぶ。

に居住した者が祖先であると考えていた。発掘調査でもスパルタの町があった場所にミュケナイ期には人が住んだ形跡がないことから、彼らが外から移住してきた集団であることは明らかである。[12]彼らはその後、ラコニア地方全域への勢力拡大を進め、[13]この地の人々に対する優位を得ていった。そしてこの地域で隷属させられた者たちはヘイロータイ（ヘロット）、自治を認められた人々はペリオイコイ（「周辺に住む者」の意）と呼ばれた。

ヘイロータイはスパルタ市民の所有地を家族で耕作し、その収穫の半分を納めることを義務づけられた隷属農民であった。その立場や出自については議論が絶えないが、当初はそれほど厳しい処遇はなされていなかったと考えられる。ペリオイコイは各々、独自のポリスを形成しており、対外的にはスパルタ市民とともにラケダイモン人として総称されたことからも、[14]スパルタとはスパルタ市民とペリオイコイのポリスの連合体だと国外からは見なされていた。彼らは、軍務や公務に専念するために生業を禁じられたスパルタ市民に代わって、商工業も担った。また後にヘイロータイ身分から解放された者は、ペリオイコイとして扱われたことから一つの身分でもあった。

ヘレニズム期まで世襲の王が存在しており、さらに二つの王家がそれぞれ王を出す二王制であったことは、ギリシアではきわめて珍しかった。[15]テュルタイオスの詩などから判断する限り、王が古くから指導的な立場にあり、王たちを支える貴族集団が長老会という諮問組織を形成して、彼らの集団指導により国事が運営されていた。

前八世紀の終わり、あるいは前七世紀の初め頃から、西隣に位置し肥沃な平野を有するメッセニアへの進出を試みて、二度に渡る戦争で前七世紀後半にこの地を支配地に加えた。その結果、八〇〇〇平方キロメートルという、ギリシア本土では群を抜く広大な地域を領有することになる。[16]

(12) 一般的にはドーリス人と呼ばれることが多い。スパルタの語源は「種を蒔く（speiro）」に由来すると考えられ、これが処女地に住み着いたことを示すと指摘されている。

(13) ラコニアはスパルタが位置した地域名。今でも地方行政の県名である。

(14) 古代の史料ではスパルタはラケダイモンとも呼ばれた。線文字Bですでにこの名前は言及されていることが近年、指摘されている。

(15) アギス家とエウリュポン家という二つの王家からそれぞれ王を出した。その始まりは双子が生まれた時に両者とも王にしたためとされている。

(16) 静岡県より少し大きい広さ。アテナイは二五〇〇平方キロメートル。

(17) 共同食事に参加することと公的な教育を受けることが市民の資格条件であった。
(18) レトラは契約の意。
(19) 混合政体とは王政、貴族政、民主政の各要素を含んでいる政体のことである。マキャベリやモンテスキューも高く評価した。

図2
メッセニア地方
（筆者撮影）

社会の形成

先述のようにスパルタは戦士社会として質実剛健を旨とし、私生活の面でも様々な統制がなされたというイメージが一般的である。古典期には成年男子市民は、毎日の晩餐の際には二〇名程度の仲間同士で集まって、同じものを食べる共同食事が義務であり、また男子にはポリスに服する姿勢を徹底させ強健な軍人となるように、六歳から集団で公教育を受けさせた(17)。

これらの制度は建国、もしくはそれからほどなく、王族のリュクルゴスが断行した改革によるものとされ、「リュクルゴス体制」と呼ばれている。前五世紀末に執筆したトゥキュディデスは、彼の時期まで四〇〇年間、同じ体制であると述べている。しかし古代においてさえ、リュクルゴスの実像には謎が多く、一方で考古学的な成果から、遅くとも前六世紀前半までは優れた陶器や工芸品の存在が知られ、アルクマンの詩には貴族の贅沢な宴が詠われていることから、そのような社会の形成は前六世紀に行われたと考えるのが妥当であろう。これを「前六世紀革命」と呼ぶ研究者もいる。

前七世紀にメッセニアとの戦争で市民が疲弊し、貧富の差が拡大して深刻な状況にあったことをテュルタイオスの詩が伝えており、その結果、前六世紀に市民の再編成を行い、その身分を確定し、国制などを制定したと考えられる。この国制を後世の人たちは「大レトラ」(18)と呼んだ。ここに後世、ローマなどとともに混合政体として高い評価を受けた、二名の王、彼らに六〇歳以上の市民二八名を加えた長老会、民会から成る国制が確定されたのであった(19)。

またこの頃から市民の代表としてエフォロス（監督官）が設置されたか、あるいは指導的な役割を果たすようになり、任期は一年で五名の同僚団であったが、その権力は王をしのぐものであった。後のスパルタ人は新たなことをなす際に、多くをリュクルゴスが制定したものとして「伝統の創造」を繰り返した結果、様々な制度が遙か昔から継続しているように見られてきた。それゆえ共同食事や教育もそれほど古くなく、前六世紀頃に制度化されたと考える研究者もいる。このように前六世紀の半ばに社会が安定すると、対外的な勢力も拡大していった。

図3　ラコニア製陶器
（大英博物館蔵，筆者撮影）

対外勢力の拡大

当初、スパルタは必ずしも対外的に強大な勢力とは言えなかった。メッセニアの支配を進めていた頃、東の隣国アルゴスとも境界地域をめぐって対立していたが、劣勢であった。一方で前六世紀前半には北隣のテゲアにも敗北していた。しかし前六世紀半ばから一転して、その勢力拡大がめざましくなる。前五四五年頃、アルゴスに勝利し多くの地域を獲得し、同じ頃、テゲアにも勝利してペロポネソス半島で最大の勢力となった。当時ペルシアとの戦いの準備を進めていた、リュディア王クロイソスがその同盟国としてスパルタを選んだことも、すでにその勢力が対外的に認知されていたからであろう。

さらに前六世紀後半には後にペロポネソス同盟と呼ばれるギリシア最古の攻守同盟の盟主となった。これはメッセニアのように直接、領有することから、覇権による対外的な影響力の行使に外交政策が転換したことを示すものである。ただしこれはスパルタと個々のポリスとの同盟の連合体であり、メンバーへの拘束は当初、それほど強くなかった。

前五二五年頃クレオメネス一世が即位すると活発な軍事行動を行った。前五一〇年、アテナイでペイシストラトス家の僭主政の打倒を助け、前四九四年にはセペイアでアルゴス軍を破り多大な損害を与えた。(20) しかし海を越えての活動には消極的な面もあり、前四九九年に小アジアのギリシア人がペルシアに反乱を起こした際は援軍要請を拒んだ。

(20) しかしアテナイでクレイステネス擁立は阻止できなかった。またアルゴスは一時、奴隷に国事を運営させるほど、市民数が減少したという。

（21）第1章、第3章、第5章を参照のこと。

（22）レオニダスの子、プレイスタルコスが幼少のため、叔父のパウサニアスが摂政として出陣した。

（23）第3章参照。

（24）後世の伝えによればスパルタで倒壊を免れた家は五軒だけだったという。

彼は国内ではさまざま嫌疑をかけられ、国外に逃亡もしたりしたが、前四九〇年に自国で自ら命を絶ち波乱の生涯を終えた。

アテナイの台頭と対立

クレオメネスが没した頃、ペルシア帝国がギリシアに侵攻した(21)。この際、標的となったアテナイから救援を要請されたが祭事のために出動が遅れ、アテナイ・プラタイア連合軍が勝利したマラトンの戦いには間に合わなかった。しかしその一〇年後、テルモピュライの戦いを緒戦とするペルシアの次の侵攻では、ペルシア側についたり、日和見のポリスが多かったなか、スパルタがアテナイとともに抵抗の中心となった。

テルモピュライ後、アテナイを中心とするギリシア艦隊がサラミスの海戦で勝利したが、ギリシア本土における陸上での決戦は翌年、ギリシア中部プラタイアでなされた。スパルタの摂政パウサニアス率いるギリシア軍は、スパルタ軍の活躍もあって勝利し(22)、ペルシア軍をギリシア本土から完全に撤退させた。

パウサニアスは戦後、傲慢な態度でギリシア人の支持を失い、その代わりに台頭したのがペルシアとの戦いで重要な役割を果たしたアテナイであった。アテナイはペルシアの再来寇に備え、エーゲ海沿岸の諸ポリスと前四七八年にデロス同盟を結成し(23)、ペロポネソス同盟を率いるスパルタに対抗することになる。

前四六五年頃、ラコニアを激しい地震が襲い(24)、大きな打撃を受けると、ヘイロータイが蜂起し混乱に拍車をかけた。特にメッセニアのヘイロータイはイトメ山に立て籠もり、ペロポネソス同盟やアテナイなどに救援を頼まざるをえないほど鎮圧に手こずり、一〇年後に降伏しないヘイロータイがペロポネソス半島外に出ることで、ようやく解決した。この経験からヘイロータイへの統制が強化されたらしい。たとえば、年の初めにヘイロータイに宣戦をしたり、有能であると評判のあるヘイロータイを暗殺する、クリュプテイアという部隊が知られるが[25]、これらもこの反乱以降に始められたと現在では見なす傾向にある。

一方で反乱直後に救援に来たアテナイ軍を、スパルタに民主政的な機運を持ち込むことを嫌って、体よく追い返してしまった。このことで侮辱されたと感じたアテナイ人はスパルタに反感を抱くようになり、これ以降断続的に敵対するようになった。スパルタは前四五七年頃にボイオティア地方のタナグラでアテナイ軍に勝利したり、アテナイの支配に不満なデロス同盟のポリスから救援を求められたりするが、対応の拙さでアテナイの勢力伸長を許してしまう。そして前四三一年にデロス同盟とペロポネソス同盟はペロポネソス戦争に突入した。

ペロポネソス戦争

戦争は当初、アテナイが陸上でスパルタ軍との戦闘を回避して郊外の農民を都市部に疎開させたため、スパルタ王アルキダモスは毎夏、アテナイ郊外にペロポネソス同盟軍を率いて侵攻し、その地を荒らした[26]。一方でアテナイは優勢な海軍により、ラコニアなどの沿岸を攻撃した。他にも各地で戦闘が展開されたが[27]、双方、決め手を欠く状態で戦争は進行した。

前四二五年にスファクテリア島でスパルタ軍が攻囲され降伏し[28]、翌年にはスパルタの海上活動の拠点であったキュテラ島も占拠されアテナイが優勢になるが、スパルタは将軍のブラシダス[29]がエーゲ海北岸でいくつも成功を収め戦局を挽回した。前四二二年にはアンフィポリス[30]でスパルタはアテナイ軍に勝利して敵将クレオンを斃すが、ブラシダスも戦死し、戦争推進派であった両名の戦死により、前四二一年に和約が締結されること

(25) 若者が大人への通過儀礼として単独で人目に触れないように夜間にのみ行動し、ヘイロータイを暗殺する任務を負ったという伝えもある。ヘイロータイへの宣戦は彼らの殺人を合法化するためのものであった。

(26) そのためこの戦争の前半は、彼の名を取ってアルキダモス戦争とも呼ばれる。

(27) 主にエーゲ海北岸、ギリシア中部、ケルキュラ方面などで戦闘がなされた。

(28) 二九二名が捕虜となり、そのうち一二〇名が市民身分であった。本章冒頭で述べたのがこの事件のことであり、この戦争中、最もギリシア人を驚かせたことだとトゥキュディデスが述べている。

(29) 彼は寡黙なスパルタ人の中でも弁舌に優れ、将軍の才にも恵まれていた。

(30) エーゲ海北岸カルキディケ半島の要衝。

になった（ニキアスの和約）。
和約後に今度はアルゴスが中心となり各ポリスとスパルタに敵対するが(31)、前四一八年にマンティネイア(32)で王アギス二世が率いるペロポネソス同盟軍が会戦に勝利して、ペロポネソス半島内の情勢を安定させた。前四一五年に大規模なシチリア遠征を行ったアテナイに対抗して軍を派遣して、前四一三年にはアテナイが壊滅的な敗北を喫するのに貢献した。

同年、アテナイのラコニア沿岸攻撃によりニキアスの和約が破綻すると、スパルタはアッティカへの侵入を再開し、都市部近郊のデケレイアに軍を常駐させた。その結果、都市部に疎開していた農民たちは農事ができなくなり、多くの奴隷がスパルタ側に逃亡したため、アテナイの情勢は悪化する(33)。

この時期、スパルタ、アテナイ双方とも戦費が不足していたこともあり、ペルシアとの連携を模索していたが、ペルシアは双方が戦いを長引かせて疲弊することを目論み、態度を明確にしなかった(34)。この際にキーマンとなったのがスパルタのリュサンドロスである。彼は前四〇八年、海軍総督に就任すると小アジアの諸ポリスの有力者と親密な関係を築き、一方で小アジアのギリシア人をペルシアの支配下に置くことを認める約束をして、ペルシアの協力も取りつけた。そして前四〇五年にダーダネルス海峡のアイゴスポタモイでアテナイ艦隊を壊滅させ、黒海沿岸からアテナイへの物資の輸送ルートを遮断すると、アテナイは穀物などの生活に必要な物資の調達が不可能になり、前四〇四年に降伏した。

絶頂からの転落

ペロポネソス戦争の勝利によりスパルタはギリシアの覇権を掌握したが、市民数の大

(31) アルゴスは前四二〇年にスパルタとの三〇年の休戦協定が終わり、敵対行動を始めた。この戦いではエリスやマンティネイア、そしてアテナイがアルゴスに加担した。

(32) ペロポネソス半島中部のアルカディア地方のポリス。

(33) このため、ペロポネソス戦争の後半はデケレイア戦争と呼ばれることがある。

(34) このペルシアの態度の意味については第1章も参照のこと。

幅な減少という問題を抱えていた。それは前四〇〇年にキナドンという市民身分ではない者が、未然に防がれたものの反乱を企てたときには、市民を大幅に上回る数の非市民の加勢が期待できたことからも明らかである[35]。

前に述べたように市民は公教育を受けること、そして成人してからは共同食事に参加することが義務づけられていた。そのため市民はポリスから生活を維持できるだけの土地を与えられており、その売買や譲渡は禁止されていた。一方でそれ以外の土地を保有する者もおり、貧富の差も存在していた。さらにペロポネソス戦争の長期化による出費、あるいは外の世界に触れて贅沢になった者による浪費などにより、貧困化する市民を多く生み出したと考えられる。

前四世紀に入ると、エピタデウスというエフォロスが子との諍いで、譲渡が禁止されていた持分地を好きな者に遺譲できる法律を制定すると、貧困層の中には借金のため富裕者に遺譲の形で持分地を手放した結果、収入が途絶えた者も出現した。市民は公務や訓練のために生業に就くことを禁じられていたこともあり、この結果、共同食事にも参加できず、子どもに教育を受けさせることも適わず[36]、多くの者が市民身分から脱落した。このように勢力の絶頂期において、スパルタ社会の内部では大きな変化が進行していたのである。

ペロポネソス戦争終結後、ペロポネソス同盟内ではアテナイの処遇などをめぐり不協和音が表面化し、一方で前四〇〇年に即位したアゲシラオスは小アジアに遠征してその支配を維持して、ペルシアとの約束を反故にした。このスパルタの行動に不満を持つペルシアは、テーバイやコリントスに資金面で働きかけて反スパルタの動きを促進させ、前三九五年、スパルタはテーバイやコリントス、アルゴスと戦争に突入した[37]。

戦局は一進一退で長期化し、最終的に前三八七／六年、小アジアのギリシア人ポリス

（35）ペルシア戦争時には八〇〇〇名程度の市民が存在したが、前四一八年のマンティネイアの戦い時には三〇〇〇名まで減少していた。

（36）共同食事は食材の持ち寄りが義務であり、教育費は親が払う必要があったらしい。

（37）コリントス戦争と呼ばれる。第1章参照。

がペルシア支配下にあることを認めることと引き換えに、スパルタはペルシアの勢力を後ろ盾にして大王の和約[38]と呼ばれる和平を結んだ。この内容は小アジア以外のギリシア人は自治であることを認めるもので、それを侵害した場合は罰せられる決まりであった。アゲシラオスはこれを利用して、ボイオティア連邦[39]を支配の道具にしていたテーバイに積極的な敵対行動を展開した。この間、アテナイは第二アテナイ海上同盟を結成して勢力を回復し、ギリシアの情勢は安定しなかった。そして前三七一年、ペロピダス、エパメイノンダスという優れた指導者の力により勢力を増大させたテーバイは、レウクトラの戦いでスパルタ軍を粉砕した[40]。スパルタ王クレオンブロトスは、王としてはレオニダス以来の戦死者となり、スパルタはこの敗北により覇権を失うことになった。

衰退要因としての女性

アリストテレスはレウクトラの敗戦がスパルタの衰退に決定的であったとする。なぜなら女性が当時市民が手放した土地の多くを所有して、市民数が大きく減少していたため、ここで戦死した多くの市民を補うことができなかったと考えたからであった。さらに父親が公務や共同食事で家を不在にしたため、息子は母親と一緒にいる時間が長く、成人しても母親の言いなりになった結果、家を女性が支配する状況になるという欠陥もあったと述べている。ここでスパルタの女性について少し注目してみよう。

彼女たちはアテナイとは違って、不動産を含め親の財産を男の兄弟とともに相続できた。その結果、王家の女性を筆頭に個人として社会的な影響力も有した裕福な女性も存在したのである[41]。さらに複数の夫を持ったり、複数の男性と性的に関係することも認められていた点も他に例を見ないことである。先に述べた敗戦で生還した息子を殺したり、あるいは息子の戦死を誇る母の姿も知られ、スパルタの女性は性的に奔放で強いという

(38) あるいはスパルタの使節の名を取ってアンタルギダスの和約と呼ばれる。第1章参照。

(39) ボイオティア地方の諸ポリスが宗教や外交などで連合したもの。詳細は第7章参照のこと。

(40) この戦いでエパメイノンダスが用いた斜線陣は、後にアレクサンドロス大王やハンニバルも活用した。

(41) アゲシラオスの妹であるキュニスカはオリュンピア祭の馬車競技で優勝している(この競技は馬の所有者が勝者となる)。

図4　ランニングをするスパルタ少女（前6世紀，大英博物館蔵）
オリュンピア祭の女性版であるヘライア祭の競技者。胸と太ももがはだけているのが特徴。

イメージが古代では流布していた。

しかし現実には親が夫を選定して、結婚式の日は頭髪を刈られ寝台に寝かされて、夜、兵営を抜け出した夫と関係を結ぶだけであり、複数の男性との関係も夫が決めたので、基本的には優れた男子を多く産み、市民数を増やすための方策だと考えられる。栄養のあるものが与えられ、戸外での教育も施されたなど、恵まれていたと見なされる彼女たちの養育も、将来の強い兵士を産むためのものであった点を考えると、市民数の減少への対策と見なしうるもので、そのイメージは現実とは大きく異なっていたのである。ただ女性への不動産所有の集中がスパルタの衰退に寄与したことは認める必要があろう。

転落の軌跡

レウクトラの戦い以降、スパルタの勢威は坂を転がり落ちていった。最初の打撃は戦いの翌年、エパメイノンダス率いる反スパルタ連合軍がラコニアへ侵攻し、その後メッセニアを解放したため、国力が大きく減退したことである。そのいくぶん後にテーバイの後援のもと、スパルタが国外に進出するルートに、アルカディアの諸村落やポリスを集住させてメガレーポリスが誕生し、スパルタにとって邪魔な存在として立ちはだかることになった。

スパルタはメッセニアの独立を認めず、それを認めた前三六五年のギリシア人たちの和平に参加しなかった。この際、ペロポネソス同盟の多くのポリスが参加したことにより、長年、スパルタの軍事力の中核であったこの同盟は解散することになり、さらなる打撃となった。前三六二年にはマンティネイアで再び、エパメイノンダス麾下の軍勢と会戦して彼を戦死させたが、戦いには敗れてメッセニア奪還はさらに遠のく。二年後、レウクトラ以降、軍資金を得るために何度も海外で傭兵として任務に就いていたアゲシラオスもエジプトで亡くなり、一つの時代の終焉を迎えることとなった。

アゲシラオスはスパルタの絶頂と没落を経験した王であるが、それに彼はどの程度、関与したのであろうか。制度上、王の権力は小さく、主な任務は軍事と神事に限られ、実権はエフォロスと長老会にあった。[42] さらに毎月、国法に従う旨の宣誓も求められた。そのためか、裁判にかけられ死刑を宣告されたり、廃位させられた王も少なからず知られている。

しかしその豊富な資産をもとに、[43] ポリス内外の有力者と贈り物の交換などにより友好関係を結ぶことで広範な人間関係を有し、一方で任期は原則終身で長老会のメンバーでもあったので、長期間にわたり在位すれば多大な影響力を行使しえた。さらにヘラクレスの子孫として、スパルタ市民のみならず、ペリオイコイたちからも権威を認められ、彼らを統合する象徴でもあった。[44] それゆえアゲシラオスは四〇年間王位にあったことから、強い影響力を有して強引な反テーバイの政策を推進できたのであろう。しかしそれがスパルタの凋落を招いたとも言えるのである。

前三五〇年代に入るとフィリポス二世が王となったマケドニアが台頭した。[45] 彼がギリシアの覇権を手に入れた、前三三八年のカイロネイアの戦いにスパルタは参加しなかったが、その影響は敗戦したアテナイよりはるかに深刻であった。フィリポスがこの戦いの後、ラコニアに遠征してスパルタの多くの領土を近隣の諸ポリスに割譲した結果、その勢力が大きく削られてしまったからである。それでもコリントス同盟には参加せず、アレクサンドロスの東征にも加わらなかった。

その東征中、ペルシアと結んだアギス三世がマケドニアに対して反乱を起こしたが、メガレーポリス付近でアンティパトロス[46] 率いるマケドニア軍と戦って敗死し、さらにスパルタの勢威は減退した。その結果、アレクサンドロス死後のラミア戦争[47] にも加わらな

(42) 王はヘラクレスの子孫ということで敬意は払われており、彼らが登場すると他の者たちは起立したが、エフォロスたちはしなかったという。

(43) 彼らはペリオイコイのポリスに所領を有していた。

(44) 王が死ぬと、市民のみならずペリオイコイやヘイロータイも喪に服することを求められた。

(45) 第5章参照。

(46) アレクサンドロスの片腕とされた部将。遠征中はマケドニアを預かっていた。

(47) アテナイを中心とした反マケドニア戦争。当初、ギリシア軍が優勢であったが、最終的には鎮圧された。

(48) アレクサンドロスの部将の一人でアンティパトロスの子。

(49) スパルタは人こそが城壁として、他のポリスと異なり城壁を持たないことで有名であった。

(50) アレウスの叔父で王位を狙うクレオニュモスの依頼で侵攻した。アレクサンドロスの親戚で戦上手でヘレニズム世界にその名を轟かせ、イタリアに渡ってローマ軍と戦ったが、最終的に敗れて帰国していた。第8章参照。

(51) この結果、ゴナタスはマケドニアの王権を確固たるものとし、アンティゴノス朝マケドニアの支配が安定した。

(52) アテナイで宣戦を動議した人物の名を取ってクレモニデス戦争と呼ばれる。第3章、第6章参照。

(53) スパルタで勤務していた傭兵と考えられている。

かった。しかし後継者戦争に巻き込まれ、前三一七年にカサンドロス(48)が侵攻した際には、史上初めて城壁を作った(49)。

前三〇九年に王位に就いたアレウスは、ヘレニズム世界の王のような振る舞いをするようになり、貴金属貨幣の発行など旧来の制度からの逸脱を進め、公教育の制度も廃れたと考えられている。前二七〇年代後半にはエペイロス王ピュロスがスパルタへ侵攻したが(50)、マケドニアの王位を彼と争うアンティゴノス・ゴナタス（二世）の助力もあり撃退し(51)、ピュロスはアルゴスで戦死した。しかし前二六〇年代にはアテナイと組んでゴナタスと戦った(52)。この際、いくつかの同盟ポリスを率いており、いまだに一定の勢力を保持していたことがうかがえるが、アレウスがコリントスで敗死して復活はならなかった。

最後の輝き

この戦争後、アテナイは二度と主体的にギリシアの政治情勢に関わることはなかったが、スパルタは前二四〇年代以降の半世紀間、再び重要な役割を果たすようになる。アギス四世が前二四四年に王位に就くと、スパルタの栄光を取り戻すために、「リュクルゴスの国制」への回帰をスローガンに半ば強引に社会改革を進めた。そして負債の帳消しを行うとともに、当時、七〇〇名程度であった市民の補充をペリオイコイと外人(53)から行い、スパルタの勢力は回復に向かい始めたが、富裕者の抵抗で約束していた土地の再分配が実行されないことに不満を持たれたこともあり、彼の外征中に主導権を奪われ、前二四一年に処刑され、復活は頓挫したかのように見えた。

しかし前二三五年に即位したクレオメネス三世は、前二二七年にクーデターを起こしアギス以上の改革を断行する。彼は土地の再分配、負債の帳消し、市民の拡大、さらに生活習慣や教育、共同食事の復活などを行った。実態としては、軍事力の増強および彼が影響を受けていたストア派が掲げた理想の社会を目指したものであると考えられるが[54]、これらを「父祖（リュクルゴス）の国制」の復活として進めていったため、後世のスパルタ社会のイメージに多大な影響を与えることになった[55]。

この改革により当時、敵対していたアカイア連邦との戦争を優勢に進め（クレオメネス戦争）、一時はペロポネソスの覇権を握りかけたが、アカイア連邦の指導者アラトスはこの社会改革が連邦内に波及することを恐れ、仇敵のマケドニアに援軍を請うた。そして前二二二年にマケドニア軍を中心とした連合軍にスパルタの北の境セラシアでの会戦でスパルタは敗れ、クレオメネスはエジプトに逃げた[56]。一方でスパルタ市は史上初めて外国軍の占領下に入った。二王制はすでにクレオメネスの時に形骸化していたが[57]、占領下で王も廃止され、正統な王家は長い歴史に幕を閉じた。

それでも前二〇五年に王となったナビスが最後の輝きを演出する。彼は伝統的な王というよりは、僭主的な振る舞いでクレオメネスの路線を継承する改革も断行して、国力を増強して再び、政治的な勢力としての存在を示した。さらにマケドニアとローマとの戦争をうまく利用し[58]、アルゴスを支配するなど勢力も拡大する。しかしローマが勝利して前一九六年に「ギリシア自由宣言」を出すと、その原則からアルゴスだけではなく、沿岸のペリオイコイのポリスの支配も失うことになった。ナビスはこの奪還を目指すが、前一九二年、暗殺されてしまう。その後の混乱に乗じてスパルタはアカイア連邦に併合され、これ以降は政治の舞台で主役になることはなかった。

残照

ところがスパルタはこれで歴史の舞台からは消えなかった。アカイア連邦とはその離脱をめぐっての対立が絶えず、このことが引き金となってアカイア連邦は前一四六年に

(54) ストア派のスファイロスの影響を受けたと伝えられている。

(55) ローマ期のプルタルコスが詳しく伝えるリュクルゴスの国制は、クレオメネスがでっち上げたものではないかと多くの研究者は推測している。

(56) 彼はエジプトの援助を受けていた。しかし三年後に当地で反乱を起こして客死した。

(57) もう一人の王にクレオメネスの弟がなり、二人ともアギス家出身となった。

(58) 第二次マケドニア戦争。第7章、第8章参照のこと。

図5　スパルタ市郊外のアルテミス・オルティア神域の遺構（筆者撮影）

ローマとの戦争に突入するが(59)、圧倒的なローマ軍に粉砕され、ギリシアはローマの直接の支配下に置かれた。

前一世紀後半にアントニウスがオクタウィアヌスとの最終決戦（アクティウムの海戦）のためにギリシアに到来した際には、周囲と異なりオクタウィアヌス側についたことが幸いし、彼は勝利するとスパルタを厚遇した。そして彼の知人のエウリュクレスが絶大な権力を握り、その子孫はネロ帝のときまで有力であった。ティベリウス帝の時代にも隣国メッセネとの境界争いが知られるが、ローマの支配下で政治的な行動はほぼ不可能になった。

これ以降、スパルタは過去に生きるポリスとなる。ローマが古典期以前のギリシア文化を愛好したこともあり、二六頁で述べたように、ギリシアでその時代の文化を復活させる動きがさかんになり、そのなかでもスパルタは大きな注目を集めた。かつてのペルシアを震え上がらせた勇猛さゆえに、たとえばウェルス帝やカラカラ帝の東方遠征に飾りとしてスパルタ兵の部隊を同行させもした。

そしてスパルタも当時抱かれていた、全盛期の社会を体現するイメージを対外的に示すようになった。アルテミス・オルティアの祭壇で教育の仕上げとして行われていたチーズの争奪戦が、形を変えてどの程度鞭打ちに耐えられるかというコンテストとなったように、まったく同じではなかったが、これがローマ期のスパルタ教育の象徴的な儀式となり、多くの人が見物に訪れ(60)、昔のスパルタ教育と誤解して記録した。そしてこれが現在に伝わる「スパルタ教育」のイメージの原型になるのである。

現実の世界では、三世紀後半にはギリシアに南下してきたヘルリイ人(61)に劫掠され、さらに四世紀末にもアラリック率いるゴート人(62)の略奪を受けて荒廃していき、最終的に住民は西方のタユゲトス山麓のミストラに居を移して市域は無人となってしまった。しか

(59) アカイア戦争と呼ばれる。第7章、第8章参照のこと。
(60) 古くはキケロ、その後もプルタルコス、リバニオスなどの著述家が実際に見物しており、三世紀にはそのために立派な観客席まで作られた。
(61) ゲルマン人の一派。黒海沿岸からこの時期にローマ領内に侵入した。
(62) ゴートの首領。前四一〇年にはローマ市を劫掠した。

し一九世紀にギリシアがオスマン帝国から独立すると、熱烈なギリシア愛好家であった王オトンは[63]、ミストラの住民を強制移住させてスパルタの市域を復活させ、現在でもスパルタは緑豊かな地方都市として存続しているのである。

図6　タユゲトス山
（筆者撮影）

スパルタの実像

このような歴史をたどったスパルタであるが、対外的な動き以上にその社会に関心が向けられることが多い。なぜなら古い時代から変わることなく秩序が保たれ、戦士創造に特化した特異な社会という認識が強かったからである。しかし近年の研究では[64]一般的に思われるほど特異ではなく、ギリシア人社会の特性と共通する面を多く有していると考えられるようになった。

たとえば新生児が将来良い兵士になるか、子を産めるかのチェックを長老が行い、できない子は山から投げ捨てたという伝承に注目が集まるが[65]、ギリシア・ローマ世界で嬰児遺棄は一般的であった。また古典期における少年の教育も、最も信頼できるクセノフォンの記述に基づけば、内容に関してはアテナイでなされていたものと大差なく、共同食事も広くギリシア世界で知られるシュンポシオン（饗宴）と似たものであるという指摘がなされている。また戦場での臆病が処罰の対象であったのはアテナイも同様であり、スパルタ人はその行為が卑怯だからではなく、その方が戦死する率が高くなるから臆病を戒めたといくつかの史料は伝える[66]。

しかし他のポリスとの大きな違いもある。それは生産活動をヘイロータイに依存し、市民の生活に公的な介入もして秩序の維持を徹底させたことである。ギリシアのポリスには警察や検察など、社会秩序を強制的に維持させる機関が存在しないため、「国家」とは言えない側面もあり[67]、社会分裂（スタシス）が風土病であったが、スパルタにはそれ

(63) バイエルン王家出身で一八三二年にギリシア王となった。スパルタを復活させたのは一八三四年。
(64) スパルタ研究は言語論的転回論などの新たな知的パラダイムの転換の影響を受けて、一九八〇年代より研究がさかんになり、その認識は大きく修正されている。
(65) 後のナチスの優生思想政策の根拠ともなった。
(66) ティルタイオスやクセノフォン。
(67) マックス・ウェーバーに代表される国家の定義は、暴力を合法的に行使しうる、社会から独立した強制的な秩序維持機関（警察や軍隊）を有するというものである。

が稀であることが、プラトンやアリストテレスなどにより高い評価を受けた。

ではなぜスパルタではそれが可能であったのか。ここでは男性市民に対して公的な教育、公的な形での毎日の晩餐を義務づけたことで、同じ価値観が育まれることになり、それにより仲間が異なる意見や振る舞いをすることに市民相互の同調圧力が働くことで、秩序が維持されたと考えられる。スパルタ市民を「ホモイオイ」、すなわち同等者と呼ぶのは経済的な平等ではなく、価値観や社会的立場の点で同等という意味が濃いと考えられ、それはプラトンが『ポリテイア（国家）』で展開した理想の社会に近いものであった。(68)

しかしテルモピュライのエピソードなどから軍事的な側面が強調されて、そのイメージに基づいて古代においてすでに現実と異なる認識がなされていた。これはスパルタ人自身が意図的に生み出した部分があることは先に指摘したとおりである。そしてローマを経て、西洋文明の伝統において、各時代で自分たちの社会との比較のなかで注目は絶えず、その都度、新たなスパルタ像が提示されてきており、それは現在も変わらない。この伝承の過程をたどることは西洋文明を理解するうえで面白い材料を提供するのだが、その議論は機会を改めることにしよう。

(68) それゆえプラトンの思想については「全体主義的」と批判するポパーの意見などがある。

読書案内

W・G・フォレスト（丹藤浩二訳）『スパルタ史　紀元前九五〇―一九二年』渓水社、一九九〇年

＊わが国でスパルタを対象に書かれた書物は一冊しかない。著者はイギリスの代表的な歴史家の一人。ただし原著の初版が一九六八年（これは一九八〇年の第二版の訳）で、八〇年代以降のスパルタ史研究の大転換前であることには注意が必要。

A. J. Bayliss, *The Spartans*, Oxford, 2020

N. Kennell, *Spartans : A New History*, London, 2010

＊近年の英語での手軽な入門書。

新村祐一郎、清永昭次、岩田拓郎、古山正人、中井義明、筆者（長谷川岳男）の研究論文

＊個別の研究についてはわが国でも優れたスパルタ史家の研究があるので、関心のある人はCiNii Articles（https://ci.nii.ac.jp）でこれらの研究者の論文を探してみてほしい。

A. Powell, (ed.), *A Companion to Ancient Sparta*, Hoboken, 2018

＊欧米の最新研究成果や後代のスパルタ認識はこれでほぼ網羅している。

S・プレスフィールド（三宅真理訳）『炎の門――小説テルモピュライの戦い』文春文庫、二〇〇二年

＊歴史研究ではないが、右の小説はテルモピュライの戦いをテーマとしたもので、アメリカではベストセラーとなった。

ヘロドトス、トゥキュディデス、クセノフォン『ギリシア史』、同『小品集』（ラケダイモン人の国制／アゲシラオス）、プラトン、アリストテレス、プルタルコス、パウサニアス（特に『ギリシア案内記二』周藤芳幸訳、京都大学学術出版会など）

＊史料も多くが様々な出版社から翻訳されているので、読んでみてほしい。主なものの著者名を執筆年代順にあげた。

曽田長人『スパルタを夢見た第三帝国――二十世紀ドイツの人文主義』講談社、二〇二二年

＊ナチス時代のドイツのスパルタ認識について参考になる。

第3章　アテナイ
――民主主義、文化・芸術の都――

師尾晶子

本章では，後世，ギリシア世界の象徴的な存在として見なされ，その民主政，そしてここで生み出された文化が西洋文明に多大な影響を与えたポリス，アテナイを扱う。その国制，対外関係，内政の変遷をわかりやすく概観しつつ，これまで詳しく説明されることのなかった，貨幣や交易などの経済的な面にも注目していく。たびかさなる敗戦にもかかわらず，文化的な影響を持ち続けたアテナイの歴史を多面的に考察する。

フィロパポスの丘から見たアクロポリス
（筆者撮影）

アテナイの遺産

アテナイは先史時代から今日まで継続して人が居住していた数少ない地である。その長い歴史のなかで、今日に至るまで最も注目されてきたのが「古典期」のアテナイであった(1)。他地域と比較してもアテナイ史の他の時代と比較しても、考古史料・文献史料ともに、最も豊富に史料が残存している時代であるが、それだけではない。民主政の時代であり、パルテノン神殿をはじめとする荘厳な建造物の数々、豊かな文学・哲学等の作品が生み出された時代にあたる。哲学者のソクラテスやプラトン、三大悲劇詩人と称されるアイスキュロスやソフォクレス、エウリピデス、喜劇詩人のアリストファネス、歴史家のトゥキュディデス、弁論家のイソクラテスやデモステネスなどはみな、「古典期」に活躍したアテナイ人である。そこで生み出された民主政、裁判制度や戦没者追悼といった文化は、近代欧米社会の形成に大きな影響をあたえた。本章では、ポリスとしてのアテナイの歴史をその特殊性と普遍性に注目しながら見ていく。

「ギリシアの学校」アテナイ

前四三〇年冬、ペロポネソス戦争（前四三一～前四〇四）の第一年目の戦没者の国葬に際して、ペリクレス(2)が追悼演説を行った（トゥキュディデス『歴史』第二巻三五～四六節）。このなかで、ペリクレスは、アテナイ民主政が他の人々の模範となるものであり、アテナイ自身が「ギリシアの学校」であると高らかに語った。実際、ペリクレスが演説を行ったときのアテナイが、ギリシアで最も豊かな都市の一つであったことは疑いない。各地に大規模な神殿が建造され、市民はポリスの祭典を享受し、そこで行われた演劇や音楽、スポーツの競演では、市民だけではなくポリス外部からの参加者および観客をも惹きつけていた(3)。

（1）「古典期」は一般的にペルシアとの本土決戦の終わった前四七九年からギリシア連合がマケドニアに敗れたカイロネイアの戦い（前三三八）ないしアレクサンドロス大王の死去した前三二三年までを指す。近年は、前三二三年を一つの区切りとすることが多い。ざっくりと言ってしまえば、前五世紀と前四世紀。

（2）ペリクレス（前四九五頃～前四二九）はアテナイの軍人、政治家。

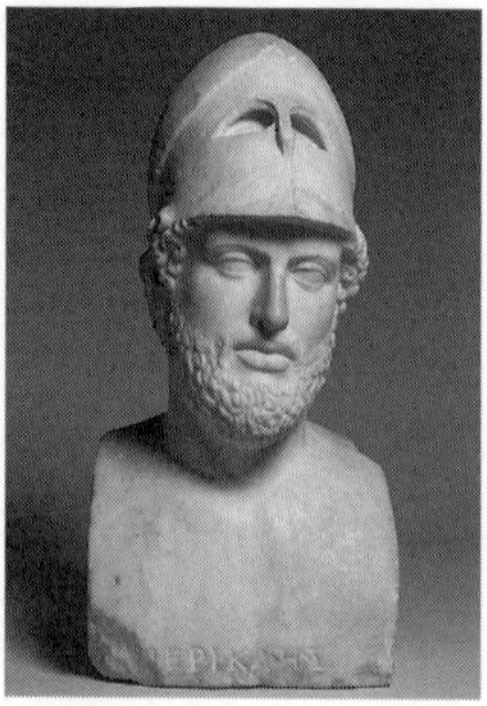

図1　ペリクレス胸像（2世紀，大英博物館蔵）ローマ時代の模刻。

（3）第4章、特に七八～七九頁を参照。

一〇〇〇ともいわれるポリスをはじめとする独立した共同体から成り立っていた古代ギリシア世界において、アテナイは数あるポリスのなかの一つにすぎない。しかしながら、古典期のアテナイの遺産はヘレニズム時代、ローマ時代に取捨選択されつつ引きつがれ、さらにビザンツ帝国およびルネサンス以来の西欧に継承され、今日まで西欧文明の源と位置づけられている。

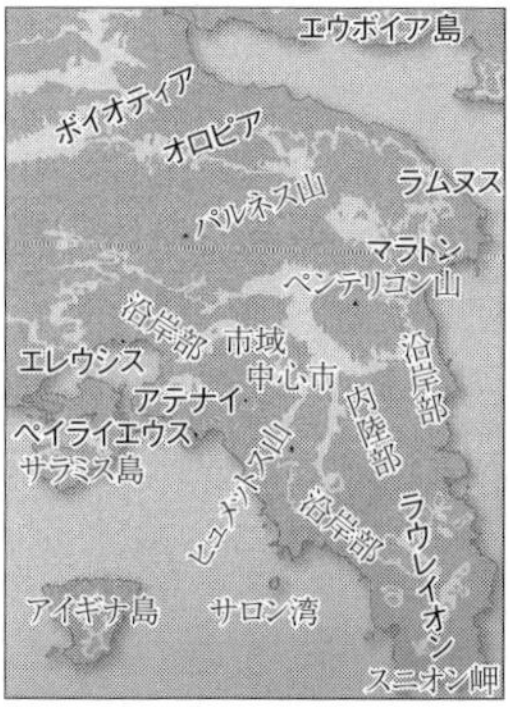

図2
アッティカの地図

ポリスアテナイの成立とその領域

アテナイのアクロポリス周辺地域は、新石器時代には居住地として利用されており、ミュケナイ時代（前一六～前一二世紀）にはアクロポリスに宮殿がつくられ、小王国の形態をとっていた。ミュケナイ王権の崩壊後、多くの宮殿が放棄されたなかにあって、アテナイから住民が消えることはなかった。アクロポリスからは居住が継続していた痕跡も見つかっている。前八世紀に入ると、アテナイに居住していた住民はアッティカ各地へ移動し定住した。伝説によれば、アテナイの初代の王テセウスが集住（シュノイキスモス）を行ったとされるが、テセウスによる集住とは、アテナイの住民がアッティカ各地に「植民」することでアッティカが一つのポリスとして形成されたことを示している。(4)アテナイは、国境争いをしていた隣国のメガラとの戦いに勝利して、前七世紀にアッティカ西部のエレウシスを獲得し、さらに前六世紀にはエレウシスの対岸のサラミス島を獲得してここに植民者を派遣し、ポリスに併合した。

こうして形成されたアテナイの領域は、ポリスとしては例外的に大きなものとなった。(5)アテナイより広い領域を有していたのは、スパルタやシチリア島のシュラクサイくらいである。他ポリスが各地に植民活動を行ったいわゆる大植民時代（前七五〇頃～前五五〇頃）に植民活動を行わずにいたのも、このような背景があったからだと考えられる。

(4) このような歴史が、アテナイが自分たちを「生え抜きの民（アウトクトネス）」と自負したことにつながった。シュノイキア祭は、テセウスによる集住（シュノイキスモス）を記念したポリスの祭典であった。

(5) アッティカの面積は、約二五〇〇平方キロメートル。日本の都道府県では佐賀県と同じくらいの面積。ヨーロッパではルクセンブルクと同じくらいである。今日の国家規模から考えれば明らかに小さいが、全員が顔見知りという原則にのっとった政治形態を思えば、例外的な大きさであったと言える。

民主政への歩み

他のポリスと同様に、ポリスとしてのアテナイもまた少数の有力家系の人々が支配する貴族政から出発した。民主政への歩みは、貴族内部の闘争と新たに力をつけてきた平民層の不満から生まれた社会の動揺から始まった。アテナイ民主政の歩みと仕組みについては、伝アリストテレス『アテナイ人の国制』に詳細な記載があり、今日まで最も重要な史料の一つとなっている。(6)『アテナイ人の国制』の記述によりながら、アテナイ民主政の確立までの流れを概観しておこう。

民主政への移行の第一歩とされるのが、ソロンの改革である。前五九四年、ソロンは、家柄ではなく財産高に応じて四分類した身分に応じて参政権をあたえる財産政治（ティモクラティア）を実施した。これにより、政権に参与できる市民の割合は拡大した。民主政への第一歩とされるゆえんである。しかしながら、その後も貴族間の闘争がおさまることはなく、前五六〇年代末からペイシストラトスによる僭主政に移行する。数十年にわたる断続的な僭主政の時代を経て、前五〇八／七年のクレイステネスの改革によって、アテナイの民主政の仕組みは確立された。ギリシア世界のなかで最も早く民主政を導入したポリスであった。クレイステネスの後も民主政の制度改革は続き、前四六二／一年には、エフィアルテスはペリクレスとともに貴族の牙城とされたアレオパゴス評議会の実権を奪い、アレオパゴス評議会の保持していた権限を五〇〇人評議会、民会、民衆法廷に移譲した。前四五一／〇年には、「両親ともアテナイ人から生まれた子のみがアテナイ市民権を有する」と定めたペリクレスの市民権法が立法され、アテナイ民主政の制度は完成した。(7)

(6) 一八七九年および一八九〇年にそれぞれエジプトで発見されたパピルスが、これまで散逸したと考えられていた『アテナイ人の国制』を記したものであることが明らかにされた。特にまとまった形で出土した後者の解読と編纂が一八九一年に発表されると、前四世紀末までのアテナイの国制史の歩み、アテナイ民主政の仕組みについての知見は格段に増すことになった。『アテナイ人の国制』の執筆年代は前三三〇年代末から前三二〇年代と考えられている。

(7) アテナイ人は、古くはクレイステネスが民主政を導入したと考えていたが、前五世紀末頃から、ソロンを民主政の創設者と見なすようになった。特に前四一一年の寡頭派革命では、ソロンおよびクレイステネスの国制は「父祖の国制（パトリオス・ポリテイア）」と称され、理想視された。前四〇四／三年の三十人政権（三十人僭主）が倒壊させられると、「父祖の国制」が政治スローガンに用いられることはなくなったが、前三二二年にアテナイ民主政が倒されると、「父祖の国制」のスローガンが復活した。とりわけファレロンのデメトリオス（前三一八～前三〇七年までアテナイの実質的な支配者）は自身をテセウス、ソロンに次ぐ、「第三

民主政運営の仕組み

民主政運営の根幹となったのは、クレイステネスの改革によってつくられた一三九からなる区（デーモス）と一〇部族であった。アッティカ全土に散らばった区は、地理的な条件によって、市域、沿岸部、内陸部の三つの地域に振り分けられ、それぞれ一つないし複数の区からなる一〇地区にまとめられた。そして三つの地域からそれぞれ一地区ずつを組み合わせたものを一つの部族として、人工的な一〇部族がつくりだされた(8)。クレイステネスの改革による一〇部族制は前三一七年まで保持され、前三〇七／六年に一二部族になり、前二二九／八年には一三部族になったが、ヘレニズム時代以降もアテナイの組織の根幹としてこの行政単位は保持された。

『アテナイ人の国制』において「国制の現状」（四二章一節）として叙述されたアテナイ民主政の仕組みを概観しておこう。

男性市民は一八歳になると市民登録が行われた。上述のように、前四五一／〇年以降、両親ともにアテナイ人であることが市民としての条件とされた。民主政運営の基本的な機関となったのは、民会と評議会、そして民衆法廷であった。民会は年に四〇回の定例会が開かれ、成年男子のだれもが参加することができた。五〇〇人評議会は、各部族から五〇名ずつ、三〇歳以上のくじ引きで選ばれた者から構成され、生涯に二度まで就任が可能であった。五〇〇人が常に集まるのではなく、各部族から選出された五〇人がプリュタネイスとしてそれぞれ一年の一〇分の一の期間、輪番制で議案の準備ほか、その他の実務を担った(9)。民衆法廷は裁判員として登録された六〇〇〇人の三〇歳以上の市民から、二〇一人ないし五〇一人、時にそれ以上の規模の法廷がつくられ有罪無罪の判定を行った。職業裁判官は存在せず、すべての判定はくじ引きによって選ばれた裁判員によってなされた。このほかに政治の運営に必要な役人も存在したが、彼らも大部分が三

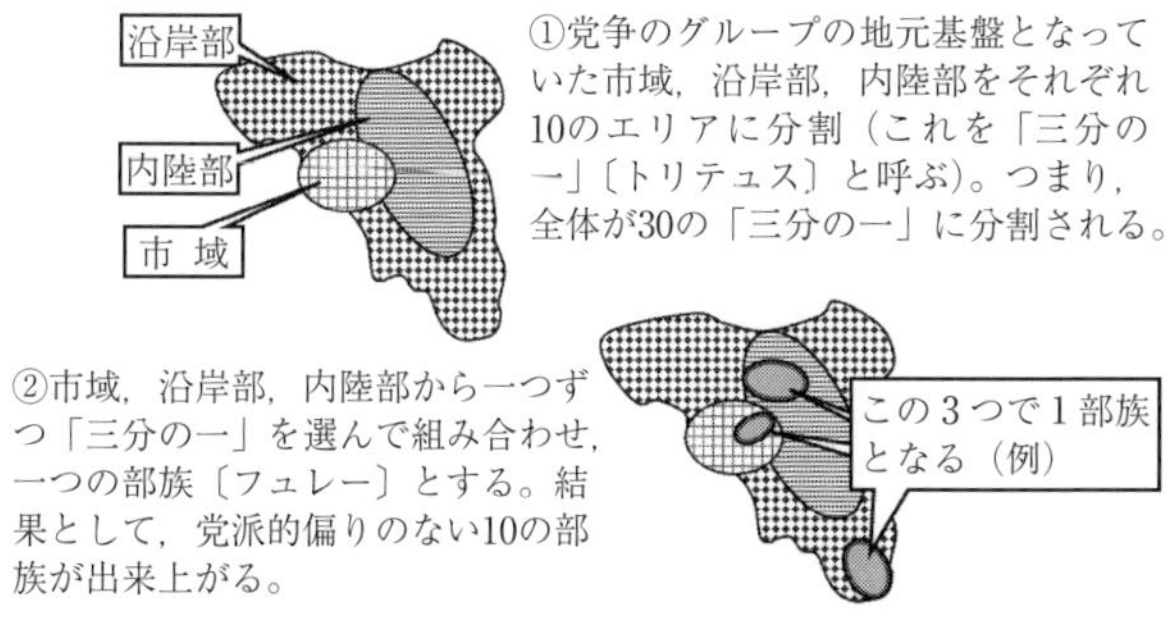
沿岸部
内陸部
市 域
①党争のグループの地元基盤となっていた市域，沿岸部，内陸部をそれぞれ10のエリアに分割（これを「三分の一」〔トリテュス〕と呼ぶ）。つまり，全体が30の「三分の一」に分割される。
②市域，沿岸部，内陸部から一つずつ「三分の一」を選んで組み合わせ，一つの部族〔フュレー〕とする。結果として，党派的偏りのない10の部族が出来上がる。
この3つで1部族となる（例）
図3　部族とトリテュスの仕組み（齋藤貴弘氏作成，用語を一部改変）

の国制改革者」と位置づけて、このスローガンを利用した。ペリクレスの市民権法についての新解釈については、第4章七九頁を参照。

(8) 各部族を構成した市域、沿岸部、内陸部のそれぞれの区域はトリテュス（三分の一の意）と呼ばれた。アリストテレス『アテナイ人の国制』二一章三—四節に仕組みが詳解されて

図4　くじ引き機（前3世紀，アテネ，古代アゴラ博物館蔵）

表1　アテナイの部族と名祖

	部族名	名　祖
1	エレクテイス	エレクテウス
2	アイゲイス	アイゲウス
3	パンディオニス	パンディオン
4	レオンティス	レオス
5	アカマンティス	アカマス
6	オイネイス	オイネウス
7	ケクロピス	ケクロプス
8	ヒッポトンティス	ヒッポトオン
9	アイアンティス	アイアス
10	アンティオキス	アンティオコス

〇歳以上の市民から抽籤で選ばれ、任期は一年であった。また一〇人同僚制という形式をとっていた。各部族から一名ずつが担当することで、部族の利害を調整し、また一人の人物に権力が集中することを防いだのである。軍事司令官も一〇名選ばれたが、これは抽籤ではなく、挙手によって選出され、再任も認められた。当初、これらはすべて無報酬で運用されていたが、前五世紀半ば頃より、まず裁判員手当が支給されるようになり、その後、評議員や民会出席にも手当が支給されるようになった。デロス同盟期には、租税に加えて、貢租や、ほかの同盟諸国からの収入によって政治および軍事に必要な経費がまかなわれていた（『アテナイ人の国制』二四章二節）。

アッティカの住民構成

アッティカに居住していたのは市民だけではなかった。市民以外に在留外国人（メトイコイ）、そして奴隷が存在した。人口については、推測に頼る部分も大きく、研究者の見積もりにも大きな相違があるが、ペロポネソス戦争開戦時の頃には、おおむね成人男子市民の数は三～四万人であったと推測されている[10]。在留外国人は、アテナイ人以外のギリシア人および非ギリシア人からなり、アテナイに一定期間以上の滞在を認められた人々であった。彼らは自由人ではあったが、人頭税を納める義務を負った。非市民であるということで、土地の所有も認められなかった。そのため彼らの多くは商工業に従事した。古典期以降、非ギリシア系の購入奴隷がアテナイに流入するが、彼らは市民および在留外国人に所有され、その経済活動のために使役された。

アテナイの経済——交易と貨幣

先述のソロンは、穀物生産には適さないアッティカの地にオリーブの植樹を推奨したことでも知られる。産出されたオリーブ油はアテナイの主要な産物となり各地に輸出されるようになった。一方、ソロンは、アッティカで生産された穀物の輸出を禁止した（プルタルコス『ソロン』二四章）。食糧の確保は、当初からアテナイにとって重要な関心事であった[11]。アテナイの政策はアルカイック期と古典期、貴族政期と民主政期、あるいはペルシア戦争の前後で対比的に捉えられがちだが、食糧ほかの物資の確保という側面から見ると、その経済政策には共通性と継続性も見てとれる。

交易ルートの開拓

アテナイによる黒海地域との交易ルートの開拓は前七世紀末頃から始まったが、この動きが活発になるのは、前六世紀半ば頃からである。有力貴族主導によって行われたこれらの活動は、個々の貴族たちの利益追求という側面を否定することはできないものの、派閥の利害とは関係なく、ポリスの安定のために継続的に推進されていたものであった。穀物の輸入だけではなく、木材をはじめとする資源の輸入のためにも交易ルートの確保は欠かせなかった。

前六世紀半ば、ペイシストラトスは、黒海地域との交通の要衝の地シゲイオンを占領した。シゲイオンはヘレスポントスの入口の小アジア側に位置する。さらに、大ミルティアデス（マラトンの戦いで活躍した将軍ミルティアデスの伯父）はシゲイオンの北側の半島ケルソネソス[12]を植民し、ポリスアテナイの承認のもとに初代僭主となった（ヘロドトス『歴史』六巻三四〜三八章）。甥のミルティアデスも、前五一六年、第三代僭主としてケルソネソスに赴いている。彼は、前六世紀末にケルソネソス半島に程近いレムノス島とインブロス島を占領し、住民を追放してアテナイ市民を植民者として送り込んだ。

アテナイの国制が民主政に変わってからも、エーゲ海北部および黒海へと続く交易ル

図5　身分証（前4世紀，アテネ，古代アゴラ博物館蔵）

いる。デーモスへの所属は子孫に承継されたので、時代とともに居住地と所属デーモスとが異なることもあった。

(9) プリュタネイスが輪番で担当した期間はプリュタネイアと呼ばれた。順番はくじ引きで決められた。通常の年の場合、最初にプリュタネイスを務めた四部族は三六日を、残りの六部族は三五日間担当することになっていた（太陽太陰暦をとっていたギリシアでは、一年は三五四日で、閏

図6　トリコスの洗鉱場（筆者撮影）

図7　ラウレイオン地域のトリコスにのこる坑道（筆者撮影）

ートの確保への関心が弱まることはなかった。アテナイの東側に位置するエウボイア島のカルキスには前六世紀末にアテナイから四〇〇〇人の植民者が入植した。民主政アテナイ最初の海外政策であった。ミルティアデスの息子キモンも一族のエーゲ海北部開発への関心を引きついだ。キモンは、前四七〇年代にデロス同盟の同盟軍を率いて、トラキア地方の木材や鉱山資源の獲得の拠点となるストリュモン河口のエイオンを攻略し、さらに交易ルート上にあるスポラデス諸島の島スキュロスを征服し、ここにアテナイ人を入植させた。これらの植民者は、入植後もアテナイ市民権を保有し、兵役義務を負った。レムノス島、インブロス島、スキュロス島は、以後長らくアテナイのアッティカ外部の遠隔領土であり続けることになる[13]。

貨幣（硬貨）の鋳造と流通

貨幣（硬貨）の鋳造[14]はアナトリアのリュディアで始まり、ギリシア世界にはリュディアから伝わったと考えられている。前七世紀末にはエフェソスにおいて貨幣が使用されていたことも考古学上明らかになっている。アテナイで貨幣の鋳造が始まったのは、それよりも遅れて前六世紀半頃で、この時の重量単位は二ドラクマを基本としていた。当初、原材料たる銀はアッティカの様々な地域で産出されたもので、質の高いものではなかった。局地的な交易を目的としたもので、発行地も示されていなかった。

貨幣のデザインと重量単位が変更されたのは前五一〇年代のことである。この頃、ラウレイオンで銀を多く含む良質な鉱床が発見された。重量単位は二ドラクマ（約八・五グラム）から四ドラクマ（約一七グラム）に変更された。当初、表面にゴルゴネイオン[15]を打ち出したデザインが使われ、発行地も示されていなかったが、まもなく表面に女神アテナの横顔を、裏面に梟とオリーブの枝と発行地を示すΑΘΕ（アテナイの省略形）を

図8　アテナイのゴルゴネイオン4ドラクマ貨（前510年頃，大英博物館蔵）

図9　アテナイの4ドラクマ貨（前5世紀，大英博物館蔵）

打ち出したデザインが採用された。前六世紀末に重量単位もデザインも変更されたということで、クレイステネスの改革との関連を指摘する研究者もいるが、四ドラクマ貨の発行後にデザインを変更して発行地を加えていることから、政治的理由よりも経済的な事情によるところが大きいと考える研究者もいる。アテナイ貨が国際的な価値を持ち始めたことで、発行地がすぐに認識できるようなデザインが必要になったのではないかと推測されている。貨幣の発行は、銀の産出増とともに増加した。前四九〇年代および四八〇年代に、アテナイでは四〇〇〇タラントン（一〇〇トン強）の銀貨が発行されたと推測されている。

　前四八三／二年、ラウレイオンでの採掘事業から生ずる年間の国家収益が一〇〇タラントンにおよび、これを市民に分配しようという提案がなされた。テミストクレスはこれに反対し、一〇〇隻ないし二〇〇隻の三段櫂船を建造するよう提議した（ヘロドトス『歴史』七巻一四四章［二〇〇隻］、伝アリストテレス『アテナイ人の国制』二二章七節［一〇〇隻］）。この時建造された三段櫂船は、前四八〇年から前四七九年にかけてくり広げられた対ペルシア戦役で大いに活躍することになる。

　ペルシア戦争後も貨幣は必要とされた。継続される遠征に必要な艦船の原材料としての木材の確保のためにも、艦船の乗組員への手当支払いのためにも、各地との交易のためにも、貨幣は入用で、その生産量は拡大した。前五世紀後半には、東地中海および南イタリアに流通した貨幣の大部分がアテナイの貨幣に変わったことが、考古資料から明らかになっている。言うなれば、銀貨はアテナイ最大の輸出品となった。代わりに各地の物資が輸入されたのである[16]。

表2　アッティカの硬貨

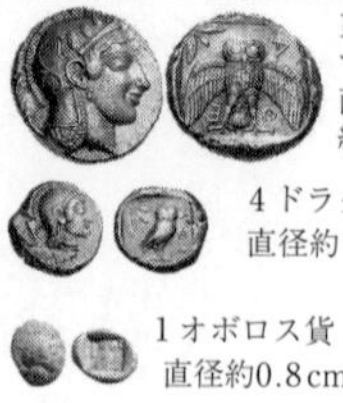

貨幣の大きさの比較	貨幣単位	重　さ（g）
10ドラクマ貨 直径約3.3cm	10ドラクマ	43
	4ドラクマ	17.2
	2ドラクマ	8.6
	1ドラクマ（6オボロス）	4.3
4ドラクマ貨 直径約2cm	4オボロス	2.85
	3オボロス	2.15
	2オボロス	1.43
1オボロス貨 直径約0.8cm	1オボロス	0.72
	4分の3オボロス	0.54
	半オボロス	0.36
	8分の3オボロス	0.27
	4分の1オボロス	0.18
	8分の1オボロス	0.09

年の時は三八四日。この場合、それぞれ三八日、三九日担当することになる）。プリュタネイスのシステムは、クレイステネスの時代にはまだなかっただろうと推測されている。

（10）アテナイの人口は、前六世紀後半から増加のスピードを上げ、前四三〇年代に最大に達したと考えられている。その後はペロポネソス戦争および前四三〇年の疫病の流行等の危機によって急減し、前四世紀に緩やか

ペイライエウス港の開発

テミストクレスによる建艦の提議が行われた年から遡ること一〇年、前四九三／二年、ペイライエウス港の整備が始まった。テミストクレスがアルコンを務めた年で、これもまたテミストクレスの建議であったと伝えられる。これまでアテナイではペイライエウスの東側に位置するファレロンが主要な港であったが、地形上、大型船の航行、停泊には適していなかった。カンタロス湾、ゼア湾、ムニキア湾という天然の三つの湾を持つペイライエウスは、軍港としてもよりふさわしいと考えられた。以後、ペイライエウスは、軍港として、また東地中海交易の中心港として発展を遂げていくことになる。

前四六〇年代までには、ペイライエウスとアテナイは二本の長城によって囲まれ、港と中心市は、城壁によって守られることになった。ペロポネソス戦争開戦直前、ペイライエウス港には三〇〇隻の艦船が準備されていたと伝えられる（トゥキュディデス『歴史』二巻一三章八～九節）。それゆえに、前四〇四年にアテナイが敗戦すると、城壁とともにペイライエウスの海軍施設はスパルタの命令によって破壊され、艦船の保有は一二隻に限定された。前四世紀はじめ、アテナイが艦隊の再建に着手すると、ペイライエウスの再建も始まった。前四世紀半ばには、三段櫂船の数は三七〇隻を超えた。さらに前四世紀後半には、ゼア湾岸に海軍工廠がつくられた。しかしながら、前三二二年にラミア戦争に敗れると、マケドニア軍はペイライエウスに駐留軍を常駐させた。ペイライエウスがマケドニア軍に占拠された状態は前二二九年まで続いた。艦船を失い、港湾使用の自由を失ったアテナイは、前三世紀を通じて食糧の確保をめぐる内外の政策に右往左往することになった。

に回復していったと考えられている。最大時の成人男性市民の人口の見積もりは、三万人台から六万人までと大きな開きがある。前三一七年にファレロンのデメトリオスが行った人口調査では成人男性市民の人口は二万一〇〇〇人、在留外国人は一万人であった。ポリス研究の碩学ハンセンは、デモステネスの時代のアテナイの人口を、成年男子市民は三万人程度、全人口は二〇万から二五万くらいだっただろうと推測している。

(11) アテナイの食糧自給率をめぐっては、研究者の見積もりは必ずしも一致していない。アテナイの交易ルートの開発と穀物輸入との関係を否定する研究者も少数ながら存在する。

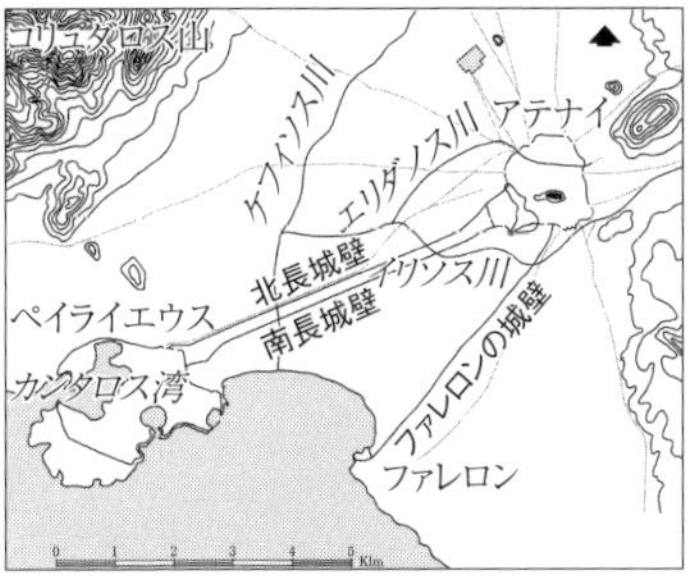

図10　アテナイとペイライエウス
（J. Travlos, *Pictorial Dictionary of Ancient Athens*, New York, 1971, p. 164, Fig. 213より作成）

デロス同盟の結成

すでにアルカイック期から海外領土の獲得に乗り出していたアテナイであったが、圧倒的な存在感を示し始めたのはペルシア戦争の時代であった。前四八〇年のサラミスの海戦での艦隊の活躍は、アテナイの制海権を知らしめることになった。前四七八／七年、アテナイはデロス同盟の盟主となった。トゥキュディデスによれば、当初、アテナイは盟主として「覇権（ヘゲモニア）」を有した。しかしながら、アテナイと同盟国との関係はまもなく変質し、同盟国に対してアテナイは支配権（アルケー）を行使するようになった（『歴史』一巻九六～九九章）。

このアテナイの支配権は、欧米では「アテナイ帝国」と称されることもある。しかしながら、アテナイの支配は、ペルシア帝国やローマ帝国と比較しても、制度的には不完全なものであった。ペルシア帝国の制度から、同盟支配の方法を発想していたであろうことはたしかにうかがえる。貢租（フォロス）という名で同盟国から毎年貢納金を納入させたこともその一つである[17]。ある時期から貢租の徴収に当たって、ヘレスポントス地区、島嶼地区、トラキア地区、イオニア地区、カリア地区というように地域分けしたことも、ペルシア帝国の州（サトラペイア）に着想を得ているように見える[18]。しかしながら、各地区を統括する総督（サトラペス）のような役人がおかれることはなかった。同盟国から継続的に種々の資源を収奪するような仕組みも持っていなかった。ただし、支配機構として不完全だからと言って、同盟国の自治に対する干渉がなかったというわけではない。上述の貢租の徴収はもちろん、役人および駐留軍の派遣も知られている。

デロス同盟はギリシア世界で初めての攻守同盟ではない。第2章で触れられているように、スパルタを盟主とするペロポネソス同盟は前六世紀から存在していた。ただし、それは陸軍を中心とした同盟であった。デロス同盟の特徴は、艦隊を中心とする同盟で

図11
第１貢租初穂表（前454/3～前440/39，アテネ，碑文博物館蔵）
高さ3.58メートル強，幅1.15メートル，厚さ0.385メートルの大理石碑。

図12
第２貢租初穂表（前439/8～前432/1）の部分（アテネ，碑文博物館蔵）

あったというところにある。有事の際に召集がかかれば、それぞれのポリスから武器を携えた兵士が出陣するといった従来の攻守同盟の運用とは全く異なる原理をもつことになった。艦船の建造、艦船の保守と整備、そして漕ぎ手の確保と手当の支払い。これらを継続的に維持していかなくてはならなかったのである。艦船と艦隊の維持のための資金源として必要とされたのが貢租（フォロス）であり、同盟国から徴収された貢租は同盟金庫に保管された。同盟金庫は当初はデロス島におかれたが、金庫の管理と貢租の徴収の責任を負ったヘレノタミアイ（ギリシアの財務官の意）は、当初からもっぱらアテナイ人から選ばれた。前四五四年、同盟金庫はアテナイに移され、少なくともこの年から、貢租の六〇分の一はアテナイの守護神アテナに捧げられることになった。各ポリスが支払ったこの六〇分の一を刻んだ貢租初穂表は、アテナイのアクロポリスに建立された。ペロポネソス戦争が開戦し、戦費がかさむようになると、貢租の徴収はアテナイの財政にとって重大な関心事となり、徴収強化をはかる強権的な民会決議がつぎつぎに出され、その結果が石碑に刻まれた[19]。

デロス同盟下のアテナイの対外政策——民主政と「帝国」

前四八〇年のサラミスの海戦、前四七九年のプラタイアの戦い以後も、アテナイはペルシアとの戦闘を継続し、前四六〇年代初めには小アジア南部のエウリュメドンの戦いで、ペルシア帝国の軍隊を撃退した[20]。一方、長引く戦闘は、同盟国の不満を高め、反乱を誘発した。アテナイはこうした同盟国の反乱にも対処しなくてはならなかった。さらに覇権を争うスパルタとの緊張も高まり、前四六一年頃から第一回ペロポネソス戦争が始まった。前四四六年に三〇年の和約が締結されたが、アテナイはボイオティア地方の支配権を失った。

(12) トラキアのケルソネソス。現在のガリポリ半島。
(13) レムノス島およびインブロス島は後二〇〇年頃までアテナイの領土であり続けた。スキュロス島は前四〇四年にいったんアテナイの支配から解放されたが、前三八六年の「大王の和約」でアテナイの領土と認められ、後二〇〇年頃までアテナイの支配下におかれた。
(14) 鋳造という言葉を用いているが、鋳貨ではなく打ち型を用いた打刻貨幣である。
(15) ゴルゴネイオンとは、ゴルゴンの首をかたどったデザインで、アテナイの守護神アテナの楯の中央部の装飾に使われていた。
(16) ラウレイオンの鉱床は、前四世紀末までに資源が枯渇した。前二世紀から発行された新デザインの四ドラクマ貨は鉱滓からつくられたと言われている。
(17) 当初は、艦船を供出するか、貢租を納入するかの選択が認められていたが、まもなく艦船の供出は、サモス、キオス、レスボスのみとなった。
(18) 地区分けは一貫していたわけではなかった。アケメネス朝の州および州知事については、第1章一〇頁を参照。
(19) 同盟国に貢租徴収の責任者の選定を

休戦期間もアテナイの「帝国」政策は続き、アテナイの支配に反発する同盟国の反乱をまねくことになった。アテナイは、反乱を鎮圧した同盟国の内政に干渉し、しばしば親アテナイ派的な政権を樹立し、反乱鎮圧後の裁判に干渉し、監視のための駐留軍や役人の派遣を行った。アテナイ市民は、必然的にデロス同盟の支配に関わっていくことになった。市民みずからが裁判員として反乱者を裁き、鎮圧後の当該国のあり方を決定したのである。同時に、同盟国の内部に協力者をつくり、彼らにプロクセノス（名誉領事）の称号を与えて、彼らが国内の反アテナイ派から危害を受けないように保護するとともに、彼らがアテナイの利益のために活動することを期待した(21)。

　このような硬軟取り混ぜたアテナイのデロス同盟支配の実態については、文献史料とともに関連する碑文史料から再構成が試みられている。ただし、碑文史料は断片的なものも多く、また決議年代が不明なものも多い。字体の変化に大きく依存した年代決定のあり方は、二一世紀に入ってからほぼ否定された。それでも、決議碑文の解読自体が一九世紀以来の厖大な研究史と密接に関わっているため、決議碑文の背景を新たに問い直すことは簡単ではなく、決議年代をめぐる論争は今なお決着をみたとは言えない。

　なお、デロス同盟の掌握に重要な役割を担ったプロクセニア制度だが、相手国に自国の権益代表としてプロクセノスを指名するという制度自体は、前七世紀以来、知られている(22)。だが、プロクセニア制度がアテナイによるデロス同盟の統治装置として急速に発展したことは疑いない。そして、おそらくアテナイの制度に刺激された形で、プロクセニア制度は、前四世紀以降、他のギリシアポリスにも急速に広がった。

　デロス同盟は、アテナイがペロポネソス戦争に敗戦したことで解体された（前四〇四）。今度はアテナイが内政干渉を受け、スパルタ主導による寡頭政（「三十人僭主」）が樹立された。しかし、「三十人僭主」とよばれるこの寡頭政は長くは続かず、前四〇三年には民主政が復活した。

前四世紀のアテナイ

前四世紀に入ると、アテナイの回復は政治的にも経済的にも早かった。前四世紀初めにはコリントス戦争[23]に参戦し、スパルタと戦を交えた。前三九四年のクニドスの戦いで、亡命中のアテナイ人コノン[24]率いるペルシア艦隊がスパルタ軍を破ると、コノンはペイライエウス港に帰港し、ペロポネソス戦争の敗戦によって取り壊されていた長城の再建に着手した。前三八六年の「大王の和約」ではスパルタの覇権が認められたが、スパルタの他国への干渉に対する不人気を利用して、アテナイは前三七八／七年に第二次海上同盟を組織するに至った。

前三七七年春にまとめられた第二次海上同盟の設立憲章においては、「大王の和約」を尊重し、デロス同盟において同盟国から不評を買った貢租の徴収や役人派遣、駐留軍派遣、内政干渉などを行わないことが約束された。二〇〇を超える加盟国を集めたデロス同盟ほどではなかったにせよ、六〇国ほどが第二次海上同盟に参加した。

貢租の徴収こそ行われなかったものの、まもなくアテナイは醵出金（シュンタクシス）という名目で同盟国から金銭を徴収することを始めた。役人や駐留軍の派遣を行わないという約束も反故にされた。内政干渉も始まった。前三六〇年代のケオス島のイウリスの内乱に干渉した際には、裁判の一部はアテナイに移管された。前三六〇年代以降、植民（クレルーキア）という形での土地の蚕食も認められるようになった。前三七一年にレウクトラの戦いでスパルタがテーバイに敗れると、当初の対スパルタ同盟という性格が失われ、スパルタと手を組み、テーバイに対抗する同盟へと性格を変えた。こうした事態は多くの同盟国の反発を招き、前三五七年から前三五五年にかけて同盟市戦争を引

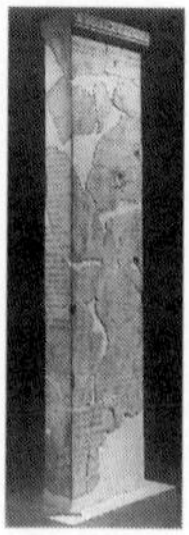

図13　第二次海上同盟の設立憲章（アテネ，碑文博物館蔵）

求めた「クレオニュモスの決議」（前四二六／五）、貢租額と被査定国の数の大幅増を決定した「貢租再査定決議」（前四二五／四）、貢租を遅滞なくアテナイに運ぶ手順を改めて定めた「クレイニアスの決議」（前四二〇年代）などが代表的な決議である。「クレイニアスの決議」は、かつては前四四七／六年の少し前の決議と考えられていたが、現在はその内容から、「クレオニュモスの決議」および「貢租再査定決議」よりも後に出された決議であるということが、研究者の間で合意されている。

(20) 第1章を参照。

(21) 交易の便宜、軍事支援を得るために周辺国の有力者を顕彰し、プロクセノスの称号を与えていた一例については、第5章を参照。

(22) 現存最古の事例は、コルキュラのプロクセノスだった人物で、コルキュラの公費によって建立された墓碑には「国民（ダーモス）のプロクセノ

き起こすに至った。その結果、同盟国の大部分がアテナイから去り、第二次海上同盟は事実上分解した。アテナイは、第三次神聖戦争(25)（前三五六～前三四六）への介入に加えて、前三五〇年代末からはマケドニアのフィリポス二世との戦争と外交交渉に明け暮れることになる。前三三八年にカイロネイアの戦いでマケドニアに敗北すると、同盟は正式に解体された。翌年、フィリポス二世主導のもとに結成されたコリントス同盟にはアテナイも加盟し、マケドニアの影響下に入った。

ヘレニズム時代のアテナイ

前三二二年、ラミア戦争に敗北したアテナイは、完全にマケドニアの支配下におかれることになる。ペイライエウスのムニキアの丘をはじめ、要所にマケドニアの駐留軍が常駐することになった。

クレイステネスの改革以来、前四一一年および前四〇四年の寡頭派政権を除き継続してきた民主政が停止され、二〇〇〇ドラクマの財産を持たないものは政治参加から排除された。反マケドニア路線を唱えていた有力者のある者は殺され、またある者はアテナイを去った。ポロス島のカラウレイアで服毒自殺したデモステネス(26)もその一人であった。前三一八年春に民主政が回復されたものの、前三一七年にはカサンドロス(27)の支援を受けたファレロンのデメトリオス(28)のもとで、一〇〇〇ドラクマの財産保有を政治参加の基準とする体制がしかれた（前三一七～前三〇七）。前三〇七年、マケドニアの攻城王デメトリオス（デメトリオス・ポリオルケテス）によって民主政は回復され、デメトリオスとその父、アンティゴノス一世（隻眼王アンティゴノス）はポリスの「救世者（ソーテール）(29)」として崇拝された。あくまでもマケドニアの影響の下での民主政であった。

その後もアテナイの政情は不安定であった。ヘレニズム王国の支配者間の対立関係が

ス」と記されていた。

(23) 前三九五年から前三八六年の「大王の和約」まで続いた戦争。アテナイ、テーバイ、コリントス、アルゴス等の間で締結された同盟は、最終的にはペルシア王の支援を受けてスパルタと争った。

(24) コノン（生没年不明）は、ペロポネソス戦争末期にはアテナイの将軍として活躍した。前四〇五年のアイゴスポタモイの戦いでアテナイ艦隊が壊滅すると、キプロスの王エウアゴラスのもとに亡命し、この時ペルシアの総督ファルナバゾスと接触した。クニドスの戦いの後、アテナイの復権の立役者として、また小アジアのギリシア人をスパルタの支配から解放した英雄として各地で顕彰され、アテナイのほかエフェソスやエリュトライなどでブロンズ像が建立された。

(25) アポロンの聖域デルフォイを侵犯する都市に対して行われた戦争は神聖

図14　デモステネス胸像
（大英博物館蔵）
ローマ時代の模刻。

激しい中にあって、マケドニア王国を中心とするヘレニズム王国の支配者による庇護は必ずしもポリスの安定にはつながらなかったからである。こうしたなかで、アテナイは、「自由（エレウテリア）」を求めて戦争をくりかえした。ペルシア戦争以来、何度もつかわれてきたスローガンである。しかし戦争は、交易の阻害だけではなく、アッティカ各地の農地の荒廃につながり、アテナイは食糧確保のために格闘せざるをえなかった。敵国の農地を荒らすという戦術は、すでにペロポネソス戦争期から行われてきていたが、ヘレニズム時代のアテナイの決議碑文からは、アテナイ民衆の安全と健康を祈るだけではなく、農産物の安全を祈ったものも知られている。それほどまでに農地の荒廃は深刻なものとなっていたのである。それを短期間で回復するだけの経済力も軍事力もすでに失われていた。

前二六九／八年、アテナイはマケドニアの駐留軍を追放すべく、クレモニデス戦争を起こした（前二六九／八～前二六三／二頃）[30]。スパルタほかのポリスと同盟して、エジプトのプトレマイオス二世の支持も取りつけて戦争に臨んだものの、手痛い敗戦に終わった。この失敗は、アテナイの経済の衰退と人口減少に拍車をかけることになった。前二五六／五年にはペイライエウスを除き、各地におかれていたマケドニアの駐留軍が撤退し、前二二九年にはペイライエウスからも駐留軍は撤退したものの、もはやアテナイは政治的にも経済的にもかつてのような影響力を発揮することはできなくなっていた。前二〇〇年頃からはマケドニアに代わり、ローマの影響下におかれていく。前八六年にスラに占領されると、アテナイ民主政は完全に廃止された。

アテナイ民主政をめぐる言説とその受容

アテナイ民主政については、前五世紀以来、数々の批判にさらされてきた。市民社会

戦争と呼ばれた。第三次神聖戦争は、隣保同盟の支配的立場にあったテーバイがフォキスを圧迫したことに反発して、フォキスがデルフォイを占拠したことから始まった。第5章を参照。

(26) デモステネス（前三八四／三～前三二二）は、アテナイの弁論家、政治家。反マケドニアの急先鋒として知られる。

(27) カサンドロス（前三五〇年代～前二九七）は「後継者（ディアドコイ）」の一人。

(28) ファレロン出身のデメトリオス（前三六〇頃～前二八〇）は、哲学者にして政治家。アリストテレスの学友テオフラストスの弟子であった。前三〇七年に失脚した後、テーバイに、次いでエジプトに亡命した。

(29) 「救世者（ソーテール）」はもともと危機を救ってくれた神々に対する添え名として出現したが、やがて社会を絶望的状態から解放するのに多大な貢献をした人間に対しても用いられるようになった。ヘレニズム時代には、ポリスの危機を救った支配者に対する感謝の表明として王に付与され、支配者崇拝へと発展した。

(30) クレモニデス戦争という現在の呼称は、戦争に先立ち締結された攻守同盟の提案者がアテナイ人のクレモニ

デスであったことから便宜的に名づけられた。正確な開戦と終戦の時期については今なお完全に解決したとは言えない。決議の年代の決め手となるペイティデモスがアテナイの筆頭アルコンを務めた年については、最新の研究では二六九／八年とされる。一方、決議の中に共同統治者でありプトレマイオスの妹であり妻であったアルシノエ二世の名前があらわれることから、アルシノエ二世の死亡時期をめぐる議論からも年代の同定が試みられている。こちらも異なる死亡時期を示す史料が存在しており、問題の決着には至っていない。

図15　女神デモクラティアがデーモス（アテナイ民衆）**に加冠する**（前337/6，アゴラ博物館蔵）
僭主政樹立を規制するアテナイ民会決議に付されたレリーフ。

における言論の自由が称賛される一方で、多くの知識人は、その無責任を批判した。冒頭のペリクレスの追悼演説を伝えたトゥキュディデスも、当代の民主政指導者のあり方について酷評している。「哲人王」による理想国家を語ったプラトンは言うまでもなかろう。アリストテレスは多数者支配の悪い国制の例として民主政を挙げ、よい国制は「国制（ポリテイア）」だと語る（『政治学』三巻七～九章）。

民主政をあらわすデモクラティア *demokratia* という言葉は「デーモス *demos*」の「支配（クラトス）*kratos*」を意味する。アテナイ民会決議は「（評議会と）民会（デーモス）によって決議された」という言葉で始まる。アテナイ民主政にあって、デーモスとはアテナイ人の総体を指しているのである。しかしながら、知識人がアテナイ民主政を批判するときには、もっぱら衆愚あるいは貧民を示す言葉としてデーモスを使い、デーモスの中にあたかも自分たちが入っていないかのように語った。

アテナイの歴史、とりわけその政治史は、ポリュビオス（『歴史』第六巻）に代表されるように、ヘレニズム時代以降、同時代の歴史および国制との比較に用いられてきた。そこでは、古典期の知識人による民主政への批判的な言説が受け継がれ、アテナイ民主政は衆愚政だという解釈が定着していった。

民主政という制度に限って言えば、一時期のフィレンツェのような例外をのぞけばアテナイ民主政の消滅後は存在せず、アメリカ独立革命およびフランス革命の時代まで研究の対象ともされてこなかった。そして、そうした研究においても、一般に民主政は無秩序で無政府的であると考えられ、あるべき国制のモデルとして挙げられたのはアテナイよりもスパルタの国制であった。

アテナイ民主政の実際の制度について関心が向けられ、研究対象とされるようになったのは、一九世紀に入ってからのことである。古典期の文化遺産については、すでにヘレニズム時代から称賛され、ローマ時代そしてルネサンス時代以降、時の支配者や文化人の憧憬の対象となった一方、その文化遺産を生み出したアテナイ民主政については、二〇〇〇年近くの間、忘れ去られていたのであった。

読書案内

＊アテナイ史、特にアテナイ民主政について手に取りやすい良書は、日本語でも多数出版されている。より深く勉強したい人は、それぞれの書籍で紹介されている文献一覧を参照されたい。ただし、ヘレニズム時代以降のアテナイ史についての書籍は日本語ではほとんどない。また、デロス同盟についての個別論文は存在するものの、まとまった形で読める日本語の書籍は見当たらない。

〈アテナイ民主政・古典期のアテナイ社会に関する書籍〉

伊藤貞夫『古典期アテネの政治と社会』東京大学出版会、一九八二年

桜井万里子『ソクラテスの隣人たち——アテナイにおける市民と非市民』山川出版社、一九九七年

澤田典子『アテネ——最期の輝き』岩波書店、二〇〇八年

澤田典子『アテネ民主政——命をかけた八人の政治家』講談社、二〇一〇年

橋場弦『丘のうえの民主政——古代アテネの実験』東京大学出版会、一九九七年（『民主主義の源流——古代アテネの実験』講談社学術文庫、二〇一六年）

橋場弦『賄賂とアテナイ民主政——美徳から犯罪へ』山川出版社、二〇〇八年

＊上記はいずれも、アテナイの歴史、アテナイ民主政に関心をもった読者が最初に手に取るにふさわしい書籍で、古典期のアテナイが舞台となっている。

栗原麻子『互酬性と古代民主制』京都大学学術出版会、二〇二〇年

アリストテレス（橋場弦・國方栄二訳）『アテナイ人の国制・著作断片集一』（アリストテレス全集一九）岩波書店、二〇一四年

アリストテレス（村川堅太郎訳）『アテナイ人の国制』岩波文庫、一九八〇年

＊『アテナイ人の国制』については、いくつかの書籍を読んだあとに手に取ってもらいたい。

〈デロス同盟に関するもの〉

高畠純夫『ペロポネソス戦争』東洋大学出版会、二〇一五年

P. J. Rhodes, ***The Athenian Empire: with Addenda,*** Oxford University Press, Oxford, 1993

R. Osborne, ***The Athenian Empire, Fourth Edition,*** The London Association of Classical Teachers, London, 2000

L. Kallet and J. H. Kroll, ***The Athenian Empire,*** Cambridge University Press, Cambridge, 2020

＊貨幣から見たアテナイ帝国と東地中海の歴史。

師尾晶子「デロス同盟と碑文研究」『歴史評論』六六七、二〇〇五年、六五〜七六頁

＊初学者向きではないが、前五世紀のアテナイ史研究でまぬがれ得ない碑文の年代をめぐる学界動向。

〈ヘレニズム・ローマ時代のアテナイ史〉

C. Habicht, *Athens from Alexander to Antony*, Harvard University Press, Cambridge MA, 1997（一九九五年に出版されたドイツ語版からの英訳）

I. Worthington, *Athens after Empire: A History from Alexander the Great to the Emperor Hadrian*, Oxford University Press, Oxford, 2021

第4章 古代ギリシアの宗教
――神々と人間のコミュニケーション――

齋藤貴弘

本章では，まず古代ギリシアの宗教が，今日的な「宗教」という枠組みとは大きく異なることを確認したうえで，その基本的性格を押さえる。次いで，これを踏まえて，祭祀活動や神託といったギリシアの宗教を構成する具体的な諸相について，史料の豊富なアテナイの事例を中心に説明し，古代ギリシア人と宗教の関わり方を民衆生活の面から概観する。さらには，宗教が政策的に利用された事例などを取り上げ，古典期末までの歴史的展開を摑むことを目指したい。

供犠の場面
（筆者撮影，大英博物館蔵）

古代ギリシアにおける「宗教」の捉え方

古代ギリシアと言えば、ギリシア神話を思い出す人も多いかもしれない。事実、「神話」myth という英単語は、古代ギリシア語の *mythos*（ミュトス）を語源とする。だが、古代ギリシア語のミュトスは、「お話」を意味し、必ずしも限定的に「神話」を意味する言葉ではなかった。また、その神話にしても神域や祭祀の起源譚として個別に語られるもののほか、ホメロスの二大叙事詩[1]と「叙事詩の環」[2]、そしてそれらを源泉に独自の解釈を加えた悲劇作品、あるいは神殿を飾るレリーフや陶器画などの視覚作品といったものが、今日「ギリシア神話・伝説」として知られるものの母体となっている。だが、これらが「読み物」として編纂されまとまった形で登場するのは、ヘレニズム時代からローマ帝政初期になってのことである[3]。

他方で、「宗教」religion は、ラテン語で「畏れ」を意味する *religio*（レリギオ）に由来するが、古代ギリシア語には「宗教」に相当する語は存在しない。古代ギリシア人は、祭儀・祝祭・神域・奉納・浄め・誓いといった個別具体的な概念・行為を用いる一方で、それらを包摂する「宗教」に相当する包括的概念を持ち合わせていなかったということだ。今日の私たちから見れば、「神話」・「宗教」に相当するものは確かに存在した。だが、古代ギリシア人たちは、私たちと異なる枠組みでそれらを捉え、実践していたということになる。また、多くの神々を祀る古代ギリシア（および古代オリエントやローマ）の宗教は、「一神教」monotheism との対概念である「多神教」polytheism というカテゴリーで表現されることが一般的である。しかしながら、古代ギリシア人が自らの宗教的行為・実践を「多神教」という枠組みで表現することもなかった。

「多神教」という言葉（概念）は、ユダヤ人哲学者アレクサンドリアのフィロン[4]が自らの信仰である一神教の対照物を表す概念として考案したものだ。つまり、後発の一神

（1）『イリアス』と『オデュッセイア』のこと。長らく口誦で伝えられてきたものが、前八世紀に文字化された。作者はホメロスと伝わるが、その実在を含めてよくわからない。

（2）『イリアス』『オデュッセイア』に語られないトロイア戦争に関わる前日譚や後日譚を扱うその他の一連の作品群の総称。これらは散逸し、タイトルや断片あるいは、後代の梗概のみ伝わる。

（3）現在の『ギリシア神話』に近いものとしては、ヒュギヌス『神話伝説集』（後一世紀以降）、伝アポロドロス『ビブリオテケ』（前二世紀とされていたが現在では後二世紀とされる）があるが、これに先立つオウィディウス（前一世紀）『変身物語』にも多くの神話が素材として利用されている。

（4）紀元前後、エジプトのアレクサンドリア在住のユダヤ人。聖書解釈者としても知られる。

教が、自他区別のために先行する宗教体系に後付けで貼り付けたアナクロな概念である。確かに、古代ギリシアには多数の神々が存在した。イオニア自然哲学者の一人タレス(5)の言葉を借りれば、「万物は神々で満ちて」(断片二二)いた。世界の広がりを「○○教」というような形で括る発想が、そもそもなかったと言ってよいだろう。ゆえに、便宜的に「古代ギリシアの宗教」Greek Religionという言い方が用いられるけれども、「古代ギリシア教」も「オリュンポス教」なるものも存在しなかったのである。さらに最近では、地域差の実情などから、Greek Religionsという複数形の表現を用いることで、その地域性・多様性も提唱されている。

(5) 前七世紀末から前六世紀半ばに活躍したミレトスの人。七賢人の一人。前五八五／四年の日蝕を予言した。

「古代ギリシアの宗教」の一般的性格

上記のことを踏まえたうえで、「古代ギリシアの宗教」について、全般的な特徴・性格を見ていこう。まず、聖書やクルアーンに相当するような教義を記した教典といったものは存在しなかった。それゆえに、古代ギリシアの宗教は「教会なき宗教」や「啓示なき宗教」などと評されることもある。すべきでないこと、不敬虔と見なされる行為は存在したが、戒律として体系的に明文化されてはおらず、ある種の一般通念のような形で存在していた。こうした宗教あるいは神々に関する事柄について、人々の一般通念を形成する一翼を担っていたのが、人口に膾炙していたホメロスの二大叙事詩や、毎年上演される悲劇・喜劇(6)の諸作品であった。折に触れ、人々はこうした作品に触れながら、神々との関係性のなかで人としての「弁え」といったものを学び、考え、醸成していった。

それゆえに、特定の資格や地位に基づいて民衆を教化するような宗教上の専門家も不在だった。確かに、個々の神殿やそこでの祭祀活動の管理にあたる神官たちは存在したが、彼らの役割や政治・社会的影響力は限定的であった。宗教上の専門家がまったく不

(6) 毎年春の都市のディオニュシア（大ディオニュシア）祭をはじめ、国家祭祀として悲劇・喜劇の競演が行われた。三大悲劇詩人アイスキュロス・ソフォクレス・エウリピデス、喜劇作家アリストファネスが有名。

在というと語弊があるが、キリスト教や仏教から想像されるような組織的に専門家を養成し信者を擁する団体、あるいは、その専門家からなる階層制聖職者組織というものとは、無縁であった。

古代ギリシアの宗教の性質として、もう一つよく指摘されるのが、個人の内面性よりも集団活動に重点が置かれている点である。神殿は神の像を納める場所であり、教会のように人間がそこで祈りを捧げるための場所ではなかった。神殿の前などに設置された野外の祭壇へと人々は祭列を組んで集い、そこで供犠（動物犠牲）を捧げたり、あるいは、競技祭などの催しを行ったりした。実際、ギリシア人は非常に多くの機会にこうした宗教的催しを行い、たとえばアテナイでは、年間三分の一が何らかの公的な祝祭日にあたっていた。それ以外にも、私的な活動、あるいは個々のポリスの枠組みを越えたパンヘレニック（汎ギリシア的）な祭典(7)も含めれば、その機会はもっと多くなったはずである。いずれにせよ、これらの活動の多くは原則として個人で行うものではなく、最小単位としては家族から始まる集団行動であった。

こうしたことを踏まえて、古代ギリシアの宗教の特徴として個人の内面性の欠如といったことが指摘される。事実、「宗教」religion にあたるギリシア語の不在に加え、ラテン語の「信じる」*credo* に相当するギリシア語の不在といったことも引き合いに出される。しかしながら、数百年に亘って共同体レベルで維持された集団的活動に内面性は不在で、そこに何らかの精神活動に相当するものは欠如していたと言えるのか。古代ギリシアの宗教に内面的な要素が欠如していたと見なすのは、不適当であろう。キリスト教（一神教）的な表出の仕方とは異なる古代ギリシア宗教ならではの精神性のあり方への眼差しについて、研究史でも、その捉え方が模索されてきている。

行為的な特徴と相俟って指摘されるのが、互酬的性格である。神々への信奉は、「汝

(7) 全ギリシア人に開かれた四年に一度のオリュンピア祭、デルフォイのピュティア祭、二年に一度のイストミア祭とネメア祭を四大祭典と呼ぶ。

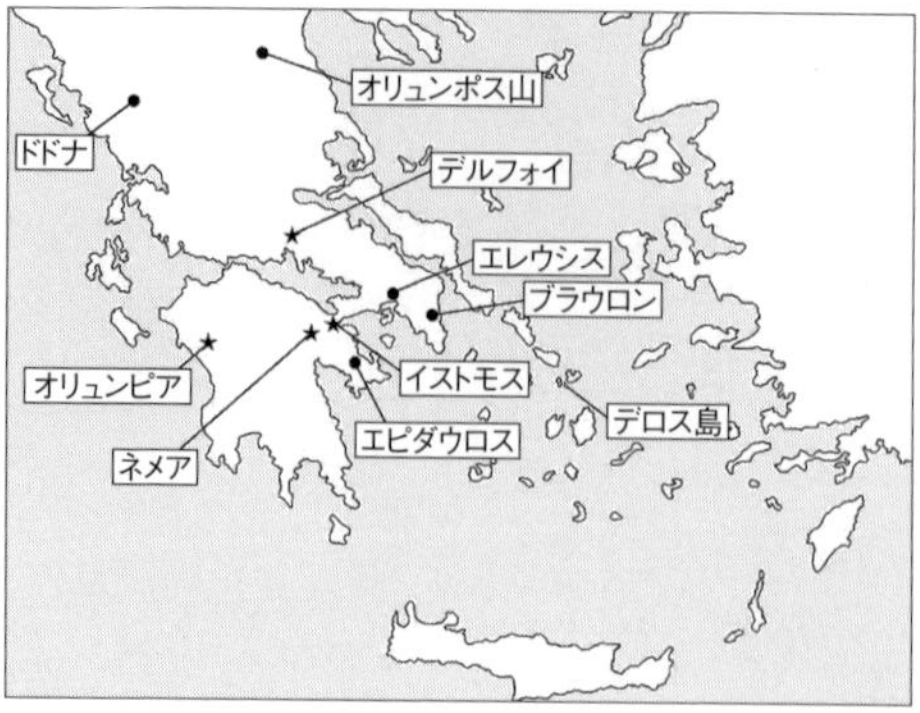

図1
主要神域と四大祭典開催地（★印）

(8) ホメロスに少し遅れる前八世紀末頃に活躍とされる。『仕事と日』『神統記』を著す。

表1　アテナイ祭暦

ヘカトンバイオン(7/8月)	メタゲイトニオン(8/9月)	ボエドロミオン(9/10月)	ピュアノプシオン(10/11月)	マイマクテリオン(11/12月)	ポセイデオン(12/1月)
7日ヘカトンバイア 12日クロニア 15-16日シュノイキア 23-30日パンアテナイア(?)	7日メタゲイトニア (?)エレウシニア(4日間)	2日ニケテリア 3日プラタイア 5日ゲネシア 6日アルテミス・アグロテラ 7日ボエドロミア 12日デモクラティア 17日 or 18日エピダウリア 15-16(17), 19-21日大秘儀	7日ピュアノプシア 8日テセイア 9日ステニア 10日ハリムスのテスモフォリア 11-13日テスモフォリア 30日カルケイア (?)アパトゥリア(3日間) (?)オスコフォリア	(?)ポンパイア	8日ポセイデア(?) 26日ハロア (?)田舎のディオニュシア
ガメリオン(1/2月)	**アンテステリオン(2/3月)**	**エラフェボリオン(3/4月)**	**ムニキオン(4/5月)**	**タルゲリオン(5/6月)**	**スキロフォリオン(6/7月)**
27日テオガミア (?)レナイア(4日間以上)	11-13日アンテステリア 23日ディアシア (?)小秘儀(下旬)	8日アスクレピエイア・プロアゴン 10-16日(?)都市のディオニュシア 17日(?)パンディア	6日デルフィニア 16日ムニキア 19日オリュンピエイア	7日タルゲリア 19日ベンディデイア 25日プリュンテリア (?)カリュンテリア(下旬)	3日アレフォリア(?) 12日スキラ 14日ディポリエイア (?)ディイソテリア(下旬)

（1日の新月祭のほか，2，3，4，6，7，8日は毎月，特定の神格への祭日となっていた。J. D. Mikalson, *The Sacred and Civil Calendar of the Athenian Year,* Princeton, N. J., 1975に基づき作成）

が与えんがために、我与える」*do ut des*、すなわち、人間から神々への何らかの恩恵を目的として、事前・事後的に捧げられる奉納活動がその中心だとする考え方である。このギブ・アンド・テイク的な性格理解にもまた、キリスト教的な神から人類への一方向的な恩寵といったものとの対照性から、その実益主義的な側面を低次なものとして否定的に捉える認識が潜在していると言える。だが、神と人間との間における「互酬性」reciprocityは、人間同士の経済的な互換（商取引）と同質に見なすべきでなく、近年では、その非対称性が指摘されている。

これまで挙げた古代ギリシアの宗教の一般的特徴としての四点、すなわち、教義・聖典の不在、宗教上の専門家・組織の不在、個人の信仰・内面性の不在、互酬的性格には、部分的には妥当性が認められる点はあるが、キリスト教的価値観から脱却して再構築する必要がある。

神々と人間

古代ギリシアの宗教を考える手がかりとなるのは、先にも触れたホメロスやヘシオドス[8]の叙事詩、あるいは悲劇やその他の古典作品に加え、神殿・神域の遺構とそこでの祭祀活動の規定や財源を記録した碑文、さらには祭神像や神殿装飾、奉納物、陶器画などの造形作品といったものである。

各ジャンルの相違を超えて通底する観念として、神という存在の捉え方がある。人間を超える存在としての神なる存在の特徴は、その不死性に集約されると言える（とはいえ、絶対的なものではない）。それは、裏返せば、死という運命を人間自らの本質と捉えていたことの表れでもある。ソフォクレスの悲劇の一節を借りれば、人間とは不死なる神々にくらべれば「生ける亡霊、虚ろな影」（『アンティゴネ』一一二六行）にすぎぬ儚い存在でしかなかった。概してギリシア人は、死後の世界に天国や地獄といったものを想像せず、地下の冥府で亡霊のように過ごすと考えていた。

関連してもう一つ重要なのが、神の姿カタチに関する古代ギリシア人の考え方である。例外もあるが、原則としてギリシア人は、神は人間と同じ形、その理想的な美しい姿をしていると考えた。これを神人同形思想 anthropomorphism という。神人同形思想は、古代ギリシア人の専売特許ではないが、半人半獣のハイブリッドな姿の神々を祀った古代オリエントやエジプトなどと比べ、神人同形思想へのギリシア人のこだわりの強さは際立っている（ただし、半身半獣や獣の姿の神を祀ることもある）。また、この観念が神との間に人間同士と同様の互酬的関係を構築させる動因ともなったともされる。

他方で、ヘロドトス[9]は、神の姿を人間そっくりに描き出すことは、ホメロスやヘシオドスを嚆矢とするものにすぎないと非難し、イオニア自然哲学者のクセノファネス[10]もまたギリシア人の神人同形思想に痛烈な批判の言葉を残している。しかし、それでもギリシア人は神人同形思想にこだわり、それを絵画や彫像としてカタチに表すことに邁進した。これが古代ギリシア造形作品の発展と諸作品を生み出す原動力の一翼を担っていたことは間違いないだろう。

神々の体系――パンテオン

神と人間、その本質的な違いを確認した上で、神々の体系――パンテオン――について、見ておきたい。ポリスの時代に主要な神格となっていたのは、ゼウスを頂点とするオリュンポスの神々、いわゆるオリュンポス十二神を中心とする神々である。これらの神々は、オリュンポス山の頂、あるいは天上に住まうと考えられていた（時として、地

表2　オリュンポス十二神（ローマ名との対照付き）

ギリシア名	主な権能	ローマ名
ゼウス：Zeus	神々の主神	ユピテル：Jupiter
ヘラ：Hera	ゼウスの正妻	ユノ：Juno
アポロン：Apollon	太陽神	アポロ：Apollo
アルテミス：Artemis	処女神。狩猟の神	ディアナ：Diana
ヘルメス：Hermes	伝令。旅の守護神	メルクリウス：Mercurius
ポセイドン：Poseidon	海洋の神	ネプトゥヌス：Neptunus
デメテル：Demeter	穀物と豊穣の女神	ケレス：Ceres
アレス：Ares	戦いの神	マルス：Mars
アテナ：Athena	知と戦，技芸の神	ミネルウァ：Minerva
アフロディテ：Aphrodite	美と愛の女神	ウェヌス：Venus
ヘファイストス：Hephaistos	鍛冶の神	ウルカヌス：Vulcanus
ヘスティア：Hestia	竈，家庭の守護神	ウェスタ：Vesta
ディオニュソス：Dionysos	酒と狂乱の神	バックス：Bacchus

（「オリュンポス十二神」と一般によく言われるが，含まれる神格については，都市（ポリス）で違いがあることも。上表では，ヘスティアとディオニュソスが入れ替わることがある）

（9）「歴史の父」。前五世紀半ば、小アジアのハリカルナッソス出身で、ペルシア戦争をその起源から書き起こした『歴史』を著す。二巻五三章参照。

（10）前六世紀小アジアのイオニア地方コロフォン出身の哲学者・詩人。断片一四―一六参照。

図2　ハデスと穀物神デメテルの娘で妃ペルセフォネ（筆者撮影，大英博物館蔵）
ハデスが左に抱えるのはコルヌコピアと呼ばれる豊穣のシンボル。

上に降りてきて人間に干渉することもあった）。この十二神をセットとする概念はヒッタイトからの影響が指摘されているが、十二神の構成も地域差があった。

オリュンポスの神々のほかにも、多種多様な神格が存在した。日本でいうところの八百万《やおよろず》の神々に近いものがある。たとえば、死者の赴く地下の世界にはハデスをはじめ復讐の女神エリニュスといったクトーン（地下）系と呼ばれる神々が存在した（ただし、神々をオリュンポス系とクトーン系で区分し、儀礼様式などで峻別する見解は現在では否定されている）。また、地上には人間ばかりでなく、特に川や洞窟など自然に近い場所には、河神アケロオスなどのほか、ニュンフやパンといった神格が棲まうとされ、そういった神格に捧げられた社などが存在した。

神 *theos* とは別にもう一つ *hērōs*（男性型）／*hērōinē*（女性型）というカテゴリーが存在する。一般に「英雄」あるいは、「半神」と訳される。神と人間の中間にあたる存在となるが、その性格には複雑なところがある。まず叙事詩などに謡われる英雄の存在がある。アキレウスやオデュッセウスなど神の血を引く人間として、彼らは作中でも他の人間たちから抜きんでた力をもち、また神の寵愛を受ける存在であった。ただし、「アキレス腱」の由来となったアキレウスの急所で知られるように彼らもまた不死ではなかった。

その一方で、全ギリシアで人気を誇ったドーリス系のヘラクレスのほか、ギリシア各地には無数のローカルでマイナーな半神崇拝がポリス時代以降にはさかんに行われていた。タラクシッポス（馬の気を散らす者）、ミュィアグロス（蠅取り）など、その権能が摑みづらいものも多い。植民ポリスの創建者が、死後、その都市で神格化され祭祀を捧げられるケースも認められる。また、不遇の死者の怒りを宥める方策として、死後に半神化され特別な崇拝が捧げられる事例もあった。この捉えづらい *hērōs* の性格について、

図3　アテナイ アゴラのヘファイストス神殿
（筆者撮影）

「つつましい神」gods in a small way と表現する研究者もいる。日本で言う鬼神に近い存在と言えるかもしれない。

古代ギリシアの神格を理解するにあたって、もう一つ重要な側面がある。それは、添え名（エピセット）である。ホメロス詩あるいは、そうした伝承をベースとした悲劇作品などにおいては、神々は、添え名なしに言及されることが多い（ただし、枕詞的な「白い腕のヘラ」とか「群雲集めるゼウス」といった表現はしばしば登場する）。他方で、実際の祭祀においては、個々の神格は特定のエピセットを伴うのが一般的である。たとえば、女神アテナであれば、アテナ＝エルガネ（職人のアテナ）、アテナ＝ポリアス（都市のアテナ）、アテナ＝ヒュギエイア（健康のアテナ）、アテナ＝ニケ（勝利のアテナ）といった具合だ。

添え名から察せられるように、同じアテナという神格でも、それぞれ特性が示されている。そしてアテナの神殿や祝祭、あるいは祭神像はポリス内に複数存在したが、それぞれは特定のエピセットを伴う個々のアテナに奉じられ、神官もまた別々に存在した。他方で彼らがアテナという神格を共通項として一つの組織を形成するようなことはなかった。このエピセットの存在により、一つの神格の権能は、一般にギリシア神話などで紹介されるような代表的特性を超えてきわめて広範なものとなる。戦いと知恵の女神とされるアテナにしても、その枠組みに収まらない権能が上記の例からも読み取れるだろう。古代ギリシアの神々が「八百万」に近いという意味には、こうした側面もある。

神域・神殿・神官

では、古代ギリシア人はこうした体系のなかで、個別にどのような宗教活動を行っていたのか。まず、祭祀活動の拠点となったのが神域・神殿である。ミュケナイ文明崩壊後、前八世紀に入るとポリスの誕生と歩調を合わせ、ミュケナイ時代から聖地であった

図４　アテナイ アクロポリス東麓アグラウロスの洞窟聖所（筆者撮影）

オリュンピア、デルフォイ、エレウシスをはじめ、神々、そしてそこに集う人間たちのコミュニケーションの場として多くの神域が形成されるようになる。こうして設立された神殿がポリス間の境界を示す役割を果たしていたと論じ注目を浴びたフランソワ・ドゥ・ポリニャックの説は現在では修正が図られてきている。

祭壇と祭神像、そしてその像を納める神殿が、神域の基本的な構成要素であった。現在の神域の遺構からはイメージしにくいが、神域にはしばしば社叢（アルソス）が付随していたことが古典史料から窺える。また神殿は、初期は木造であり次第に石材へと移行し、祭神像同様、極彩色で彩られていた。とはいえ、壮麗な神殿を備える神域ばかりでなく、洞窟聖所といったものもあり、神域の形態は一様ではない。

神域には神官の他、管理人が置かれることもあり、奉納金などによって維持・運営され神殿財庫を持つこともある。神官は、ゲノス（氏族）と呼ばれる特定の宗教上の名門家系がその職を独占することもあれば、国家によって抽籤で選ばれたりもした。女神に仕える神官には女性も選出された。いずれにせよ、そうした神官たちは、自らの属する祭祀活動で特典を得ることはあっても、それ以外で何か社会・政治的影響力を及ぼす権力をもつことは、ほとんどなかった。

神域は、特定の祭祀期日以外は閉まっていることも多かった。また、神域は、祭祀活動の他、個人間の係争の協議の場としても利用された。ヘロドトスは、ギリシア人であれば神域を共有すると述べているが、実際にあらゆる神域がすべてのギリシア人に開かれていた訳ではない。その中でパンヘレニック（汎ギリシア的）性格を備えたのが、古代オリンピック（オリュンピア祭）の行われたゼウスの神域オリュンピアや神託所として名を馳せたアポロンの神域デルフォイなどであった。また、パンヘレニックな神域は、アンフィクテュオニア（隣保同盟）という近隣ポリスの合議体によって運営されることもあり、デルフォイのものが有名である。近年では、これら諸神域の機能を、固定・単一的ではなく、多次元的に捉える傾向にある。

供犠

神域は、祝祭や奉納、様々な儀式、あるいは誓いの場などとして利用されたが、その諸活動の中心的要素をなすのが供犠（動物犠牲）*thysia* であった。牛、豚、羊、山羊、鶏といった動物たちが参詣者とともに祭壇に連れて行かれ、そこで屠られ、祭壇で肉を炙り、天上に昇るその煙（と骨）が神々の取り分とされる一方、焼かれた肉を参加者の人間たちで分かち合って食べる——これが供犠の一般的な流れである。供犠は、神をも含めた共食行為によって参加者同士が精神的紐帯を確認し強めるという社会的機能も担い、国家レベルから一個人まで大小様々な枠組みで重層的に頻繁に執り行われていた。

祭祀によって供犠は、捧げられる神格ごとに犠牲獣の種類・年齢・色等が指定されており、すべてを焼き尽くす全燔祭と呼ばれる形式も存在した。神域から出土した犠牲獣の骨の調査から、実際には、犬・馬・ロバなど状況に応じて雑多に食べていたこと、焼くばかりでなく時として鍋で煮たりもしていたことが、近年わかってきている。

供犠については、その起源と本質的意味をめぐって、殺害と共食、そのどちらに儀礼的起源を見出すかの論争がある。前者はギリシア宗教史の碩学ヴァルター・ブルケルトが主張したもので、後者はパリ学派と呼ばれるフランスのジャン゠ポール・ヴェルナンやマルセル・ドゥティエンヌらによって主張された。近年では、この二項基軸を超えて供犠の意義をギリシア人の経験則に沿った認識論——特に神々の関わりを視野に入れた審美性という観点——から再構築が図られてきている。

図５　供犠の場面（メトロポリタン美術館蔵）

図6　ブラウロンのアルテミスへの奉納レリーフ（筆者撮影，ブラウロン考古学博物館蔵）
左端に座り参詣した人間たちより大きく描かれているのがアルテミス。

誓い・奉納

神域内外では、神々を証人に立て誓願がなされることも多かった。そして、誓願が果たされた場合には、感謝として誓いを立てた神へ奉納が行われた。あるいは、誓願ということがなくとも、何がしかの幸運、あるいは危機の回避に遭遇した際には、何がしかの神の恩恵と考えて感謝の奉納を行った。また、農作物の収穫をはじめとして、人々は自らの生業から得られた収益の一部（十分の一）を「初穂」として奉納する習慣もあった。

奉納品は様々な形態をとった。戦場での戦利品もあれば、パンヘレニックな神域に宝物庫を建て煌びやかな奉納品を並べ立て自国の富力を誇示することに利用されることもあった。参詣した家族が神々と向かい合う姿を描く奉納レリーフは、私人レベルで人気のある奉納品の一カテゴリーであった。また、手や足、あるいは生殖器や臓器など癒しの神の神域で治癒儀礼を経て治癒された部位を象ったアナトミカル・レリーフも感謝の奉納品の一カテゴリーを成している。

神託・占い

屠られた動物の内臓（肝臓）を使って神の意向や兆しを知るための占いも行われた。これは近東からの影響とされる。占い師たちは戦場にも随行し、戦の吉凶を占ったりもした。また、公私にわたり、神託伺いも非常に重要視された。そのなかでも名を馳せたのが、デルフォイで、ギリシア人のみならずリュディアのクロイソス王もその力を認め莫大な奉納を行っていたという。[11] ペルシア戦争以後、アテナイでは政治に関わる問題を神託に伺うことを忌避するようになったと言われるが、研究者間で見解の一致を見ていない。その他、バルカン半島北方のゼウスの神域ドドナも神託所として有名で、伺いの

(11) 前八世紀半ば以降、小アジアで栄えた王国。ペルシアのキュロス二世に敗れ、前五四六年頃滅亡。

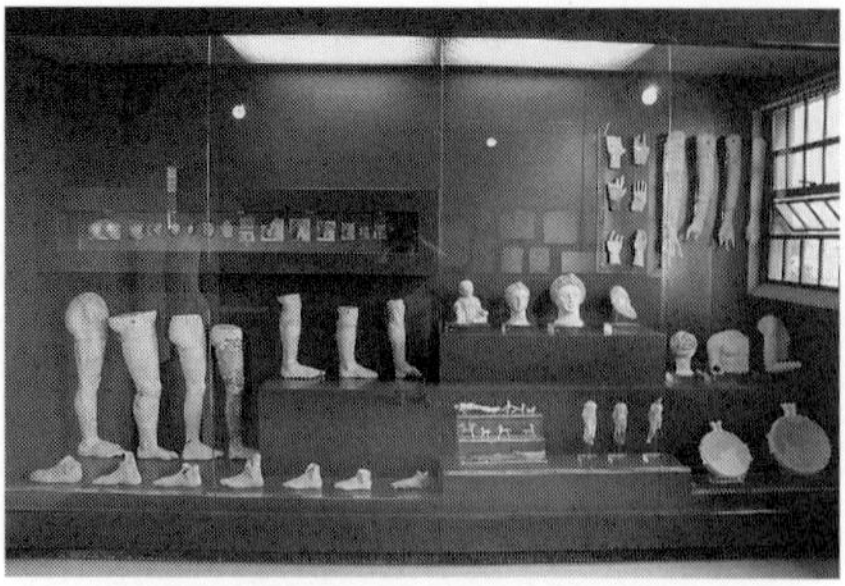

図7　アナトミカルレリーフ（筆者撮影，古代コリント考古学博物館蔵）

(12) イソクラテス第一九番「アイギナ弁論」参照。

(13) 一九五一年に黒海北岸オルビアから出土した三枚の骨板、一九六二年にテッサロニキ近郊で墓から発見されたデルヴェニ・パピルス、二〇世紀以降、南イタリアやシチリアなど各地で発見されている黄金タブレットと新史料が二〇世紀に入り相次いで発見されている。

内容を刻んだ鉛板からは、庶民の日常生活の悩み・不安を窺い知ることができる。

神託所で下される神託とは別に、書物の形態で神託集を携えて、人々の悩みや相談に応える「託宣売り」クレスモロゴスと呼ばれる者たちもいた。喜劇などでは香具師扱いされたりもしているが、他方で、各地を巡歴し一財産を築いた人物の話も伝わる(12)。他方で、宗教上の問題について諮問を受け助言を与える「神事解釈者」エクセゲテスなる専門家も存在し、時には国家に宗教上のアドバイスを行うこともあった。

秘儀

古代ギリシアの宗教は、基本的に集団ベースであるが、個人の意思選択によって「入信」という形式をとる秘儀という祭祀活動も存在した。代表的なのは、アテナイのエレウシスにあるデメテルとペルセフォネの神域で行われたエレウシスの秘儀で、ローマ時代まで隆盛を誇り、五賢帝のハドリアヌスやマルクス＝アウレリウス＝アントニヌスも入信している。エレウシスの秘儀には、男女問わず、また奴隷でさえも入信料を支払いギリシア語が話せれば入信可能であった。入信者は、最終儀礼で開示された内容について口外することを禁止され「死後の安寧」を保証されたという。

このほかにも、ディオニュソスとも関連しつつ、神と人間とで魂における同質を説くオルフェウス教（オルフェウスの秘儀）と呼ばれるものも存在した。この秘儀では穢れた肉体の輪廻という特異な現世観から、魂にとって「ソーマ（身体）はセーマ（墓）」と見なし、身体浄化と秘儀によって死後、神々の座への魂の昇天を目指した。彼らは、動物の肉を摂ることを身体の穢れにつながると見なし肉食を忌避していたため、供犠を中心とした共同体の祭祀活動とそりが合わず、表立って興隆することはなかったようだが、それでも、広い地域で関連史料(13)が出土し、ローマ時代まで存続していたことが窺える。

図8　右から魔女キルケ，オデュッセウス，キルケによって豚に変えられた部下２人
（メトロポリタン美術館蔵）

(14) トゥキュディデス『戦史』三巻一〇四章参照。前四三〇年から続いた疫病への対応とされる。

とはいえ、それぞれ性質を異とする諸史料から、彼らがどれほど、体系的で系統だった組織として活動していたのか、あるいは、そもそも単一の組織・活動と見なし得るのかなど、はっきりしない。

穢れと浄め

日本にもみられる習俗的観念としての穢れと浄めが古代ギリシアにも存在した。主に血に関わる行為で発生するとされ、性交、出産、死、殺人で穢れが発生すると考えられていた。穢れを負った者は、その穢れが浄められるまで神域への立ち入りや他者との接触を禁じられた。浄めには、海水や硫黄、そして、いささか奇妙であるが動物の血が用いられた。

穢れは、公私にわたって重要視された。たとえば、殺人犯を裁く法廷は野天であったが、これは被告と同じ屋根の下で審判人が穢れを帯びることを避けるためであった。また、ペロポネソス戦争中の前四二六年には、アポロンの神域であるデロス島から墓を取り除き、以後、同島での出産を禁止するという大掛かりな浄めも行われている[14]。

魔術・呪い

古代ギリシアの開放的で共同体的な特徴をもつ宗教世界からすると意外かもしれないが、魔術に相当する伝統が古くから存在した。『オデュッセイア』では、怪我の治療の際にまじないが唱えられているし、また、同じく『オデュッセイア』には、キルケという魔女も登場し、オデュッセウスの部下たちを豚に変えてしまう。古典期に入っても、病気治しや恋愛にこうしたまじないや呪具、あるいは媚薬といったものが、特に女性たちの間で用いられていた様子が窺える。中には、媚薬と信じて毒を盛り殺人に至ったとされるケースや、テオリスという魔女とその一族が不敬罪で処刑された事件も伝わっている。(15) また、近代医学の先駆けとされるヒポクラテスは、当時、神懸かりと見なされていた癲癇に自然的な要因を主張し、呪文や怪しげな施術を行うまじない師の類を非難してもいる。(16)

だが、非科学的で伝統的な祭祀とも異質に見える呪文・魔術の類は、一部で反発や非難を受けつつも、庶民の間で連綿と受け継がれていたことを呪詛板と呼ばれる史料群が明らかにしている。鉛の薄い板に恋人や恋敵、あるいは裁判の係争相手などの名を呪いや呪縛の言葉とともに刻み付けたもので墓所などに埋められた。研究史上、かつては、原始的あるいは、亜流、衰退の兆候と見なされていた魔術や呪詛は、現在ではポリスの祭祀と同一の枠組みにおけるギリシア宗教を構成する別種のもう一つの側面として再考されてきている。

ライフサイクル・ジェンダー・家族

こうした宗教環境にあって、人は生まれた時から深く宗教と関わっていた。生誕後、家長の認知を受けた赤子は一〇日目に家の守り神である竈の神へスティアに紹介され、アンフィドロモスという儀式を受け、家族の一員となった。また、花嫁や新たな奴隷を家に迎え入れる際には、木の実などを振りかけるライスシャワーのようなカタキュスマタという豊穣と浄めの儀礼が行われ、新たな「家族」は祝福を受けた。

春のアンテステリア祭では新酒のワイン開きに際し、男の子にも小さなワイングラスが与えられた。その他、アッティカ地方の各区で冬に開催された田舎のディオニュシア祭に、子どもたちは父親に連れられて参加し劇場で観劇なども行った。市民女性は、基本的に文字通りの「箱入り」で育てられ、屋外での活動は制限されていたものの、十代

(15) アンティフォン第一番弁論「毒殺容疑での継母告訴」参照。
(16) デモステネス第二五番弁論「アリストゲイトン弾劾、第一演説」七九―八〇節、プルタルコス「デモステネス伝」一四章参照。

図9
手をつないで踊る女性たち（筆者撮影，ブラウロン考古学博物館蔵）

(17) イオニア系ギリシア人で共有される祭祀団体（ヘロドトス『歴史』一巻一四七章）。「擬制的兄弟団」と訳されたりもするが、日本の「講」に近い。アッティカの各地方にクレイステネスの改革以前から存在したが、その数は正確には不明（一三九ある区よりは少なかったと思われる）。年ごとに新成員の入会儀礼クレイオンなどを行うアパトゥリア祭が三日にわたって開催された。

図10　私人厚葬レリーフ墓（筆者撮影，アテネ国立考古学博物館蔵）

前半には、アッティカ東部のアルテミスの神域ブラウロンで通過儀礼を受ける者もいたし、名士の娘は、「秘物運び」アレフォロイや「籠運び」カネフォロイなどいくつかの祭祀役を務めることもあった。

男子は、父親の所属するフラトリア[17]と呼ばれる伝統的な地方祭祀団体に子どもの頃から紹介され、一六歳の時に審査を受けて正式入会した。フラトリアへの入会は、その二年後の市民資格審査と区の市民名簿への登録に先立って市民男性にとって市民身分を保証する重要な指標でもあった。女子には入会手続きはなかったと考えられている。

成人後、男性市民は、所属する区や、あるいは国家レベルの祝祭に参加するばかりでなく、時として抽籤により犠牲委員（ヒエロポイオイ）といった宗教上の役職に関わることもあったし、私的に仲間と特定の神格を祀る祭祀団体を形成することもあった。女性たちには、宗教活動に関しては政治活動に比して開かれていた。子持ちの既婚女性だけが参加する豊穣神デメテルを祀るテスモフォリア祭も存在したが、その地方祭には市民身分の正妻が、都市祭の方には非市民身分の女性が参加するといった身分上での区分が存在した。他方で、前五世紀末頃には、都市部で非市民身分を含めた女性の間で外来のアドニア祭が人気を博す一方、その風変わりな祭祀に市民男性からは不評を買っていた様子も窺える。また、アテナイの権力アピールの場としても利用され、市民教育の一環として悲喜劇の競演と観劇が行われた都市のディオニュシア祭で、女性も観劇できたかについては、はっきりしていない。

この他、家のレベルでは地方の比較的マイナーな神格への参詣や奉納活動も行われていた様子が奉納レリーフから窺える。神々に参詣する家族集団の祭列では女性が先頭に立つこともあり、公のレベルの男性中心とは異なる私的（家族）レベルでの祭祀における女性の位置づけを窺うことができる。

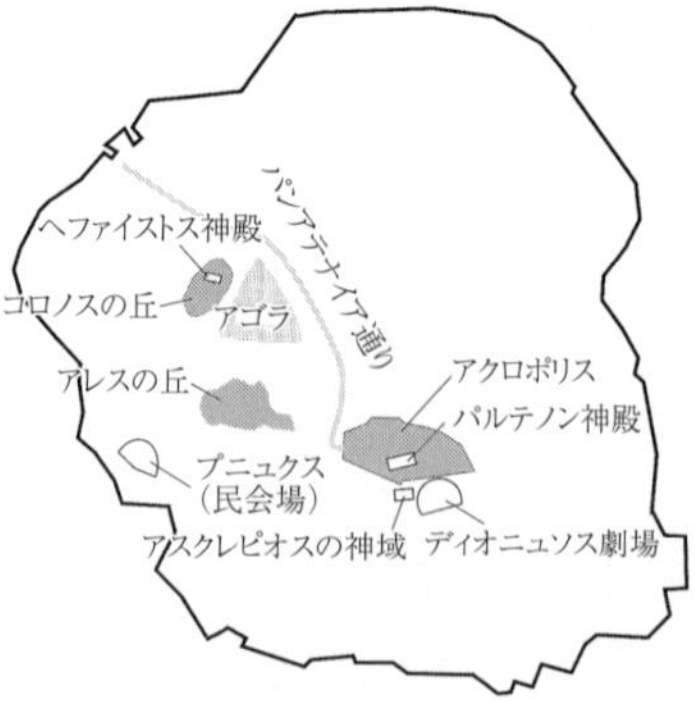

図11　アテナイ中心市
（J. M. Camp, *The Archaeology of Athens*, New Haven and London, 2001, 1. Plan of the ancient city of Athens を参考に筆者作図）

人の一生の終着点となる死に際して、葬儀もまた重要な祭祀活動であった。プロテシス（通夜）、出棺、埋葬、死後供養など、日本の葬儀とも似た一連の流れでもって行われた。葬儀では、遺体の浄めなど女性が重要な務めを果たした。前五世紀第三四半世紀頃から登場する私人厚葬レリーフ墓には、故人となった市民女性に寄り添う下女とのペアの姿がしばしば描かれる。男―女、市民―奴隷、そうした公の日常世界での身分あるいはジェンダーは、宗教世界では無化こそされないもののまた異なる様相を見せる。

ポリス共同体と宗教

古代ギリシア宗教の本質的特徴として二〇世紀末にクリスティアン・スルヴィヌ＝インウッドによって提唱された「ポリス宗教」polis religion という考え方は、集団的儀礼活動を基盤としてポリスという制度・空間に「埋め込まれた」ものとしてギリシア人の宗教を理解しようとするもので、その後、広く受け入れられた。だが、二一世紀に入り、より多面的・多次元的な側面への着目から批判的に再考されてきており、看過されてきた「私的（個人的）な宗教」personal religion といった側面、すなわちギリシア人の宗教理解を個人の体験的な視点から読み解こうとする試みにも関心が寄せられてきている。

とはいえ、ポリス共同体単位で宗教・祭祀活動が強い関わりを持っていたことも確かである。アテナイでは、年間三分の一が公的な祝祭日となっており、祝祭日には、一般に民会などの行政活動や裁判は行われなかった。また、民会でも神事を議題として扱う回が定められており、国家に関わる宗教上の問題もその他の世俗の議事同様に、民会で議論された。

ペルシア戦争後の前四七六／五年頃には、英雄テセウスの骨がスキュロスからアテナ

(18) プルタルコス「テセウス伝」三六章四節参照。

(19) ペルシア戦争後、アテナイを盟主として前四七八／四七七年に結成された対ペルシア防衛同盟。加盟した二

○○前後の同盟諸市は、軍船の提供か貢租の納入を求められた。大半の同盟市は貢租納入を選択したため、アテナイが莫大な同盟資金を一手に管理し、強圧的に支配したことで、「アテナイ帝国」とも呼ばれる。

(20) 初夏に行われたアテナイの国家祭祀。四年に一度大祭が行われ各種競技の勝者には「聖オリーブ」のオイルが賞品として与えられた。

(21) 陽物を指すギリシア語で、男根を象った大きな山車が曳かれたらしい。また、首から下が角柱となり屹立する陽物を備えたヘルム（ヘルメス柱像）が、道祖神として街中に多数存在した。

図12　エリクトニオスの誕生を描いた陶器画（前470〜460頃，筆者撮影，大英博物館蔵）

イに「帰還」し墓所や聖所が建てられた[18]。この頃からテセウスはアテナイ独自の英雄として「民主政の擁護者」のイメージを帯びつつ、強力に推進されアゴラのいくつもの建造物に表されるようになる。そして、前五世紀後半、「アテナイ帝国」と呼ばれる時代には、デロス同盟支配強化の[19]一環として祭祀活動も利用された。たとえば、同盟諸市に対しては、大パンアテナイア祭[20]へ武具一式と牛の奉納や、都市のディオニュシア祭へのファロス[21]の奉納、あるいは、豊穣神デメテルとペルセフォネを祀るエレウシスへ穀物の初穂の奉納といったことが、政策として民会で決定された。また、この頃になるとアテナイで「土地生え抜き」を謳うアウトクトネス理念も高まりを見せた。これは、アテナイ人のアッティカ地方における地域連続性という歴史的経緯から飛躍して、自らが祖国アッティカの大地から誕生した「優秀な」ギリシア人であるとする他者支配のイデオロギーに転化したものである。この時期には、大地から生まれた伝説上のアテナイ王エリクトニオスの誕生を描く陶器画が制作され、そのイデオロギーは神話レベルで視覚的にも喧伝された。

関連して、近年、ジョサイン・ブロクは両親ともにアテナイ市民身分である夫婦から生まれた男子のみに市民権を付与することを定めた前四五一年のペリクレス市民権法成立の背景に、アテナイ市民団を一つの仮想的なゲノス——すなわち仮想的に単一血統から成る血族集団——に再編成する意図があったと主張し注目されている。

他方で前五世紀末には、木材供給源として重要なトラキアとの関係を鑑みて、かの地の女神ベンディスの祭祀を国家祭祀として導入したりもしている。また、そうした民会決議は石碑に刻まれ保管されたが、決議内容が宗教上の問題に関わらずとも、冒頭にはしばしば、「神々」（テオイ）とか「神助宜しく」（アガテ・テュケ）といった文言が刻まれることがあった。

図13
アテナ・パルテノス像を表したとされる小像

経済的な側面でも聖俗の連繋は認められる。デロス同盟諸市から徴収されアテナイ帝国を支えた莫大な額の貢租の六〇分の一は、アテナ女神に初穂として捧げられた。他方で、ペロポネソス戦争開戦にあたりペリクレスは、潤沢な資金に加え、各地の神殿財庫さらにはパルテノン神殿内陣の金と象牙で飾られたアテナ・パルテノス像の金箔を戦費に充てる可能性に言及している(22)。実際、ペロポネソス戦争中にアテナイでは、アテナ女神の聖財の一部が借用されて、戦費に充てられた。

歴史的展開

前八世紀になって古代ギリシア人は、都市国家ポリスという、それ以前とは異なる共同体を形成し、これを基盤としてその後のギリシア文明を発展させていった。だが、最初のギリシア文明は、前一六〇〇年頃にギリシア本土に成立したミュケナイ文明に遡る。このミュケナイ文明は、前一二〇〇年頃に東地中海世界広域を襲った「前一二〇〇年のカタストロフ（破局）」と呼ばれる文明崩壊現象によって途絶え、社会変動・揺籃の四〇〇年間を経てポリス誕生へと至る。偶然残されたミュケナイ文明時代の線文字Bからは、ポリス時代までには姿を消した神格の名前も認められる一方で、ゼウス、ヘラ、ポセイドンといった神々の名前をすでにそこに確認することができる。他方で、アポロンやアフロディテなどは不在である。人間社会の現実的な変動は神々の世界にも影響を及ぼし、あるものは姿を消し、あるものは引き継がれ、またあるものは新たに採り入れられたということになる。

ポリス成立以後も、神々の「輸入」は行われた。たとえば、ペルシア戦争後には神々の助力に感謝して牧神パンや「北風」ボレアスなどがアテナイに公式に採り入れられた(23)。また、ホメロス叙事詩では名医として登場していたものの前五世紀後半から「新しい

(22) トゥキュディデス『戦史』二巻一三章五節参照。

(23) ヘロドトス『歴史』六巻一〇五章（パン）、七巻一八九章（ボレアス）参照。

図14　ベンディス女神への奉納レリーフ（筆者撮影，大英博物館蔵）
右端の女神は特徴的なトラキア帽をかぶっている。

神」として台頭した治癒神アスクレピオスは、ペロポネソス戦争が休戦期間に入った翌年前四二〇年にエピダウロスからアテナイに分祀され、アクロポリス南麓に聖所が設けられた。この神は、奇跡的な癒しを接点に神格と個人的なつながりを強く持つという点でも着目に値する。エピダウロスなど有力な母聖域から各地に拡散し、ローマ時代まで隆盛を誇ったが、神格としての信仰の起源についてはよくわかっていない。また、ギリシア人が外来の神格に対して鷹揚であったのか、排他的であったのかについては、史料の捉え方で解釈に差があるが、アテナイでは東方起源の女神キュベレは、「神々の母」として前五世紀には公式に受け入れられていたし、先に挙げたトラキアの女神ベンディスやエジプトのイシス女神の祭祀も取り入れられた。こうした動きの一方で、伝統的祭祀が蔑ろにされる傾向や新参の神々の祭祀との間で対立と緊張があった様子も伝えられている。

前四世紀をギリシア世界の「衰退」と見なすかどうかについて、近年では批判的再考が促されており一概に評することはできない。たとえば、ヘレニズム期には、それ以前に稀であった生存中の人間を神格化する動きが目立つが、従来、ギリシア宗教の衰退の証とされたこの傾向も古典期以来の「神―人間」観に沿いつつ、歴史的な状況の変化によって顕在化したものとする評価も出されている。

読書案内

高津春繁『ギリシア・ローマ神話辞典』岩波書店、一九六〇年
＊古代ギリシア・ローマの神話・伝承について実際の宗教儀礼も視野に入れつつ、悲劇作品の解説なども付し、歴史研究の手引きとしてバランスのよい一冊。

周藤芳幸・澤田典子『古代ギリシア遺跡事典』東京堂出版、二〇〇四年
＊古代ギリシアの主要な遺跡について、地図・図版と共に解説を加えた

もの。デルフォイ、オリュンピアといった聖域について基本的な情報を得ることができる。

本村凌二『多神教と一神教――古代地中海世界の宗教ドラマ』岩波書店、二〇〇五年

＊古代ギリシアに先行するオリエントの宗教も視野に入れて、ローマ帝国下での多神教から一神教への展開を概観する。宗教的体系の変化など示唆に富む。

桜井万里子『古代ギリシア社会史研究――宗教・女性・他者』岩波書店、一九九六年

＊エレウシスの秘儀・祭祀などを碑文史料などに基づき、アテナイの国家政策的利用といった観点からアテナイの宗教を歴史学的に個別具体的に考証する論文数編を収録。

馬場恵二『癒しの民間信仰――ギリシアの古代と現代』東洋書林、二〇〇六年

＊アスクレピオスに代表される治癒神への感謝奉納の慣行について、古代から現代までの系譜をたどりつつ、古代ギリシアで重要な地位を占めた治癒神信仰の具体的な姿を知ることができる。

ジョン・G・ゲイジャー（志内一興訳）『古代世界の呪詛板と呪縛呪文』京都大学学術出版会、二〇一五年

ロベール・フラスリエール（戸張智雄訳）『ギリシアの神託』白水社、一九六三年

ロバート・ガーランド（高木正朗・永都軍三・田中誠訳）『古代ギリシア人と死』晃洋書房、二〇〇八年

レナル・ソレル（脇本由佳訳）『オルフェウス教』白水社、二〇〇三年

ヴァルター・ブルケルト（橋本隆夫訳）『ギリシャの神話と儀礼』リブロポート、一九八五年

ヴァルター・ブルケルト（前野佳彦訳）『ホモ・ネカーンス――古代ギリシアの犠牲儀礼と神話』法政大学出版局、二〇〇八年

E. Eidinow and J. Kindt (eds.), ***The Oxford Handbook of Ancient Greek Religion***, Oxford, 2015

＊以下は、ギリシア宗教史の碩学R・パーカーの訳ないし文献解説で、いずれもインターネットを通じてPDFを入手可能。

ロバート・C・T・パーカー（佐藤昇訳）「古代ギリシアの供犠――大問題」『クリオ』（東京大学大学院人文社会系研究科西洋史学研究室）二五、二〇一一年、六三～七三頁

ロバート・パーカー（栗原麻子訳）「アテナイにおける卜占」『西洋古代史研究』（京都大学大学院文学研究科）一七、二〇一八年、一～一三頁

山内暁子「文献解題『アテナイの宗教』について語ること―― R. Parker, ***Polytheism and Society at Athens*** における儀礼と信仰」『西洋古代史研究』（京都大学大学院文学研究科）八、二〇〇八年、六五～七七頁

山内暁子「文献解題　なぜギリシア人は神々を信じたのか――Robert Parker, ***On Greek Religion*** における『ギリシア宗教』のありかた」『西洋古代史研究』（京都大学大学院文学研究科）一二、二〇一二年、四三～五三頁

第5章 マケドニア
――バルカンの「巨人」――

澤田典子

本章は，前７世紀半ばの建国からアレクサンドロス大王の時代までのマケドニア王国に焦点を当てる。近年欧米でめざましい活況を呈しているマケドニア史研究の最新の成果を踏まえて，マケドニアがギリシア世界に参入していく過程や，フィリポス２世のもとで飛躍的な発展を遂げる過程をたどり，マケドニアはなぜギリシアの覇権を握ることができたのかを考えてみたい。

オリュンピアの神域にフィリポス２世が造営した円形堂フィリペイオン
(E. Carney and D. Ogden (eds.), *Philip II and Alexander the Great: Father and Son, Lives and Afterlives,* Oxford, Oxford University Press, 2010, p. 34)

「英雄」アレクサンドロス

マケドニア王アレクサンドロス三世（大王）（在位、前三三六～前三二三）は、世界史において最もよく知られた人物の一人である。志半ばで暗殺された父フィリポス二世（在位、前三六〇／五九～前三三六）の遺志を継いで東方遠征（前三三四～前三二四）に着手した彼は、大帝国アケメネス朝ペルシアを打ち倒し、インダス川に至るまでの広大な領域を支配下に収め、わずか一〇年で空前の「世界帝国」を築いた。

膨大な蓄積を誇る一九世紀以来の欧米の西洋古代史研究において、そのアレクサンドロス以前のマケドニア史の研究が本格的に取り組まれるようになったのは、ようやくここ数十年のことにすぎない。世界史にその名を轟かせるアレクサンドロスの祖国でありながら、マケドニア史研究の歩みは、なぜ、かくも遅々としたものだったのか。

その理由として、まず、同時代のマケドニアの人々の書いたものがほとんど残っていないという史料上の制約がある。マケドニア人は、歴史に大きな足跡を印しながらも後世に伝わるような形で文字史料を書き残さなかった人々で、スパルタ人やカルタゴ人とともに、古代地中海世界における「声なき民（silent people）」と呼ばれている。同時代のマケドニア人の目を通してマケドニア史を見るのは、ほぼ不可能なのである。

さらに、近代以降のマケドニアの政治的複雑さに起因する発掘調査の停滞も、研究の進展を阻む要因となった。「ギリシアの大発掘時代」と言われる一九世紀、欧米列強はオリュンピアやデルフォイをはじめとするギリシア中・南部の名高い遺跡にさかんに発掘の鍬を入れたが、マケドニアを含むギリシア北部は、一八三〇年のギリシア独立以降もオスマン帝国の支配下に置かれていた。当時のマケドニアは多民族の混住する世界であり、一九世紀後半以降、ギリシア、セルビア、ブルガリアの間でマケドニアの領有をめぐる激しい武力抗争が繰り広げられた。そうしたなかで、発掘調査が進展する余裕は

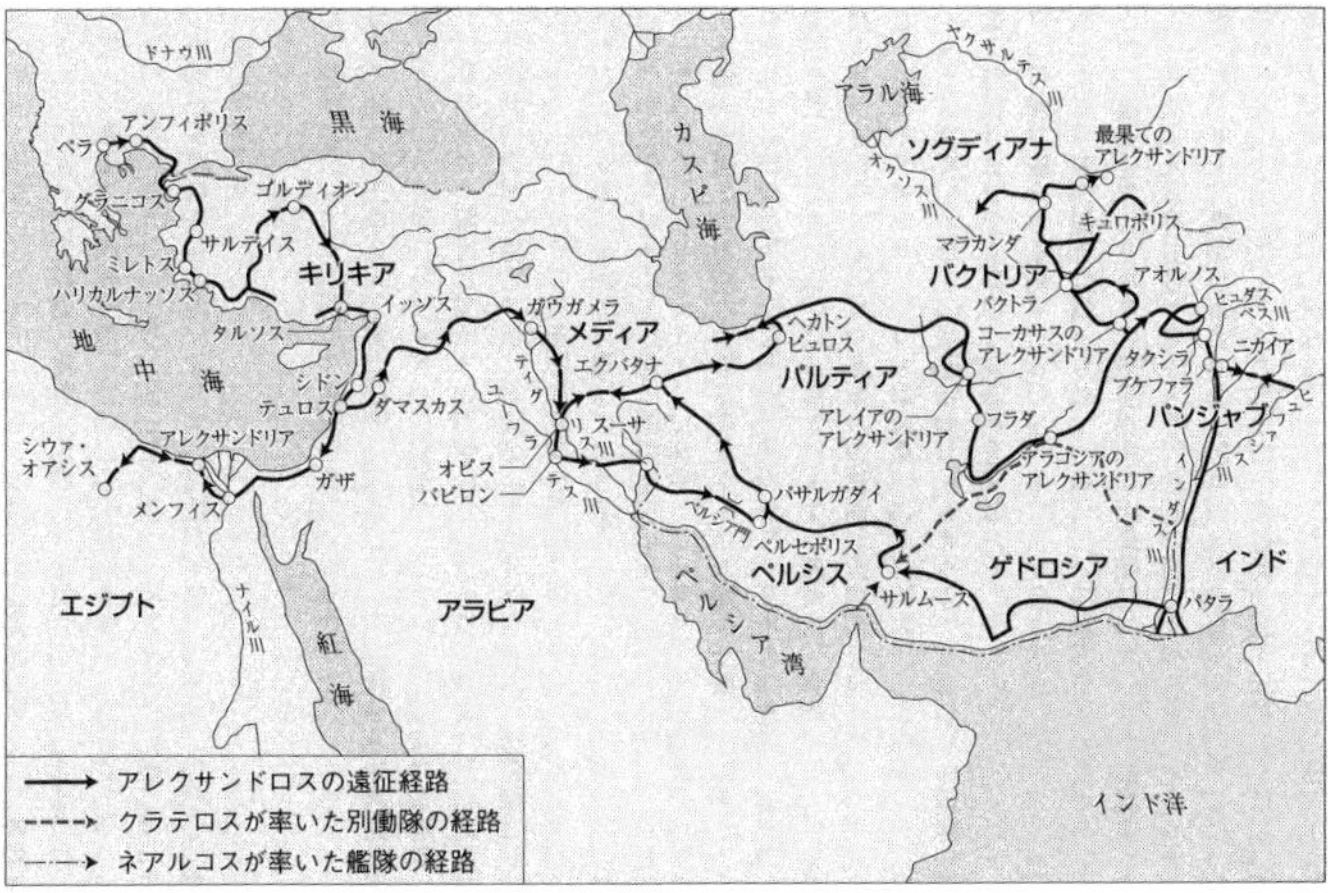

図1　アレクサンドロスの東方遠征

なく、一九世紀のマケドニアでは、一八五〇～六〇年代にナポレオン三世の命により調査を行ったフランスの考古学者L・ユゼ（一八三一～一九二二）の活動などがわずかに知られるにとどまる。

そして何よりも、アレクサンドロスという存在があまりに巨大だったことが、マケドニア史研究の停滞の理由としてあげられる。一九世紀に近代歴史学が確立して以来、圧倒的な関心がアレクサンドロス個人に集中した。アレクサンドロスは、その一三年間の治世のほとんどを東方遠征に費やし、マケドニアに帰還することなくバビロンで没した。彼がマケドニア王として本国にいたのは、東方遠征に出発するまでのわずか二年足らずにすぎない。それゆえ、アレクサンドロスの研究は必然的にマケドニアから遠く離れた東方遠征を中心とするものとなり、マケドニア自体が独自の研究対象になることはなかったのである。

加えて、近代以降の歴史研究のなかでアレクサンドロスが高邁な理想の実現に邁進する「英雄」として長年にわたり崇められてきたことも、大きく影響した。近代歴史学においてアレクサンドロス研究の礎を築いたのは、プロイセンの歴史家J・G・ドロイゼン（一八〇八～八四）である。祖国プロイセンによるドイツ統一を目指す政治家としても活躍した彼は、一八三〇年代以来、「世界帝国を打ち立てた軍事的天才」、「すぐれたギリシア文明を東方に広めて東西民族の融合を図った英雄」というアレクサンドロス像を提唱した。ドイツ統一が重要な政治課題だったこの時代、アレクサンドロスの東方遠征は諸民族を統一した偉業として称揚され、野蛮な東方を文明化する使徒としてのアレクサンドロスは、西欧の帝国主義列強による植民地支配を正当化するためのシンボルになったのである。

二〇世紀に入ると、イギリスの歴史家W・W・ターン（一八六九～一九五七）によって、さらに理想主義的なアレクサンドロス像が出現する。一九二〇年代から一九三〇年代にかけて、ターンは、万人に先駆けて民族的差別を乗り越え、全人類が同胞であることを宣言した人物として、アレクサンドロスをイエス・キリストの先駆者にまで祀りあげた。国際協調の機運が高揚した第一次世界大戦後の戦間期に、アレクサンドロスはドロイゼン流の帝国主義的な色合いを薄め、国際協調や恒久平和を体現する理想的な紳士へと衣替えしたのである。

ドロイゼンからターンへと受け継がれたこうした強い政治性を帯びたアレクサンドロス像は、ミニマリズム(1)と呼ばれる研究手法が主流となる一九七〇年代まで、歴史研究において絶大な力を持つことになった。アレクサンドロスは同時代の政治状況のなかで「文明化の使徒」「理想的な英雄」という輝かしい衣をまとい、こうして彼に関する研究は、マケドニア王国という歴史的文脈からますます遊離していったのである。

ヴェルギナの発掘

アレクサンドロス個人に圧倒的な比重が置かれていたそうした従来の研究のあり方は、一九七〇年代のヴェルギナ（マケドニア王国の旧都アイガイ）(2)の発掘調査によって一変することになる。

オスマン帝国の支配下で鋭い民族的対立の焦点となっていたマケドニアは、二度のバルカン戦争（一九一二～一三）を経てギリシア、セルビア、ブルガリアの三国で分割され、ギリシアは古代マケドニア王国の中心地を含むマケドニア南部を獲得した。続く第一次世界大戦期、マケドニアは英仏軍の管轄下に置かれ、この時期に英仏両国の軍人が行っ

（1）アレクサンドロスの行動や政策をその時々の状況のなかで史料に即して微視的に検証する研究手法。一九五〇年代に歴史家E・ベイディアン（一九二五～二〇一一）によって始まり、アレクサンドロスの脱神話化・脱英雄化につながった。こうした潮流は、英雄的な指導者のカリスマ性を忌避する、第二次世界大戦後の大衆民主主義の時代背景に相応するものである。

（2）マケドニア王国の最初の都。前五世紀末にペラに遷都した後も、王国の祭儀の拠点であり、とりわけ歴代のマケドニア王の埋葬地として知られていた。長らく、その場所は不明とされていたが、一九七七～七八年のヴェルギナの発掘で王墓が発見されたことにより、この地が古代のアイガイであることが確実視されるようになった。

図2　ヴェルギナ2号墓の主室から出土した黄金製のラルナクス（骨箱）
（A. Kottaridi and S. Walker (eds.), *Heracles to Alexander the Great: Treasures from the Royal Capital of Macedon, a Hellenic Kingdom in the Age of Democracy,* Oxford, Ashmolean Museum, 2011, p. xvi）

た調査が、戦後のマケドニア考古学の進展に大きな刺激を与えることになった。一九二五年にはテッサロニキ大学が設立され、こうしてギリシア人の手による発掘調査の基盤も整い、マケドニア考古学がようやく産声をあげたのである。その後、第二次世界大戦と続くギリシアの内戦による中断を経て、一九五〇年代から、マケドニア各地の本格的な発掘調査がテッサロニキ大学とギリシア考古局を中心に進められている。こうしたマケドニア考古学の急速な進展には、当時のギリシア首相K・カラマンリス（一九〇七～九八）の貢献が大きい。一九五〇年代から九〇年代にかけて国政を牽引したカラマンリスは、二〇世紀後半のギリシアを代表するカリスマ的政治家として名高いが、マケドニアのセレス出身の彼は、一九五五年に初めて首相に就任して以来、故郷のマケドニアの発掘に多大な財政支援を与えたのである。

そうして発展を遂げたマケドニア考古学における金字塔と言えるのが、テッサロニキ大学の考古学者M・アンズロニコス（一九一九～九二）によるヴェルギナの発掘調査である。カラマンリス首相の財政支援を受けて同地の巨大な墳丘を発掘した彼は、一九七七～七八年、豪華絢爛たる副葬品を伴ったマケドニア王墓（三基のうち二基が未盗掘）を発見した。これはまさしく、ギリシアにおける二〇世紀後半最大の考古学的発見である。アンズロニコスは直ちに最大規模の二号墓をフィリポス二世の墓と断じ、大きな反響を呼んだ。しかし、その直後から異論が噴出し、後継者戦争期に王位に就いたアリダイオス（アレクサンドロスの異母兄弟）を被葬者とする説が強力に唱えられるようになり、以来、現在に至るまで延々と議論が続いている。これはマケドニア史研究における最大の論争であり、各種副葬品や壁画の検討、出土人骨の人類学的分析などを焦点として、多岐にわたる議論が展開されている。

このように二号墓の被葬者論争は未決着であるが、ヴェルギナの発掘成果がはかりしれない意義を有することは言うまでもない。精巧な金銀製品や見事な壁画を伴った王墓は、マケドニアのきわめて高い文化・技術の水準を実証する超一級の文化遺産である。ヴェルギナの発掘が大きな刺激となって、欧米におけるマケドニア史研究は著しくその密度を高め、今や、マケドニアについての私たちの知識は、数十年前にはまったく想像もできなかったほど豊かになっている。

　こうして、アレクサンドロスという巨大な陰から、「マケドニア」がようやく姿を現したのである。

マケドニアの建国伝説

前七世紀半ば、ギリシア北部のピンドス山脈で移動放牧を営んでいたマケドニア人[3]がピエリア山脈の山裾に定住し、アイガイを都として国を建てたのが、マケドニア王国の始まりである。マケドニア人はギリシア人の一派だったのか、という問題は大きな論争点になっており、特にマケドニアの言語[4]をめぐって多くの議論があるが、確かなことはわかっていない。

　マケドニアでは、建国からアレクサンドロスの時代に至るまでアルゲアダイ（あるいはテメニダイ）と呼ばれる王家が王位を世襲し、テルメ湾に面した平野部（低地マケドニア）を中心として、西の山岳地帯（上部マケドニア）や東のストリュモン川流域へと、徐々に領土を拡大していった。

　初期のマケドニア王国史に関しては、前五世紀のヘロドトスが伝えるマケドニアの建国伝説（第八巻一三七～一三九章）がほぼ唯一の史料である。ヘロドトスは、英雄ヘラクレスの子孫であるテメノスの末裔の三兄弟がアルゴスからイリュリアを経てマケドニアに流れ着き、上部マケドニアの町レバイアの王に仕えたのちに「ミダスの園」と呼ばれ

（3）Makedones（マケドニア人）という言葉の語源については様々な説があるが、「高い」「大きい」を意味するmakednosというギリシア語に由来すると捉え、Makedonesとは「高地の人々」もしくは「背の高い人々」を表すと見る見解が有力である。ギリシア神話の英雄マケドンがマケドニア人の祖であるとする伝承もあるが、これは、マケドニア人をギリシア人の系譜に位置づけるための後づけの創作だったらしい。

（4）言語はしばしばエスニシティの重要な指標とされるため、マケドニアの言語については活発な議論がある。前五～四世紀のマケドニアでギリシア語が使われていたことは確かであるものの、マケドニア固有の言語を記した文字史料はほとんど現存せず、ギリシア語とは異質の「マケドニア語」が存在したのか、あるいはマケドニアの言語はギリシア語のなかの「マケドニア方言」だったのかを見極めるのは、現状では困難である。

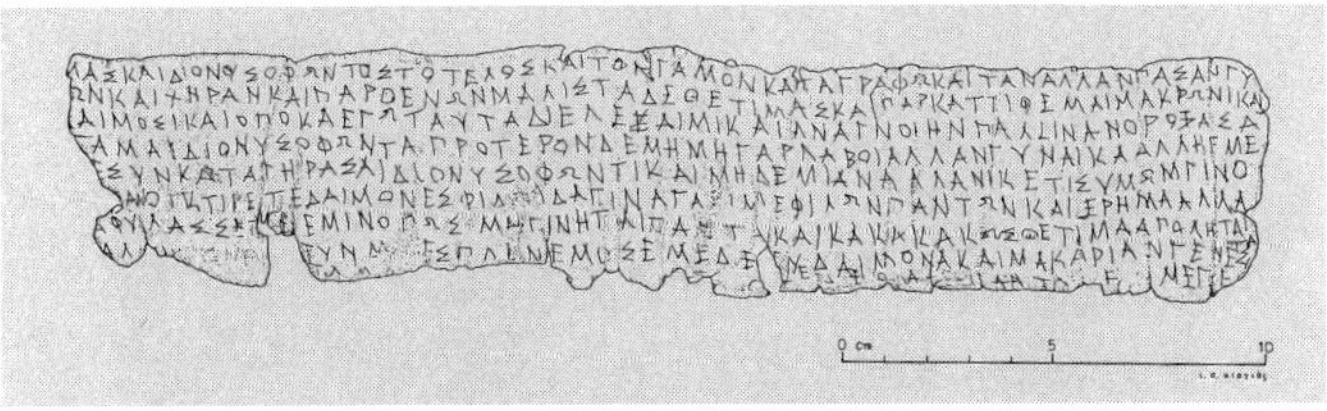

図3　ペラ出土の呪詛板

1986年にペラの墓域で出土した，鉛の呪詛板。内縁の夫とその恋人の結婚を妨害しようとする女性による呪いの言葉が刻まれている。前4世紀第2四半期のものとされるこの呪詛板は，サンプルのきわめて少ないマケドニアの言語に関わる重要な手がかりであり，マケドニアにおける女性の識字率や呪術の普及などについても光を当てる貴重な史料である（E. Voutiras, *ΔΙΟΝΥΣΟΦΩΝΤΟΣ ΓΑΜΟΙ : Marital Life and Magic in Fourth Century Pella,* Amsterdam, Gieben, 1998, Plate 5）。

る地に定住して、三兄弟の末弟のペルディッカスが王国を建てた、という経緯を、神の加護によって導かれた、不可思議現象に満ちたプロセスとして詳細に伝えている。こうしたお伽話のような伝説のなかで語られる建国の経緯は、当然のことながら、そのまま史実と捉えるべきではないが、近年は、建国当時のマケドニア人の生活や慣習が間接的に反映されていると見たり、伝説に現れる「イリュリア」「レバイア」「ミダスの園」といった地名などから建国のプロセスを類推したりする研究もある。

マケドニア王家がヘラクレスの系譜に連なるという伝承は、ヘロドトス以降も、トゥキュディデスやエウリピデスの作品に確認でき、その後、建国の祖の名前が「ペルディッカス」から「カラノス」へと変化しながら、ローマ時代に至るまで種々のヴァージョンで連綿と語り継がれた。そうしたなかで、ヘラクレスに始まる系図がさらに延長されていき、建国に至る経緯にも様々なヴァリエーションが現れる。こうした多様な建国伝説は、ごく大まかな核の部分、すなわちマケドニア王家がヘラクレスの血を引くという基本線がある限り、細部は自由な解釈に委ねられて展開していったことをうかがわせる。トロイアの勇将アエネアスを祖とするローマの建国伝説が、ローマの台頭につれて、アエネアスを祖とするという核を堅持しながら様々なヴァリエーションを伴って展開したのと同様に、マケドニアの建国伝説も、ヘラクレスを祖とするという核を堅持しながら、王国が興隆を遂げるにつれて、その興隆によりふさわしく練りあげられ、飾り立てられていったのである。

ギリシア世界への参入

そうしたマケドニアの建国伝説は、いつ、なぜ、生み出されたのか。

現存するギリシアの古典史料に初めて登場するマケドニア王は前六世紀後半のアミュ

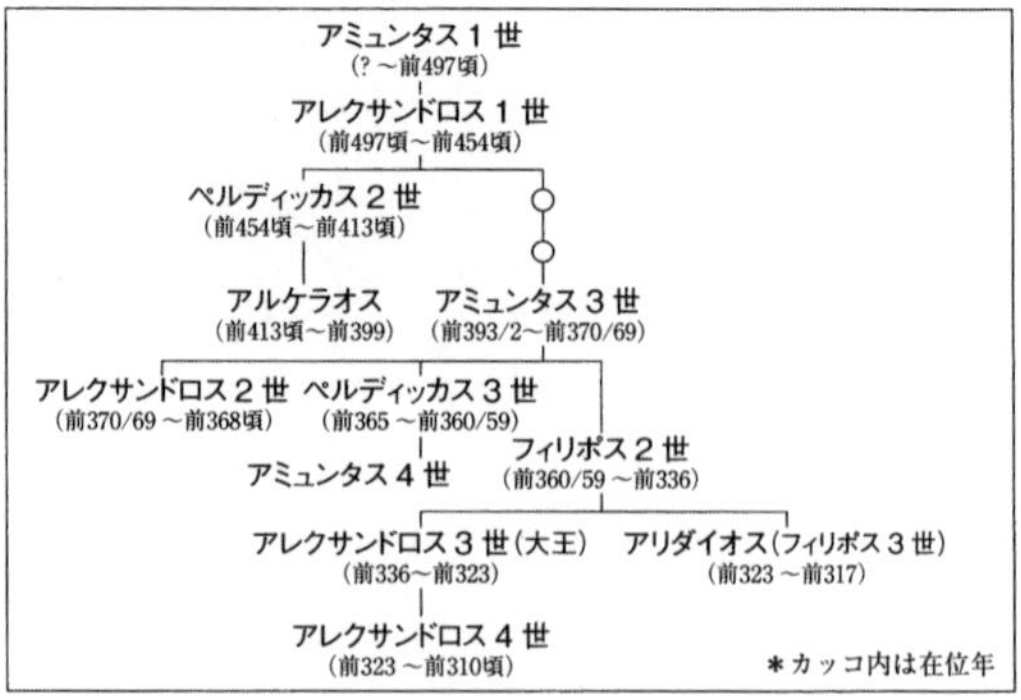

図４　マケドニア王家の系図

ンタス一世（在位、？～前四九七頃）で、彼の治世には、アテナイの僭主ペイシストラトスの一族とつながりがあったこと、前五一〇年代末にペルシアがマケドニアに臣従を要求したことが伝えられている。そうした「他者」との接触が、マケドニア王家をギリシア世界という大きな舞台へと誘《いざな》うとともに、王家にとって、より広い世界において自己のアイデンティティを確立する契機となったのであろう。こうしてギリシア世界における自己の位置づけを必要としたマケドニア王家が自らの起源をギリシアの英雄伝説に求め、ヘラクレスに連なる系譜を主張するという形でギリシア人としてのアイデンティティをアピールしたのである。

そうしたマケドニア王家のアイデンティティが明確に現れるのは、続くアレクサンドロス一世の治世（前四九七頃～前四五四頃）である。ヘロドトスの『歴史』には、アレクサンドロス一世がオリュンピア祭のスタディオン走（約一九〇メートルの短距離走）に参加したという有名なエピソード（第五巻二二章）がある。ヘロドトスは、ギリシア人だけの祭典であるオリュンピア祭において、バルバロス（異民族）と見なされていたアレクサンドロス一世の参加が問題となる一幕があったが、彼は自らがアルゴス人の血統であることを証明し、ギリシア人として認定された、と語っている。その「アルゴス人の血統」というのが、ヘロドトスが第八巻で詳述している、前述の建国伝説である。このオリュンピア祭参加の一件は前五世紀初頭のことと考えられるので、アレクサンドロス一世は、即位後まもなくの祭典において、ヘラクレスに連なるギリシア人としての自らのアイデンティティをギリシア世界に向けてアピールしたことになる。

アレクサンドロス一世は、このように即位当初からギリシア世界との関わりを深めていく一方で、ペルシア戦争ではペルシア側について参戦した。ヘロドトスは、前四八〇年のペルシア王クセルクセスのギリシア侵攻に際して、アレクサンドロス一世がペルシ

図５　マケドニアの領土

アに加担しながらもギリシアのために便宜を図るような行動をたびとったと伝えている。翌前四七九年にペルシア軍がエーゲ海世界から撤退すると、アレクサンドロス一世はそれに乗じて東へと領土を拡大するとともに、ペルシアにくみしたバルバロスというイメージを払拭するため、懸命にヘラクレスの血統を喧伝してギリシア世界への参入を図った。そうした努力ゆえ、彼はのちに「ギリシアびいき（Philhellene）」という添え名で知られるようになる。これ以降、マケドニア王たちは一貫してヘラクレスの子孫を自称し、貨幣にヘラクレスの意匠を用いるなどして、その血統をさかんにアピールした。

こうしたギリシア人としてのアイデンティティの喧伝と並んで、ギリシア世界に参入するためのもう一つの重要な切り札が、マケドニアの木材であった。地中海性気候のギリシア南部と異なり、暑い夏と寒い冬、年間を通じて多い降水量に特徴づけられる大陸性気候のマケドニアは、良質の木材の産地として名を馳せていた。とりわけ、まっすぐで軽いうえ、節がないマケドニア産の銀モミは、最良の櫂用材として知られていた。前五世紀のマケドニアは、人口増加のために早くから森林が失われていたギリシア南部のポリスに建築用・造船用の木材を輸出し、ギリシア最強の海軍国として台頭したアテナイがその最大の輸出先となる。アレクサンドロス一世は、前四八〇年の時点でアテナイのプロクセノス（名誉領事）とエウエルゲテス（恩恵者）の称号を持っていたと伝えられるが、これは、前四八三年からテミストクレスが進めたアテナイの大々的な艦船建造計画に際して、大量の造船用木材を提供した功績によるものであるらしい。これ以降、マケドニアの木材は王国の貴重な収入源になるとともに、ギリシア世界の政治情勢を左右する重要な要因となったのである。

続くペルディッカス二世の治世（前四五四頃～前四一三頃）は、エーゲ海北岸へのアテナイの勢力伸長と東隣のトラキアの台頭に悩まされる苦難の時代だったが、彼は木材を

図6　ヘラクレスの肖像を描いたアルケラオスの銀貨
（R. Ginouvès（ed.）, *Macedonia : From Philip II to the Roman Conquest,* Princeton, Princeton University Press, 1994, p. 41）

切り札として巧みに立ちまわり、マケドニアの独立を守り抜いた。その後、王国はアルケラオスの治世（前四一三頃～前三九九）にめざましい発展を遂げる。彼は首都をアイガイから海に近いペラに移し、政治や軍制の改革を断行して国力の増強に努めた。トゥキュディデスは、アルケラオスが道路の建設や軍備の拡充を進め、マケドニアをこれまでになく強大にしたとして、彼の功績を称えている（第二巻一〇〇章二節）。アルケラオスはギリシア文化の本格的な導入も図り、悲劇詩人エウリピデスをはじめとするギリシアの高名な知識人や芸術家を数多く宮廷に招いて新都ペラをギリシア文化で飾り立てた。こうしたギリシア文化の積極的な受容は、以後の王家の伝統となる。またアルケラオスは、王国の国家的な聖地ディオンにおいてオリュンピア祭を模した祭典を創始するなど、祖父アレクサンドロス一世と同様、「ギリシア人らしさ」をギリシア世界に向けてさかんに喧伝した。

貨幣から見るマケドニアの歴史

貨幣は、文字史料の乏しいマケドニアのきわめて貴重な史料であり、貨幣学（numismatics）はマケドニア史研究において大きなウエイトを占める。

前述のように、アレクサンドロス一世以降のマケドニア王は、貨幣にヘラクレスの意匠を用いてその血統をアピールした。フィリポス二世は、オリュンピア祭での優勝を記念する貨幣を発行して「ギリシア人の祭典」での勝利を喧伝したことも知られている。貨幣は、マケドニア王が自らの権威を国内外に示すためのプロパガンダとして格好のメディアだったのである。

また、マケドニア王の貨幣は、フィリポス二世が初めて金貨を発行するまで銀貨が主流だったが、現存する銀貨の銀の含有量の推移から、古典史料ではわからないマケドニ

図7　オリュンピア祭での優勝を記念して発行されたフィリポス2世の金貨
表にアポロン神の肖像，裏に二頭立ての戦車に乗った御者が描かれている。フィリポス2世は治世初期からオリュンピア祭の騎馬競走や戦車競走に持ち馬を送り込んでたびたび優勝を収めた（*Heracles to Alexander the Great,* p. 208）。

アの支配領域の変遷が読みとれる。アレクサンドロス一世は前四七九年のペルシア軍の撤退に乗じて東へと進出し、銀を産出するビサルティアの鉱山地帯を支配下に収めたが、それ以降にマケドニア王が発行した銀貨の質の変動は、ビサルティアの銀鉱の領有権が隣接するトラキア、およびエーゲ海北岸に勢力を伸ばしたアテナイとの間で揺れ動いたことを示している。さらに、アテナイとの木材交易の推移も、マケドニア王の銀貨の質に反映されているらしい。木材の輸出によって得られたアテナイの良質な銀貨はマケドニア王の銀貨に改鋳されたため、アテナイとの木材交易が安定していた時期にはマケドニア王の銀貨の質が向上したと考えられている。このように、貨幣は、古典史料には語られていないマケドニアの国力の推移を映し出す鏡としても有用なのである。

なかでも、近年注目を集めているのは、前四八〇年のペルシア軍のギリシア侵攻前後に発行されたアレクサンドロス一世の銀貨である。二一世紀になって相次いで公刊されたこのタイプの銀貨には、ペルシア王によって与えられる名誉のシンボルであるアキナケスと呼ばれる短剣を持つ騎乗の人物（おそらくアレクサンドロス一世自身）が描かれている（次頁の図8参照）。ペルシア軍の侵攻に際してクセルクセスから忠誠の証としてアキナケスを授けられたアレクサンドロス一世は、アキナケスを持つ自身の姿を銀貨に刻してペルシア王とのコネクションを喧伝し、国内における自らの権威の強化を図ったのであろう。しかし、ペルシア軍が撤退した前四七九年以降に彼が発行した同様の意匠の銀貨からは、そのアキナケスが消えている。ペルシアの敗北後、ペルシアに加担していた過去を清算してギリシア世界に参入することを目指した彼は、ペルシアへの忠誠のシンボルであるアキナケスを、直ちに自らの銀貨から消し去ったのである。

このアキナケスを刻した銀貨は、ペルシア戦争中のアレクサンドロス一世の親ギリシア的な行動を強調するヘロドトスの記述からは読みとれない、ペルシア王に対する彼の

図8　アレクサンドロス1世の銀貨

ペルシア戦争中に発行されたアレクサンドロス1世の銀貨（左）には，ペルシアのアキナケス（短剣）を持つ人物が描かれているが，前479年のペルシア軍撤退後の銀貨（右）にはアキナケスは見られない（W. Heckel, J. Heinrichs, S. Müller and F. Pownall (eds.), *Lexicon of Argead Makedonia,* Berlin, Frank & Timme, 2020, p. 533)。

忠誠を裏づける貴重な証拠である。さらに、これら二種類の銀貨は、ペルシア戦争中はペルシア王に忠誠を誓いながらも、ペルシアが敗れるや掌を返したように「ギリシアびいき」たらんとした、したたかなアレクサンドロス一世の変わり身の早さを雄弁に物語っている。

また、こうしたアキナケスを刻した銀貨をはじめとする、ペルシア軍の撤退以前のアレクサンドロス一世の銀貨はいずれも小額のオボロス貨であることから、これらは、ペルシアの大軍の通過にあたって進められたアトス半島の運河の開鑿工事やマケドニア国内の橋と道路の建設工事に従事したマケドニア人への賃金の支払いのために発行されたものと推測されている。とすれば、これらの銀貨は、ヘロドトスの記述からはうかがい知ることのできない、ペルシア戦争期のマケドニアにおけるインフラの整備の貴重な証拠であるのかもしれない。この時期に始まるこうしたインフラの整備が、ペルシア軍の撤退後のアレクサンドロス一世による東への進出、さらにはのちのアルケラオスによるペラへの遷都や道路建設につながっていったのであろう。

近年の研究では、マケドニアの国制や慣行にペルシアの影響が強く見られることがとみに強調されているが、ペルシア戦争期におけるペルシアによる支配は、そうした制度上の影響を与えたのみならず、その後のマケドニアを大きく飛躍させる重要な契機となったのである。

フィリポス二世のギリシア征服

前三九九年にアルケラオスが暗殺されると、彼が築いた繁栄は瓦解し、その四〇年後にフィリポス二世が即位するまで、マケドニアに大きな発展は見られない。フィリポス二世の父アミュンタス三世の二〇余年に及ぶ治世（前三九三／二～前三七〇／六九）は、

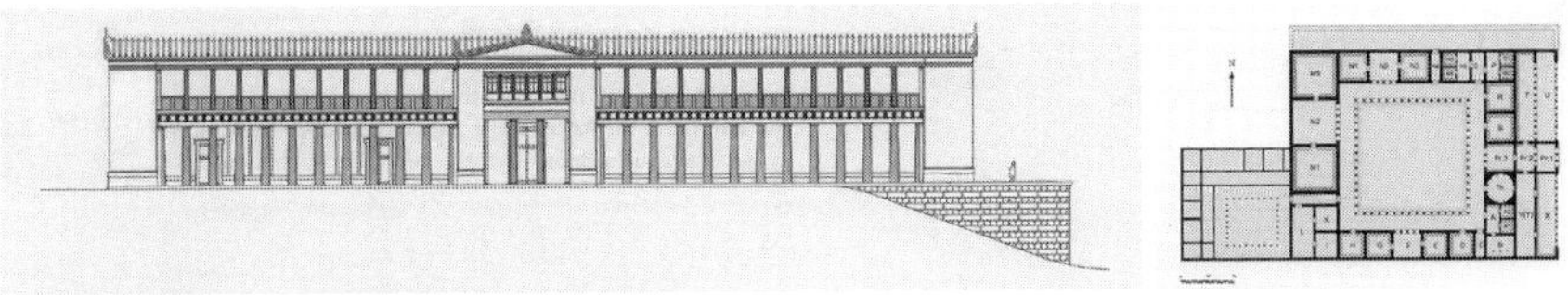

図9　ヴェルギナ（アイガイ）の宮殿（復元図および平面図）

1万2500平方メートルもの広大な宮殿で，かつては前3世紀のものと考えられていたが，2007年に始まった本格的な調査と復元により，フィリポス2世の治世末期に造営されたものであることが確実視されるようになっている（*Heracles to Alexander the Great,* p. 234）。

外部の諸勢力に翻弄される苦難の時期であり、その後を継いだフィリポス二世の兄たち（アレクサンドロス二世、ペルディッカス三世）の治世も短命に終わった。

前三六〇／五九年、イリュリア人との激戦で敗死した次兄ペルディッカス三世（在位、前三六五～前三六〇／五九）の後を受けて即位したフィリポス二世は、直ちに軍隊の育成に取りかかり、歩兵と騎兵を連動させた機動性に富む大規模な常備軍を作りあげていった。彼はギリシア随一の金山として名高いパンガイオン山の本格的な開発に着手し、財政基盤を整えて富国強兵を推し進め、以後、圧倒的な兵力と卓越した外交手腕を武器にギリシア制覇への道をひた走ることになる。そうした征服事業と並行して、支配下に置いた地域に数多くの都市を建設して住民を強制的に移住させ、森林伐採や湿地干拓により農地を開拓するなどして、根本的な国家改造を進めていった。

そうしたフィリポス二世のギリシア征服や国家改造の諸相を跡づける遺構は、彼の治世末期のものとされるヴェルギナ（アイガイ）の宮殿や劇場、オリュンピアの神域に造営されたフィリペイオン[5]（章扉写真）などを除いてはほとんど発見されておらず、彼の治世について研究するには、ほぼ全面的に古典史料に依拠せざるをえない。マケドニアに関する古典史料は、フィリポス二世が登場するまでは、ペルシア戦争やペロポネソス戦争といったギリシア世界の重大事に関連する限りで、ヘロドトスやトゥキュディデスなどの作品にマケドニア王の動向が言及されるにすぎないが、マケドニアがギリシア世界の頂点へと歩を進めていく彼の治世になると、同時代の史料が格段に増える。

とはいえ、フィリポス二世に関わる同時代史料は、デモステネスの数多くの政治弁論をはじめとするアテナイの反マケドニア的言論がそのほとんどを占める。前三五〇年代末から反マケドニアの論陣を張ったアテナイの弁論家デモステネスは、「フィリポスがとっている行動はすべてわが国に対して仕組まれたものであることは、あらゆる点から見て明らかです」（『フィリポス弾劾第二演説』一六節）と訴えてアテナイに対するフィリポス二世の敵意を強調し、マケドニアと戦うことをアテナイ市民に力強く促した。そうした弁論を読むと、私たちはしばしば、フィリポス二世にとってアテナイが最大の敵だったかのような印象にとらわれてしまうのである。

実際、従来の欧米の研究においては、フィリポス二世のギリシア征服の過程はアテナイを制圧する過程に等しい、といったアテナイ中心的な解釈[6]が有力であった。しかし、彼のギリシア征服は、アテナイとの関係の展開のみに還元されるプロセスでは決してない。それは、国境を接するイリュリアやパイオニア、トラキアを武力で制圧していく過程、広大なテッサリアを、その有力都市ラリサとの友好関係を活用して支配下に組み込んでいく過程、傀儡の擁立や内部抗争の助長などによってエペイロス・エウボイア・ペロポネソスとの関係を強化していく過程、そして、第三次神聖戦争（前三五六～前三四六）とデルフォイの隣保同盟（アンフィクテュオニア）を利用してギリシア中・南部に勢力を浸透させていく過程が相互に絡み合って進行する、複合的なプロセスであった。アテナイは、フィリポス二世にとって、あくまでも数多くのターゲットの一つにすぎなかったと見るべきであろう。

フィリポス二世は、前三三八年、カイロネイアでギリシア連合軍を撃ち破り、ギリシアの覇者となるに至る。このカイロネイアの会戦は、通常「ギリシアの自由」の終焉をもたらした戦いと見なされているが、この敗戦で自治と独立を失ったのは、あくまでもアテナイである。すでに以前からアテナイやスパルタなどの有力ポリスの支配下に置かれて自治独立を失っていた他の多くのポリスにとっては、覇権を握る国家が入れ替わったにすぎない。前三三八年に「ギリシアの自由」に終止符が打たれたと見るのも、アテナイ中心的な捉え方なのである。

（5）前三三八年のカイロネイアの戦いで勝利を収めたのちにフィリポス二世がオリュンピアの神域に建立した円形堂。内部には、彼自身を含む王族五人の像が安置されていた（像は現存せず）。

（6）同時代の史料が圧倒的に集中する古典期のアテナイの視点から捉える見方。近年は、フィリポス二世のアテナイに対する友好姿勢を強調する見解も目立つが、これも、彼の計画におけるアテナイの中心的役割を認めようとする解釈であり、やはりアテナイ中心史観の現れである。

図10　フィリポス２世の象牙製肖像彫刻
ヴェルギナ２号墓の主室から出土したもので，フィリポス２世の肖像と考えられている（M. B. Hatzopoulos and L. D. Loukopoulos (eds.), *Philip of Macedon,* Athens, Ekdotike Athenon S. A., 1980, p. 215)。

なぜマケドニアはギリシアを征服できたのか

フィリポス二世は即位から二〇年余でギリシア世界の覇者の座にのぼりつめたが、彼はなぜ、それまで誰も果たせなかったギリシア制覇を成し遂げることができたのか。

かつては、ギリシア征服の「成功」を前四世紀のギリシアポリスの「衰退」と結びつけ、ポリスが衰えて弱体化したからこそマケドニアがギリシアを征服できたとして、マケドニアの「成功」をポリスの「失敗」の結果と捉える傾向が強く見られた。しかし、ポリス衰退論が近年ますます否定されるようになるなかで、こうした捉え方も見直されている。フィリポス二世が即位した前四世紀半ば、ギリシア世界にはペリクレス時代のアテナイのような強大な覇権国が存在しなかったのは確かだが、アテナイをはじめとするポリスは、かつて考えられていたように弱体化していたわけではない。マケドニアのギリシア征服の「成功」をポリスの「失敗」に帰するのではなく、「成功」そのものの理由を、まずもってマケドニア史の文脈で問わなければならないのである。

ここ数十年のマケドニア史研究のなかで、特筆に値するのは、フィリポス二世についての研究のめざましい進展である。前述のように、一九世紀以降の歴史研究においては圧倒的な関心がアレクサンドロスに集中したため、フィリポス二世は息子の巨大な陰に隠れ、ほとんど注目を集めることはなかった。しかし、ヴェルギナ二号墓の被葬者論争の盛り上がりを背景に、欧米ではフィリポス二世研究が著しい活況を呈し、彼の評価が急速に高まっている。そうした近年の研究においては、ギリシア征服の「成功」を、もっぱら彼個人の才覚に帰する傾向が強く見られる。

もちろん、フィリポス二世の「鬼才」なくしてギリシア征服がありえなかったのは言うまでもない。しかし、その「成功」の要因としては、マケドニア王国が広く肥沃な国土や木材をはじめとする豊かな天然資源といった大きなポテンシャルを有していたことも忘れてはならない。また、近年のヴェルギナ（アイガイ）や上部マケドニアのエアニなどの発掘調査は、これらの地で前六世紀後半から前五世紀初頭にかけて、すでに都市化が進み、高度な文化が栄えていたことを実証している。フィリポス二世の功績を重視するあまり、彼以前のマケドニア王国の沈滞を強調する傾向が強いが、マケドニアは、決して、辺境の後進国だったわけではない。アメリカの歴史家J・バックラー（一九四五〜二〇一二）は、「フィリポス二世の即位は、バルカン半島の眠れる巨人マケドニアを目覚めさせた」と述べたが、「巨人」は、とうに目覚めていたのである。

さらに、先に見た建国伝説の喧伝とギリシア文化の受容によるイメージ戦略や、木材交易という切り札の活用を通じてギリシア世界へ参入しようとしたマケドニア王たちの長年の努力が、フィリポス二世のもとでようやく実を結んだと捉えることもできる。ここ数十年の研究のなかで、フィリポス二世がアレクサンドロスの東方遠征の礎を築いたとして、フィリポス二世からアレクサンドロスへの「継承」を重視するのはほぼ通説になっているが、前王たちからフィリポス二世への「継承」も、同様に重視すべきであろう。フィリポス二世は権謀術数に長けた策士として知られるが、その原型は、ペルシア戦争期にペルシアとギリシアの間で巧みに立ちまわったアレクサンドロス一世、複数の外部勢力との同盟関係を操りながら苦難の時期を乗り切ってマケドニアの独立を守り抜いたペルディッカス二世と父アミュンタス三世にある。また、フィリポス二世が大々的に進めた重装歩兵の育成は、アルケラオスやアレクサンドロス二世が着手していたことであるし、都市建設や住民の強制移住も、アレクサンドロス一世、ペルディッカス二世、アルケラオスの治世に前例が見られる。フィリポス二世はギリシア征服の過程でオリュンピアやデルフォイとの絆を活用したが、こうした路線も、すでにアレクサンドロス一世の治世に確認できる。つまるところ、フィリポス二世の改革事業や政策路線は、いず

（7）もともとは、マケドニアの領有をめぐってバルカン諸国の間で一九世紀後半以降繰り広げられてきた民族闘争を指す。一九九一年のマケドニア共和国の独立以降、その国名をめぐってのギリシアとの紛争の焦点として浮上した。長らく解決の兆しは見られなかったが、二〇一七年から事態は大きく進展し、二〇一八年六月にマケドニア共和国の国名変更についての両国の合意が成立した。二〇一九年一月、マケドニア共和国は正式に「北マケドニア共和国」に国名を変更し、こうして三〇年近くに及んだ国名論争には、一応の終止符が打たれた。

図11　スコピエのマケドニア広場のアレクサンドロス像（*Balkan Insight*）

れも前王たちが取り組んできたことの延長であり、決して新奇なものではない。彼は前王たちの路線を忠実に継承し、それをさらに体系的に推し進めたのである。

フィリポス二世のギリシア征服は、前五世紀初頭以来のマケドニアの発展の総決算と見るべきであり、その「成功」も、そしてその延長線上にあるアレクサンドロスの東方遠征も、マケドニア史の連続性のなかで理解されなければならない。

現代の「マケドニア」

一九九〇年代になって、「マケドニア」がしばしばメディアの注目を集めるようになった。一九九一年、ユーゴスラヴィアの分裂に伴ってマケドニア共和国（現 北マケドニア共和国）が独立して以来、「マケドニア問題」[7]がバルカンにおける国際紛争の一つとして浮上したのである。

「マケドニア」とは、どの地域を指すのか。これは、今日に至るまでの世界史のなかで重い意味を持つ問いである。そもそも「マケドニア」は、古代から現代まで、明確な境界線のない地理概念である。ローマ帝国、ビザンツ帝国、オスマン帝国の支配下において、為政者の思惑によってその境界はたえず変動し、マケドニアという名称には時代により常に異なる領域が重ねられてきた。マケドニア共和国とギリシアの熾烈な争いを生んだ「マケドニア問題」の背景には、こうした事情がある。

ギリシアは、マケドニア共和国の独立後、「マケドニア」の名称はギリシアに固有のものであるとして、直ちに国名の変更を要求した。古代マケドニアの栄光を自分たちのものとするギリシア人の強い国民感情を背景に、ギリシアはマケドニア共和国が「マケドニア」を名乗ることに対して強硬な反対姿勢を貫き、両国の緊張関係が続いた。

そうしたなかで、マケドニア共和国とギリシアの双方ともアレクサンドロスを自国のシンボルとして掲げ、彼を激しく奪い合うようになる。両国の「アレクサンドロス」の争奪戦は、二一世紀になって様々なレベルでますますエスカレートしている。マケドニア共和国は空港や高速道路にアレクサンドロスの名前をつけ、二〇一一年には、首都スコピエ中心部のマケドニア広場に高さ二四メートルもの巨大なアレクサンドロスの騎馬像を設置し、直ちにギリシアから強い抗議を受けた。翌二〇一二年には、さらに巨大なフィリポス二世の立像が同広場に設置され、話題を呼んだ。

　現代のバルカンの国際政治においては、二三〇〇年以上も昔のマケドニア王が、今もなお、強靭な生命力を持って生き続けているのである。

読書案内

＊現在日本語で読めるマケドニア史関連の文献（単行本）は、翻訳も含め、アレクサンドロス大王に関するものに限られる。

大牟田章『アレクサンドロス大王――「世界」をめざした巨大な情念』清水書院、一九八四年

森谷公俊『アレクサンドロスの征服と神話』講談社、二〇〇七年（講談社学術文庫版、二〇一六年）

澤田典子『アレクサンドロス大王――今に生きつづける「偉大なる王」』山川出版社、二〇一三年

澤田典子『アレクサンドロス大王』（よみがえる天才4）筑摩書房、二〇二〇年

ピエール・ブリアン（田村孝訳）『アレクサンドロス大王』白水社、二〇〇三年

ヒュー・ボーデン（佐藤昇訳）『アレクサンドロス大王』刀水書房、二〇一九年

N. G. L. Hammond, *A History of Macedonia, Volume I : Historical Geography and Prehistory*, Oxford, Clarendon Press, 1972, 493pp.

N. G. L. Hammond and G. T. Griffith, *A History of Macedonia, Volume II : 550-336 B.C.*, Oxford, Clarendon Press, 1979, 755pp.

N. G. L. Hammond and F. W. Walbank, *A History of Macedonia, Volume III : 336-167 B.C.*, Oxford, Clarendon Press, 1988, 654pp.

＊二〇世紀におけるマケドニア史研究に巨歩を印したイギリスの歴史家ハモンド（一九〇七～二〇〇一）の記念碑的三部作。第一巻は、彼の長年にわたるマケドニアでの精力的な調査に基づいて考古学・歴史地

理学・文献史学を統合した画期的な著作で、その後の発掘調査の進展により修正されている点もあるが、マケドニア史研究の金字塔とも言える貴重な成果である。第二巻・第三巻は、それぞれグリフィス、ウォールバンクとの共著で、古典期およびヘレニズム時代のマケドニアに関する詳細な通史。

A. B. Bosworth, *Conquest and Empire : The Reign of Alexander the Great*, Cambridge, Cambridge University Press, 1988, 330pp.

*ミニマリズムの代表格として活躍したオーストラリアの歴史家ボズワース（一九四二〜二〇一四）による、アレクサンドロスの生涯と東方遠征についてのスタンダードな概説書。

E. N. Borza, *In the Shadow of Olympus : The Emergence of Macedon*, Princeton, Princeton University Press, 1990 (2nd ed., 1992), 333pp.

*アメリカにおけるマケドニア史研究の第一人者ボルザ（一九三五〜二〇二一）による、先史時代からアレクサンドロスの時代までのスタンダードなマケドニアの通史。

J. Roisman and I. Worthington (eds.), *A Companion to Ancient Macedonia*, Chichester, Wiley-Blackwell, 2010, 668pp.

*古代マケドニアの研究必携書で、建国からローマ時代までのマケドニアの通史に加え、マケドニアの史資料、マケドニア人のエスニシティ、国制、宗教、経済、社会、文化、現代のマケドニア問題などのトピックについて、二九人の執筆者による二七章から成る。各章に詳細な文献案内も付されている。

R. J. Lane Fox (ed.), *Brill's Companion to Ancient Macedon*, Leiden, Brill, 2011, 642pp.

*考古学に重点を置いた古代マケドニアの研究必携書。一九人の執筆者による二八章から成り、ヴェルギナ（アイガイ）、ペラ、エアニ、アンフィポリスなどのマケドニアの各遺跡についての詳しい記述が有益。

W. Heckel, J. Heinrichs, S. Müller and F. Pownall (eds.), *Lexicon of Argead Makedonia*, Berlin, Frank & Timme, 2020, 538pp.

*前七〜四世紀のマケドニアに関する事典。二四七の項目について最新の研究状況を踏まえて解説している。

第6章

プトレマイオス朝エジプトとヘレニズム世界

――交錯する権力・伝統・文化――

髙橋亮介

東方遠征によりアケメネス朝ペルシアを滅ぼしたアレクサンドロスが築いた帝国は，彼の夭逝ののちに，彼に仕えた「後継者たち」が治める諸王国に分裂する。西アジアがギリシア人としての自己認識を持ったマケドニア人たちによって支配され，やがてローマの版図に組み込まれていくまでがヘレニズム時代である。本章ではヘレニズム諸王国の一つプトレマイオス朝エジプトを取り上げ，王家の内紛，他の王国やローマとの関係の変化といった政治史の流れを追いながら，エジプト支配の特徴を見ていく。

プトレマイオス１世の胸像
（筆者撮影，ルーブル美術館蔵）

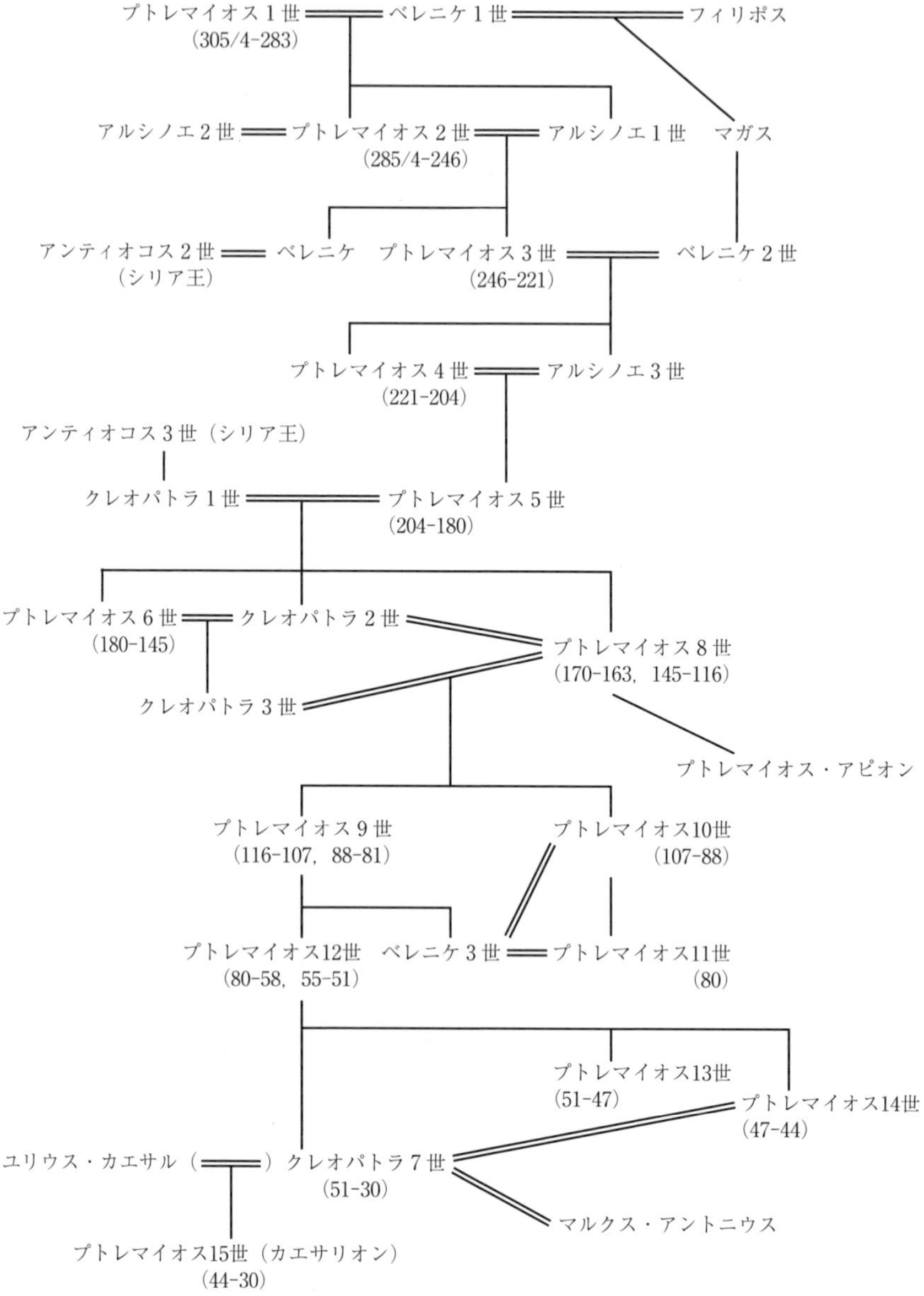

プトレマイオス朝略系図

(本章で言及した人物を中心に挙げた。年代はすべて紀元前で,治世年を示す。婚姻関係は=で示したが,正式な結婚ではないものはカッコに入れて示した)

アレクサンドロスの東方遠征とヘレニズム世界の成立

前三三四年、マケドニア国王アレクサンドロス三世はダーダネルス海峡を渡り、アジアに足を踏み入れた。いわゆる「東方遠征」の始まりである（第5章図1参照）。アケメネス朝ペルシアの支配下にあった小アジア、シリアを進み、エジプトではナイルデルタの北西の地中海に面した地に、自らの名前を冠した都市アレクサンドリアの建設を命じた。リビア砂漠のシウァ・オアシスではアンモン神より、自らが神の子であるとのお告げを受け取った。前三三一年春にペルシア帝国の中心部に向かったアレクサンドロスは、バビロン、スサ、ペルセポリスという主だった都市を手に入れ、ペルシア帝国の支配を引き継ぐ者としての立場を固める。ここまでアナトリア北西のグラニコス川、南東のイッソス、ティグリス川上流のガウガメラでの会戦を経ながらも、エジプトやバビロンは抵抗することなくアレクサンドロスを受け入れた。アレクサンドロスは、動機は定かではないがペルセポリスに火を放ちもしたが、在地の宗教と慣習を尊重し、ペルシア人を総督として任命し、現地の支配層との協調体制を築こうとしていた。

ペルシア王ダレイオス三世はさらに東に逃れたがバクトリア総督ベッソスらに殺害される。アレクサンドロスはペルシア王を名乗ったベッソスを討つために東に向かい、バクトリア、ソグディアナを平定する。さらにインドに軍を向け、パンジャブ地方に入り、インダス川の支流ヒュファシス川の河畔に到達したところで、兵たちの反対もありアレクサンドロスはついに進軍を諦めた。前三二六年夏のことであった。こうしてアレクサンドロスはペルシア帝国の名目上の支配圏に匹敵する帝国の主となったのである。前三二四年、スサに帰還したアレクサンドロスは、マケドニア・ギリシア人の将兵とペルシア人貴族の子女との集団結婚式を執り行う。前三二三年、アラビア半島遠征を準備するも、六月にバビロンで病没する。戦いに明け暮れた、およそ三三年の生涯であった。

急速に拡大し、未完のまま主人を失ったアレクサンドロスの帝国は、精神障害を持つ異母兄弟アリダイオス（前三一七没）と、アレクサンドロスの死去時には生まれていなかった息子アレクサンドロス四世（前三一〇／九没）の二人によって引き継がれるが、やがて将軍たち、いわゆる「後継者たち（ディアドコイ）」の争いを経て、彼らを支配者とする、いくつかの王国に分裂することとなる。そのなかでエジプトを拠点に自らの王国を築いたのが、ラゴスの息子プトレマイオス[1]（前四世紀半ば～前二八三／二）である。彼はアレクサンドロスの遺骸を奪取し、その後継者としての立場を示し、メンフィスからアレクサンドリアへと都を移した。だが、王として統治を始めるのは、前三〇六年に小アジアに勢力を広げるアンティゴノス・デメトリオス父子が揃ってなした王位宣言に反応してのことであった[2]。前三〇四年にプトレマイオスはファラオとして戴冠式を行い、エジプト語史料によればその統治の初年は前三〇五／四年とされる。

本章では、ヘレニズム諸王国、そして古代エジプト王朝のなかでも、最も長命を保った、このプトレマイオス朝エジプト（前三〇五～前三〇）に焦点をあて、アレクサンドロスの東方遠征からローマ帝国の地中海統一までを指すヘレニズム時代の状況を概観する[3]。ヘレニズム諸王国、とりわけギリシア本土を離れて、小アジア、西アジア、北アフリカに割拠した諸王国は、相互の戦争や西から勢力を伸ばしてくるローマへの対応といった対外関係、また王位の継承をめぐる争い、ギリシア文化と異なる、しかし古い伝統を持つ在地社会をいかに支配するかといった共通の課題を抱えていた。それでも諸王国のこれらの課題への対応と帰結は一様ではなく、各王国は個性を備えている。

プトレマイオス一世から三世

プトレマイオス朝の最盛期とされるのが最初の三人の王の治世である。その後の歴史

（1）アレクサンドロスの学友で、東方遠征中も側近として仕え、アレクサンドロスの死後にエジプト総督となった。晩年にはアレクサンドロスの戦争を詳しく記した伝記を書いた。現在は失われたが、ローマ時代にアリアノスが記したアレクサンドロス伝の主たる典拠となった。

（2）その後、アンティゴノスは前三〇一年、プトレマイオスら他の「後継者」との戦争で敗死するものの、デメトリオスは前二九四年にマケドニア王となる。そのデメトリオスも王位を追われ、セレウコス朝との戦いに敗れ、囚われた後に死去する。彼らはプトレマイオス朝、セレウコス朝シリアとともにヘレニズム世界に鼎立し、前一六八年にローマによって滅ぼされるアンティゴノス朝の祖となった。

（3）プトレマイオス朝の出来事の年代や人物の出生年・治世年については、Günther Hölbl, trans. by Tina Saavedra, *A History of the Ptolemaic Empire*, London/New York, Routledge, 2001 に依拠したが、同書が言及していないものに加えて、参考文献として挙げた研究あるいは他の研究に従ったところもある。

を長い衰退期としてのみ理解するのは必ずしも適切ではないが、東地中海に広がる海外領の獲得と維持、積極的な対外政策、移住者の受け入れと都市アレクサンドリアの発展、中部エジプトのファイユーム地方の開発といった注目すべきことがらが、初期の王たちの治世に生じたのは事実である。その一方で、アレクサンドロスがそうであったように、エジプトを統治にするにあたって王たちは在地の伝統を重んじたのであった。

プトレマイオス一世は他の後継者との争いのなかで、エジプトの西隣のキュレナイカに加え、アナトリア半島南岸、コイレ・シリア（シリア沿岸部の南部）、キプロス島を支配下におき、反マケドニアの姿勢をもってギリシア本土の諸ポリスに支援を行った。このエジプト外の支配領域は、エジプトの防衛上重要であるのみならず、プトレマイオス朝を東地中海沿岸に広がる海上帝国とした。海外領の拡張と維持は、続くプトレマイオス二世、三世へと引き継がれるが、特に前三〇一年から支配したコイレ・シリアの領有をめぐって、セレウコス朝[4]との断続的な戦争（シリア戦争）が前二世紀半ばまで続けられることになる。

前二八三から前二八二年にかけての冬に死去した一世の後を継いだのが、前二八五／四年より共同統治者となっていた息子のプトレマイオス二世フィラデルフォス（愛姉王）である。[5] 彼は即位後まもなく、シリア王セレウコス一世の死に乗じて、アナトリア半島南部に支配領域を伸ばした。第一次シリア戦争（前二七四～前二七一）でアンティオコス一世を退けた。第二次シリア戦争（前二六〇～前二五三）ではアンティオコス二世のみならず、マケドニア王アンティゴノス二世とも争い、エーゲ海・アナトリア南部での力を失ったが、コイレ・シリアは維持し、和約後に娘ベレニケをアンティオコスに嫁がせた。一方、キュレナイカでは、この地を治めていた異父兄マガスが王位を宣言し（前二七〇年代前半）、ギリシア本土でマケドニアからの独立を図るポリスを援助したクレモニデス

（4）セレウコス朝は、アレクサンドロスの死後バビロニア総督となったセレウコス（一世）が興した。アケメネス朝ペルシアの領土の多くを支配下においたが、前三世紀半ばにはバクトリア、パルティア、ペルガモンが独立し、以後、支配領域はシリア周辺へと狭められていく。やがて前六三年にローマのポンペイウスによって滅ぼされる。

（5）プトレマイオス朝の歴代の王はすべてプトレマイオスであるが、それぞれが異なる添え名を持った。一世、二世という数字による区別は現代の研究者が行ったものである。

図１　神格化されたプトレマイオス１世とベレニケ１世と，兄弟姉妹であるプトレマイオス２世とアルシノエ２世という二組の夫婦を裏表で示した貨幣（Wikimedia Commons）

戦争（前二六九／八～前二六三／二頃）では敗北を喫した。二世時代の対外政策は常に成功を収めたわけではないが活発であった。

前二四六年に二世を継いだのが三世エウエルゲテス（恩恵者）である。彼の治世は、妹ベレニケの夫でシリア王のアンティオコス二世死後の後継者争いに介入した第三次シリア戦争とともに幕を開ける。三世は、妹と後継者候補の甥の命を助けることはできなかったが、シリア内陸部のアンティオキア入市を果たす。その後も小アジアで積極的な軍事活動を行い、その支配領域をトラキアにまで広げ、海外領の維持に努めた。またキュレナイカ王マガスの娘で、三世にとって従姉妹にあたるベレニケ（二世）との結婚により、キュレナイカをプトレマイオス朝の領土に復した。

プトレマイオス朝の支配イデオロギー

プトレマイオス二世は、その添え名の通り、前二七五年頃、姉アルシノエ二世と結婚した。この兄弟姉妹婚は次世代以降の王たちにも見られ、歴代の王が皆プトレマイオスという名を持つこととならんで、プトレマイオス朝の結束と継続性を主張する特徴となる。プトレマイオス三世は二世が最初の妻アルシノエ一世からもうけた息子であるが、前二五九年以降、アルシノエ二世の息子として扱われ、親子関係の変更すらなされたのである。

また二世は王朝祭祀を創設し、王権の強化に努めた。一世はすでにアレクサンドロスを神格化し、その崇拝を司る神官職を設けていたし、自身もギリシア諸都市から支配者崇拝の対象となっていたが、二世は父を母とともに「救済神」として神格化し、父を記念する競技祭プトレマイエイア祭を創設した。これは四年ごとに開催され、オリンピア競技祭と同じ格を持つものとされた。前二七二／一年、自身と姉を「姉弟神」として崇

（6）後二〇〇年頃に活動した著作家。『食卓の賢人』では、食事と宴会に関する様々な話題が、過去の文献からの引用をしながら会話形式で提示される。

拝の対象に加える。これ以降、歴代の王、女王（王妃）は存命中から神として崇拝されたのである。二世の治世下、前二七〇年代あるいは前二六〇年代に挙行されたプトレマイエイア祭の行列について、アテナイオス『食卓の賢人たち』(6)に引用されるロドスのカリクセイノスの記述が伝わっている。それによれば、行列はディオニュソス神の伝説を再現し、豪華な神像、財宝、珍奇な動物や奢侈品、着飾った合唱隊や兵士たちが行進し、王朝の強大さと豊かさをアピールする場であった。豊穣の神ディオニュソスを守護神としたプトレマイオス朝において、有り余る豊かさを見せつけることこそが、王権の強さを示す手段となったのである。歴代の王の贅沢な暮らしぶりは、しばしば非難の対象となってきたが、こうした王権イデオロギーから理解する必要もある。

アレクサンドリアに作られた学術研究所ムセイオンと図書館からも支配のイデオロギーを読み取ることができる。一世は、アテナイのリュケイオンで学んだファレロンのデメトリオスの亡命を受け入れ、彼から研究所を設置する発想を得た。図書館ではギリシア語の書物が集められ、文献学の手法によりホメロスの校訂版が作られた。カリマコスやロドスのアポロニオス、宮廷詩人テオクリトスらにより、新たな文学作品が生み出され、数学者エウクレイデス、天文学者アリスタルコス、地球の大きさを測定したエラトステネスなどが自然科学においても功績を残した。これらの学術活動はギリシア文化の継承と発展をめぐるヘレニズム諸王国の競争という観点から理解できる。

エジプト支配の特徴

プトレマイオス朝の対外政策やアレクサンドリアの発展を支えたのは、ナイル川の氾濫を利用した灌漑により、豊かな実りをもたらすエジプトの土地であった。かつてはプトレマイオス朝の王たちは、王朝時代に発展した中央集権化された官僚機構を受け継ぎ、

図２　メンフィスのプタハ神殿の大神官であったジェドホルを記念する石碑（前223年，著者撮影，ウィーン美術史美術館蔵）

戦利品として手にしたエジプト全土の所有者であったと見なされることもあった。しかし、近年の研究は、中央集権的な国家統制というイメージは、実際には統合が容易ではないからこそ打ち出されたエジプト王権のイデオロギーだとしており、プトレマイオス朝も地方の有力者、すなわち宗教的権威と大土地所有者としての経済力を有する神殿とその神官たちとの協力関係を築き上げることが不可欠であった。安定したエジプト支配の確立は、緊迫した東地中海情勢のなかにあるプトレマイオス朝にとって、重要な課題であったのである。前三世紀においてギリシア本土やアナトリア半島などからエジプトへの移住者は、エジプトの人口の五〜一〇％程度であったと考えられているので、人口の大部分を占めるエジプト人の存在は無視できるものではなかった。プトレマイオス一世をはじめ歴代の王はファラオとして表され、神殿の造営にも力を入れた。プトレマイオス朝は領域部においては伝統的な行政機構を引き継いだが、いかなる変化ももたらさなかったわけではない。漸次的な制度改革、ギリシア語の使用、貨幣の流通といった新たな要素が時間をかけて領域部の行政と社会に浸透していった。

宮廷で重んじられるエジプト人神官もいた。プトレマイオス一世は、メンフィスで信仰されていたオセラピス（オシリス神と牛の姿をとるアピス神が習合した神）に、ギリシアの神プルトンの姿を取らせたサラピス神を創造したが、黒海南岸のシノペから招来された神像の検分をしたのは、エジプト人神官マネトンであった。彼はまたエジプト王朝史をギリシア語で著した。彼による諸王朝の区分は現在のエジプト学にも引き継がれているが、その著作は散逸し、断片のみが伝わっている。

ファイユーム地方の開発

プトレマイオス朝は、自らのために戦う兵士たちに報い、彼らの忠誠をつなぎとめる

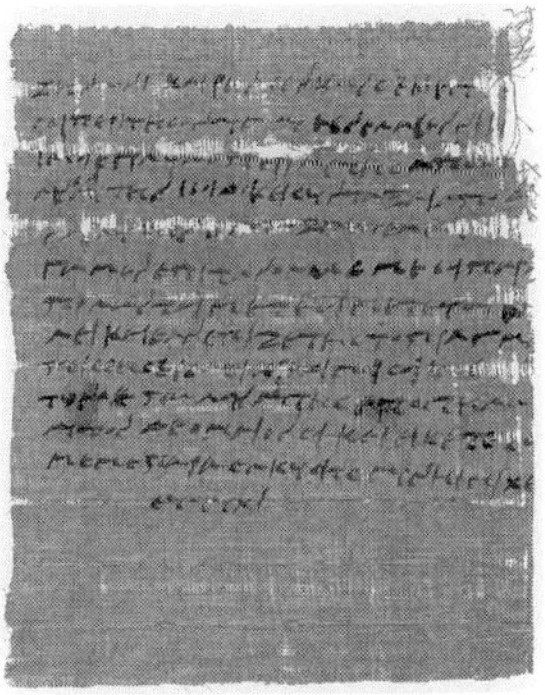

図３　ゼノン文書群の一例
前256年，ロバを盗まれたエジプト人寡婦が，犯人にロバを返すよう命じてくれとゼノンに訴えかけている。彼女はロバはゼノンの携わる養蜂に必要であり，ロバがなくてはゼノンと王の利益が損なわれると主張している。嘆願書はギリシア語を学んだエジプト人書記によって書かれている。
（P. Mich. inv. 3198; U-M Library Digital Collections. Advanced Papyrological Information System（APIS UM）. Accessed: May 12, 2022）

ために土地を与えたのだが、在地の有力者との協力体制の構築も必要であったため、王たちはエジプトの土地を自由に扱えたわけではなかった。こうした制約のなか多くの入植者を受け入れたのがファイユーム地方であった。この地域は、ナイル川の西を並走する支流バフル・ユースフが流れ込んでできる沼沢地であったが、干拓事業により耕地は三倍に拡大し、前二五七年頃には、アルシノエ二世にちなんで名づけられたアルシノイテス・ノモスという行政区となった。そのなかの集落には、マケドニア王国の伝承上の建国者カラノスにちなむカラニス、王朝の守護神ディオニュソスにちなむディオニュシアス、プトレマイオス二世とアルシノエ二世の姉弟愛を指すフィラデルフィアといった新しい王朝の存在感を示す名前を持つものもある。

ファイユーム開発の様子は、ここから出土した三世紀半ばのギリシア語パピルス文書から明らかになる。とりわけ有名なのがフィラデルフィアにあった財務大臣アポロニオスの所領の管理人ゼノンが残した文書群や建築技師クレオンとその後任者テオドロスの文書群である。だがファイユームにおいてもギリシア系の移住者は少数派であった。前三世紀半ばの徴税記録に基づく推計によれば、一〇万人弱の人口のうち、兵士とその家族は一五%、その他のギリシア人は一五%であり、後者にはエジプト人であるがギリシア人と同じ税制上の特権を持つ人々も含まれていた。ファイユームはエジプト内からも移住者を受け入れ、ワニの神ソベクも地域の神として篤く信仰されつづけたのである。豊富なギリシア語パピルス文書史料の存在ゆえにファイユーム地方は、プトレマイオス朝時代のエジプト領域部を代表するかのように語られることもあったが、その特殊性には留意が必要である。今後の研究では地域差への注目とエジプト語史料の活用がますます進んでいくであろう。

プトレマイオス四世

プトレマイオス四世フィロパトル（愛父王）の治世（前二二一～前二〇四）は、衰退に向かうプトレマイオス朝の転換点と見なされる。こうした見方は、ヘレニズム時代史の基本史料『歴史』を著したポリュビオスの視点に強く影響されたものである。(7)ポリュビオスによれば、四世は自らの即位と時を同じくして、マケドニア王にフィリポス五世が、シリア王にアンティオコス三世がなったことに安堵して、安逸な宮廷生活を始めた。そして、これまでの王が力を入れ、他の王国を牽制しエジプトを守っていた国外での活動を疎かにした（五、三四）。やがて訪れる海外領土の喪失を予感させる筆致である。一方、アンティオコス三世（在位、前二二二～前一八七）は、セレウコス朝の祖セレウコス一世の旧領を回復すべく積極的な対外戦争を行い、その矛先はシリア南部を手にするプトレマイオス朝にも向けられた。第四次シリア戦争では、アンティオコスはシリア南部の諸都市を手にするものの、前二一七年のラフィアの戦いで、エジプト人兵士たちを大規模に動員したプトレマイオス朝軍に敗れ、彼の野望は打ち砕かれることとなった。だがプトレマイオスに勝利をもたらした、この戦いは、歴史家ポリュビオスによれば、新たな困難を引き起こすことになった。

プトレマイオス［四世］のところでは、この［ラフィアの］戦いのすぐあと、エジプト人との戦争が勃発した。この王はアンティオコスとの戦争に備えてエジプト人に武器を与えていたのだが、これはその場面に限っていえば首肯できる方法であっても、将来のためにはつまづきの石となった。というのもラフィアの勝利によって自信をふくらませたエジプト人たちは、もはやおとなしく命令に忍従するのをいさぎよしとせず、自分の力で身を守ることのできる人間として、それにふさわしい指導役の人物を求め

（7）ギリシア本土のアカイア連邦の指導者の一人。ローマがマケドニアを滅ぼした第三次マケドニア戦争（前一七一～前一六八）後に人質としてローマに送られ、前二二〇年から前二世紀半ばまでのローマ興隆の歴史を『歴史』全四〇巻に著したが、完全に残存しているのは最初の五巻のみで、残りは断片で伝わっている。また、その内容はリウィウス『ローマ建国以来の歴史』にも用いられている。

るようになったのである。この要求はしばらくのちに実現することとなる。(五、一〇七、城江良和訳、表記を一部変更)

最後の言葉は、一〇年後にデルタ地方と上エジプトで生じた大規模反乱を指している。前二〇四年に死去した四世は反乱の終結を見ることはなかった。南部大反乱は二〇年にわたって継続した。その指導者ハロンノフリスが前二〇五年にファラオとして登位し、前一九九年からはカオンノフリスが指導者となり、最終的に彼が敗北するのが前一八六年のことである。この時期に上エジプトで作られた文書や碑文は反乱の推移を知る手がかりとなる。というのも日付を記すのに、プトレマイオスの名前と反乱指導者の名前のいずれが用いられるかで、王朝と反乱勢力がどこを勢力下に置いていたかがわかるからである。

プトレマイオス五世

五世からのプトレマイオス朝の歴史は、これまでの繁栄と成功から一転して衰退と弱体化の歴史と見ることができる。王・女王たちの振る舞い、戦争、領土の広がりに注目する政治史からは、「衰退」あるいは「混乱」という評価を下すのが妥当である。王たちがプトレマイオスという一つの名前を持つことや兄弟姉妹婚を含む近親婚によって結束と継続が図られたプトレマイオス王家は、家族間の血みどろの争いを繰り広げることとなる。大都市アレクサンドリアの市民たちは暴動を起こし、誰が王になるかをも左右するようになる。数世代にわたって続くセレウコス朝との抗争では劣勢に立たされ、新興勢力ローマの介入に救われる。王位をめぐる争いにおいてもローマの力が頼りとされる。プトレマイオス朝の支配下にとどまったキプロスやキュレナイカは、王家内の権力争いに敗れた者たちが再起を図ったり、独立して支配をする場所となり、むしろ王朝の混乱に拍車をかけたと見なすこともできる。このように前三世紀の繁栄と成功を創り出した諸要因が逆に作用するようになるのだが、前二世紀以降を単なる衰退期と見なすことにも慎重さが求められる。政治史から離れ、エジプト内の様相をパピルス文書史料から眺めたとき、社会の統合や行政の効率化と理解できる状況も見られるのである。

五世エピファネス（顕現者）が前二〇四年に単独統治者となったとき、彼はまだ五歳であった。この幼い王の後見役をめぐる宮廷の争いを好機と捉えたのが、シリア王アンティオコス三世とマケドニア王フィリポス五世である。両者はプトレマイオス朝の海外領を分割して領有する協定を交わした。アンティオコスは第五次シリア戦争で、シリア南部と小アジアに版図を広げ、フィリポスはトラキアを手にすることになるのだが、ローマは二人の王がエジプトに侵攻しないよう要望を出し、受け入れさせる。セレウコス朝との関係はアンティオコス三世の娘クレオパトラ一世を五世の妻として迎え入れることで改善するが、妻の嫁資として期待していた失われた領土の獲得はならず、プトレマイオス朝がエジプトの外で支配したのはキプロスとキュレナイカのみとなる。

エジプトの状況に目を向けると、前一九七年にデルタ地方の反乱軍が占拠していたリュコポリスを鎮圧し、翌年に古都メンフィスで五世はファラオとして戴冠式を挙行する。上エジプトでも前一九〇年以降は五世の権威が確立するが、南部反乱の指導者カオンノフリスの抵抗は前一八六年まで続いた。四世の治世を叙述する際に引用したポリュビオスの評価にもかかわらず、これらの反乱をエジプト人による全般的な民族的抵抗と見なすわけにはいかない。前一九六年の「メンフィス決議」[8]や前一八六年の「フィラエ第二決議」は、エジプトの神殿に恩恵を施した五世を顕彰する神官団の決議だが、そのなかで神官たちは反乱者を神々の敵とし、プトレマイオスの勝利を祝っている。すでに見た

（8）この決議文をヒエログリフ（エジプト語神聖文字）、デモティック（エジプト語民衆文字）、ギリシア語で刻んだのが、ヒエログリフ解読のきっかけとなったロゼッタ・ストーンである。

図４　ロゼッタ・ストーン（著者撮影，大英博物館蔵）

ようにプトレマイオス朝はその支配の開始時より在地の有力者である神官たちとの協力体制の構築を必要としており、王権に忠誠を誓う神殿もあったのである。ただし、前三世紀半ばから前二世紀初めまで作られた神官団決議を通覧すると、前二世紀に入ってから は王権が神官たちに譲歩し、協力体制を強固にしようとしていた様子もうかがわれる。

プトレマイオス六世と八世

前一八〇年に早逝した五世を継いだのが、息子でやはり幼い六世である。その母クレオパトラ一世は前一七六年に死去するまで共同統治者であった。前一七〇年に六世は、妹であり妻でもあるクレオパトラ二世、そして弟の八世との共同統治を開始する。コイレ・シリアの獲得を目指した第六次シリア戦争（前一七〇／六九〜前一六八）では、逆にアンティオコス四世のエジプト侵入を許し、アンティオコスは六世を自らの傀儡としようとする。しかしアレクサンドリア市民は八世とクレオパトラ二世を正統な支配者と見なすようになる。前一六八年夏に再び侵攻したアンティオコスに兵を引かせたのはローマの介入であった。その様子をポリュビオスは次のように描いている。

ローマ軍司令官ポピリウスは、アンティオコスが遠くから声をかけて右手を差し出してきたとき、元老院決議の刻まれた書板を手に持ったまま相手の方に突き出して、まずこれを読めと命じた。たぶん、先に右手を差し出してきた相手の真意が、友好と敵対のいずれにあるのかを確認してからでないと、友好のしぐさを返すわけにはいかないと考えたのであろう。そして王が決議に目を通したあと、この件については廷友たちに相談したいと答えたとき、それを聞いてポピリウスのとった行動は、きわめて峻厳でしかも尊大なものだった。手に持っていた葡萄の木の杖を使って、アンティオコスの回りの地面に円を描いたうえで、書状への回答を示すまではこの円から出るのを許さないと言い渡したのである。王はこの居丈高な言動に虚を突かれ、しばらくのあいだためらったあと、ローマ人の命令にはすべて服すると返答した。（二九、二七、城江良和訳）

このエピソードは、この時代のローマの力の強さを明白に示すものである。事実、第六次シリア戦争後も続く六世と八世の争いの末、前一六四年に六世はエジプトを追放され、ローマに身を寄せ、その支持を得ようとした。翌年、六世はエジプト王として復位し、八世はキュレナイカの支配者となった。

前一四五年にシリアでの戦いで六世が戦死すると、八世がエジプト王として即位し、姉妹のクレオパトラ二世と結婚し、彼女と兄王六世との間に生まれた息子を殺害する。[9] 前一四一／〇年に八世は、クレオパトラ二世の娘で自身の姪であるクレオパトラ三世をも妃に迎える。この共同統治体制もお互いの不和を生み、前一三二年にはクレオパトラ二世とプトレマイオス八世との間で内乱が起こる。八世はクレオパトラ三世とともにアレクサンドリアを追放され、一時はキプロス島にまで逃れ、そこでクレオパトラ二世との間に生まれた息子を報復のために殺害する。クレオパトラ二世は単独統治を行っていたが、八世は前一二七／六年にアレクサンドリアを奪還し、市民たちにも過酷な報復を行った。しかし前一二四年には三人の共同統治体制が再び確立された。

二世紀の領域部――弛緩と統制

すでに触れた前一九六年の「メンフィス決議」には、神殿や住民に対して未納の税の免除や将来の税の廃止・軽減を王が認めたことが記されている。これ以降、前一世紀半

（9）この息子を、前一一八年以降に王朝祭祀の対象として言及されるプトレマイオス・ネオス・フィロパテル（新しい愛父王）と同定し、プトレマイオス七世としての短い治世があったとする見解がある。あるいはクレオパトラ二世とプトレマイオス八世の間の息子をプトレマイオス七世だとする見解もある。いずれにせよ、七世に同定しうる人物は死後に王として扱われただけで、実際に統治しておらず、七世は王朝の実際の歴史のなかには存在しないと現在の研究者たちは考えている。

ばに至るまで、王がたびたび「恩赦令」（フィラントロパ）を発布し同様の譲歩をしたことが、碑文史料やパピルス文書史料から知られる。「恩赦令」は恩恵を施すという名目で出されながら、実際には王の徴税能力が弱まり、神官や土地を付与された入植兵の力が相対的に強まっていく、すなわちプトレマイオス朝のエジプト支配が弛緩していく状況を示すというのが通説的な理解である。しかし別の史料からはプトレマイオス朝が人々の活動の把握するシステムを構築しようとしていたこともうかがわれる。

前一四五年に役人間で交わされた書簡は、上エジプトのテーベ地方で作られたエジプト語契約書の取り扱いに関するもので、次のような規定が定められたことを伝えている。

> エジプト語の書記により書かれ、われわれに提出される契約書に［契約者の］身体的特徴を書き加えること、契約者、彼らがなした契約内容、彼らの父の名を登録すること、契約書が提出されてわれわれが追記をした日付、および契約書自体の日付を明記して、われわれが公の記録に登録したことを［契約書に］追記をすること。（*P. Paris* 65）[10]

私的な契約書が公的に有効であるには、役人が確認し登録されなければならなかった。そして実際に、こうした登録がなされた旨を記す契約書も前二世紀後半に見つかっている。たとえば、前一一七年に作られた一六行のエジプト語の結婚契約書の末尾には、ギリシア語で「私、ヘラクレイデスが［この契約を］登記簿に記載した。治世五三年ファルムティ月二〇日」（*P. Ehevertr.* 38）と書かれている。将来、この契約をめぐるトラブルが生じた場合、その真正性を証明するのが公権力への登録の有無であった。そして、同じ年に作られた裁判記録（ギリシア語）には「登録されていないエジプト語の契約書は無効であるという告示」（*P. Tor. Choach.* 12）が言及されている。公権力による契約

（10）パピルス文書史料は、校訂版の略記と文書ごとに付けられる番号で表記される。略記される校訂版の書誌情報は *Checklist of Editions of Greek, Latin, Demotic, and Coptic Papyri, Ostraca, and Tablets*（https://papyri.info/docs/checklist）で確認できる。

の把握と保証は機能していたといえよう。前二世紀にプトレマイオス朝は力を失っていったが、その反面、国家の権力のもとで秩序の構築も試みていたのである。

プトレマイオス九世、プトレマイオス一〇世と母クレオパトラ三世

プトレマイオス朝最後の一世紀は、前二世紀に続き王家の内紛とローマの介入によって特徴づけられる。キュレナイカとキプロスがともにローマの支配下に入り、ローマの有力者がエジプトに足を踏み入れ、より直接的にエジプトの政治に関与する。プトレマイオス朝の歴代の支配者のなかでクレオパトラ七世が最も有名であるが、彼女の才覚がいかなるものであれ、彼女一人の力で王国の運命を変えることは不可能だったであろう。また歴代の支配者の振る舞いに照らすとクレオパトラの行動は、強力な個性の発露というよりも、プトレマイオス朝の伝統に根ざしたものと見ることもできる。

八世が前一一六年に亡くなった後、即位したのは息子の九世であった。彼は母クレオパトラ三世と共同統治をしていたが、前一〇七年、母親殺しを企てているという噂をクレオパトラ自身が流したため、キプロスに逃れた。クレオパトラは当初より王位につけることを望んでおり、当時はキプロス王を称していたもう一人の息子を一〇世として即位させ、彼との共同統治を開始する。しかし、彼女は前一〇一年に一〇世に殺害された。前八八年、軍隊とアレクサンドリア市民と対立した一〇世はアレクサンドリアを追放され、一方でキプロスにいた九世は復位を求められる。一〇世はローマ人から借金をし兵力を集め、キプロスを攻略しようとするものの戦死する。海外領土キプロスの存在が九世と一〇世の兄弟の争いを長引かせた一方、彼らの異母兄弟で八世の庶子プトレマイオス・アピオンが治めるキュレネは、前九六年に死去した彼がローマに遺贈したため(11)、プトレマイオス朝の支配から離れた。

(11) ローマは戦争によらずヘレニズム王国を相続することがあった。アナトリア半島西岸のペルガモン王国のアッタロス三世(前一三三没)は王国をローマに遺贈し、ローマ属州アシアが成立した。この遺言のモデルとなったのが、プトレマイオス八世がキュレネを治めていたときに、子がなく死んだ場合キュレネをローマに遺贈すると定めた遺言(前一五五)である。またアナトリア半島北西部のビテュニア王国をニコメデス四世が遺贈した(前七五/四)。

(12) ローマの政治家、将軍グナエウス・ポンペイウス・マグヌス（前一〇六～前四八）は前六〇年代に途中から指揮を引き継いだ第三次ミトリダテス戦争でアナトリア半島北東部のポントス王国を破ったのち、セレウコス朝を滅ぼしシリアをローマ属州とし、東地中海に強い影響力を持った。

プトレマイオス一一世からクレオパトラ七世、そして滅亡へ

九世の死の翌年、前八〇年に王となったのは、一〇世の息子で、ローマの権力者スラの後押しを得た一一世であった。彼は、妻となったベレニケ三世（九世の娘で、一〇世の妻でもあったので、一一世にとって従姉妹かつ義母にあたる）を殺害したため、アレクサンドリア市民の怒りを買い、殺される。即位から死までは三週間に満たなかった。

続いて即位したのは、九世の庶子の一二世であった。彼はローマとの関係強化に努め、莫大な金の支払いをポンペイウス(12)とユリウス・カエサルに約束し、前五九年には「ローマ人民の友人にして同盟者」の肩書きを得た。しかし翌年、弟が治めていたキプロスがローマに併合されると、これに憤ったアレクサンドリア市民によって放逐される。ローマに逃れた一二世は復位を狙い、工作を続けた結果、前五五年にポンペイウスの後ろ盾を得て、ローマ属州となったシリアの総督アウルス・ガビニウスとともにエジプトに赴き、王位に返り咲く。そして債権者であったローマ騎士ガイウス・ラビリウス・ポストゥムスを財務大臣に任命し、過酷な徴税を許し、アレクサンドリア市民の暴動を招いた。

前五一年に没した一二世は、王国を子のクレオパトラ七世とプトレマイオス一三世の共同統治に委ねたが、ほどなく姉弟は対立し、クレオパトラはアレクサンドリアを追放される。この対立を解消したのがカエサルである。ローマの内乱の敗者ポンペイウスはエジプトに逃れるも一三世の家臣に殺害される。彼を追って来たカエサルは、クレオパトラに肩入れをし姉弟を和解させようとするが、一三世の軍とローマ軍はアレクサンドリアで衝突し、一三世が命を落とす。クレオパトラは弟一四世と結婚し、共同統治を開始する。カエサルはエジプト滞在中クレオパトラとともに過ごし、クレオパトラは男児を生む。彼はカエサリオン（小カエサル）として知られ、のちのプトレマイオス一五世となる。クレオパトラは、息子と弟王とともにローマに赴くが、前四四年のカエサル暗

図5
クレオパトラ7世（左）と息子プトレマイオス15世（右）のレリーフ（著者撮影）
上エジプト，デンデラのハトホル神殿の外壁に神々に供物を捧げる姿が彫られている。

殺後はエジプトに戻り、弟を殺害し、息子との共同統治を開始した。

カエサルの死後、その後継者の地位は、遺言によりカエサルの養子となったオクタウィアヌスと、カエサルの片腕であったマルクス・アントニウスとの間で争われることになる。東方を勢力圏としたアントニウスは、前四一年、小アジアのキリキア地方のタルソスでクレオパトラと会見するが、そこで彼女に魅了されたという。その後、オクタウィアヌスの姉と政略結婚するもののローマに送り返し、クレオパトラと結婚する。アントニウスはプトレマイオス朝の最盛期の領土よりも広い地域をクレオパトラとその子どもたちに与えると約束するが、この夢は彼らがオクタウィアヌスに敗れることによって潰え、プトレマイオス朝自体も滅亡し、エジプトはローマ帝国に併合された。

ローマ帝国に受け継がれたもの

前三一年のアクティウムの海戦でマルクス・アントニウスとクレオパトラを打ち破ったオクタウィアヌスは、彼らを追い、翌年アレクサンドリアに上陸する。アントニウスは自ら死を選び、捕らえられたクレオパトラも監視の目をかいくぐり後を追った。毒蛇に自らを噛ませたという逸話が古代より伝わるが、彼女の死の真相は明らかではない。オクタウィアヌスは、彼女をローマでの凱旋式のために連れ帰れなかったことに落胆したが、アントニウスとクレオパトラがともに葬られるように取り計らった。

アレクサンドリア滞在中に、アレクサンドロスの墓を案内されたオクタウィアヌスは、その亡骸に黄金の冠を置き、花を撒き敬意を示した。続いてプトレマイオス朝の王たちの墓も見たいかと尋ねられて、「見たかったのは王であって死者ではない」と答えたという。スエトニウス[13]が伝えるこのエピソード（『ローマ皇帝伝』「アウグストゥス」一八）は、オクタウィアヌスにとって、そしてローマ人にとってプトレマイオス朝の諸王は王の名

（13）後一世紀から二世紀前半のローマ人歴史家。カエサルと彼に続く一一人の皇帝たち（アウグストゥス～ドミティアヌス）の伝記『ローマ皇帝伝』を著した。

に値しない取るに足らない存在であったことを示している。プトレマイオス朝の王位がローマの意向に左右されていたのは、すでに見たとおりである。それでも、プトレマイオス朝はヘレニズム諸王国のなかで最も長命な王朝であり、エジプトがもたらす富を享受し続けた豊かな王国であった。事実、スエトニウスは、オクタウィアヌスがエジプト王国の財宝を持ち帰ると、ローマには金がだぶつき、利息が下がったとも伝えている。またエジプトの豊かさと食料供給地としての重要性は、エジプトを手にした者がイタリアを飢えで脅かすことができるというアウグストゥス（オクタウィアヌスがのちに得た名前）の懸念が伝えられるように（タキトゥス『年代記』二、五九）[14]、ローマ人に十分に認識されていた。

アレクサンドロスの東方遠征をきっかけとして成立したヘレニズム世界は、ヘレニズム諸王国がローマの軍門に次々と降っていくことで終焉を迎える。だがヘレニズム時代史をローマの拡大の過程として見るのは一面的すぎる。ホラティウス[15]が「征服されたギリシアは野蛮な勝利者を征服した」（『書簡詩』二、一、一五六）と語ったように、ギリシア文化はローマ帝国の文化に大きな影響を及ぼした。このギリシア文化は、古典期のギリシア本土に花開いたものそのままでなく、アレクサンドリアでの学術活動を含む、ヘレニズム時代の発展を経たものである。そしてローマが拡大の末に到達した、帝政という皇帝を戴き、世襲を原則として権力を継承していく政治体制もヘレニズム王国の遺産かもしれないのだ。

(14) 一世紀末から二世紀初めに執筆したローマの歴史家。部分的に残存する『年代記』『同時代史』では、アウグストゥスの次の皇帝ティベリウス以降のローマ帝国の歴史が書かれている。

(15) 前一世紀のローマの詩人。カエサル暗殺後の内乱では暗殺者側についた。敗北後、詩作を始めたといわれている。オクタウィアヌス（アウグストゥス）の側近マエケナスの庇護を受けた。『書簡詩』の他に『歌集』『諷刺詩』などを著した。

読書案内

周藤芳幸『ナイル世界のヘレニズム――エジプトとギリシアの遭遇』名古屋大学出版会、二〇一四年

＊著者が長年携わる考古学調査の成果に基づき、また、そこから発想を得ながら、プトレマイオス朝の重要な史料・問題について論じている。その視野は広く、アレクサンドリアと領域部の状況、在地エリートの動向から、エジプト内の状況と東地中海情勢との関連にまでおよぶ。

波部雄一郎『プトレマイオス王国と東地中海世界――ヘレニズム王権とディオニュシズム』関西学院大学出版会、二〇一四年

＊前三世紀のプトレマイオス朝の王権のギリシア的な側面（ヘレニズム王権）を、とりわけプトレマイオス二世の治世に注目して論じる。ギリシア本土との関係を詳しく論じている点、ディオニュソス崇拝の重要性を強調する点に特徴がある。

エリザベス・ドネリー・カーニー（森谷公俊訳）『アルシノエ二世――ヘレニズム世界の王族女性と結婚』白水社、二〇一九年

＊プトレマイオス二世の姉で妻となったアルシノエ二世の生涯をたどりながら、ヘレニズム時代初期の複雑な政治情勢、王家の女性の立場、王朝祭祀について論じている。

金澤良樹「後期プトレマイオス朝治下の所謂「大赦」令」『西洋古典学研究』二九、一九八一年、八六～九六頁

＊前二世紀以降に出された恩赦令については、金澤良樹の研究があり、本論文以外にも数編の論文がある。独特の言い回しゆえに読みづらさがあるが、エジプト語史料にも注目し、支配・被支配関係を追求した金澤の諸論文は日本語で読める貴重な業績である。

Michel Austin, ***The Hellenistic World from Alexander to the Roman Conquest : A Selection of Ancient Sources in Translation,*** 2nd edition, Cambridge, Cambridge University Press, 2006

Roger S. Bagnall and Peter Derow (eds.), ***The Hellenistic Period : Historical Sources in Translation,*** Malden/Oxford, Blackwell, 2004

＊ヘレニズム時代史についての重要史料を英訳したものが、これら二冊の史料集で、邦訳のほとんどない碑文・パピルス文書史料にアプローチするうえで有益である。ヘレニズム時代の出土文字史料に関しては、田中穂積、古いが粟野頼之助の研究がある。

石田真衣「プトレマイオス朝期テーベ地方における紛争処理と社会変容――嘆願と和解を中心に」『西洋史学』二五六、二〇一四年、二九〇～三〇九頁

F・W・ウォールバンク（小川陽訳）『ヘレニズム世界』教文館、一九八八年

クリスティアン・ジョルジュ・シュエンツェ（北野徹訳）『クレオパトラ』白水社、二〇〇七年

フランソワ・シャムー（桐村泰次訳）『ヘレニズム文明』論創社、二〇一一年

星野宏実「マネトン『エジプト史』とヘレニズム世界――プトレマイオス朝エジプトにおける歴史認識の変化」『史窓』七五、二〇一八年、一五二～一三一頁

Katelijn Vandorpe (ed.), ***A Companion to Greco-Roman and Late Antique Egypt,*** Chichester, Wiley-Blackwell, 2019

第7章

ギリシアの連邦
——創意に満ちた共同体——

岸本廣大

ギリシア世界では，ポリス（都市国家）などから構成された，連邦と呼びうる共同体が数多く存在した。本章では，それらのうちギリシア本土に成立したボイオティア連邦，アイトリア連邦，アカイア連邦を取り上げる。前半では，連邦の視点から古典期（前５世紀～前４世紀）とヘレニズム時代前半（前３世紀～前２世紀）の歴史を概観し，それを踏まえ，後半では連邦の特徴的な制度について説明する。具体的には，議会や公職者，市民権，争いの解決について取り上げ，そこから連邦と加盟ポリスの独特な関係をみてみたい。

エパメイノンダス像
（現代のテーバイ市内のもの，筆者撮影）

図1　ボイオティア地方とそのポリス
地区の境界は前4世紀初めの段階のもの。なお，地区⑪は隣接していないポリス（アクライフィア，コパイとカイロネイア）によって構成されている。

連邦を表す古典ギリシア語

古典ギリシア語には「連邦」に直接対応する言葉はないが、代用されたエトノス、コイノン、シュンポリテイアの三つは、その諸側面をよく表している。エトノスは、「エスニック」の語源ともなった言葉で、エスニシティ研究の成果を踏まえ、近年は共通のアイデンティティを持った人々の集団と理解されている。この言葉が用いられたことは、連邦の基盤にそのアイデンティティを支える共通の文化があったことを示すだろう。コイノンは広く「共同体」を意味する言葉だが、連邦を示す文脈では、連邦独自の政府を特に指す場合が多い。連邦は、単なる加盟ポリスの集合体ではなく、それを代表する政府（議会や公職者）を保持していたのである。そしてシュンポリテイアは、字義通り訳すなら「国制の共有」であり、異なる加盟ポリスを統合する制度に焦点を当てた表現である。ここからは、連邦独自の制度の存在がうかがわれる(1)。連邦とは、共通の文化を持つ人々から構成され、加盟ポリスのそれとは異なる、独自の政府や制度を有した共同体であった。

現代の連邦との比較

そのような共同体は、現代の用語では「連邦（federal state）」、あるいは「同盟（league）」や「連合（confederation）」とも表されるが、特に決まった用語があるわけではない。しかし、それが近代以降の連邦の理解に利用されてきたことは興味深い。たとえば、アメリカ合衆国憲法の成立をめぐる一八世紀末の議論では、古代ギリシアの連邦をその祖型として位置づける言説がみられる。一般的に、連邦とは複数の構成体（州や都市）が一定の自立性を維持したまま、全体を代表する共通の機関を形成し、対外的には一つにまとまった国家体制である。構成体と共通の機関との間で権限（主権）がどう

（1）ただし、「ポリテイア」が「ポリス」に由来する言葉であることは、連邦

配分されるかは連邦によっても様々だが、現代ではその配分が憲法に明記されていることが、単なる同盟ではない、連邦の主たる要件とされる。

しかし、古代ギリシアの連邦にはその憲法にあたるものはなく、連邦とポリスの権限の区分も必ずしも明確ではない。むしろそれが曖昧な部分もあり、厳密な意味で連邦と呼べるか、実はかなりあやしい[2]。そもそも近代の主権国家に即した理解を、古代の共同体に適用することに無理があるのかもしれない。「連邦」という用語自体、避けるべきだと主張する研究者もいる。本章では、わかりやすさと現代の連邦と似ている面があることも踏まえ、あえて連邦と表記するが、古代ギリシアの連邦が現代のそれと異なる独自の特徴を持っていることを、近年の研究動向は強調する傾向にある。

連邦の基盤となった集団

ギリシア本土で連邦と呼びうる共同体が明確に確認できるのは前五世紀からだが、その基盤となった集団は、それ以前からすでに一定のまとまりを形成していた。たとえば、ギリシア中部のボイオティア地方で連邦が形成されたのは前六世紀末から前五世紀初めとされるが、前八世紀以前のギリシア世界を反映するホメロスの『イリアス』[3]には、ギリシア人の軍勢に加わった「ボイオティア人」が登場する。実際に、ボイオティア地方のテーバイやオルコメノスでは、ミュケナイ時代の宮殿（図5参照）や城塞、トロス墓[4]が発見されており、この地方が青銅器時代から繁栄していたことは間違いない。前五世紀末にペロポネソス半島北部にアカイア連邦を結成したアカイア地方の人々[5]も、神話上の英雄ヘラクレスの子孫とされるドーリス人[6]が半島に侵入してきた際に追放された先住民を、自らの共通の祖先と考えていた。

しかし、ミュケナイ時代や神話に遡るこれらの集団から、連邦が直接発展したわけで

の制度がポリスのそれに即して理解されていたことを示唆する。連邦とポリスの制度の密接な関係については、後述の市民権（これもまたポリテイアと呼ばれる）も参照。

(2) そのため、同盟とも明確に区別できない部分があるが、古代ギリシアにおいて同盟は概して軍事的な協力関係を目的としてなされるのに対し、連邦はそれ以外にも経済的・文化的な側面で、多様な協力関係の上に成り立っている。また、連邦がその内外で一つの主体性を持った国家と見なされている点も、相違点の一つであろう。

(3) トロイア戦争を題材にした叙事詩。前八世紀の詩人ホメロスの作とされる。その内容には、ホメロスと同時

図2　オルコメノスのアクロポリス（筆者撮影）

はない。たとえば、「アイトリア人」も『イリアス』に出てくるが、具体的に言及されるのはギリシア北西部のアイトリア地方沿岸部の共同体に限られ、のちの連邦に含まれる内陸部には言及されない。アカイア人に至っては『イリアス』では「アイギアロス人」と呼ばれていた。むしろ、比較的新しい前八世紀以降、諸ポリスが成立していくのと同時に、各地方でこうした神話や起源譚を共通のアイデンティティとして人々がまとまり、連邦の基盤となったと、近年の研究は指摘する。

彼らの一体感の醸成に寄与したのは、地方で共有された聖域と祭祀であった。ボイオティア地方では、前六世紀までにはコロネイア付近でアテナ・イトニアが、アクライフィア付近でアポロン・プトイオスが祀られ、ボイオティア人の共通の聖域となっていた。アカイア人も同様に、アイギオンに聖域をもつゼウス・ホマリオスの信仰を共有していた。アイトリア地方では、アポロンの聖域としてテルモス（テルモン）が発展し、前七世紀後半には神殿が建設されていた。

文化的なつながりは、次第に軍事的・経済的な協力関係に発展していく。ボイオティア諸ポリスは、前六世紀末から共通の意匠（「ボイオティアの楯」）を片面に施した硬貨を[7]発行しており、いわば経済的共同体となった。同時期には、ボイオティア諸ポリスがアテナイに対し共同で軍事行動をとっている。また、「ボイオティア人の最高役職者」を意味するボイオタルケスという役職も確認できる[8]。こうした活動を通じて、ボイオティア地方では遅くとも前五世紀に入るまでに、テーバイを中心とした諸ポリスから構成される、連邦の前身といってよい共同体が形成されていた。それが加盟諸ポリスの国制や市民のアイデンティティの発展にも影響を与えたと考えられていることは興味深い。連邦の前身となる集団の形成と都市化が並行して進んだのである。

アテナイやスパルタも、一つの地方を基盤に共同体を形成していった点は連邦と共通

代のことだけでなく、ミュケナイ時代を含むそれ以前の時代の様子も反映されているというのが、通説である。

（4）ミュケナイ時代のギリシアにみられる特徴的な形態の墓。遺体が埋葬される玄室と羨道、そしてそれらをつなぐ入口からなる。玄室は円形で、屋根がドーム状になっているため、「蜂の巣形の墓」とも訳される。オルコメノスに残るトロス墓は、同市の伝説上の王の名をとって「ミニュアスの宝庫」と呼ばれている。

図3　オルコメノスの「ミニュアスの宝庫」の羨道と入口（筆者撮影）

（5）ただし、前五世紀半ばのアカイア地方にポリスはまだ存在せず、一二の「地区」に分かれていたと、ヘロドトスは述べている。またアイトリア人も、トゥキュディデスによれば、

するが、対照的なのはその共同体が一つのポリスへと発展したことである。ポリスの発展と地方の関係は多様であったが、そのなかでも古典期に台頭してくるのは、地方の人員や資源を有効に活用した共同体であった。それがアテナイ、スパルタ、そして連邦ではテーバイが率いるボイオティア連邦だったのである。

古典期のボイオティア連邦

ボイオティア地方で前六世紀末にはすでにみられた諸ポリスの協力関係に、すべてのポリスが常に参加したわけではない。たとえば、当初オルコメノスは「ボイオティアの楯」を持たない独自の硬貨を発行し、テーバイを中心とする経済的共同体とは距離をおいていた。プラタイア[9]は、前五一九年に「ボイオティア人」に加わるようにというテーバイからの圧力をはねのけている。ペルシア戦争では、オルコメノスを含む多くのボイオティア諸ポリスがペルシアに従ったが、プラタイアと、「ボイオティアの楯」の硬貨を発行していたにもかかわらずテスピアイがギリシア諸ポリスの連合軍の一員として戦った。戦後、ボイオティア諸ポリスではペルシアに味方した指導者が処罰され、協力関係も弱まった。その後、ボイオティア地方はギリシア全体で展開されたスパルタとアテナイの対立の場の一つとなり[10]、前四五七年からアテナイの影響下に入った。しかし、前四四六年にそこから脱すると、政治的により緊密な協力関係、まさに連邦と呼べる共同体へと発展していく。

この時期のボイオティア連邦は寡頭政的性格を有しており、加盟諸ポリスのなかでもテーバイが指導的な立場にあった。テーバイは、加盟を拒むプラタイアをスパルタと協力して包囲し、強制的に加盟させた。この対立が一因ともなったペロポネソス戦争で、ボイオティア連邦はスパルタに味方した。その最中、テーバイは同じ加盟ポリスのテス

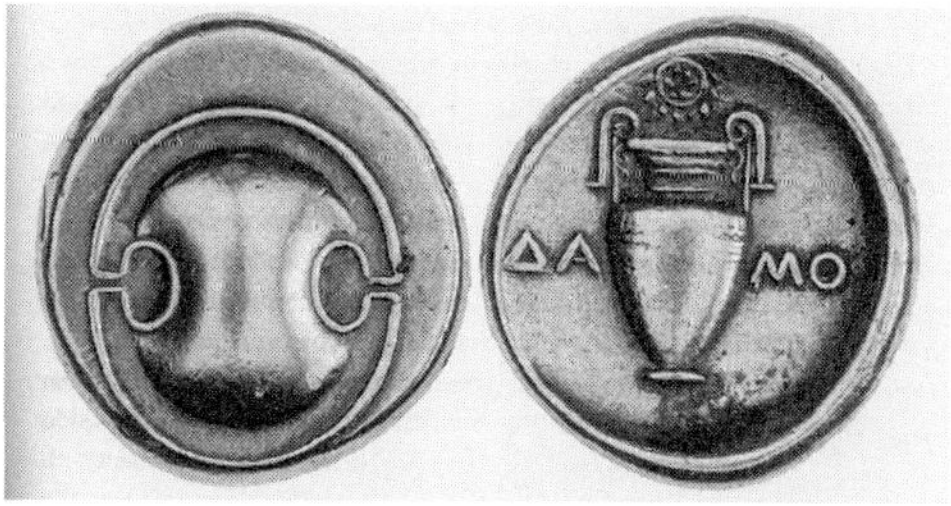

図4　「ボイオティアの盾」(左）を有するテーバイ発行の銀貨（American Numismatic Society 1944. 100. 200096）

前五世紀末の段階では三つの部族的集団に分かれていた。

(6) 第2章参照。

(7) 裏面には発行したポリスの名前の頭文字を含む独自のデザインが描かれた。現在のEUで加盟各国が発行するユーロ硬貨と同様である。

(8) ただし、その具体的な職務や立場はわからないため、この時点で連邦独自の政府や制度が成立していたのかは議論がある。

(9) ボイオティア地方南部のポリス。隣接するアテナイと良好な関係にあり、

テーバイとは敵対していた。ペルシア戦争のプラタイアの戦いの舞台ともなった（第1章、第3章も参照）。

(10) ボイオティア地方南東のタナグラは、前四五七年にアテナイとスパルタの戦場となった。第2章も参照。

(11) ペロポネソス戦争後のスパルタの覇権に不満を持ったコリントスやテーバイ、アテナイなどが、ペルシアの支援を受けて起こした戦争（前三九五～前三八七／六）。後述の「大王の和約」を含め、第1章、第2章も参照。

(12) テーバイ出身の政治家・軍人。エパメイノンダスとともにボイオティア連邦の指導者として、ギリシアにおける覇権の獲得に貢献した。前三六四年のキュノスケファライの戦いで

図5　テーバイの宮殿跡（筆者撮影）

ピアイが親アテナイ的であるという理由でその城壁を破壊している。前三九五年に始まったコリントス戦争[11]で、テーバイ率いるボイオティア連邦は、スパルタに対してアテナイやコリントスとともに戦った。しかし、強圧的なテーバイに対する不満が募っていったようで、この戦争でオルコメノスはスパルタに味方して事実上連邦から脱退している。

コリントス戦争は最終的にスパルタが優位なまま、前三八七／六年の「大王の和約（またはアンタルキダスの和約）」によって終結した。この講和条約では、ギリシアのすべてのポリスが独立することが定められており、テーバイはそれに反発したものの、結局それに従って加盟ポリスは独立し、ボイオティア連邦は解体された。さらに前三八三年からテーバイは実質的にスパルタの占領下におかれた。

前三七八年、アテナイに亡命していたペロピダス[12]の一派がテーバイを奪取したことで、連邦は再建されることになった。この新しい連邦は以前より民主政的になったが、後述するように、制度的に連邦の中心はまたもやテーバイだった。それに反発したプラタイアやテスピアイ、オルコメノスといったポリスは、テーバイによって破壊された。

前四世紀の第二四半世紀、テーバイ率いるボイオティア連邦は、スパルタやアテナイと覇権を争い、そのなかで「大王の和約」と同じような内容を持つ「普遍平和[13]」と呼ばれる条約が何度も結ばれた。しかし、それによってボイオティア連邦が解体することは二度となかった。むしろその遵守をめぐって対立が激化し、結果として前三七一年にはスパルタとの間でレウクトラの戦いが起きた。エパメイノンダス[14]の指揮の下、これに勝利したボイオティア連邦はギリシアの覇権を握り、スパルタの支配下にあったメッセニア地方を解放した。また、スパルタの影響下にあったアルカディア地方では、ボイオティア連邦の後ろ盾で、アルカディア連邦が結成された。しかしその後、有能な指導者の相次ぐ戦死によって、ボイオティア連邦の対外的な存在感は次第に低下を余儀なくされ

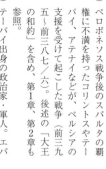

た。ただし、考古学的な調査は、前四世紀半ばにボイオティア地方の人口が増加し、農業生産力も高かったことを示す。連邦内部は依然として安定していたと考えられる。

大きな変化は、カイロネイアの戦いによって引き起こされた。フィリポス二世[15]率いるマケドニアは、前三三八年にボイオティア連邦とアテナイの同盟軍を打ち破り、ギリシアを実質的に支配した。それに反発したテーバイは、前三三五年にアレクサンドロス三世（大王）によって破壊される。前三一六年に再建されるものの、再加盟は前二八八年まで待つことになり、かつての影響力を失った。他方、この時期には破壊されたオルコメノスやプラタイアが再建され、連邦に加盟した。再編された連邦では、特定の加盟ポリスに権力が集中しないよう、公職者はすべての加盟ポリスに割り当てられるようになった。また、連邦の中心はボイオティア人の共通の聖域におかれ、宗教的中心はコロネイア、政治的中心はオンケストスとなった。ヘレニズム時代のボイオティア連邦はかつてのような覇権を握ることはなかったが、対外的には一つの共同体として外交を行い、またダイダラ祭[16]やパンボイオティア祭[17]のような、加盟諸ポリスが参加する地方全体の祭祀が開かれるなど、連邦という体制自体はその後も維持された。

ヘレニズム時代のアイトリア連邦とアカイア連邦

ボイオティア連邦では、その基盤となった地方を大きく越えて加盟ポリスが広がることはなかった。そして、ポリスとしてのアテナイやスパルタも、少なくとも前四世紀半ばにはその勢力圏はそれぞれアッティカやラコニアの一地方にほぼ限定された。このような地方を基盤とするポリスや連邦は、ギリシアの共同体とはまったく異なる体制を持つマケドニアの台頭に対応できなかった。カイロネイアの戦いのあと、ギリシア本土はマケドニアの影響下におかれたが、後継者戦争[18]で前三世紀初めにその支配が緩むと、連

図6　カイロネイアの記念碑（筆者撮影）

戦死した。

(13) 「大王の和約」を更新する形で、前四世紀にたびたび結ばれた条約。全ギリシアのポリスを対象とし、その独立を保障したことに特徴がある。

(14) テーバイ出身の政治家・軍人。ペロピダスとともに、ボイオティア連邦の覇権獲得に貢献した。前三六二年のマンティネイアの戦いで戦死した。第2章も参照。

(15) 後述のアレクサンドロス三世と合わせて、第5章参照。

(16) プラタイアで開かれた祭祀。四年ごとの小ダイダラ祭と、六〇年ごとの大ダイダラ祭があった。パウサニアスの記録によれば、女神ヘラとその夫ゼウスとの和解の故事に基づき、両神を模した木像（ダイダロン）を用いた行列が行われた。

(17) コロネイアで毎年開かれていた祭祀。祭祀自体は古くから行われていたが、「パンボイオティア」（全ボイオティ

邦は基盤となった地方以外にも加盟ポリスを拡大させ、新たな段階へと進むことになる。

アイトリア連邦は、基盤となったアイトリア地方から、西ロクリス地方などの周辺地域に徐々に拡大していった。それと並行して、前二七九年にデルフォイ[19]を襲撃してきたガリア人[20]を撃退したことで、全ギリシア的な聖域であったデルフォイへの影響力を強めていく。連邦の拡大とともに、デルフォイの隣保同盟[21]に派遣されるアイトリア連邦の代表の数が増えていったのである。前三世紀半ば、その版図はアカルナニア地方からテッサリア地方南部、東ロクリス地方といったギリシア中部一帯に広がった。

アカイア地方では、おそらく前三三一／〇年のアギス戦争[22]に加担したことから、各ポリスにマケドニア派の僭主がおかれた。しかし、前二八〇年頃に西部の四ポリスが独立して連邦を再結成すると、共通の聖域があったアイギオンなどかつての加盟ポリスも徐々に加わった。そして前二五一年には、アカイア地方に属さないポリスとして、シキュオンが初めて加盟する。これを主導したシキュオン人のアラトス[23]は、その後三〇年以上もの間、アカイア連邦の指導者となった。彼の下で前二四三／二年には軍事的要衝であったコリントスをマケドニアから奪うと、前二三〇年代までにアルゴリス地方やアルカディア地方の諸ポリスが加盟し、連邦はさらに拡大した。

当初、両連邦の外交方針は反マケドニアで一致し、前二三九年に始まったデメトリオス二世[24]との戦争では、同盟して互角の戦いを繰り広げた[25]。しかし、アンティゴノス三世[26]がマケドニア王に即位した頃から、状況は次第に変化する。アイトリア連邦は反マケドニアを貫いたが、アカイア連邦は前二二九年に起きたスパルタとのクレオメネス戦争[27]で苦戦を強いられ、多くの加盟ポリスが離反した。そこで前二二四年、アラトスは仇敵だったはずのマケドニアと手を組むことを選択した。結果としてアカイア連邦はスパルタに勝利を収め、離反した諸ポリスも再加盟した。しかし、コリントスには再びマケ

アの意）と呼ばれるようになったのは比較的新しく、前三世紀以降だとされる。

(18) アレクサンドロス大王の死後、配下にあった将軍たちの間で繰り広げられた戦争。ギリシア本土はマケドニアに拠点をおくカッサンドロスの勢力圏となったが、その死後の混乱で、マケドニアの支配は弱まった。

図7　デルフォイのアポロン神殿跡（筆者撮影）

(19) ギリシア中部にある聖域。アポロンの聖域とそこで下される神託が有名で、ギリシア各地から多くの人が訪れた。第4章も参照。

(20) 現在のフランスや北イタリアに広がっていた人々。ケルト人、ガラティア人とも呼ばれる。前二八〇年にバルカン半島に侵入した彼らは、南下

してギリシア各地を劫略したが、デルフォイで撃退された。また、その一部は小アジアにまで進出、定住した。

図8　テルモスのアゴラのストア跡（筆者撮影）

図9　テルモスのアポロン神殿跡（筆者撮影）

（21）近隣の共同体が集まって、聖域の管理・運営を行う組織。デルフォイの

ドニア軍が駐留し、連邦はアンティゴノス三世が主導したヘラス同盟に加わることとなった[28]。

フィリポス五世[29]が若くしてマケドニア王に就くと、アイトリア連邦はヘラス同盟との間で同盟市戦争（前二二〇〜前二一七）を起こし、アカイア連邦とも敵対することになった。この戦争で、アイトリア連邦はペロポネソス半島に侵入した一方、マケドニア軍によって中心的な聖域であったテルモスを破壊されるなど、大きな被害も受けた。前二一七年にナウパクトスの和約で戦争は終結したが、アイトリア連邦は領域の縮小を余儀なくされた。逆にアカイア連邦は、アカイア以外の地方の諸ポリスの加盟を確実なものとした。

アイトリア連邦はそれでもなお反マケドニアの外交方針を堅持する。第一次マケドニア戦争（前二一五〜前二〇五）[30]では前二一一年にギリシア本土の共同体で初めてローマと同盟し、のちにはスパルタとも結んで、再びマケドニアやアカイア連邦と戦った。しかし、再びテルモスを破壊されるなど苦戦し、ローマの同意を得ずに前二〇六年に単独で不利な和約を結ばざるをえなかった。第二次マケドニア戦争（前二〇〇〜前一九七）[31]では再びローマに与してようやく勝利を収めたが、和約の内容に不満を持ち、今度は前一九二年にセレウコス朝[32]と結んでローマと戦った。だが、前一八九年にあえなく降伏すると、連邦自体は解体されなかったものの、領土の大幅な削減と今後の拡大が禁じられ、事実上ローマの従属的な同盟国となった。

他方アカイア連邦は、優れた指揮官でもあったフィロポイメン[33]の下、第一次マケドニア戦争ではアイトリア連邦と同盟していたスパルタを打ち破った。そして、第二次マケドニア戦争の途中でローマと同盟し、その勝利によってコリントスを回復するなど、マケドニアの影響下から脱することに成功した。さらに前一九五年には、長らく敵対関係

図10　メッセネの劇場跡（筆者撮影）

にあったスパルタにもローマの協力を得て勝利した。そして「僭主」ナビス(34)の死を契機に、フィロポイメンが前一九二年にスパルタを連邦に加盟させた。前一九一／〇年にはエリス(35)が、そしてローマの仲介でメッセネ(36)も連邦に加盟し、アカイア連邦はペロポネソス半島全体をその傘下に収めることになった。しかし、スパルタやメッセネはいくども連邦からの脱退を試み、ときには軍事的な衝突にまで至ることもあった。前一八〇年代後半には、こうした混乱で生じた亡命者の扱いをめぐる議論がおき、スパルタはローマに介入を求めた。その対応をめぐって、連邦内では親ローマ派と反ローマ派の対立が生じた。

　前一七九年にマケドニア王になったペルセウス(37)は反ローマ的な外交を展開し、その一環として、ボイオティア連邦とも同盟した。しかし、第三次マケドニア戦争（前一七一～前一六八）(38)が起こると、ローマの優位の前にボイオティア連邦の加盟諸ポリスは分裂し、事実上連邦は解体する。アカイア連邦でも親ローマ派と反ローマ派の対立が続き、戦後にはポリュビオス(39)を含む反ローマ派一〇〇〇人がローマに送られた。

　前一五〇年頃からアカイア連邦とスパルタとの間で対立が再燃した。それを仲裁したローマが、スパルタのみならずコリントスやアルゴスなどの主要ポリスの離脱を求める裁定を下したことをきっかけに、前一四六年ローマとの間でアカイア戦争が起きた。あえなく敗れたアカイア連邦は解体され、ギリシア本土全体がマケドニアとともに属州としてローマに併合されることになった。このとき、ボイオティア連邦など、他のギリシア本土の連邦も解体されたと考えられている。しかし、連邦という制度はのちに各地で再建され、ローマ支配下でも地方の自治的共同体として機能した。

ような一つの共同体に属さない、全ギリシア的な性格を持つ聖域でよくみられる。第4章も参照。

(22) アレクサンドロス大王の東方遠征中に、スパルタ王アギス三世が主導した対マケドニア反乱。第2章も参照。

(23) アカイア連邦の政治家・軍人。シキュオンから僭主を追放し、アカイア連邦へ加盟させた。その後、ストラテゴス（後述）を長期にわたって務め、連邦の拡大に貢献した。

(24) マケドニア王（在位、前二三九～前二二九）。アンティゴノス二世の子。

(25) ペロポネソス半島にあるアルカディア地方の一部のポリスが、アイトリア連邦に一時期加わっていたのも、こうした同盟関係によるものだと考えられる。

議会の開催場所

連邦の議会は、加盟ポリスの代表者のみが集まる評議会と、その市民全員が参加可能な総会の二種類があった。その開催場所は、連邦成立以前からあった地方全体の聖域であることが多い。たとえば、アカイア連邦ではアイギオン[40]、アイトリア連邦ではテルモスである。ボイオティア連邦はやや特殊で、古典期はテーバイのアクロポリスであるカドメイアで、評議会のみが開かれていた。前三八七年に再建されてからは総会が設けられたが、開催場所は変わらずテーバイであった。ヘレニズム時代になって、コロネイアのアテナ・イトニアやオンケストスのポセイドンの聖域で開かれるようになる。

アカイア連邦の議会と公職者

アカイア連邦の定例の議会（シュノドス）は、当初市民全員が参加できる総会（エクレシア）であった。しかし、前三世紀末には度重なる戦争や加盟ポリスの増加もあって、代表者のみの評議会（ブーレー）となり、年に四度開かれて様々な案件が議論された。評議会には規模に応じて比例的に割り当てられた議員が加盟ポリスから派遣されていたと考えられている。ただし、評議会が一般化したあとも、特に戦争や講和、そして同盟に関する決定に際しては、市民全員が集まる総会が開かれた。議題の性質上、それらは臨時に開かれることが多く、アイギオン以外でも召集された。こうした臨時議会は、前二世紀以降はシュンクレトスと呼ばれるようになる。[41]また、前一八八年にはフィロポイメンの主導の下で改革が行われ、シュノドスの開催場所がアイギオン以外のポリスでも持ち回りで開催されるようになる。

議会の重要な役割の一つが公職者の選任であった。前三世紀初めに再建されたアカイア連邦では、重要な役職としてグランマテウス（書記）一人、ストラテゴス（将軍）二

(26) マケドニア王（在位、前二二九～前二二一）。ドソンとあだ名されることもある。デメトリオス二世のいとこ。デメトリオス二世が死んだとき、その息子フィリポス五世はまだ幼かったので、このアンティゴノスが摂政となり、のちに王位に就いた。即位時のマケドニアは劣勢にあったが、それを立て直し、クレオメネス戦争（後述）を機にギリシアへの影響力を回復させた。

(27) 周辺に影響力を拡大するスパルタ王クレオメネス三世と、それに対抗するアカイア連邦との間で起こった戦争。マケドニアの支援でアカイア連邦が勝利した。クレオメネス三世については、第2章も参照。

(28) ボイオティア連邦もこの同盟に加わっていた。

(29) マケドニア王（在位、前二二一～前一七九）。デメトリオス二世の息子。同盟市戦争を通じてギリシアにおける影響力を保持し、第一次、第二次マケドニア戦争でローマと戦った。

(30) マケドニアが、第二次ポエニ戦争中のハンニバルと同盟し、ローマと戦った戦争。両者の大規模な衝突はなく、マケドニアが優位なフォイニケの和約で終結した。

(31) エーゲ海やアジアに影響力を及ぼそうとするフィリポス五世と対立する

人を加盟ポリスが輪番制で担当していた。しかし、前二五七／六年に制度が改革され、当初は五月前半の、前三世紀末からは秋の評議会で選挙が行われて、ストラテゴスが一人選ばれるようになった。ストラテゴスは軍隊の指揮や訓練が本来の職務であるが、次第に連邦全般の最高指導者となっていった。任期は一年で、連続して務めることはできなかったが、その就任回数に制限はなく、アラトスは少なくとも一六回、フィロポイメンは八回もストラテゴスを務めている。

軍事関連の役職には、ヒュポストラテゴス[42]、ヒッパルコス（騎兵指揮官）やナウアルコス（艦隊指揮官）があった。その他に、一〇人のダミウルゴイが日常的な行政に関わる業務を担当していたとされている。興味深いのが、ノモグラフォイである。前三世紀末にそれを務めた二四人の出身ポリスを含んだリストが発見されており、その内訳からはメガレーポリスといった規模が大きいポリスには三人、それに次ぐ規模のポリスには二人、それ以外には一人というように、比例的に割り当てられていたことがわかる。また、当時の加盟ポリスすべてにノモグラフォイが割り当てられていないことから、後述するアイトリアやボイオティアのように、公職者の割り当ての単位となった区分がアカイア連邦にもあったと考えられている。しかしその詳細については諸説あり、定説はまだない。

アイトリア連邦の議会と公職者

アイトリア連邦では、秋分と春分に定例のシュノドスが開かれ、両方とも全市民が参加可能な総会であった。秋分の議会はテルモスで開かれていたことからテルミカと呼ばれ、同名の祭儀も同時に行われていた。このテルミカで、毎年公職者が選出された。アイトリア連邦においても、最高役職者としてストラテゴス一人が選ばれた。それに加え

図11　メガレーポリスのアゴラのストア跡（筆者撮影）

ロドスやペルガモン王国が、ローマに援助を求めて起こった戦争。キュノスケファライの戦いでマケドニアは敗れ、ギリシアに対する影響力を失った。

(32) 当時のセレウコス朝は、アンティオコス三世の下で勢力を回復しており、前一九二年にはヨーロッパに渡って西方にも食指を伸ばした。しかし、ローマに敗れ、前一八八年のアパメイアの和約で、小アジア西部を失った。

(33) メガレーポリス出身の政治家・軍人。ストラテゴスを何度も務め、特に軍事面で才覚を発揮して、スパルタやメッセニアの加盟など、アカイア連邦の勢力拡大に寄与した。

(34) スパルタ王（在位、前二〇五～前一

て、ヒッパルコスとグランマテウスが主要な公職者であった。

他方、春分の議会は様々な場所で開かれたが、それらはいずれも本来のアイトリア地方以外の加盟ポリスであった。この議会はパンアイトリカ（「全アイトリア」の意）と呼ばれているが、おそらく新たに加盟した地方の諸ポリスの統合のため新設されたか、あるいは元からあった議会を再編して名づけられたと考えられる。

総会とは別に、すべての加盟ポリスから代表が集まる評議会（シュネドリオンまたはブーラー）も定期的に開かれ、主に総会に先立って議論を行っていた。評議会に関わる公職者として、議長にあたるブーラルコスや評議会の書記が確認されている。この評議会には毎年各ポリスから議員が派遣され、その人数は人口や経済規模に応じて加盟ポリスに割り当てられていた[43]。連邦の拡大に伴ってその全体数は多くなっていったようで、最盛期には一五〇〇人にのぼったと考えられている[44]。そのため、評議会はそれほど頻繁に開催されなかったようで、より小規模なアポクレトイ（「選ばれし者たち」の意）という集団が、公職者とともに連邦の日常的な業務を担当していた。彼らは評議会から少なくとも三〇人ほどが選ばれたようだが、総会を通じて選ばれる公職者ではないため明確な任期はなく、主要な三つの公職者とともに、実質的に連邦の運営を担う連邦のエリート層であった。

ボイオティア連邦の議会と公職者

ボイオティア連邦の制度は、「大王の和約」による解体までのものが、パピルス史料『ヘレニカ・オクシュリュンキア』からよく知られている。それによれば、加盟諸ポリスは一一の「地区」に分けられていた（図1参照）。この地区はそれぞれ人口が同じになるように設定されていたようで、タナグラのように一ポリスで一地区を形成するところ

九二）。クレオメネス三世の路線を継承して、周囲に勢力を拡大したことで、アカイア連邦と対立した。第2章も参照。

(35) ペロポネソス半島北西部の地方名、またはそこを支配する有力ポリスの名前でもある。オリュンピアで開かれる競技祭を運営していたことで知られる。

(36) メッセニア地方の有力ポリス。エパメイノンダスによってメッセニア地方がスパルタから独立した際に、創設された。

(37) マケドニア王（在位、前一七九～前一六八）。マケドニアの勢力回復を図って、積極的な外交を各地で展開した。

(38) マケドニアと対立するペルガモンの要請でローマと戦うことになった戦争。ペルセウスはピュドナの戦いで敗れ、マケドニア王国は事実上滅亡した。

(39) メガレーポリス出身の政治家・歴史家。アカイア連邦の政治家として活動するも、第三次マケドニア戦争を機にローマで暮らすことになる。そこで目の当たりにしたローマの地中海制覇を、『歴史』として残したことで知られる。

(40) ただし、前三七三年に津波の被害に遭う以前は、ポセイドン神殿があっ

たヘリケが集会の場であったとされる。

(41) しかし、シュノドスとシュンクレトスがそれぞれ評議会と総会に必ずしも対応するわけではなく、いずれの場合も両方のタイプの議会が招集された可能性があることには注意されたい。

(42) 役職名からは、ストラテゴスの補佐と考えられるが、その具体的な職務には議論がある。

(43) 前二六三/二年のアカルナニア連邦との条約から、アイトリア連邦は七つの地区に分けられ、一部の公職者の人数、および金銭や兵員の負担がその地区に基づいて割り当てられていたという説もある。実際、「ロクリス区」や「ストラトス区」が史料上で確認されるが、これらが公職者の輩出や負担の単位であったかどうかは明らかではない。

(44) 前一六八/七年には内紛で五五〇人の評議会議員が殺害されており、領土が大きく削減されたこの時期においても、おそらく全体で一〇〇〇人ほどの規模であったと考えられている。

(45) テーバイは本来二つの地区のみが割り当てられていたが、ペロポネソス戦争の初期にプラタイアを含む南部の地域を影響下におくと、そこに割

もあれば、最大のポリスであったテーバイは一ポリスで四地区を占めた(45)。一方で小さなポリス、たとえばハリアルトス、レバデイア、コロネイアは一地区にまとめられた。この地区ごとに、最高役職にあたるボイオタルケスを一人、評議会の議員を六〇人選出し、そして軍隊に供出する兵員(歩兵一〇〇〇人、騎兵一〇〇人)や税も割り当てられた。この時期にはボイオタルケスが一一人、評議会が六六〇人で構成されていたことになる。複数のポリスで構成される地区では、ボイオタルケスは輪番制で、評議会議員は比例的に割り当てられていたと考えられている(46)。興味深いのは評議会の決議方法である。加盟ポリスの評議会と同じように、連邦の評議会は四つの部会に分かれ、それぞれ独自に議論をし、最終的な決定は四つの部会すべてで賛同を得る必要があった。一つの部会は一六五名から構成される計算になるが、一つの地区に割り当てられていた六〇の倍数ではないので、地区とは無関係に(おそらく抽選で)配分されたと考えられている。

なお、前三八七年に再建された連邦では最終的な決定機関として全市民が参加可能な総会が設置されたが、それはテーバイで開催されたため、出席者の大半はテーバイ人であったと想定される。また、連邦の評議会は消滅し、その機能はテーバイの評議会に吸収された。ボイオタルケスは全体で七名となったことから、地区の再編があったようである。ただし、その約半数をテーバイ人が占めていたことは、議会同様に、この時期のボイオティア連邦がテーバイを中心に運営されていたことを示す。

一方、ヘレニズム時代のボイオタルケスや公職者も七名で構成されていることから、この時期にも地区が七つあったと思われる。しかし、テーバイの再加盟まで時間があったため、それは古典期の地区とまったく同じではなかっただろう。おそらく地区は何度か再編されたと考えられる。また、この時期の総会では、主要な加盟ポリスに同数の票が割り当てられており、以前のような比例的な平等よりも絶対的な平等に重点がおかれ

り当てられていた二地区を合わせて四地区となった。

(46) 各ポリスにおける評議会議員の選出方法の詳細はわからないが、この時期ボイオティア連邦では市民権が富裕者に限られていたので、そうした市民から抽選で選ばれていたとする説もある。

(47) 字義的には「平等な市民権」だが、実質的には「潜在的な市民権」のことを指す。これを有する者は、付与された共同体に移住すればその市民と認められる。

るようになった。

連邦における市民権

市民権は、連邦の加盟ポリスのみならず、連邦自体にもあった(以下、それぞれポリス市民権、連邦市民権と表記する)。つまり、連邦に加盟するポリスの市民は、二つの市民権を有していたことになる。この両市民権はまったくの別物であったわけではなく、密接に連動していた。そのことは、前二二三/二年頃にナウパクトスとケオスの間でなされたイソポリテイア[47]の相互付与からうかがえる。というのも、ナウパクトスからポリス市民権を与えられたケオス人は、そのお返しに、ナウパクトスのみならず、それが加盟するアイトリア連邦全体に自身の市民権を与えているからである。このことは、ナウパクトスのポリス市民権を得ることで、間接的に連邦市民権と同じ権限を獲得できたことを示唆する。

一般的に市民権の権限は、その共同体での参政権のような政治的権限と、その共同体での土地所有権や通婚権などの私的権限に大別できる。連邦市民権の保持者は、すべてのポリスにおいてその両方の権限を行使できたと考える研究者もいるが、私的権限は連邦規模で行使できた一方、政治的権限は一つの加盟ポリスでのみ行使できたとするのが通説である。アカイア連邦でも、連邦市民権の保持者はすべての加盟ポリスでの土地所有権と通婚権を持っていたとされ、それは一ポリスにとどまらない経済活動を促した。しかし、多くの市民権付与の事例が確認できるアイトリア連邦では、同じ連邦に加盟する別のポリスの市民にも、土地所有権や通婚権が特権として付与されていることから、私的権限もまた特定のポリスに限定されていたと推測されている。

連邦は市民権を外交に活用した。特にアイトリア連邦は、その拡大期にあった前三世紀半ばにかけて、多くの市民権やプロクセニア[48]といった特権を外国人に付与している。こうした外交関係の拡大において、ポリス市民権と連邦市民権の連動は好都合であった。なぜなら、加盟ポリスによる付与を通して、連邦とも外交関係が結ばれるからである。アイトリア連邦は、加盟ポリスが有していた外交関係を借りる形で、ギリシア世界における外交的存在感を効率的に高めることができた。

（48）別の共同体において、自らの共同体やその市民の便宜を図ってもらうために、その共同体の市民に付与された特権。

図12　ミレトス人とロドス人によるエピダウロスとヘルミオネの仲裁決議の刻まれた碑文（ナフプリオ考古学博物館蔵，筆者撮影）

連邦における争いの解決

複数のポリスを抱える連邦では、多くの争いが生じた。古典期のボイオティア連邦では、加盟をめぐるプラタイアとテーバイの緊張関係が最終的に軍事衝突に至ったが、すべての争いが戦争で解決されたわけではない。ときには、話し合いを通じた平和的な解決が図られた。第三者による仲裁もその一例で、連邦がその役割を担うこともあった。前四世紀のボイオティア連邦では、加盟ポリスには判事の派遣が求められていた。碑文からは、ボイオティア連邦が加盟ポリス同士の争いに積極的に介入し、解決していったことがわかる。

一方、アイトリア連邦やアカイア連邦は、加盟ポリス同士の争いに常に介入したわけではなかった。前二世紀前半にエピダウロスとヘルミオネの間の境界争いが好例である。両ポリスともアカイア連邦に加盟していたが、この争いは非加盟のミレトスとロドスから派遣された仲裁者によって裁定された。また、アイトリア連邦においても、前二三〇年代のマトロポリスとオイニアダイの境界争いでは、両ポリスと同じアカルナニア地方に属するテュッレイオンから仲裁者が派遣されている。同様の境界争いに、何らかの形で連邦が関与した事例も知られているものの、解決を連邦にゆだねるかどうかは、当事者のポリスが選択できた。

図13　オルコメノスのアカイア連邦加盟決議の刻まれた碑文（トリポリ考古学博物館蔵，筆者撮影）

むしろ、両連邦が積極的に関与したのは、連邦の制度に関わる場合であった。前二一三／二年にメリタイアとペレイアの合併に際して生じる諸問題が、両ポリスの加盟するアイトリア連邦によって裁定されている。そのなかには、合併が解消した場合の評議会議員の割り当ても含まれていた。アカイア連邦でも、オルコメノス（ボイオティア地方のオルコメノスとは別）とメガレーポリスの紛争が前二四〇年の前者の加盟を機に、連邦に裁定されたようである。

連邦による直接の裁定は、その結果がたとえ公正であったとしても、特定のポリスに肩入れしたという不信感が残る可能性がある。特に、基盤となった地方を越え、異なる地域的アイデンティティを持つポリスが加盟する両連邦にとって、そうした不和はできるだけ避けたいことであった。そこで、制度に関わる場合以外では、連邦内での中立性を保つために、むしろ別の手段による解決が望まれたと考えられる。結果として、加盟ポリスには連邦以外の第三者に解決をゆだねる余地が残されることとなった。

一方、加盟ポリスが連邦外部の共同体と争った場合には、連邦は加盟ポリスを積極的に支援した。前一九二年に裁定されたアイゴステナとパガイの境界争いの仲裁は、前者にはボイオティア連邦が、後者にはアカイア連邦が後ろ盾となって進められた。

連邦と加盟ポリスの独特な関係

古代ギリシアの歴史は、ポリスだけでなく、連邦の歴史でもあった。古典期にはアテナイやスパルタと異なる方法で地方を統合し、ヘレニズム時代にはその地方を越えて拡大して、一定の存在感を示し続けた。連邦は一ポリスでは成し遂げることが困難なことを可能にした一方、複数のポリスを、しかもある程度の独立性を維持したまま統合する体制は、連邦に特有の課題と、それに対応する独自の制度を生み出した。本章でみたように、連邦は加盟ポリスの平等性を保つために、議員数や負担を、その規模に応じて比例的に割り当てた。また、ポリス市民権と連邦市民権は、連邦にもよるが、連邦内での経済活動を促進する効果があっただろう。さらに、加盟ポリスは比較的自由に、連邦外部の共同体への特権の相互付与や仲裁の依頼といった外交を展開し、それは連邦の外交関係の拡大や、内部での中立性の維持に寄与した。

現代の基準に照らせば、こうした状況は連邦として非常に〝緩い〟状態といえるが、むしろそうした柔軟性の高さこそが、数多くの共同体がひしめく国際社会のなかで生き抜くために、連邦という体制が選択され続けてきた理由だったのではないだろうか。

読書案内

F・W・ウォールバンク（小河陽訳）『ヘレニズム世界』教文館、一九八八年（原著は一九八一年）
フランソワ・シャムー（桐村泰次訳）『ヘレニズム文明』論創社、二〇一一年（原著は一九八一年）
＊ともにヘレニズム時代の基礎的な知識や歴史の流れを知るうえで、依然として有用な概説書。当時のポリスと連邦については、前者の第五章および第八章、後者の第六章に詳しい。
南川高志編『歴史の転換期1　BC二二〇年　帝国と世界史の誕生』山川出版社、二〇一八年
＊第二章（藤井崇）「消滅するヘレニズム世界」は、最新の研究成果が反映され、右記の二冊を補う概説書として有用。特にヘレニズム時代の王の性質やその都市との関係が詳しい。
合阪學『ギリシア・ポリスの国家理念——その歴史的発展に関する研究』創文社、一九八六年
＊西洋古代世界独自の国家理念であるポリスが次第に拡大し、連邦やローマ帝国をも含みこむ理念へと発展したことを論じた専門書。その理念が実践された例として、ボイオティア連邦とアカイア連邦が後篇第二部にて論じられている。
伊藤雅之『第一次マケドニア戦争とローマ・ヘレニズム諸国の外交』山川出版社、二〇一九年
＊第一次マケドニア戦争を中心に、ローマがヘレニズム世界の外交にいかに適応していったのかを論じた専門書。ローマがギリシア本土で初めて同盟を結んだアイトリア連邦について、当時の制度や要職にあった人物の分析が詳しい。
岸本廣大『古代ギリシアの連邦——ポリスを超えた共同体』京都大学学術出版会、二〇二一年

＊ギリシア世界における連邦とは何か、という問題を、それを構成したポリス、および地域的な集団としてのエトノスとの関係から論じた専門書。具体的に、独立や市民権、公職制度、紛争解決といった諸制度の議論が詳しい。

長谷川岳男「アカイア連邦の政治組織――*σύνοδος* と *σύγκλητος*」『西洋古典学研究』四二、一九九四年、七九～八九頁

J. A. O. Larsen, ***Greek Federal States : Their Institutions and History***, Oxford, Clarendon Press, 1968

E. Mackil, ***Creating Common Polity : Religion, Economy, and Politics in the Making of the Greek Koinon***, Berkeley, University of California Press, 2013

＊ギリシア本土で連邦が広く見られたのはなぜかという問題について、アカイア、アイトリア、ボイオティアの三つの連邦を対象に論じた専門書。前半では通史的な解説がなされ、後半では連邦成立の背景を、宗教・経済・政治の観点から論じている。

H. Beck and P. Funke (eds.), ***Federalism in Greek Antiquity***, Cambridge, Cambridge University Press, 2015

＊古代ギリシア世界で確認される多くの連邦を、総合的に紹介した論文集。地域ごとに章分けされ、各連邦についての概説と最新（二〇一〇年頃まで）の研究成果がまとめられているため、入門書としても有用である。

第Ⅱ部　ローマ

第8章

ローマ帝国の形成

――西洋型帝国の原型《プロトタイプ》――

長谷川岳男

西洋世界において帝国と見なされた，カール大帝のフランク，神聖ローマ帝国，ナポレオン，ヴィクトリア朝期のイギリス，ドイツの第二帝国やロシア，さらにナチスドイツ（第三帝国）やムッソリーニのイタリアというファシズム諸国，そして現在のアメリカ合衆国がその表象の方法から行動様式や統治のあり方に至るまで，ローマ帝国を意識していることは明らかであろう。本章ではこの帝国がいかに生じたのかを見ていきたい。

ローマ帝国の象徴としての鷲
（Wikimedia Commons）

東西の帝国

ローマの地中海制覇と同時代に生きた前二世紀のギリシア人ポリュビオスは、ローマが五三年足らずで人類の住むほぼ全域を支配したと考えて、その過程や要因を知ることの意義を説き、それを全四〇巻の『歴史』として著した。しかしローマの拡大はこれに留まらず、前一世紀には西欧の多くの地域がローマの支配下に入り、拡大は後二世紀まで続いた。その領土は地中海を内海として、西欧の大部分、東欧の一部、中近東、アフリカ北岸となり、支配下の住民は六〇〇〇から七〇〇〇万に及び、当時の地球の人口の半分から五分の二と言われている。

前三世紀には東アジアでも秦、それを継承した漢が成立し、ここに東西に「帝国」が出現することになった。それぞれが東西世界における「帝国」の原型として、後世に大きな影響を与え、現在のアメリカ合衆国、中華人民共和国もその系譜にあることは疑いのないことであろう。本章はその歴史をたどり、帝国形成が可能であった要因を考えていきたい。

ローマの誕生

広く流布したローマ初期の歴史は次のようなものであろう。イタリア中部のラティウム地方、ティベリス川中流域のほとりに前七五三年、軍神マルスの血を引くロムルスが建国して、彼を含めて七人の王が続いた。しかし前五〇九年に王政が廃止され共和政に移行した。

しかしこの時代のローマの現実を知るのには大きな障害が立ちはだかる。なぜならローマ人自らが歴史叙述を始めたのは前三世紀の末で、本格的に執筆されるのは前二世紀に入ってからであり、これらの叙述は断片でしか現存しない。そのため初期の歴史に関

(1)この他にこの時期には建国神話を描いたウェルギリウスの『アエネーイス』が存在する。

(2)この体制をローマ人は res publica(直訳すれば国事・公共の富。そこから転じて国家、公共の福祉を意味した)と呼び、後世のリパブリック(republic)の語源となった。公共

して、ローマ人が書いてまとまった形で現存する最も古い著作は、アウグストゥスと同時代のリウィウスの『ローマ建国以来の歴史』となる。(1) すなわち帝国を形成した後に、ローマ人がその現実をもとに回顧した初期の姿しかわからないのである。

　ただし、ギリシア人は前五世紀からローマに言及しており、その時期以降については有益な情報を提供する。さらに考古学における近年のめざましい成果が、建国時について新たな光をもたらしている。それによればこの地域のいくつかの集落が統一されて、国として成立したのは前七世紀後半以降のことであった。伝承の七人の王が実在したかは明らかではないが、王が存在したことは事実であり、前六世紀末に共和政（レス・プブリカ）(2)に移行する頃には、この地域では抜きん出た勢力を誇っていたと考えられる。

共和政

　王を追放すると、その権限の多くを執政官（コンスル）が継承した。内政や軍事などで強大な権力を有することになったが、任期を区切り、職務に就く者を複数にすることで（任期制・同僚制）独裁化しない工夫がなされている。(3) さらに執政官を補う形で財務官（クァエストル）、法務官（プラエトル）などが設置された。これらの役職も任期制・同僚制であった。そして執政官以下、すべての役職は市民の投票によって選出された。

　一方で王の諮問機関であった有力者から成る元老院は、執政官などの公職者に助言などを行い、多くの期間を公職経験者三〇〇名で構成して、(4) 大きな影響力を有した。ローマの対外的な正式な名称は「元老院及びローマ人民（Senatus PopulusQue Romanus）」であり、その権威の大きさがうかがえる。(5) ローマ人は保守的であり、「父祖の遺風（mores maiorum）」に従うのが常であったので、執政官などの先輩にあたる人々を中心に構成される元老院の決定（senatus consultum）は、彼らにとって命令に等しいものとなった。

の富の意味の英語の直訳がCommonwealthで、ピューリタン革命でチャールズ一世処刑後のイングランドはこう呼ばれる。

(3) 強大な権限を付与することはアメリカ合衆国や韓国の大統領制で採用されている。また当初はその定員が定まらなかったが、前三六七年に一人は平民身分から選出することを定めたリキニウス＝セクスティウス法以降は定員も二名に固定された。

(4) 後にカエサルなどにより定員は増員された。

(5) これを略したＳＰＱＲのロゴはよく使われ、今もローマ市の公共物に用いられている。

図1　現在のローマ市のマンホール
(Wikimedia Commons)

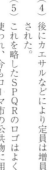

一般市民はその総会である民会で参政権を行使した。ただローマの民会はギリシアのものとは違い、複雑であった。たとえばアテナイの民会で市民は一人一票であったが、ローマでは集団で一票となり、その集団の組み方で三種類の民会が存在した。代表的な民会が軍装が共通の集団ごとに一票を投じるケントゥリア民会であり[6]、ここで和戦の決定や上級公職者の選挙などが行われた。後に重要になるのが居住地域ごとに一票を投じるトリブス民会である[7]。これらの民会は富裕者に有利になっていた。他に王政期から存在した三〇の氏族(クリア)を単位とするクリア民会があったが、共和政期にはほとんど機能していなかった。

この国制は王政的な執政官、貴族政的な元老院、民主政的な民会にバランスよく権力が配分される混合政体と見なされ、その結果、内政が安定して対外的な拡大を可能にしたというのが、ポリュビオスが考えたローマ帝国成立を可能にした要因であった。この考えはローマ人にも受け入れられ、さらにはルネサンス期には最良の国制としてスパルタと当時のヴェネティア共和国とともに高い評価を受け[8]、その後、モンテスキューの三権分立の思想にも影響を与えた。ただし、このようなシステムが最終的に落ち着くのは前四世紀半ばのことで、時間をかけて成立したものであることには注意が必要である。

身分闘争

共和政成立当初は内外で不穏な状況が続くことになる。ラティウム内のコミュニティ、あるいは周辺のエトルリア人、サビーニ人などとの争いは絶えず、国内に目を向けても貴族(パトリキ)と平民(プレブス)の対立が激化していた。ローマに軍人身分はなく、市民が自ら武器を取って戦ったので、貴族は厳しい対外情勢のなか平民との徹底的な対立を避けるためもあり、前五世紀に入ると平民に譲歩を重ねていく。まず平民の利益を

(6) ローマは武具自弁であり、その財産の多寡で装備する軍装を指定していた。そして共通する軍装の集団が投票単位となりケントゥリオン(百人隊)と呼ばれ、共和政中期には全部で一九三あった。ただしこの集団が実際の戦争で用いられたわけではなく、すべてが百名で構成されたわけでもなかった。

(7) 居住地域を三五の区(トリブス)に分けて、それぞれが一票を有した。元々は平民だけの議会である平民会の構成であり、後に貴族も加えたトリブス民会にもなった。

(8) 第2章を参照。

（9）当初は平民の官職であったが、後に貴族もこの官職を設置して、それぞれ二名ずつが任官した。造営官と訳される場合もある。

（10）ローマの建国神話からして、この国は多くの外国人を集めることで成立したとされる。

（11）nobiles. ノーブル（noble）の語源。貴顕貴族とか官職貴族と訳される。

（12）文化人類学上の概念で互酬関係ともいう。基本的には対等ではない上下関係であり、互恵性がありインフォーマルな関係を指す。

守る役職として一〇名の護民官の設置が認められた。彼らは貴族の決定への拒否権を有し、また身体の安全が保証された。後に体制内に組み込まれるが、共和政末期にはその権限が有力者間の抗争で利用されることになる。また彼らを補佐する役職として按察官（アエディリス）(9)も設けられた。これらの役職も任期制・同僚制であった。

その後、貴族による恣意的な裁判を防ぐために、前五世紀半ばには十二表法という成文法が制定された。さらに貴族と平民の間の通婚も認められ、多くの役職が平民に開放されることになる。前三六七年に執政官の一人を平民から選ぶことを定めたリキニウス・セクスティウス法が、続いて前二八七年、平民会の決議がローマ全体を拘束することを認めたホルテンシウス法が制定され、身分闘争は終わった。

この平民の地位向上は移住してきた有力者に拠るところが大きかったと考えられている。彼らは財力なども含め、それなりの勢力があるにもかかわらず貴族に差別されることに不満を抱いたからである。イタリアは人口移動がさかんな地域であり、恒常的に個人から集団まで様々な規模で移住が行われ、そのなかには一族郎党を率いてなされた事例も知られている。後一世紀の皇帝クラウディウスの祖先もその一人であった。ローマは特にそのような人々を受け入れて大きくなったと考えられ(10)、そのネットワークがイタリア統一を可能にした大きな要因であったという近年の研究もある。

身分闘争を通じて血統による貴族と平民の区別は薄れたが、今度は平民も含め高位の官職を経験した家か否かで区別されるようになっていった。執政官などの役職経験者を輩出した家をノビレス(11)と呼び、彼らの間にはネットワークが築かれ、地中海制覇の時代は少数のノビレスの家門が高位官職を独占した。

このような私的な人間関係は有力者同士、貴族と平民の間、市民と奴隷の間などでもみられた一種のパトロネジ関係(12)で、ローマ史ではクリエンテラ関係と呼ばれている。ある種の親分・子分関係で、公私にわたり親分（パトロヌス）が子分たち（クリエンテス）の面倒を見る代わりに、子分は親分に尽くす私的で緩やかな関係が[13]、ローマ社会に張り巡らされていた。この関係が社会の秩序安定の一助となり、後には打ち負かした対外勢力との間にも結ばれて、帝国形成と安定の要因となったとも考えられる。

ラティウム支配の安定

前三九六年に長年、対立関係にあった北で境を接するエトルリア人のコミュニティ、ウェイイを征服するとその勢力は高まり[14]、ラティウム地方の諸コミュニティに対する覇権も確立した。しかし前三九〇年頃、南下してきたガリア人に敗れて市域部をほぼ占領されてしまう。このガリア人の占拠により一時は勢力が減退するが[15]、その復興はめざましく、前三五〇年代頃までにはラティウム地方において圧倒的な勢力を誇ることになった。

ラティウム地方の諸コミュニティはローマ人と同じラテン語を用い、古くから共通の神域を有して祭祀を共同で行い、通婚や商業などもお互いに認める関係にあり、ゆるやかな同盟を形成していた。しかしローマの隆盛に危機感を持った他のコミュニティは、前三四一年に連帯してローマとの戦争に突入した（ラテン戦争）。

この戦争に勝利したローマはラテン同盟のあり方を根本的に変えた。原則上、対等な関係であった同盟メンバーは、ローマを絶対的な上位として、他のメンバーはローマとの関係によって区別されることになった。すなわちローマ市民権を得るコミュニティ、参政権はないが通婚権や商取引の権利を得るコミュニティ、友好国として扱われるコミュニティという、大まかに言えば三つのカテゴリーに分けられ、個々に差をつけて関係を結ぶことで、各コミュニティ間の横の連携を防いだ。そしてどの関係であってもローマの戦争に軍の供出が求められたが、内政が大きく干渉されることはなかった。

(13) それゆえクリエンテスは複数のパトロヌスを持つこともあった。

(14) 前三八七年という伝えもある。

(15) この経験からそれまで土塁と地理的環境を利用した都市の防衛を、本格的な石造りの城壁に切り替えた。現在でもその名残を留めている、王政期の城壁（セルウィウス王の城壁）と見なされているものがこれにあたる。

図2　いわゆるセルウィウス王の城壁　テルミニ駅付近の遺構
（Wikimedia Commons）

この支配のあり方は分割統治と呼ばれ、ローマ帝国成立に多大に寄与したと考えられる。そのため、このラテン戦争の結果を帝国の出発点と考える研究者は多い。打ち負かした相手を仲間に組み込むことにより軍事力が増大する一方で、傘下のコミュニティの有力者とクリエンテラ関係を結ぶことで、支配を安定させたからである。

イタリアの統一

ラテン戦争の頃、中部イタリアの山岳地帯（アペニン山脈）を中心に勢力を増大させていたサムニウム人との関係も悪化し、ラテン戦争後間もない前三二六年に、カンパニア地方をめぐって本格的な戦争となった（第二次サムニウム戦争）[16]。ローマは、従来のギリシア式重装歩兵の密集隊形の戦法が山岳地帯ではうまく機能せず劣勢に立たされたが、機動性に富む隊形に改良し、軍の迅速な移動を可能にするために道路を整備することなどにより挽回して[17]、前三〇四年に勝利で戦争を終えた。

しかし、ローマが中部イタリアにおける強大な覇権を確立すると、また多くの人々に危機感を与え、サムニウム人が前二九八年に再び戦争を始めると、ローマの北に位置するエトルリア人やウンブリア人、ガリア人もローマとの戦いに加わった（第三次サムニウム戦争）。ローマは南北両方面のいくつかの戦場で同時に戦わなければならなかったが、先に述べたように傘下のコミュニティの援軍も得て各戦場で勝利を重ねて、前二九〇年にサムニウム人に対する最終的な勝利を得た。この結果、南部を除くイタリアはほぼローマの傘下に入ることになる。

イタリア半島南部はマグナ・グラエキアと呼ばれ[18]、前八世紀よりギリシア人が多く移住してポリスを建てていた。前二八〇年代にローマは、この地域で最大の勢力であったタレントゥムと対立するが（ピュロス戦争）[19]、この戦いにも勝利した。その結果、この地

（16）後世の史料によると両国は、ラテン戦争に先立つ前三四三年から四一年まで戦ったとされる。これが第一次サムニウム戦争と呼ばれるが、詳細は不明でその実在を疑う研究者もいる。いずれにせよ、大きな影響を与えなかったことは明らかであろう。

（17）これが「すべての道はローマに通ず」という帝国全土に張り巡らされた街道の始まりで、アッピア街道と呼ばれた。

（18）「大ギリシア」の意。

（19）タレントゥムの救援でイタリアに渡ったエペイロス王ピュロスは軍事的な評判が高く、アレクサンドロス大王の血縁でもあった。当初、ローマ軍に勝利したが、自軍も多大な損害を蒙った。この故事から「ピュロスの勝利（Pyrrhic victory）」は「割に合わない勝利」というイディオムとなっている。そして最終的にはローマ軍に敗れてギリシアに戻った。

域も前二七〇年頃までに傘下に組み入れ、ローマはイタリア半島の大部分の支配を完成させた[20]。そしてここに地中海制覇への基盤を築くことになったのである。

西地中海世界の覇者へ

ローマはイタリアを傘下に収めても拡大の動きが止まることはなく、前二六四年にはシチリアのメッシナをめぐってカルタゴと戦争となり、初めて軍を海外に派遣した（第一次ポエニ戦争）。カルタゴは、伝承によると前九世紀末頃にフェニキア人[21]が北アフリカの現在のチュニジアに建てた国で、強力な海軍により西地中海で強大な勢力を誇っていた。この戦争は二〇年以上に及ぶものであったが、最終的にローマが勝利を得た[22]。この結果シチリアの大部分が、ローマが直接、公職者を送り込んで管轄する最初の属州となった。

カルタゴはその後、サルディニア、コルシカの両島もローマに奪われたため、イベリア半島に活路を見出し支配を拡大した。しかし当地のカルタゴ人の指導者であったハンニバル[23]が、ローマと友好関係にあったサグントゥムを攻めると、前二一八年に両国は再び戦端を開いた（第二次ポエニ戦争）。

ハンニバルは機先を制してアルプスを越えてイタリアへ侵攻し、緒戦で華々しい勝利を重ね、前二一六年にはイタリア中部のカンナエの平原で八万のローマ軍をほぼ殲滅した。しかしこのローマの苦境にも多くのコミュニティはローマから離反せず、兵力の補充や食糧などの供給も困難なカルタゴ軍は徐々に劣勢となり、イベリア半島やシチリアでもローマ軍が優位に立つことになった。前二〇二年、ハンニバルは近郊のザマでスキピオ率いるローマ軍に大敗を喫し、翌年に戦争は終結した。カルタゴは莫大な賠償金を課せられ、艦隊の保持も禁じられた。その結果、ローマは西地中海世界の覇権を握るこ

(20) ローマ滅亡後、次にイタリアが再統一されるのは一九世紀のイタリア王国のときであり、山地で分断されたこの半島の支配の困難さを示している。

図3　メッシナ海峡（メッシーナからイタリア本土を臨む，筆者撮影）

(21) フェニキア人は地中海東端のレバントに居住していた人々で、前一一世紀頃より、地中海での交易をさかんに行い、カルタゴはその中継地点として重要な位置にあった。カルタゴの建国に関しては、考古学的には前八世紀半ば以前の出土品は存在しない。

(22) ローマは初めて本格的な海軍を整備し、海上で優勢であったカルタゴ艦隊を破り、陸上でも勝利を重ね一時はアフリカまで軍を進めた。しかしそこで大敗北を喫したり、何度か艦

とになった。

ヘレニズム世界への進出

ローマがハンニバルに苦しめられている頃、マケドニア王フィリポス五世は、ローマがギリシア西部に築いていた勢力圏への進出を始め、ハンニバルとも同盟した。前二一四年、それに対応するためローマはギリシアに軍を派遣し、ここにマケドニアとの戦争が始まった（第一次マケドニア戦争）。東地中海世界はアレクサンドロス死後の後継者争いの結果、アンティゴノス朝マケドニア、セレウコス朝シリア、プトレマイオス朝エジプトが鼎立しており、ローマ進出時は現在のトルコ西部のアッタロス朝ペルガモンが勢力を拡大していた。

この最初のローマとマケドニアの戦いは、ローマがカルタゴとの戦争に注力していたため、マケドニアと対立していたアイトリア連邦を同盟国に引き入れ戦ったが[24]、戦局に大きな進展はなく最終的に現状維持で講和した（前二〇五年）。西への進出が不首尾に終わったフィリポスがエーゲ海方面へ勢力を拡大すると、これを警戒したペルガモンなどがローマに助けを求めた。第二次ポエニ戦争後の前二〇〇年、ローマはこれに応じてギリシアへ本格的に軍を動員して、再びマケドニアと戦うことになった（第二次マケドニア戦争）。

ローマは、ギリシアの自由を回復することを旗頭にギリシア人の支持も得て勝利を重ね、前一九七年にギリシア中部のキュノスケファライの戦いで決着をつけた。翌年、ローマ軍の司令官フラミニヌスはイストミア祭[25]で、マケドニア傘下のギリシア人は貢納を免れ、自治が認められると宣言し、熱狂的な歓迎を受けた。しかし戦後措置に不満のあるアイトリア連邦は、その頃エーゲ海沿岸への進出でローマとの関係が悪化していた、

隊が嵐で壊滅したりすることもあり、戦局は一進一退で膠着状態となるが、最終的には前二四一年にカルタゴ艦隊を撃滅して勝敗を決定した。

（23）第一次ポエニ戦争でローマ軍を苦しめたハミルカルの息子で、古代の名将として現在も高い評価を受けている。

（24）アイトリア連邦については第7章参照。

（25）コリントスが主催するオリュンピア祭と並ぶギリシア四大競技祭の一つ。第5章参照。

セレウコス朝のアンティオコス三世とともに、前一九一年にローマと戦争を始めた[26]（通称シリア戦争）。

アンティオコスは反乱などにより不安定な状態にあった国を立て直し、さらにはアレクサンドロスに匹敵する東征により領土を回復したことで、「大王」と呼ばれた王であった。しかしこの戦争でもローマ軍は優勢に戦争を進め、初めてアジアの地に渡ると前一九〇年、シピュロス山麓のマグネシアでの決戦も制し、二年後にこの戦争も勝利で終えた。

この結果、すでにプトレマイオス朝も国内の不安定さにより力を失っていたため、地中海世界でローマに対抗できる勢力はもはや存在しなくなった。しかしマケドニアがローマに敗北後、着実に国力を回復させると、圧迫された周囲の諸国や脅威を感じたペルガモンの訴えで、前一七一年にローマは軍を動員した（第三次マケドニア戦争）。マケドニアはエペイロスなどわずかな国の支援だけで戦わざるをえず、前一六八年、マケドニアの南に位置するピュドナで大敗を喫し、当時の王、ペルセウス[27]はローマ軍に捕まり、ローマで獄死した。

地中海制覇の完成

戦後、ローマはマケドニアを四つの国に分割しアンティゴノス朝は滅亡した。またマケドニアの味方をしたエペイロスは、八〇に及ぶ都市が破壊され、一五万人の住民が奴隷にされたと伝えられている。さらに各地域の親ローマ派の申告で、彼らに敵対的な人物がローマに抑留され、アカイア連邦だけで一〇〇〇人を数えた[28]。またこれまでローマに協力することで勢力を拡大してきたロドスやペルガモンに対しても冷遇をするようにもなった。このようにかつてはギリシアの自由を宣言して歓迎されたローマだが、対抗

（26）当時、アンティオコスのもとにカルタゴを亡命したハンニバルが身を寄せていた。しかし彼はマグネシアの戦いには参加しなかった。

（27）フィリポス五世の長子。父の死後、前一七九年に即位した。

（28）抑留は一〇年以上、続くことになった。

勢力がいなくなったこともあり、露骨な支配を進めていくことになる。

一方でピュドナの戦いのあった前一六八年、セレウコス朝との戦争で首府アレクサンドリアを占領される危険に晒されていたエジプトは、ローマに救援を仰いだ。ローマは使節を送り、シリア王アンティオコス四世を一喝して退去させ(29)、この結果、エジプトもシリアもすでにローマの命令に逆らえないことが明白になり、ポリュビオスは(30)この年にローマによる世界の支配が完成したと考えた。

しかしポリュビオスの叙述はこの年で終わらなかった。なぜならその支配がまだ安定しなかったからである。前一四九年、経済的な復興が著しかったカルタゴに対して最後の戦争をしかけ（第三次ポエニ戦争(31)）、カルタゴは前一四六年に都市は徹底的な破壊を受け、生き残った住民は殺されるか奴隷に売られ、地上から消滅した。

ペルセウスの子を僭称するアンドリスコスが蜂起して、同じ前一四九年にマケドニアの支配に成功し、ローマ軍を破り一時優勢に立つが、翌年鎮圧され（第四次マケドニア戦争）、戦後措置でマケドニアは属州に組み入れられた。続いてカルタゴが滅亡した同年、ギリシアのアカイア連邦もローマの要求への不満から蜂起したが、ローマ軍に粉砕され、その中心都市のコリントスは破壊を受けてギリシアもローマの支配に組み入れられた。ポリュビオスはここで筆を置いており、当時、ローマの地中海制覇が一区切りしたと認識されていたと見なすことができるであろう。

「正当な」戦争？

これまで見てきたように、ローマは前四世紀の半ばにラティウム地方からの拡大を開始すると、その動きは止まることなく、前二世紀半ばまでに地中海全域における覇権を確立した。なぜローマが勝者となったのか、ローマは当初から拡大意図を持っていたの

(29) 第6章参照。

(30) 彼も第三次マケドニア戦争後、ローマに抑留された一人で、そこでローマ貴族の知己を得て多くの公文書などを閲覧したり、ローマの戦争に同行したりして執筆したため、一部しか現存しないが、当時の地中海世界を知るうえでの第一級史料となっている。

(31) カルタゴは第二次ポエニ戦争で課せられた五〇年年賦の膨大な賠償金を繰り上げて返済し、ローマの警戒を生むことになった。

図4　コリントス（筆者撮影）

かという問題をめぐる議論は、地中海制覇と同時期から始まり、現在に至るまで絶えることがない。そこで少しこの問題を考えてみたい。

その世界制覇の過程と理由を自らの著書『歴史』の主題としたポリュビオスは、ローマには当初から拡大の意思があったと述べ、成功の理由として国制が混合政体で安定していたこと、一方で隊形などの戦法の良さ、その好戦性などをあげている。混合政体論はローマ人にも受け入れられ、前一世紀のキケロ(32)も帝国形成の要因と見なしたが、一方で戦争は自己や友邦の安全のためであり、「正当」であったと述べて、成功の理由をローマ人の倫理性の高さとした。

拡大の意図について両者の見解は異なっており、これをめぐってローマ帝国滅亡後もさかんに論じられ、一九世紀に歴史が学問として専門化してからも学界の重要なテーマとなった。そこで当時、西洋列強の海外進出をめぐる議論に用いられた、「帝国主義(imperialism)」という語(33)によりローマの拡大は論じられた。この語が二〇世紀前半にホブソンやレーニンにより、列強の対外拡大を非難するニュアンスで用いられたため、ローマ帝国の対外進出の認識にも大きな影響を与え、ローマの進出が正当か否かという、善悪の価値判断を伴うことになった。

最初に優勢になったのは拡大の積極的意図を否定するものであった。学術的なローマ史の開祖であるモムゼン(34)以降、ローマは計画的、意図的に進出したのではなく、自らや友邦の防衛のために戦争したと理解し、これを学界では「防衛的帝国主義」と呼ぶ。拡大志向を意味する「帝国主義」に、明らかに矛盾する「防衛的」という形容詞をつけるところに、ローマの行為を正当化しようとする意識を見ることができる。これは当時の欧米列強が、自らの進出行為を正当化した理由を念頭に置いてのものであったことは疑いない。

(32) 前一世紀のローマの著述家、政治家。彼の著書『国家について』、『義務について』などでこのような議論を展開している。

(33) 両者とも『帝国主義』という著作を出版して、欧米列強の経済的な動機がその拡大志向の要因であると指摘した。

(34) 一八一七~一九〇三年。著書『ローマ史』はノーベル文学賞を受賞した。一方でローマ法やラテン語碑文の集成や編纂を進めるなど、古代ローマ研究の多くの分野でその基礎を据えた。

ローマは神々のご加護を得られない、正当性のない戦争はしなかったと古代の叙述は伝える。そのため開戦に先立ち、占いで神の意志を確かめた。正当な戦争とは自国の防衛、あるいは他の勢力に脅かされている同盟国、友好国などからの援助要請に応えたものであった。この点を考慮して、ローマの行動に領土的野心はなく防衛的であったと主張されたのである。しかしこれは大きな問題を孕むものであった。すなわち現存する史料の多くは勝者ローマの声を代弁するものであり、敗者の声はほとんど残っていないため、実証的な手法で文献の精査をすれば、そこから導き出される結論は自ずとローマ側に非はないことになる。

ローマ社会の攻撃性

しかし欧米の帝国主義的な行動も過去のものとなった一九七〇年代以降、その捉え方は大きな転換を遂げることになる。なかでもハリスが一九七九年にローマ社会が有する好戦性を構造的に明らかにし、対外戦争に積極的であったことを示すと[35]、学界に大きな衝撃を与えた。これを「攻撃的(積極的)帝国主義」と呼ぶ。彼はローマが防衛のためだけに戦争をしたとするならば、なぜ休むことなく戦争を続けたのかという点[36]に注目した。そこでその対外戦争の性格を分析する際に、従来のように個々の戦争の開戦理由を実証的に明らかにする手法は採らず、ローマ社会の特性から理解に努めたことが重要である。

彼が戦争を継続する主要な要因と考えたのが、指導者層が戦争を欲するローマの社会構造であった。共和政という体制では、指導者は激しい選挙を勝ち抜いて、その地位を向上させる必要があった[37]。これらの役職の主な任務が軍事的なものであることから、選挙で勝つために求められた資質は軍事的能力となった。しかし任期は一年であり、その

(35)『前三二七年から七〇年における共和政ローマの戦争と帝国主義』(W. V. Harris, *War and Imperialism in Republican Rome, 327-70 BC,* Oxford, 1979)

(36) アウグストゥスは自らの業績を示した『業績録』で、自分が内戦を終結させ、戦争が終結する時に閉じるヤヌス神殿の扉を閉じたが、それは建国以来三度目であったことを誇った。

(37)「名誉の階梯(クルスス・ホノルム cursus honorum)」と言われ、財務官(一〇名)→按察官(四名)→護民官(一〇名、平民身分のみ)→法務官(四名、後に六名)→執政官(二名)というのが出世コースであった。

権限を行使しうる期間は限られていた。それゆえ軍事的能力を誇示するために、任期中に戦争を欲したのであった。

また多大な影響力を有する元老院もその議員が公職経験者であり、戦争が起これば副官や使節として出征することもあり、自らの資質を示す機会を得ることにもなるため、党派同士の足の引っ張り合いから反対意見も出たが、概ね戦争を志向する性格を有していた。それゆえ政策決定のレベルにおいては、機会があり本国や友好国の防衛などの口実があるならば、戦争に踏み切りやすい体質であったと考えられるのである。

さらに身分闘争の結果、新たな貴族層としてノビレスが出現すると、その身分は公職経験で規定されるため、新興の平民はなおさら役職に就くことを望み、旧来の血統貴族との役職をめぐる競争が激化して、資質を示すための戦争機会への要望は増大したであろう。

しかし和戦は一般市民も参加する民会の決定事項であり、指導者層の意向だけでは戦争を起こすことはできない。建国以来の厳しい戦争が続いた結果、大衆は防衛を指揮した指導者の決定を無条件で受け入れる傾向があった。特に前四世紀初頭のガリア人によるローマ市の占拠が後々まで大きなトラウマを残した結果[38]、何らかの危険があると言われれば先手を打って戦争することに抵抗がなかった。

加えて勝利によりもたらされる莫大な戦利品や、支配下に置いた地域の一部を没収して貧困層を植民したことは、兵士として出征した一般市民には開戦を支持する理由になったであろう。一方で指導者層も戦争により大多数の奴隷を獲得して土地経営を彼らに依存するようになると、その帰結として今度は彼らを獲得するためにも戦争が不可欠となった。

(38) ガリア人との決戦に敗れた日は暦のなかで、その日にやってはいけないことが規定されていた。

弱肉強食の地中海世界

このようにローマは戦争を欲する傾向が強い社会であったことは認める必要があろう。しかしローマが欲するだけでは戦争はできない。相手がいて、それを正当化する理由が必要となる。すなわちローマの帝国形成は、ローマの状況だけを見ても実態は摑めない。ではそのような制約があるにもかかわらず、なぜローマは途切れることなく戦争を続けたのであろうか。その点が二一世紀に入ると注目され、国際関係論における「現実主義(39)(リアリズム)」のモデルを参考に考察されることになった。

「現実主義」とは、国際関係を決めるのは「力」であるというもので、これは古代ギリシアのトゥキュディデス(40)に遡る考え方である。ローマ拡大時の地中海世界でもこのような原理が働いており、カルタゴもヘレニズム世界の諸王国もローマと同じようにその立場を軍事力に依存していた。王たちの権力基盤はその軍事的資質に左右されており、対外戦争で成功が重要だったのはローマのノビレスだけではなかった。当時の世界は国際法が存在せず、大使館などによる日頃からの関係構築もなく、近代以降の外交が機能しない無秩序な状態であったため、「力」でその地位を維持しなければならず、戦争を引き起こしやすい状態であった点を考慮する必要がある。

このような世界でさらにローマが戦争を誘発する理由として、彼らの対外的な振る舞いをあげることができる。吉村氏の研究(41)によれば、ローマには対外的に「対等」という観念が欠如しており、世界をうまくいかせるために必要なのは自分たちの決定だけだと考えていた。そのため地中海世界の大国に脅かされているコミュニティに頼られると、その大国の勢力圏であっても介入することに疑問を感じなかった。しかし、そのような介入は相手にとっては言いがかりにしか考えられず、さらにこれらの国々もその力が存立基盤であったため受け入れることは自らの存亡にも関わった。そして無秩序で力が支

(39) 両大戦間期に国際関係論において、国際政治の本質を国家間の権力闘争と見なして、平和はあくまで力を背景にした国際秩序の確立の結果であるという考えが主張されるようになった。その後、こうした考え方の路線をこのように呼ぶようになった。

(40) 前五世紀後半のアテナイ人。ペロポネソス戦争(前四三一~前四〇四)では自らもアテナイ軍の将軍を務めた。この戦争を主題とする彼の著書『歴史』において、各ポリスのパワーポリティックスを冷徹な目で活写し、現在でも国際関係論を学ぶ学生の基本図書となっている。

(41) 吉村忠典「ローマの対外関係における自由(libertas)の概念について」『古代ローマ帝国の研究』岩波書店、二〇〇三年、一六三~一九五頁を参照。

配するこの世界ではもはや戦争以外の選択肢はなかったのである。

最後にこの弱肉強食の世界でなぜローマが勝者になったかを考えてみよう。ローマはラテン戦争以降、自らの戦争に傘下の多くのコミュニティから兵士を提供させた。元来、開放的で多くの移民を受け入れていたこともあり、その兵力は勢力の拡大に伴いうなぎ登りに増大していった。他国も強力な軍隊を有していたが、多くの場合、傭兵など職業軍人であった。一方、ローマ軍の中核は市民兵であり、彼らの帰属意識ははるかに強かった。また同盟国もローマと同じ旗の下で継続的に戦うことで結束力は強くなり、同盟国の指導者も、ローマの有力者とのクリエンテラ関係により自国内で有利な地位を得るためにも、戦争協力には積極的であったと考えられる。ハンニバルに劣勢に立たされたときでも、離反するコミュニティが少なかったことが(42)それを明らかにしている。

ギリシア人の重装歩兵密集隊形を様々な地形でも対応できる隊形に改良し、戦法にも工夫を加えていた、この帰属意識の高い軍隊に対抗しうる敵はなく、それも多くの戦場で同時に戦えるだけの兵力を有することができたこと、さらにその軍の指揮をする執政官などが、青年期から多くの戦場を経験し、その功績で競争を勝ち抜いた者たちであったことが、短期間にローマを地中海の覇者にした要因と言えるのではないであろうか。

帝政への道――内乱の一世紀

順調に次々と大国を倒して地中海の覇権を握ったローマであるが、その代償も大きかった。戦争で獲得した莫大な富による貧富の差の拡大、平均八年前後に及ぶ長期の従軍による中小農民層の疲弊などが、大きな社会不安を引き起こすことになったからである。農民層の救済を目指して、前一三三年、護民官のティベリウス・グラックスが大土地所有に歯止めをかけようとすると、貴族層が大きく反発して彼は暗殺された。その一〇年

(42) 第二次ポエニ戦争の緒戦で次々とローマ軍に大勝利を得たハンニバルは、捕虜にした同盟国の兵士を身代金を取らずに本国に送り返して優遇し、同盟国がローマから離反することを画策したが、功を奏さなかった。
(43) 前者はオプティマーテス、後者はポプラーレスと呼ばれる。
(44) イベリア半島では前二世紀後半から断続的に反乱が起こり鎮圧に手を焼いており、一方で前一一〇年代半ば

後に弟のガイウスがさらに広範な改革を実行しようとするも、兄と同じような運命をたどることになった。

これ以降、元老院を中心とする保守派（閥族派）と市民と結びついた集団（平民派）との対立は暴力を伴い、激しさを増して約一世紀続いた[43]。これが「内乱の一世紀」と呼ばれるものである。この時期は対外的にもローマへの抵抗や反乱などが頻発し苦境に陥っていたが[44]、軍事的にうまく対応して頭角を現したのが、ノビレスではないマリウスであった[45]。彼は中小農民層の没落により兵員を十分確保できない状況を打開するため、無産市民を国費で武装して兵士として動員したり[46]、装備などを改良してローマ軍を立て直し、慣例を破って執政官職に連年、就任するなど強大な権力を得た。

前一世紀に入ると、イタリアの同盟市の反乱やミトリダテス戦争など[47]に対処する軍事司令権をめぐって、スラを中心とする閥族派とマリウスが率いる平民派は激しい抗争を展開した。マリウスが病死するとスラ派が優位に立つが、スラが引退すると再び情勢は混乱した。前六〇年には海賊退治などで名をあげたポンペイウス、資産家のクラッスス[48]、野心溢れるカエサルが結んで元老院に対抗して、ローマの政界で絶大な影響力を行使するようになる（第一回三頭政治）。カエサルはガリアにおける長期の軍事指揮権を得て遠征を行い、当地をローマの属州に組み入れた[49]。

カエサルがこの成功で勢力を拡大すると、恐れを抱いたポンペイウスは仇敵の元老院と組み彼に対抗したが、前四八年にギリシア北部のファルサロスでの決戦に敗れ、エジプトに逃げるが当地で殺害された。カエサルはその後、対抗勢力を次々と倒して独裁的な権力を手にしたが、前四四年に終身独裁官に就任すると独裁を嫌う元老院議員たちに襲われて暗殺され、再びローマは内乱状態となった。

カエサルの後継者争いは姪の子であり、彼の相続人に指名されたオクタウィアヌスと

より、ゲルマン系のキンブリ族とテウトニ族が南下してローマ領に侵入し、ローマ軍を壊滅させた。また北アフリカのヌミディアでも後継者争いからローマに対する戦争が勃発した（ユグルタ戦争）。さらにシチリアでも大規模な奴隷反乱が起こった。

(45) このように家系に高位公職者を持たない者は「新人」と呼ばれた。

(46) ただし、この段階で軍の中核は市民から徴兵された者たちであった点には注意が必要である。

(47) 前九一年、ローマ市民との待遇の差に不満を抱いたイタリア内の同盟市は市民権を要求して戦端を開いた。前八八年にローマの勝利で終わるが、市民権付与は認めた。その前八八年に黒海南岸のポントスの王、ミトリダテス六世がローマに反旗を翻し、エーゲ海沿岸の諸市の支持も得て、大規模な戦争に発展した。この時、ミトリダテス側に加わったアテナイはスラの徹底的な破壊に遭った。結局、この戦争は三回に及び、最終的にポンペイウスがミトリダテスを自殺に追い込み終結した（前六三）。

(48) 彼は前七三年に勃発した、剣闘士スパルタクスが率いた反乱を鎮圧したことでも有名である（前七一）。前五三年にパルティア遠征で戦死した。

(49) 前五八年から前五一年まで。

カエサルの右腕であったアントニウスの間で展開された。しかしオクタウィアヌスが前三一年に、エジプトのクレオパトラと組んだアントニウスをギリシア西部のアクティウムの海戦で破り、翌年アレクサンドリアを攻めるとアントニウスもクレオパトラも自害し、ここにプトレマイオス朝は滅亡した。[51] この結果、オクタウィアヌスは独裁的な権力を確実なものとして、ローマは共和政から帝政へと移行することになった。

帝国の変質

この章を終えるにあたって、なぜローマはこの時期に崩壊の危機に瀕し、帝政へ移行したのかを、帝国を創り上げた要因との関連から考えてみたい。専制君主の身分制ではない共和政の社会は、治安維持のための社会から切り離された形での警察や軍隊などが不在のため、国の統合が困難であった。[52] このような社会ではギリシアのポリスのように、市民同士がある程度、顔見知りでいられる数百人から数千人規模が限界であったが、ローマは前三世紀後半にはすでに二〇万以上の市民を擁していた。

ではなぜ彼らは分裂しなかったのであろうか。そこで大きな役割を果たしたのが継続的な戦争であった。市民はローマの軍旗の下で継続的に戦うことにより、ローマ人としてのアイデンティティが強固になり集団としての結束を強めたことは疑いない。すなわち彼が帰属する抽象的な「ローマ」を実感する場が戦争であり、これが市民間の紐帯として機能したと思われるのである。

しかし前二世紀以降、ギリシアや小アジアなどで大規模な戦争に従事するようになると、それまでの近隣でなされた継続的な戦争のリズムに変化が生じることになる。戦場は遠くなり一回の従軍期間も延びた。さらに戦争と戦争の間が長くなり本格的な戦争のない期間も増え、一方で反乱鎮圧やゲリラ戦への対応が主となり、それらは長期化、泥

(50) クレオパトラ(七世)プトレマイオス一二世の娘で、カエサルとの間に男子をもうけ(後のプトレマイオス一五世)、さらにアントニウスの子(二男一女)も産んだ。

(51) セレウコス朝は前六三年にポンペイウスによりすでに滅ぼされていた。

(52) ローマ共和政期に警察は存在しなかった。また軍は市民から成り、各自が武器を所持していたため治安維持には利用できなかった。そのため治安維持のために市民は武器を携行して市域には入れなかったし、擬似軍会でもあるケントゥリア民会は市域外で行われた。

沼化していった。このような戦争の質の変化も市民の紐帯に緩みをもたらしたと見なすことができ、これが内乱の一世紀につながる社会の分裂へとつながったと言えないであろうか。

そしてマリウスの改革により、一部とはいえ国から武具などが配給される職業軍人が登場すると、彼らの忠誠はローマという抽象的なものより、彼らを率い勝利して戦利品の分配や土地の付与を約束してくれる個人へと移行していった。そのようなカリスマ性を有する人物は、これらの兵士を中心とする軍事力を背景に元老院に対抗していった。そして彼らは自己の権力を高めるために戦争を行った。すなわち戦争を起こす原動力は、貴族間の競争が展開される元老院での議論よりも、個人の意思の方が重要となり、そのあり方は皇帝の先駆をなすものであった。

一方で前一世紀には軍事経験は乏しいものの、キケロ(53)のように社会的な地位をあげた文官が出現する。すなわち貴族のあり方にも変化が生じたのである。弁論や事務に長け、有力者の知己を得て地位を上げる道が開け、軍事は一部のカリスマの領域となっていった。これは皇帝が軍事司令権（インペリウム）を独占した、帝政期の状況を先取りする現象である。前一世紀にもポンペイウスやカエサルなどによる大規模な戦争があり目立たないが、かつてローマを拡大させていた、恒常的な有力者間の競争という推進力（モーメント）の減退は確実に進行していき、ローマ帝国は新たなステージへと移行していったのである。

(53)「新人」であったキケロは、弁論家として政界への足がかりを得て出世していったが、かつての貴族のように目立った軍事的功績はなかった。後にアントニウスをその著書『フィリッピカ』で痛烈に批判したことなどにより彼の部下に殺された。その後、筆を握っていた彼の手が晒されたという。

読書案内

長谷川岳男・樋脇博敏『古代ローマを知る事典』東京堂出版、二〇〇四年

本村凌二『地中海世界とローマ帝国』（興亡の世界史四）講談社、二〇〇七年

＊ローマ史の概説を軸に、帝国についてわかりやすく叙述したもの。

C・ケリー（藤井崇訳）『ローマ帝国』岩波書店、二〇一〇年

＊ローマ帝国なるものを知るために近年の研究成果を摂取した好著。

H・サイドボトム（吉村忠典・澤田典子訳）『ギリシャ・ローマの戦争』岩波書店、二〇〇六年

＊ローマだけではなく古代の戦争の実態を理解するのに有益。

長谷川岳男「ローマ帝国主義研究——回顧と展望」『軍事史学』第三七巻第一号（古代ローマ軍事史研究の最前線）二〇〇一年、五一～七四頁

＊二〇世紀までのローマ帝国主義論争についてまとめたもの。

P. J. Burton, *Roman Imperialism*, Leiden, 2019

＊ローマ期から最近までのローマの対外拡大についての議論をまとめたもの。

佐藤育子・栗田伸子『通商国家カルタゴ』（興亡の世界史三）講談社、二〇〇九年

長谷川博隆『ハンニバル——地中海の覇権をかけて』講談社学術文庫、二〇〇五年

＊ポエニ戦争やカルタゴについて参考になる。

吉村忠典『支配の天才ローマ人』三省堂、一九八一年

＊ローマの東地中海世界への進出についての好著。

吉村忠典『古代ローマ帝国の研究』岩波書店、二〇〇三年

＊ローマ人の対外感覚についての研究が含まれている。

歴史学研究会編『幻影のローマ〈伝統〉の継承とイメージの変容』青木書店、二〇〇六年

＊後世におけるローマ帝国の伝統についての論文集。

第9章

元首政期
――皇帝を通して見るローマ帝国――

志内一興

前27年，「アウグストゥス」の名で「皇帝」としての権力をふるう人物が，ローマに登場する。その時点を境に，ローマは帝政ないし元首政の時代に入ったとされる。アウグストゥスとその後継者たちは，6000万人以上の人々のうえに君臨し，200年以上の期間にわたって「ローマの平和」を維持した。では，皇帝とはどのような存在だったのだろうか。皇帝の支配したローマ帝国は，どのように変化していったのだろうか。

皇帝マルクス・アウレリウス騎馬像
（カピトリーニ美術館蔵）

古代地中海世界と「皇帝」の登場

古代のギリシア人やローマ人の世界は、「古代地中海世界」と総称されることも多い。彼らが創り上げた西洋古代文明の中心には、いつでも地中海という海があった。ヨーロッパ、アジア、そしてアフリカにぐるり取り囲まれた海である。地中海性気候のもと、一年のうち七カ月あまりは乾燥した好天気が続く。その期間は波も穏やかで、航海にきわめて適している。太古より、地中海は障壁ではなく交通路として人々をつないでいた。

前一世紀の後半、地中海世界全体を支配したローマ帝国は、「皇帝」となったある一人の人物の登場によって根本的に造り替えられることになる。

内乱の勝者「オクタウィアヌス」

前二世紀末を皮切りとした、ローマの実力者同士による激しい内乱は、地中海世界全体を巻き込みながら一〇〇年にわたって続いていた。前三一年九月二日、ギリシア西部のアクティウムという岬付近の海戦で、内乱の最終勝者がついに決した。オクタウィアヌスが、アントニウス[1]とエジプト女王クレオパトラ[2]の連合軍を撃破したのである。翌三〇年にエジプトを制圧したオクタウィアヌスは、ここに地中海世界の完全平定を成し遂げた。彼の意向に逆らう政治勢力は、地中海世界にはもはや一つもなかった。

ところで、この最終勝者は一般に「オクタウィアヌス」と呼ばれているが、正確に言うと彼の名はオクタウィアヌスではない。

彼にはもともとガイウス・オクタウィウスという名があった。独裁官ユリウス・カエサルの姪の息子として、前六三年に誕生した。前四四年三月一五日にカエサルが暗殺されると、彼は遺言書の指示によりその養子とされ、財産の相続人に指名された。同時に大叔父の名前も相続し、そのままガイウス・ユリウス・カエサルを名乗った。

（1）独裁官ユリウス・カエサルの部下であった軍人。前四四年三月一五日のカエサル暗殺後、オクタウィアヌスおよびレピドゥスとともに「国家再建のための三人委員」に就任し、いわゆる「第二回三頭政治」を展開した。

（2）クレオパトラ七世。アレクサンドロス大王の遺領に形成された「プトレマイオス朝エジプト」最後の王。前注とあわせ、A・ゴールズワーシー（坂本浩訳）『アントニウスとクレオパトラ』白水社、二〇一六年を参照。

暗殺された大叔父（養父）が神として祀られると、彼は自身の立場強化のため、しばらくしてから自分の名をこう変更する。「インペラトル・カエサル・神の息子《ディウィ・フィリウス》」。ラテン語で軍の最高司令官を意味する「インペラトル」を、ローマ人の名前の順序では個人名にあたる位置に置き、「カエサル」という家名のうしろに「神の息子」と付け加える。ローマの歴史上、前例のない奇抜な名前である。そんな彼のことを人々は、カエサルないし若きカエサルと呼んでいたようだ。

このように、彼の自称は長くて奇妙だし、一方でカエサルと呼べば大叔父の独裁官カエサルとの区別が面倒になる。そこで研究者たちは便宜上、同時代史料（おもにキケロ[3]の『書簡』）に伝わる「オクタウィアヌス」との他称で彼を識別する習いとしている。「元オクタウィウス」を意味するこの名前は、彼の出自を（どちらかと言えば悪い意味で）明確にする意図のこもった呼び名だった。もしも彼が、後世の歴史書で自分がオクタウィアヌスと呼ばれていると知ったら、ひどく気分を害するかもしれない。

「オクタウィアヌス」の皇帝即位？

オクタウィアヌスは前二九年八月、勝利を祝う凱旋式をローマ市で盛大に挙行した。翌二八年にはローマ市民の人数と財産高を調査する「戸口調査」を久々に実施し、四〇六万三〇〇〇人の市民を数えている（前回、四〇年ほど前の調査では、市民数は約九〇万人）。前二七年の元日、彼はアグリッパ[4]を同僚に七度目の執政官に就任した。一月一三日に元老院を招集すると、集まった議員を前に演説を行った。三世紀初頭の歴史家ディオ・カッシウス[5]は、演説の言葉をこう伝えている。

私は、あらゆる権限を放棄し、すべてを、すなわち軍隊や法、それに属州をすっかり

（3）共和政末期の弁論家、政治家、哲学者。彼の使ったラテン語や、それによって書き表された哲学思想は、後世に巨大な影響を与えた。『書簡』の邦訳は『キケロー選集』岩波書店、一三～一六巻に集録。

（4）親友としてオクタウィアヌス（アウグストゥス）を支え、とりわけ戦争や建築においてたぐいまれな才能を発揮した人物。ローマ市にあるパンテオンの正面には、前二七年に美しい書体で刻まれた彼の名前がいまでもはっきり残されている。『ラテン語碑文で楽しむ古代ローマ』二三〇～二三一頁を参照。

（5）二世紀後半から三世紀初頭を生きた、小アジア出身の政治家、歴史家。著作として、ローマ建国から二二九年までをギリシア語で綴った『歴史』がある。全八〇巻のうち完全な状態なのは四分の一程度で、それ以外は後世の要約で伝わるのみだが、史料としての価値は高い。

図1　アウグストゥスとされる巨大な立像
オランジュ（南フランス）のローマ劇場跡の壁龕に据えられている。

諸君らにゆだねる。諸君らが私に託した属州のみならず、その後私自身が、諸君らのために勝ち取った属州をも（『ローマ史』五三巻三章）

彼は突然、内戦を戦うなかで手にした軍の指揮権や法的権限、統治を委ねられた属州（イタリア半島外の領土と住民）をすべて、元老院とローマ市民に返還すると宣言したのである。しかし、驚いた元老院議員たちから国家を見捨てないようにと懇願され、「国事が何らかの注意を必要としている」として、オクタウィアヌスは譲歩する。彼は、ローマの支配する属州のうちのいくつかだけは、自分が一〇年間に限って統治を引き受けることに不承不承同意したのだった。

これに元老院やローマ市民はいたく感激した。三日後の一月一六日、元老院がふたたび開会され、感謝を形として示すべく彼に名前を贈ることを決めた。ローマ伝説の建国者ロムルスの名前なども候補に挙がったというが、選ばれたのは「アウグストゥス」という名だった。「神聖な」や「尊厳ある」といった意味のことばで、彼が人間以上の存在であることを表せるとして選ばれたという。こうして彼の名前はあらたに「インペラトル・カエサル・アウグストゥス」となった。これ以降の彼はアウグストゥスと呼ばれる。

一方で彼の普段の肩書きとしては、「市民のなかの第一人者」を意味する「プリンケプス」が使われることになる。この言葉は「元首」と訳される。ただしプリンケプスと呼ばれる人物はそれ以前に何人もおり、アウグストゥスが初めてではない。

そして以上が、教科書などで「アウグストゥスによる帝政（元首政）成立」と説明されている前二七年の出来事について、史料が伝えるほぼすべてである。いつ皇帝が誕生し、いつ帝政が成立したというのだろうか。それにそもそも、右の記述には「皇帝」という語が登場しない。一世紀初頭の歴史家ウェレイユス[6]は、このとき「いにしえの由緒ある国家形態が回復した」、つまり共和政に戻ったとコメントしている。しかし、確かにここで、ローマの政治は根本的に変わってしまった。実は何が起きていたのか。

皇帝の権力――ローマ皇帝とは何か？

ある巧妙な仕掛けが属州の配分にひそんでいた。アウグストゥスが統治を引き受けたのは、南部を除いたヒスパニア（スペイン）、ガリア、それにシリアなどだった。同時には赴任できないから、アウグストゥスには、みずから選んだ「総督代理（レガトゥス）」を各属州に派遣する権利が認められた。ただしこれには前例があり、初めての措置ではない。彼の担当以外の属州には、共和政時代と同様、元老院議員のうちから高位公職経験者が総督として赴任した。一見すると、かつてから大きく変わっていないかに見えるものの、それは見せかけにすぎなかった。

アウグストゥスが引き受けた属州は、国境沿いにあって外敵とじかに接していたり、いまだ帰順しない勢力による反抗が続いていた地域だった。すなわちそこは、ローマ軍団[7]の常駐を必要とする属州だった。一方で、元老院の管轄となったそれ以外の属州の大半は、軍団の常駐を必要としない平和な属州だった。軍団の指揮権は、その軍が駐屯する属州の総督に与えられることになっていた。つまり、このときアウグストゥスは、国事の必要上仕方なく、という見せかけのもと、ローマのほぼ全軍の指揮権を合法的に譲られたのだった。超法規的な手段で国政をほしいままにすれば、独裁者だと憎まれて大叔父のように暗殺されるかもしれない。その危険はこうして巧妙に回避された。

だが軍事力の独占のみが、アウグストゥスの権力の支えではなかった。彼はすでに、地中海世界のあらゆる敵を軍事的に打ち倒していた。アクティウムの海戦に先立つ前三

（6）前一世紀末生まれのローマ人で、トロイア市の陥落から後二九年までを扱った『ローマ世界の歴史』（京都大学学術出版会の西洋古典叢書に邦訳あり）が伝わっている。

（7）ローマの軍団やそこに属した兵士たちについては、A・ゴールズワーシー（池田裕ほか訳）『古代ローマ軍団大百科』東洋書林、二〇〇五年を参照。

(8) パトロネジについては、長谷川博隆編『古典古代とパトロネジ』名古屋大学出版会、一九九二年を参照。

(9) アウグストゥス自身の手になるとされ、トルコの首都アンカラにあるアウグストゥス神殿の壁面に刻まれた状態で発見された文書。国原吉之助による邦訳があり、スエトニウス『ローマ皇帝伝（上）』岩波文庫、一九八六年の二〇六頁以下に収められている。

図2　壁面に『神君アウグストゥスの業績録』が刻まれたアウグストゥス神殿跡（アンカラ〔トルコ〕）

二年には、イタリア半島および地中海世界西部にある属州の全住民が、彼個人に対する忠誠を宣誓していた。地中海世界に張り巡らされていた「パトロネジ関係[8]」と呼ばれる社会的結びつきはすべて統合され、アウグストゥスがその頂点に立っていた。そのうえ彼は、地中海世界で抜きん出た金持ちだった。特に、豊かなエジプトはアウグストゥスの私有財産とされ、先述の属州配分の対象にはまったくならなかったのである。

法的にはアウグストゥスは、前二七年の執政官、および一〇年を期限に複数の属州を管掌する属州総督にすぎず、国政の見かけ上の構造としては、共和政時代から大きな変更はない。なるほど「いにしえの由緒ある国家形態が回復した」かに見える。しかし軍団の指揮権をもほぼ一手に収めた、アウグストゥスの圧倒的な力を前に、一〇年という期限の更新を誰も阻めなかったし、人事や国政の懸案事項について、彼の意に沿わない選択や決定は現実的に難しかった。アウグストゥスは前二七年の一連の出来事について、『神君アウグストゥスの業績録[9]』の末尾近くにみずからこう書いている。

> その時以降、わたしは権威の面であらゆる人を凌駕したが、権限については、どんな公職にせよ私の同僚となった他の人より多くを保持することはなかった

アウグストゥスがしたのは、権限を独占する「皇帝」という地位をあらたに創設して即位することではなかった。彼は、圧倒的な実力に裏打ちされた権威を背景に、実質的に「皇帝」としての力をふるう体制を始動させたのである。

アウグストゥスによる「帝政」体制の完成

続いて、前二三年に二つの大きな改革が行われる。一つが、彼が持つ属州総督の権限は、元老院が管掌する属州の総督の権限の上位にあり、さらにローマ市内にもおよぶと

確認されたこと（属州総督の権限は、担当する属州の領域内のみ、という地理的限定付きで与えられることになっていた）。これによりアウグストゥスは、実質的に全属州の統括者となった。さらにもう一つ。アウグストゥスは、就任することなく護民官の職権を行使できると認められた。それは前二三年七月一日のことだった。

共和政時代の初期に創設された護民官のことを、吉村忠典は「反公職」と定義している。ローマ市民団の保護者として、護民官にはローマ市内での身体不可侵が認められていた。さらに、拒否権の発動も認められていて、それにより他の公職者や元老院の決定を無効にできた。こうした「反公職」としての職権をアウグストゥスが手にしたことで、あらゆる公職就任者は、かならず彼の意に沿わねばならなくなったのである。研究者たちの多くが、この前二三年こそを、アウグストゥスによる「帝政」の完成の年と考えている。

アウグストゥス自身も護民官職権を特に重視していた。これ以後の文書のなかで彼は、自分の名前に続けて「（前二三年七月一日以降）護民官職権（tribunicia potestas）を何回更新したか」を書き添えるようになる（護民官職権は一年ごとの更新）。たとえば「護民官職権行使[10]（通例 trib. pot. と略記される）一〇回目」といったように。彼の後継者たちもこの慣習を踏襲する。

この「護民官職権」について、歴史家タキトゥス[11]はこう言い切る。

> アウグストゥスはそれ（＝護民官職権）を、最高の地位の呼称として見つけ出した。王や独裁官の名前を借りることを望まず、何か別の名称でもって、他のあらゆる権限を凌ごうとしたのだった（『年代記』三巻五六章）

王といった呼称を使うことなく実現された専制政治。アウグストゥスの構築した体制

（10）護民官職権行使回数が記された碑文の実例については、『ラテン語碑文で楽しむ古代ローマ』二二四頁以下を参照。

（11）後一世紀半ばにガリアに生まれた歴史家。アウグストゥスの死から六八年までを扱う『年代記』、そこから九六年までを扱った『同時代史』など、いくつかの作品が伝わっており、ローマ史研究の最も重要な史料となっている。それぞれ国原吉之助による邦訳あり。

（12）後七〇年頃生まれの人物で、皇帝の記録文書を扱う職に就いていた。その職掌から得られた情報やローマ市での噂話を含む、ユリウス・カエサルと彼に続く一一人の皇帝たち（アウグストゥス〜ドミティアヌス）の伝記、『ローマ皇帝伝』が伝わっており、ローマ史研究の貴重な情報源となっている。

を、タキトゥスはそのように看破していた。

ユリウス・クラウディウス朝の皇帝たち(1)——ティベリウス

こうしてローマの政治を変貌させたアウグストゥスは、後一四年までの長命を享受して亡くなる。その生涯のうちに、彼の権力も、「ローマの平和」も、すっかり盤石のものとなっていた。「すべて見事に演じ切りましたれば、拍手喝采を。歓声とともに、わたくしを舞台から送り出してくださいませ」。こんな芝居の終演口上が、最期の日の彼の口から漏れたと伝えられる（スエトニウス(12)『アウグストゥス伝』九九章）。

後継者は、多くの紆余曲折はあったが、妻リウィアの連れ子（前夫との子）、ティベリウスに決まっていた。ローマに「皇帝」という地位はないことになっているから、もちろん即位式典などはなかった。アウグストゥスの権威や権限、それに莫大な財産が委譲されただけだった。実はティベリウスには、以前から「護民官職権行使」が許されていて、アウグストゥスが亡くなった一四年の時点で、更新回数はすでに一六回に達していた。右のタキトゥスの理解に従えば、ティベリウスはずっと前から皇帝的な存在だった。

ティベリウスとアウグストゥスに血のつながりはない。だからローマ最初の皇朝（皇帝の家系）は、アウグストゥスが属したユリウス氏族と、ティベリウスの実父が属したクラウディウス氏族とをあわせた「ユリウス・クラウディウス朝」の名で呼ばれている。

文書中でのティベリウスの名は「ティベリウス・カエサル・アウグストゥス」であり、インペラトルとは名乗られていない。ラテン語の「インペラトル」は「エンペラー（皇帝）」の語源とされる。しかしこの時点ではまだ、ローマの皇帝がかならず「インペラトル」と名乗る慣習は生じていない。史料での彼は、ティベリウス、ないしプリンケプスやカエサルと呼ばれている。

ティベリウスの時代が始まって早々、執政官などの公職の選挙は形式としても廃止され、皇帝推薦の候補者が元老院で承認されるだけとなった。これにより、執政官など共和政以来の由緒ある公職は名実ともに、皇帝から元老院議員に与えられる恩恵となった。

史料（特にタキトゥス『年代記』）でのティベリウスは、嫉妬心と猜疑心のかたまりである。おもねりや追従などの虚飾を、ひどく毛嫌いする人物としても描かれている。そんな彼の口癖と伝えられるのが「ああ、すすんで奴隷になろうとする者たちよ！」という言葉だった。自分に平身低頭する、卑屈な元老院議員にうんざりしていた彼は、元老院に登院するたびにギリシア語でそうつぶやいていたという。

結局ティベリウスは、二六年にローマ市を出ると、翌年にはナポリ湾沖に浮かぶカプリ島に引きこもってしまう。その後一度もローマ市に入ることはなく、三七年に七八歳でこの世を去った。

ユリウス・クラウディウス朝の皇帝たち(2)——ガイウス

続いて皇帝となったのは、アウグストゥスの曾孫で、ティベリウスの甥の息子でもあったガイウスだった（公式名ガイウス・カエサル・アウグストゥス・ゲルマニクス）。あだ名の「カリグラ」で呼ばれることが多い。彼はまた、アウグストゥスの右腕だったアグリッパの孫であり、アクティウムの海戦の敗者、アントニウスの曾孫でもあった。

二四歳で皇帝となるまでの六年ほど、カリグラはカプリ島でティベリウスとともに暮らした。実はカリグラの母と二人の兄は、ティベリウスのせいで悲惨な死を迎えていた。将来を嘱望されながら一九年にシリアで客死した父、ゲルマニクス[13]についても、ティベリウスの命令で殺されたとの根強い噂があった。直系の孫がいたティベリウスはなぜ、甥の息子カリグラを身近に置き、彼だけを生かしておいたのか。その理由は伝わってい

図3　カリグラの父（ティベリウスの甥）ゲルマニクス
（ローマ国立博物館アルテンプス宮）

(13) 第二代皇帝ティベリウスの甥。初代皇帝アウグストゥスは、孫娘をゲルマニクスに嫁がせ、またティベリウスには彼を養子にするよう命じるなど、その将来に大きな期待を寄せていた。しかし一九年にシリアで不審死を遂げてしまう。ゲルマニクスの息子が第三代皇帝カリグラ、弟が第四代のクラウディウス、そして孫が第五代皇帝ネロである。

ない。結局カリグラが後継者となり、ティベリウスの孫はただちに殺された。どうやらカリグラはカプリ島で、元老院議員への憎悪と軽蔑をティベリウスから叩き込まれたらしい。

皇帝となったカリグラは、ある宴席で突如笑い出したという。なぜ笑ったのかと、隣の執政官から問われた彼の答えは、「俺が軽くうなずけば、お前たちの喉が直ちにかっ切られるんだぞ」だったという。また、お気に入りの馬を執政官に就けようかと軽口を叩き、元老院議員に自分を神としてあがめさせる。それ以外にも信じがたく残虐な行動が、カリグラについて多く伝わっている。それらにはすべて、ティベリウスから受け継いだ元老院議員への軽蔑が満ちている。カリグラ時代を生きた哲学者のセネカは、「最高の権力を持つ人に最悪の悪徳がそなわるとき、どれ程のことがなされ得るかを示そうと、自然が彼を作り出したかのよう」とカリグラを評している（『ヘルウィアへの慰め』一〇章）。彼の時代は言わば、皇帝には何がどこまで許されるかの限界を試す、実験場だった。

四一年、カリグラは皇帝親衛隊の隊員に刺殺され、暗殺された皇帝の第一号となる。皇帝にも限界のあることが証明された瞬間だった。親衛隊が次の皇帝に担ぎ出したのが、ティベリウスの甥、つまりカリグラの父の弟であったクラウディウスである。

図4　極度に理想化された皇帝クラウディウス
（ヴァチカン博物館蔵）

ユリウス・クラウディウス朝の皇帝たち(3)――クラウディウス

皇帝クラウディウス（公式名ティベリウス・クラウディウス・カエサル・アウグストゥス・ゲルマニクス）時代の特徴として、「ファミリア・カエサリス」[14]と呼ばれる皇帝家（カエサル家）の家人が、ローマの政治の中心に現れるという現象がある。彼らは皇帝の家に奴隷や解放奴隷（奴隷身分を解放された人）として仕え、「家事」を担当していた。

(14) ファミリア・カエサリスについては、島田誠『コロッセウムからよむローマ帝国』一七六頁以下を参照。

ただし皇帝家の家事は、一般家庭とはまるで異なる。まず、皇帝家の金庫とローマ帝国の金庫の区分は不分明だった。だから皇帝家の家計管理は、そのままローマ帝国の財政に直結した。また、面会して皇帝の恩恵に浴そうと、あるいはローカルな争いでの支持を取り付けようと、皇帝の居所には、ローマ帝国各地からの使節が雲霞のように集まってきた。膨大な数の書簡や陳情書も、帝国中の公人や私人から次々と届いた。皇帝を判事とする裁判も、家内で頻繁に行われた。皇帝のいる場所がローマ帝国の中心だった。

皇帝のスケジュールを管理し、アポイントを取り仕切り、届いた文書を整理し、決定を公文書として発給するのもやはり、ファミリア・カエサリスの役目だった。次の世紀前半、ハドリアヌス（後述）の時代になると専門の事務官が登場するが、この時期にはまだ、皇帝家の私的なスタッフがそれらをこなしていたのである。

四九年、妻を失ったクラウディウスは、カリグラの妹アグリッピナと再婚した。そして実子があったのに、アグリッピナの連れ子、ネロを養子にする。クラウディウスは五四年、アグリッピナに毒殺されたと伝えられる。こうして五人目の皇帝、ネロ（ネロ・クラウディウス・カエサル・アウグストゥス・ゲルマニクス）が誕生した。

ユリウス・クラウディウス朝の終焉とフラウィウス朝の創始

まだ一六歳の若き皇帝の時代は、その家庭教師だった哲学者セネカからの補佐で順調に船出した。それは後世、「ネロの五年間」とたたえられる時代となる。だが五九年に転機がおとずれる。ネロが、自分を皇帝にしてくれた母、アグリッピナを殺害させたので[15]ある。その様子を伝えるタキトゥス『年代記』一四巻の、妙に生々しい記述を読むのは、「史料を読む」といった身構えの不要な楽しい経験となるだろう。是非試してほしい。

そこからのネロは暴君の道へとゆっくり落ちていく。ついには数多くの元老院議員を

（15）アグリッピナ殺害の場面についてはまた、J・ロム『セネカ――哲学する政治家』一六七頁以下を参照。

図5　息子のネロに加冠するアグリッピナのレリーフ（アフロディシアス〔トルコ〕）

(16) この法については『ローマ碑文で楽しむ古代ローマ』二五〇〜二五一頁も参照。

図6　カピトリーニ美術館ファウノの部屋の壁に埋め込まれた「ウェスパシアヌス帝の命令権に関する法」の青銅版碑文

処刑し、みずから楽器を手に舞台に上がって観客たちに歌を披露した。皇帝のそんな非道や体たらくに対し、六八年に属州ガリアで反乱が起こると、ネロ政権はただちに瓦解する。彼は自殺を図り、最期には介錯してもらって果てた。ネロはユリウス・クラウディウス朝の最後の男子だった。ここにローマ帝国最初の皇朝は断絶する。

続いて四人が次々と皇帝に名乗りを上げた。彼らが軍事的に激突した六九年は「四皇帝の年」と呼ばれている。この内戦の最終勝者は、最後に名乗りを上げたフラウィウス・ウェスパシアヌスだった。こうして同年、皇帝「インペラトル・カエサル・ウェスパシアヌス・アウグストゥス」が誕生し、皇朝「フラウィウス朝」が創始された。そしてこれ以降の皇帝たちは、「インペラトル」「カエサル」「アウグストゥス」の三要素を名前に組み込むようになる。

ネロが亡くなって初めて、皇帝の権限やそれをささえた権威、さらには家や財産が、カエサル家の外部の人にそっくり委譲されることになった。おそらくこのときに初めて、ローマ皇帝の権限が「ウェスパシアヌス帝の命令権に関する法」[16]として文章化された。それを記した青銅版のうちの一部がいまに伝わっている。最も重要な箇所を引用する。

> 国家にとって有益であり、聖俗公私あらゆる事態の尊厳にもふさわしいと彼（＝ウェスパシアヌス）が判断する事々を、何であれ実施し執行する権利と権限が、神君アウグストゥス、ティベリウス・ユリウス・カエサル・アウグストゥスおよびティベリウス・クラウディウス・カエサル・アウグストゥス・ゲルマニクスと同様、彼にもあるべし

これによりウェスパシアヌスは、アウグストゥス、ティベリウスおよびクラウディウスと同等であると、法的に認められた（ここではカリグラとネロの存在が、悪しき皇帝とし

(17) 福山祐子『ダムナティオ・メモリアエ――つくり変えられた皇帝の記憶』岩波書店、二〇二〇年を参照。

図7　アッピア街道
ローマ市からイタリア半島の南部へと，見える限りどこまでもまっすぐ続く。

て抹消されている。こうした措置は「記憶の断罪（ダムナティオ・メモリアエ）[17]」と呼ばれている）。国家に有益と思うことを何でも実行できる存在、すなわち「皇帝」が確かにローマにいることが、ここについに明文化されたのである。

五賢帝の時代――人類が最も幸福だった時代

七九年にウェスパシアヌスを継いだ息子のティトゥスが、二年ほどで病没すると、その弟であるドミティアヌスがさらに皇帝位を継ぐ。九六年、元老院議員との関係が悪化したドミティアヌスが後継者なしに暗殺されると、フラウィウス朝は早くも断絶した。

皇帝位をめぐる内戦の再現が危惧された。しかし元老院議員のネルウァが、ただちに元老院で皇帝として承認されたことで、その危険は回避された。ここから、ネルウァ、トラヤヌス、ハドリアヌス、アントニヌス・ピウス、マルクス・アウレリウスと続く、「五賢帝の時代」と呼ばれるローマ帝国の最盛期が始まる。

イギリスの歴史家ギボンは『ローマ帝国衰亡史』（一七七六年）のなか、五人が皇帝だった九六～一八〇年のローマ帝国についてこう断言している。「世界の歴史において、人類の状態がもっとも幸福にして繁栄した時代」。

この時代にローマ帝国の領土は最大領域へと達した。「すべての道はローマに通ず」の言葉どおり、帝国中に街道網が張り巡らされ、移動の利便と安全が確保されていた。地中海を介した海上交易により、各地は緊密に結ばれていた。都市には水道が整備され、その住民には食糧や見世物が無料で提供されていた。ローマ帝国治下の人々は「ローマの平和」を謳歌していた。二世紀半ば、弁論家アエリウス・アリスティデスは、『ローマ頌詩』として知られるローマ市での演説でこう語っている（七〇章）。

戦争は、かつてはあったのでしょうが、もはや本当だったとは思えません。それどころか戦争に関する物語は、それを聞く多くの人に、神話であるかのように思われているのです

そうは言っても、地中海から遠くへだたった国境沿いには、常時三〇万人もの兵員が配備され、外敵との激しい戦闘が頻繁に行われていた。医学はまるで未発達で、妊産婦や乳幼児の死亡率は非常に高く、感染症や伝染病で人間はいとも簡単に命を落とした。都市の下層民が暮らす環境は劣悪だった。弱者への慈善や人権といった概念は、まだまったく知られていなかった。都市に運ばれる食料の輸送がとどこおれば、人々はたちまち餓えた。日照りや地震、噴火や洪水を前に、人知は対抗するすべを持たなかった。

それでも、確かにアリスティデスの言うとおり、近隣都市の住民と戦場で相まみえて殺し合い、敗れれば故郷の町は略奪を受け、生き残った人は奴隷として売られるといった物語は、この時代には往古の神話のように感じられたことだろう。

五賢帝時代を生きた人々が、それまでの人類史上最も幸福だったのかはわからない。だが戦争という過悪が、地中海世界では稀となったという一事だけでも、当時の人々にとっての「ローマの平和」の価値は計り知れないものだったに違いない。

図8　ヴェスヴィオ火山の噴火（79年）**による犠牲者**（ポンペイ〔イタリア〕）
火山噴出物に覆われて死亡した人の体が朽ちてできた空洞に石膏を流し込むことで作られたひとがた。

皇帝とは何か――別の視点からながめる

五賢帝の五人はそれぞれ、実の父子ではなかった。トラヤヌス以降の五賢帝たちはみな、子のなかった先代によって養子とされ、養父の権限を継承して皇帝となった[18]。こうした形での帝位継承は意図的ではなく、仕方なくという面が強かった。だから、五賢帝の五番目であるマルクス・アウレリウスは実子に恵まれると、当然のように息子のコモ

(18) 五賢帝時代の「養子相続」については、南川高志『ローマ五賢帝――「輝ける世紀」の虚像と実像』講談社現代新書、一九九八年を参照。

図９　サンタンジェロ城（ローマ）
ハドリアヌス帝の墓廟として建設され，その後カラカラ帝にいたる歴代の皇帝や皇后たちが葬られた。

（19）リドリー・スコット監督による二〇〇〇年公開のアメリカ映画。劇中、ホアキン・フェニックス演じるコモドゥス帝は、父のマルクス帝から皇帝の後継者にしないと宣告され、父を殺害している。第七三回アカデミー賞では作品賞を含む五部門を受賞。

ドゥスを後継者として扱って、生前から皇帝としての権限を徐々に息子に与えた。マルクスの死後、帝位の継承に何一つ障害はなかった（映画『グラディエーター』[19]はこの点ではまったく史実と異なる）。自分の血を引く子への皇帝継承が、まずは基本だったのである。

だがここでいったん、ローマ帝国中心部での事情や政局から、観察の視線を少しずらしてみよう。次に引用するのは、一六五年に皇帝マルクス・アウレリウスから、アテナイ市の評議会に宛てて送られた書簡（石碑に刻まれて伝わっている）の冒頭部分である。そこでマルクスは、このような名乗りから手紙を書き起こしている。

インペラトル・カエサル・マルクス・アウレリウス・アントニヌス・アウグストゥス、大神祇官、護民官職権行使一九回……神君アントニヌスの息子、神君ハドリアヌスの孫、神君トラヤヌス・パルティクスの曾孫、神君ネルウァの玄孫が、アレオパゴス評議会にご挨拶を……

マルクスの先代、つまり彼を養子としたアントニヌス・ピウスを父、その養父であるハドリアヌスを祖父……。ここでは代々の皇帝の系譜について、言葉上は純然たる父子間の継承として表現されている。現代に伝わるのがもしこの文書だけなら、これら五人が実の親子ではなかったとどうしてわかるだろうか。また、これら五人が実の親子でなかったという事実は、ローマの平和を謳歌する当時の人々にどのような意味があっただろうか。

本章では、西洋古代史を「はじめて学ぶ」方々を念頭に、ローマ元首政期の歴史を皇帝を中心にたどっている。ここまで主に法的な視点から皇帝を捉え、ローマ市の政治動向のなかで理解するという、基礎的なアプローチをとってきた。しかし法的な視点やローマ市の政治の文脈というのは、種々ある歴史理解方法の一つにすぎない。

図10　ヘラクレスの扮装をした皇帝コモドゥス
（カピトリーニ美術館蔵）

皇帝は法のなかにのみ存在するのではない。右の書簡での名乗りや系譜で主張されるように、皇帝は途切れることなく続く、聖なる皇帝家の継承者でもある。彫像やレリーフ、貨幣の意匠によって帝国各地に伝えられる、視覚的イメージとしての皇帝もいる（本章の図版を参照）。皇帝はまた、ローマ帝国で最高の紛争調停者と考えられていたし、神殿にまつられ、帝国各地で祈りが捧げられる神でもあった。イメージや調停者、神としての皇帝の方が、皇帝に接する機会の限られた属州の住民にはなじみ深かったろう。中央の政治動向からローマ帝国の歴史を見ることもまた、歴史を見る様々な視角の一つにすぎない。悪帝とされるカリグラやネロ、ドミティアヌスがローマ市でどんな非道を行おうと、属州民のローマへの忠誠は揺るがず、「ローマの平和」は微動だにしなかった。ローマ市での政局は、「ローマ帝国」の歴史とそのままイコールではないのである。

本書の他の章には、ローマを見るまた別の視角が用意されている。そこからのローマの歴史はまた違って見える。様々な視点からの歴史理解に挑戦してもらいたい。

二世紀のローマ帝国——ペルティナクス

マルクスの実子として帝位を継承したコモドゥスは、一九二年の大晦日に暗殺された。それをうけて皇帝となったのがペルティナクスである。

ペルティナクスは、一二六年に現在のジェノヴァ付近で生まれた。彼の父は、奴隷身分から解放された解放奴隷だった。当初は教師をしていたペルティナクスは、三〇代半ばで軍務の道へと転身する。そこからの三〇年、彼はローマ帝国中を駆け回り、出世の階段をのぼっていく。一九一年にはローマ市の首都長官になり、翌年には皇帝コモドゥスの同僚として執政官となった（皇帝も時々執政官に就任した）。そしてコモドゥスが暗殺された、ペルティナクスは皇帝に登り詰めたのである。

解放奴隷の子が、出世の階段をのぼって最後に皇帝になる。それが可能だったのは、ローマ政界での強力なコネがペルティナクスにはあり、そのうえ彼の才覚がすぐれていたからではある。だがその前に、そもそもローマが伝統的に、市民団に加わる門戸を開放する姿勢をつらぬいてきたからでもある。正当な手続きで解放された奴隷は、ローマ市民権を獲得した。そして解放奴隷の息子は、ペルティナクスのように、完全なローマ市民として名誉と栄達を求めることができた。

一方、前一世紀初頭の「同盟市戦争」の結果、イタリア半島の全住民はローマ市民となったが、この時点ですでに、「ローマ人」とは「ローマ市に居住する人」という意味ではなくなっていた。さらにローマの属州として支配された、地中海世界およびその周辺の各地では、都市のエリート層にローマ市民権が順次付与された。そしてとりわけクラウディウスの時代以降、そうした人々は続々と、ローマの元老院に受け入れられていった。

五賢帝の皇帝のうち、トラヤヌスは属州バエティカ[20]（スペイン南部）の都市の生まれであり、ハドリアヌスとマルクスも同じ属州の家系の出身者だった。またアントニヌス・ピウスは、属州ガリア・ナルボネンシス[21]（南フランス）の家系の出である。二世紀のローマ帝国は、ローマ市やイタリア半島出身者だけではなく、各地からの多彩な出自の人々によって動かされていた。

ふたたびアエリウス・アリスティデス『ローマ頌詩』の一節を引こう（六三章）。

> あなた方はローマ人という言葉を、一都市の構成員を示すのではなく、共通の種族を示す名前としたのです

（20）スペイン南部のバエティス川（現グアダルキビル川）流域に、第二次ポエニ戦争終結直後の前一九七年に形成された属州。現在のアンダルシア地方にほぼ重なる。後一世紀の地理学者ストラボンは、この地に住む人々を「全員がローマ人といって差し支えない」と評している（『地理誌』三・二・一五）。

（21）スペインに形成されたローマの属州とイタリア半島をつなぐ目的で、前一二一年に形成された属州。ガリア遠征を行ったユリウス・カエサルが、その著書『ガリア戦記』のなかでこの地を「プロウィンキア（属州）」と呼んだことから、「プロヴァンス地方」の呼び名が生まれた。

図11　カラカラ浴場跡

レトリック満載の『ローマ頌詩』は扱いの難しい史料とされるが、しかし五賢帝やペルティナクスの出自を見ると、この一節は当時のローマ帝国を的確に言い表しているように思える。二世紀、確かに「ローマ人」は共通の種族を示す名前となり、ローマ帝国はそれらの人々にとっての共通のコミュニティとなっていた。

セウェルス朝の創始

ペルティナクスは三カ月ほどで暗殺され、ネロの死以来一三〇余年ぶりに、次々と皇帝に名乗りを上げた実力者同士の内戦が始まった。ペルティナクスを含め五人の皇帝のいた一九三年は、「五皇帝の年」と呼ばれている。激戦を制し、一九七年に単独の皇帝としての地位を固めたのは、セプティミウス・セウェルスという人物だった。二三五年まで続く「セウェルス朝」の時代がここから始まる。

セウェルスは一四五年、現在のリビアにあったレプキス・マグナ市の名家に生まれている。一七〇年頃にローマの元老院入りすると、その後二〇年にわたり、ローマ帝国中の政治、軍事の様々なポストを歴任した。一八七年にはガリアのルグドゥヌム（現リヨン）市で、シリアの由緒ある神官家系の女性、ユリア・ドムナと結婚している。セウェルスについて、最初のアフリカ人ローマ皇帝と言われることもある。だが出自を強調しすぎる必要はないように思う。おそらくその内面は、先述の意味での「ローマ人」であったろう。

この結婚から生まれ、セウェルスを継いで皇帝となったのが、ローマ市に今も残る大浴場の建設で知られるカラカラである。ただし父のセウェルスは、自身の皇帝位の正統性を高めるため、自分を皇帝マルクスの息子、つまりコモドゥスの兄弟であると宣言した。だから自身の息子であるカラカラには「インペラトル・カエサル・マルクス・アウレリウス・アントニヌス・ピウス・フェリクス・アウグストゥス」という、皇帝としての長大な公式名が与えられた。「カラカラ」はあくまであだ名である。この公式名に、さらに「～の息子」といった系譜などが付け足される。それで辛うじてカラカラのことだとわかるが、なければ誰なのかを判別するのは難しい。セウェルス朝の皇帝たちは、名前だけを見れば、「五賢帝」に連なる正統な皇帝一族の一員だった。

「アントニヌス勅法」、そしてあらたな時代へ

二一二年にカラカラが発した法令は、彼の公式名を付した「アントニヌス勅法」として知られている。そのなかで彼は、ローマ帝国内に居住する全自由人に「ローマ市民権」を付与した。[22] つまり、みなが法的に「ローマ人」となった。

相続税の支払いを免れていた非ローマ市民からも、その税を取り立てるため。セウェルス朝の皇帝たちに非常に批判的だった歴史家ディオは、この勅法の意図をそう説明している（七八巻九章）。カラカラと同時代を生きたディオの説明を頭から否定はできない。しかし先述のような、ローマ帝国という共通のコミュニティの形成という二世紀の展開を見ると、この法制定は当然の帰結のように見えてくる。

「ローマ人」という言葉はこうして、ついに法律のうえでも、ローマ帝国の全住民からなる共通の種族を示す名前となった。

二三五年、セウェルスの妻ユリア・ドムナの妹の血筋に連なる皇帝セウェルス・アレクサンデルが暗殺され、セウェルス朝は終わりを告げる。ここからの半世紀、いわゆる「軍人皇帝時代」[23]と呼ばれる政治的に不安定な時代が続く。この期間、少なくとも二六人が公式に皇帝と認められたが、皇帝に名乗りをあげた人物は七〇人以上にものぼった。[24]

ローマ帝国に大きな影響をおよぼす対外的な変化も起こっていた。東方では、ローマ

(22) アントニヌス勅法の一節と考えられる文言の記されたパピルス文書の邦訳は、古山正人ほか編訳『西洋古代史料集［第二版］』東京大学出版会、二〇〇二年、二一八頁、および歴史学研究会編『世界史史料一　古代のオリエントと地中海世界』岩波書店、二〇一二年、二九六～二九七頁を参照。

(23) 井上文則『軍人皇帝のローマ――変貌する元老院と帝国の衰亡』講談社選書メチエ、二〇一五年を参照。

(24) 岩波講座世界歴史三『ローマ帝国と西アジア――前三～七世紀』岩波書店、二〇二一年では、東方世界との関係性のなかにローマ帝国を置くというあらたな視角が提示されている。

帝国への積極攻勢をかかげるサーサーン朝ペルシアが登場し、二二六年にパルティア帝国を滅ぼしていた。また北方では、三世紀半ば頃よりゲルマン人の移動が活発化し、ローマ領内への流入者が激増の様相を呈していた。

ローマ帝国の繁栄は曲がり角を迎えていた。ここからローマ帝国は、さらなる変化の時代に突入する。

読書案内

ロナルド・サイム（逸見喜一郎ほか訳）『ローマ革命――共和政の崩壊とアウグストゥスの新体制』岩波書店、二〇一三年（原著一九五二年）
弓削達『ローマ帝国論』吉川弘文館、二〇一〇年（一九六六年刊行の初版第一刷の復刊）
吉村忠典『古代ローマ帝国の研究』岩波書店、二〇〇三年
桜井万里子・本村凌二『世界の歴史五　ギリシアとローマ』中央公論社、一九九七年
長谷川岳男・樋脇博敏『古代ローマを知る事典』東京堂出版、二〇〇四年
＊古代ローマの歴史や政治、社会についての基礎知識および研究動向が、この一冊に凝縮されている。古代ローマ史に興味を持ったらまずはこの一冊と言える著作。
島田誠『コロッセウムからよむローマ帝国』講談社選書メチエ、一九九九年
＊共和政から帝政へと移行したローマの政治と社会はどのように変化したのかを、ローマ市に建設されたコロッセオを切り口としてたどる。
新保良明『ローマ帝国愚帝列伝』講談社選書メチエ、二〇〇〇年
＊次々登場した「愚帝」たちの悪行にもかかわらず、みじんも揺らぎを見せなかったローマ帝国の統治と行政の特色をあざやかに描き出す。
Ch・ケリー（藤井崇訳）『一冊でわかる　ローマ帝国』岩波書店、二〇一〇年（原著二〇〇六年）
＊ローマはなぜ巨大な帝国を長年にわたって維持し、空前の繁栄を謳歌できたのか。この問題について、ローマの支配に入ることでみずからの権勢を維持した地方名望家層との「共犯」、という概念を導入しながら考察している。
本村凌二編著『ラテン語碑文で楽しむ古代ローマ』研究社、二〇一一年
J・ロム（志内一興訳）『セネカ　哲学する政治家――ネロ帝宮廷の日々』白水社、二〇一六年（原著二〇一四年）
M・ビアード（宮﨑真紀訳）『SPQR　ローマ帝国史』二〇一八年（原著二〇一五年）
東京大学教養学部歴史学部会編『歴史学の思考法』岩波書店、二〇二〇年
＊歴史学では現在、どういった問いが立てられているのか、歴史をどのように見、考えているのか。歴史を「歴史学」として学びたい方にとって必読の入門書。

第10章 属州——帝国西部の地方社会——

長谷川 敬

本章では，世界史上「パクス・ロマーナ」と呼ばれる後１～３世紀前半のローマ帝国における属州社会の様子を描出する。具体的には，ガリア地方を主要な解説対象地域としつつ，同地方との比較のために，近隣のブリタンニア（大ブリテン島）やヒスパニア（イベリア半島）の状況も取り上げる。それによって，帝国西方諸属州における社会のあり方の全体像を把握することを目指す。

リヨン市街を見下ろすフルヴィエールの丘の斜面を利用して建てられたルグドゥヌムの劇場

属州を学ぶ意義

西洋史を扱ったわが国の教科書や概説書において、ローマ帝国の属州はどれほど詳しく解説されているだろうか。管見の限り、多くの場合、共和政末期から帝政初期にかけての一連の征服戦争が終わり、後に征服されるダキア（現ルーマニアの一部）等を除いて帝国版図がほぼ確定すると、属州は帝国政治史の後景に退く感がある。無論、六九年前後の内乱・反乱や、ハドリアヌス帝の属州巡幸、そして二世紀後半のドナウ国境におけるマルコマンニ戦争等、帝政前期においても属州が舞台となる出来事は事欠かない。しかし、それらについても紙幅の都合上、概して内乱や対外戦争を戦った皇帝あるいは皇位要求者が解説の「主役」であり、一方で、それらの舞台となった各属州の状況については、詳細な説明がなされることは稀であるように思われる。唯一の例外は、属州の「ローマ化」[1]に関する言及であろう。一部の書籍では、「ローマ化」という概念の功罪を明かしつつ、属州住民が地域の伝統を継承する一方で、ローマやイタリアに特徴的な制度・文化・価値観を取捨選択しながら受容し、またはそれらを既存の伝統と融合させていった実態を記している。しかし、それとて、多様な各属州の状況をそれぞれの実態に応じて描き分けているとは言い難い。

もとより、属州はローマ帝国の根幹を成す必要不可欠な存在である。そもそも、イタリア本土以外の「地方」は、帝政初期の一時期を除けばすべて属州であり、その属州で徴収された税や穀物等がなければ、帝国の運営は成り立たず、そして首都ローマの住民は暮らしていくことができなかった。その徴税や食糧輸送を担ったのは属州の都市の名望家層[2]や商人らである。また、共和政期以来のローマの強みとして、ローマが征服した土地の名望家層を比較的早期にローマ社会に取り込み、一方、被征服者側もローマ市民となることに魅力を感じて進んでローマ社会の一員となり、これによってローマには新

（1）一九世紀末～二〇世紀初めに歴史研究者によって用いられ始めた歴史概念。それによれば、新たにローマの支配に服した各地の非ローマ人は、地域差はあるものの、ローマ人の文物や風習、宗教を積極的に受容し、その結果属州は文明化し、帝国全体として同質化した一方で、各地の在地文化は衰微・消滅した、とされた。しかし、二〇世紀後半になると、「ローマ化」概念が、ローマ人と原住民という過度な二極構図を前提とし、さらにその原住民によるローマ的文化の受容を進歩や文明化と捉えていることへの強い批判が示された。その結果、近年では、概念の部分的な有効性は認めつつも、原住民の多様性を重視し、また彼らの主体性に着目する研究が増加している。

（2）各都市やキウィタスの支配層を構成した人々であり、都市公職や都市参事会員を務め、さらに都市の枠を超えて社会的上昇を果たすこともあった。その経済的基盤は所領経営であり、したがって大土地所有者でもあった。しかし、ガリア地方では、何らかの形で商業活動に関わる名望家も知られている。

たな人材がつねに供給されていたということがある。これは、帝政前期についても、地域差こそあれ概ね当てはまり、皇帝を含む少なからぬ帝国エリート層が属州から供給されたのである。

さらに、属州が持つ重要性として軍隊の存在も看過できない。皇帝権力の根幹を成すのは強大な軍事力であり、その軍事力を一手に握ることで、皇帝は実質的な最高権力者として君臨していた。その軍事力のほぼすべてが展開していたのが属州であり、とりわけ国境沿いの辺境属州にその大半が駐屯していたのである。ここで重要なことは、属州はただ軍隊を受け入れていただけではなく、しばしば新兵を供給し、兵役中の彼らの衣食を賄い、そして除隊後は退役兵を受け入れ、彼らの第二の人生の舞台を提供していたということである。加えて、三世紀以前に限れば、二〇三頁で詳述するように、辺境属州に多く駐屯していた補助軍は、属州の非ローマ市民をローマ市民となす一種の装置となり、上述のような新たな人材をローマ社会へと取り込む機能の一翼を担っていたのである。

このように、様々な側面からローマ帝国を支えていたのが属州であり、それゆえ、政治史、社会史、あるいは軍事史にせよ、帝国の歴史を理解するためには属州のあり方を理解することが必須であるといえる。そこで本章では、数ある属州のなかでも、筆者がこれまで研究対象としてきたガリア地方[3]を事例にとってその社会のいくつかの側面を紹介し、さらに比較対象として、ブリタンニアとヒスパニアの両地方についても簡潔に取り上げたい。以下では、まず各地方がローマ支配下に入るまでの経緯と、その後の「パクス・ロマーナ」期の状況を概観し、そのうえで、ガリア地方について、他地方と比較しつつ、地方社会の上層を占める地方名望家たちの動向や、社会中層を占める商人・職人たちの社会的・商業的活動、さらにはこの地方の特徴の一つである大規模な駐屯軍の影響について考察したい。

（3）現在のフランス、ベネルクス三国、スイス西部、ドイツ西部にほぼ相当。ちなみに、本章で取り上げる帝政前期のガリア地方は、ナルボネンシス、ルグドネンシス、アクイタニア、ベルギカのいわゆるガリア四属州に加えて、一世紀末に創設された上ゲルマニア、下ゲルマニアのゲルマニア二属州も含む（巻頭地図4参照）。

ガリア

ローマ征服以前のガリアを知る上で、ケルト人[4]の存在はきわめて重要である。彼らは多くの部族に分かれていたが、これらの諸部族は統一的な政治機構を欠いており、それゆえ部族間の抗争が絶えなかった。地中海沿岸地域で着々と勢力を伸張させていたローマ人はこうしたケルト人の分裂状況につけこむことになる。

　前一二一年、ローマはガリア諸部族の連合軍を撃破すると、現在の南フランス一帯に属州「プロウィンキア」（後のナルボネンシス属州）を設置して本格的な支配に乗り出す。その後、ローヌ川右岸からピレネー山脈までを結ぶドミティア街道の建設や植民市[5]ナルボンヌの創設といった施策が立て続けにとられたが、しかしそれはガリア南部の「面」的な支配というよりは、本土イタリアからイベリア半島へ、または南仏沿岸からビスケー湾（大西洋）へと至る重要な陸上交通路の確保を意図した「線」的な支配に留まるものだった。

　そのローマによるガリア支配を劇的に変化させたのが、軍功による富と名声を渇望するユリウス・カエサルである。彼は、前五八年、ローマ領外で生じた部族間の紛争解決を口実にガリア東部に兵を進め、紛争解決後もガリア北部・西部・中部で遠征を継続し、ガリア側に多大な人的損害を強いた末、各地の諸部族を服属させた。

　そのカエサルは前四四年に暗殺され、ガリアは統治体制が未整備のままその後継者、すなわち初代皇帝アウグストゥスに引き継がれた。アウグストゥス帝は、新たに征服されたガリア（ガリア・コマタ）をアクイタニア、ガリア・ルグドネンシス、そしてガリア・ベルギカの三属州に編成したが、これら三属州全体の実質的な首都とされたのがルグドゥヌム（現 リヨン）である。ルグドゥヌムはローヌ川とその支流であるソーヌ川の合流点に立地し、元来河川交通の要であったが、アウグストゥス帝の右腕アグリッパが

（4）イベリア半島からアナトリア半島に至る広大な地域に定着した人々であり、ガリアでは、前五世紀中頃以降にさかんとなったラ・テーヌ文化の主たる担い手となった。丘上や高台にオッピドゥムと呼ばれる城砦集落を築き、そこを政治・経済の中心とした。また、諸部族に分かれ、各部族ではドルイド神官と戦士階層が支配者層を成していた。このケルト人がローマ征服以前のブリテン島にも移住したというのがかつての定説であったが、二〇世紀後半にはこれを否定する見解が次々と出され、現在も論争は続いている。

（5）本来はローマ市民が入植して一から築き上げた都市のことを指した。属州ではカエサルとアウグストゥスによってさかんに建設されるようになる。しかし、二世紀頃になると、入植による新規建設の代わりに、既存の都市に対して植民市（コロニア）の地位が皇帝によって付与されるようになり、都市の一種の法的地位（特権的地位）となった。実際に、植民市とされた都市の市民は、多くの場合イタリア本土のローマ市民と同等の法的権利を享受することができた。しかし一方で、植民市住民がつねにローマ市民であったわけではなく、ラテン権者（ラテン市民。ロ

ーマ市民と外人の中間に位置する身分で、財産相続等でローマ市民よりも不利な扱いを受けた）が住民の植民市も存在した。

（6）ローマとアウグストゥスの祭壇の祭司以外にも、財務等の様々な分野を

図1　ルグドゥヌムの近郊に建てられ，現在もリヨン市内に残る「アウグストゥスとローマの祭壇」付設の円形闘技場
ここは，177年に発生したキリスト教徒迫害の際に，教徒の処刑場として使用された。

この都市を起点にガリアの街道網を構築したことで、ルグドゥヌムは水陸の交通の要衝となったのである。この「ガリアの首都」には、ルグドネンシス属州の州都が置かれたのみならず、市街地の外れには「ローマとアウグストゥスの祭壇」が設置され、そこに年に一度ガリア各地から約六〇の部族の代表団が集い、女神ローマと神君アウグストゥスに対する祭儀、すなわち皇帝礼拝が執り行われた。そして、この祭儀と同時期に催されたのが「ガリア会議」(6)であり、部族の代表たちによって政治的な問題も議論された。そのため、時にはガリア会議として皇帝に対して陳情を行うこともあり、部族や属州の枠を超えた一種の政治機構の役割も果たしたのである。

他方、「首都」以外の地方に目を向けると、比較的多くの植民市が建設されたナルボネンシスとは対照的に、当初ガリア・コマタにはルグドゥヌムを含む三カ所の植民市しか設置されなかった。しかし、カエサル遠征時にローマの軍門に降った各地の諸部族は、一部例外を除きその存続が認められ、属州の下部行政単位（キウィタス）として徴税の責任を負う一方で大幅な自治が認められた。これらキウィタスはかつての部族領域を引き継ぎ、その広狭の差こそあれいわば都市国家のような存在であったが、その行政的中心として首都的集落（首邑）を有していた。

一世紀、そうしたキウィタスの首邑の多くが、格子状の街路網を備えたローマ風都市として整備され、さらに、公共広場（フォルム）や劇場、公共浴場といったローマ都市の特徴でありローマ的生活スタイルに不可欠な公共施設が次々に建設された。また、各キウィタスには首都ローマにおける執政官や元老院に相当する高位公職や自治機関が導入された。さらに後四八年、一部部族に対して元老院の門戸が開かれ、ガリア三属州の名望家たちが中央政界に進出する端緒となった。しかし、実際に元老院に進出したガリア・コマタ出身者の数は、確認されている限りではさほど多くはなかった。

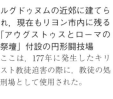

担当する各種の役職者が複数存在していた。これらの役職者も会議に参加する各キウィタス代表団から選出されたと考えられることから、祭司よりは名声・社会的地位は劣るものの、やはりキウィタスの名望家層に属していたとみられる。

　このように、先に属州化されたナルボネンシス属州のみならずガリア・コマタの諸属州でもローマの制度や文化は現地の人々によって積極的に受容されたが、ガリア古来の伝統が全面的に放棄されたわけではなかった。ガリアの人々は、ローマ的要素を自らの判断で取捨選択し、そして既存の伝統と融合させながらそれらを受容していったのである。

ヒスパニア

ヒスパニア地方（本章では、「ヒスパニア地方」をイベリア半島と同義で用いる）では、イベリア人と総称される先住民が、半島各地で多様な歴史を紡いでいた。南部では、前九世紀以降、銀を求めて東方より進出してきたフェニキア人との交流がさかんとなり、オリエントや東地中海の文化が流入した。その後、この地域は、フェニキア人の地盤を継承したカルタゴ人の勢力下に置かれていく。一方、半島北東部には、前六世紀初めにギリシア人が進出し、彼らを通じて土器等の東地中海の産物がもたらされた。これに対し、半島内陸部では、前一〇世紀頃、ピレネー山脈を越えて北方から進出してきたケルト人が、鉄器文化を携え定着し、徐々にイベリア人と融合してケルティベリ人を形成した。そして、その長い融合の過程のなかで、大型の城塞集落と戦士エリート集団というケルティベリ人の社会的特徴が顕著になってくる。

　こうしたなか、第二次ポエニ戦争が勃発（前二一八）し、ハンニバルの留守を預かる在イベリア半島のカルタゴ勢力を制圧すべく大スキピオ率いるローマ軍が派遣され、最終的にローマの勝利に終わる。その後、ローマは半島の南部と東部にそれぞれ属州を設置（前二〇〇前後）して支配に乗り出すが、実際の統治は属州に派遣された各総督の裁量に委ねられており、元老院を筆頭とするローマ中央政界の関与は希薄であった。そし

図2　イタリカの邸宅を飾っていた舗床モザイク
宇宙を支配する惑星と関連づけられた七神が表されている。

図3　属州ルシタニアの州都アウグスタ・エメリタ（現 メリダ）の劇場

て、属州設置の直後より前一世紀に至るまで、ヌマンティア戦争（前一五四～前一三三）をはじめとするケルティベリ人の度重なる反乱にローマ側は悩まされることになる。こうした経緯から、この時期のヒスパニアの歴史は、「先住民」対「ローマ」という二項対立の枠組みで認識されがちであるが、各地の状況は必ずしもそのように単純なものではなかった。というのも、「先住民」は一枚岩ではなく、実際は数多くの部族から成り、各地でそれらの部族同士が対立・抗争を繰り広げていたのである。したがって、各部族にとっては、支配者ローマのみならず近隣の他部族も現実的な脅威であり、ローマの動向だけを注視していたわけではなかった。

一方で、前二世紀末に至ってローマによる支配はもはや覆り難い現実となり、先住部族のなかには、他部族との駆け引きのなかで優位を占めるべく、支配者ローマの風習や言語を取り入れる例も現れる。また、ローマ人（イタリア出身）自身による入植も、早くは前二〇六年のイタリカの町建設から始まり、主にローマ軍の退役兵がコルドバ等の各地に入植した。

そして、ローマによるヒスパニア統治の転機とも言えるのが、初代皇帝アウグストゥスによるイベリア半島全土の征服完了と行政機構の本格的な整備であった。半島南部に置かれていた属州に代えて、あらたにバエティカとルシタニアの二属州が設置され、そして、北部にあった属州ヒスパニア・キテリオル（後の属州タラコネンシス）は、新たに征服された半島北西部を含むことになり、こうしてヒスパニアは三属州体制となったのである（巻頭地図4参照）。

属州の再編とともにアウグストゥス帝が注力したのは、都市の整備である。すでにイタリカ等の植民市は古くから存在していたが、彼は養父カエサルの方針を継承して数多くの植民市を新たに建設し、そこに退役ローマ兵を入植者として定住させた。また、先住民については、その一部がローマ市民権を獲得し都市共同体（自治市）(7)を営む一方で、旧来の部族の枠組みを維持した共同体も併存しており、これらも都市共同体とともに属州の下部行政単位を構成した。この点は、先述のガリアの状況に類似しているが、しかしヒスパニアの特徴として挙げられるのは、属州とこれら地方共同体の中間に、コンウェントゥスと呼ばれる行政管区が設けられていた点である。

他地方と同じく、これらの都市・旧部族共同体には、基本的に自治が認められており、その統治を担ったのが、高位公職者と都市参事会であった。そして、やはり他地方同様に、これらは各地の名望家層出身者によって構成されていたが、ガリア、ブリタンニアに比してヒスパニアが抜きんでていたのは、そうした地方名望家層からローマ中央政界に進出する人材が多く輩出された点である。この特徴については、後にあらためて触れたい。

最後に、ヒスパニアとガリア、ブリタンニアそれぞれとの関係で重要なのが経済的な結びつきである。ヒスパニア、なかでもバエティカ属州は、帝政前期においてはオリーブ油の一大生産地であり、そこで特徴的なアンフォラ(8)に詰められたオリーブ油は、地中海とローヌ川等の河川網を経て、ライン国境地帯まで輸出されていた。これに加えて、見落とされがちな事実として、バエティカ産のオリーブ油は、大西洋を通じても北方地域に輸出されていたということがある。すなわち、イベリア半島北岸やビスケー湾、ブルターニュ半島沿岸を経て、ブリタンニアや、さらにライン川を遡ってライン国境地帯へも輸送されていたことが、先述した特徴的なアンフォラの出土分布から判明している。これらの事実は、ガリアからブリタンニアに向けてワインや高級土器等がさかんに輸出されていたことと合わせて、本章で取り上げる三地方が経済的に密接に結びついていたことを明らかにしている。

(7) 帝政前期において、植民市、キウィタスと並ぶ都市類型の一つ。植民市同様、自治市（ムニキピウム）にも、住民がローマ市民とラテン権者のそれぞれの事例があった。したがって、二つの都市類型（植民市・自治市）と二つの身分（ローマ市民・ラテン権者）の間には明確な相関関係は無かったとみられている。

(8) 二つの把手がついた壺型の土器であり、様々な食糧や食品の保存・輸送に用いられた。既に古典期ギリシアで使用されており、その後帝政期を通じて使われた。帝政期の商業では、特にワイン、オリーブ油、魚醤等の輸送に盛んに用いられたが、時代、地域、内容物によって異なる型式のアンフォラが製造・使用されたことから、出土したアンフォラの地理的・時代的分布を型式別に分析することで、中身の商品の種類と時代ごとのその流通範囲・規模をある程度知ることができる。

ブリタンニア

史料上判明しているブリタンニア先住民と国家ローマの最初の直接的接触は、カエサルがガリア征服の過程で行った二回のブリタンニア遠征である。このときは、ローマ軍は短期間のうちに大陸側に撤退したが、大陸の至近にあるブリタンニア南東部は、これ以降ローマの強い影響を受けることになる。そして、その南東部では、有力諸部族がそれぞれ王国を形成していく。その後、アウグストゥスとティベリウスの両帝は、ゲルマニア征服を断念した後は征服間もない大陸各地の領土の安定化に専念したが、第四代皇帝クラウディウスは軍功を求めてブリタンニアに侵攻し、四三年、征服したばかりの島の南東部に属州ブリタンニアを設置した。この後、三五〇年以上にわたってローマのブリタンニア支配が続くこととなる。属州成立後もローマ軍の進撃は続き、一世紀半ばには島の南部をほぼ制圧する一方、一部の部族王国を存続させたうえで庇護国家として従属させた。また、ガリアやヒスパニア同様、旧部族の枠組みを利用して各地にキウィタスが設置され、属州の下部行政単位を構成することとなる。しかし、ローマの支配が拡大するなかで、一部の部族に対するローマ側の苛酷な措置が引き金となり、六〇年にはボウディッカの反乱が発生し、ブリタンニア最初の植民市カムロドゥヌム（現 コルチェスター）や、テムズ河畔の交易拠点都市ロンディニウム（現 ロンドン）などが襲撃・破壊された。だがその一方で、反乱を起こすことなく平和裏にローマ領に統合されていく部族もあり、ローマに対する先住民共同体の反応は、ここブリタンニアにおいても一様ではなかった。

ボウディッカの反乱が鎮圧された後、ローマ軍はブリタンニア北部への進撃を再開し、現在のスコットランドまで進出したが、最終的には「ハドリアヌスの長城」として知られるイングランド北部の防衛線が、ほぼ国境線として固定されることになる。他方、それより南方の地域では、三世紀後半に至るまで比較的平穏な時期が続き、その平和のなかで、都市や集落の一定程度の発展がみられた。ボウディッカの反乱で破壊されたカムロドゥヌム等の都市が再建される一方、各キウィタスの首邑についても、ガリアのそれと同様に、一世紀後半にローマ側の主導の下で格子状街区の設定や公共インフラ施設の設置等の都市整備が為された例が複数確認できる。しかし、ガリアの諸都市に比べ、それらの都市の市街地面積は全体的に狭小で、都市化の進展は限定的であったと言える。そして、その都市内部における活動に目を転じても、地元名望家層による活発な恩恵施与行為が、史料的に裏づけられることは稀であり、後に触れる組合のような諸集団による顕彰行為等の活動の痕跡もきわめて乏しい。

名望家層の野心

前項では、ローマの支配が浸透していく過程で、各地方の名望家層がどのような行動をとったかについて簡潔に触れた。そこで、本項では、ガリア地方における名望家層の動向をより詳細に見ていきたい。

ガリアの状況を考察するに際して、すでに述べたように、前二世紀に属州化されたナルボネンシス（プロウィンキア）と、前一世紀末になってようやく属州としての体裁が整えられたそれ以外の地域とを分けて検討する必要がまずある。ナルボネンシスでは、ヒスパニア同様にカエサル、アウグストゥスの養父子の下で、退役兵を入植させるための植民市の建設、または既存集落の植民市への昇格が進んだ。そうして、ローマ市民の定住が進む一方、在地名望家層へのローマ市民権付与も拡大し、それに伴いローマ市民社会の価値観が根づいていくことになる。その結果、旧来の名望家層に、退役兵の子孫で、新たに社会的上昇を果たした家系も加えたエリート層が形成され、そこからローマ中央政界に進出する家系が現れることになる。たとえば、三五年にはナルボネンシス出身者では初の執政官が登場し、また、同じく執政官経験者で歴史家タキトゥスの岳父でもあるアグリコラも、ナルボネンシスのフォルム・ユリイ（現 フレジュス）出身である。

それでは、ガリア・コマタにおける状況はどうであったのか。すでに述べたように、創設された植民市の数は少数だったものの、ローマ軍を支援した見返りにカエサルからローマ市民権を付与されたガリア人は少なからず存在した。また、地域差は顕著に存在していたものの、ルグドゥヌム等の植民市のみならず、各地のキウィタスにおいても都市公職と都市参事会に相当する制度・組織が置かれ、地元名望家層の維持と新規参入を促した。しかし、ガリア・コマタの名望家たちは、ナルボネンシスやヒスパニアのそれとは異なり、ガリアからローマ中央政界に進出することに必ずしも積極的ではなかった。

では、ガリア・コマタの地方名望家たちは、地元の都市・キウィタス内部での限られた栄誉・栄達で満足していたのであろうか。この問いを解く鍵は、皇帝礼拝[9]とその祭司制度に見出すことができる。そこで、次にガリア・コマタにおける皇帝礼拝を通して名望家層の動向を見ていくこととする。

ルグドゥヌム郊外にある「ローマとアウグストゥスの祭壇」において催された皇帝礼拝の祭儀についてはすでに触れたとおりである。その祭儀とともに開催されたガリア会議の第一の役割も、この皇帝礼拝そのものであり、一年任期で祭儀執行の総責任をとる「ローマとアウグストゥスの祭壇の祭司」（以下、略して祭司）を、各キウィタスの代表団のなかから選出したのが同会議であった。これに加え、ガリア会議は、ガリア・コマタ全体に関わる利益の代弁者として政治的な役割を担ったこともすでに述べたとおりである。さて、上述の祭司は、ガリア・コマタ全体の皇帝礼拝組織の頂点に君臨し、他の祭儀関連役職者を監督する立場にあった。この祭司に関係した史料は四二例が知られてい

（9）生前そして死後にも継続的に実施された皇帝に対する崇拝・祭儀であり、ヘレニズム諸王朝でさかんとなった君主崇拝の伝統に連なるものであった。アウグストゥスは、すでに帝国東方地域では行われていた自身に対する君主崇拝には慎重な姿勢を見せたが、首都ローマの外では国家ローマ（女神ローマ）とともに崇拝するという条件付きでそれを認めた。帝国西方諸属州では、当初ルグドゥヌムとコロニア・アグリッピネンシウム（現 ケルン）に皇帝礼拝の核となる祭壇が設置された以外は目立った動きは無かったが、次第にタッラコ（現 タラゴナ。属州ヒスパニア・キテリオル州都）をはじめとする各都市で皇帝礼拝が導入された。

るが、それらから窺える祭司就任者の経歴は、きわめて興味深い。たとえば、多くの事例において、彼ら祭司就任者は「自らのキウィタスにおける全公職を務め果たした」という文言が見られるのである。これはすなわち、ローマ中央では執政官に相当するような最高位公職も含めたすべての高位公職を地元キウィタスで歴任したことを示しており、したがって、当該人物が、そのキウィタスの名望家層のなかでも最上層に位置する人物であったことを意味する。さらに、いくつかの史料では、ローマ社会において元老院議員身分に次ぐエリート階層である騎士身分[10]に属していたことを窺わせる人物も確認できる。つまり、一部の祭司就任者が、地元キウィタス共同体の最上層に到達した後、帝国のエリート層に加入していたことを意味する。

　さらに、フランス・ノルマンディー地方の主要都市カーンの周辺に存在したウィドゥカッセス族のキウィタス出身であるティトゥス・センニウス・ソレムニスという祭司就任者の経歴は特筆に値する。彼は、他の就任者と同じく地元キウィタスで全公職を歴任したのみならず、「祭壇」付属の円形闘技場において大規模な剣闘士競技会を開催し、さらに地元キウィタスでも公共施設を建設するなど、ローマ社会において名望家に対し強く期待されていた恩恵施与行為を着実に果たしていた。このことから、彼がきわめて富裕であったことは疑いないが、この人物を特に際立たせているのは、属州総督[11]たちとの密接な関係、具体的には庇護関係あるいは互恵関係である。したがって、これほどの財力と中央政界との結びつきを有していたソレムニスは、ガリア・コマタを代表する名望家といっても過言ではなく、中央政界に進出して元老院議員としての道を歩み始めることも可能であっただろう。しかし、少なくとも現存する史料からは、彼が騎士身分としての経歴を歩み始めたことは窺えるものの、元老院議員になったことを示す手がかりはない。無論、ソレムニスが特殊な事例であったと見なすことも可能であるが、他の祭

(10) 前二世紀以降、実戦に参加する騎兵とは別に、元老院議員とはなっていない富裕者たちによって形成された社会的身分のこと。元老院議員の財産資格が一〇〇万セステルティウスだったのに対し、騎士身分のそれは四〇万セステルティウスとされ、元老院身分に次ぐ帝国社会のエリート層を成したが、実際には元老院議員を凌ぐ財力をもつ騎士身分の人間も存在した。また、同じ騎士身分にも、地方都市の名望家となる者や、軍隊勤務を経て帝国官吏となる者がいた一方で、商業や徴税請負等の公共事業に従事する者もおり、その経歴は多様であった。

(11) 第一次ポエニ戦争でローマが獲得したシチリア島が、ローマ初の海外領土すなわち属州（プロウィンキア）となった。属州は、本土のイタリア半島とは異なり、ローマから派遣された総督を通じ直接的な統治下に置かれ、納税が義務づけられた。総督は、軍事、司法（特に巡回裁判）等を担ったが、州内の地域行政は各地の都市に委ねられており、帝政期にはそうした地方都市と皇帝を仲介する役目も果たした。一方で、一部の総督は蓄財のために属州民から不当な取り立てを行うこともあり、しばしば問題となった。

司就任者についても、現在のところ元老院議員として中央政界に進出した事例は確認されていない。このことから、祭司にはガリア・コマタの地方名望家層の最上部に到達するような富も名声も兼ね備えた人物が多く就任していたが、彼らはその祭司職を踏み台にして中央政界に進出することはなく、たとえ騎士身分に到達し得たとしても、あくまでもガリア・コマタを基盤とする地方エリートに留まっていた、ということが示唆される。言い換えれば、騎士身分と祭司職こそが、ガリア・コマタの名望家層が望む最高位の名誉であり、その意味で、同地方における皇帝礼拝は、皇帝に対する地方住民の忠誠心確保の手段だけではなく、地方住民間の差異、ヒエラルキーを具現化する媒体であったとも言える。

一方、ブリタンニアでは、カムロドゥヌムを地盤とする家系からごくわずかな元老院議員が輩出されたと考えられているが、その他にはブリタンニア出身の元老院議員は知られていない。そもそもローマ中央政界に進出する人間が、ガリアと同等かそれ以上に少なかった可能性が考えられる。また、皇帝礼拝と名望家層の関係については、ガリアやヒスパニアとは異なり、碑文史料が不足しているため、現時点ではまったく解明されていない。

他方、ヒスパニア、とりわけキテリオルとバエティカの両属州においては、都市名望家から騎士、さらには元老院議員へと社会的上昇を果たして中央政界に進出した事例は、ガリア諸属州やブリタンニアに比べ多く確認されている。そもそも、ヒスパニアは、前一世紀に非イタリア出身者で初の元老院議員、そして初の執政官をそれぞれ輩出しており、他の西方属州に比べ中央政界への進出は圧倒的に早かった。そして、帝政前期においても、キテリオル属州出身の元老院議員に限っても、少なくとも一八例の元老院議員が知られている。さらに、ヒスパニア出身者による中央政界進出の一つの到達点ともいえるのが、トラヤヌス、ハドリアヌス、そしてマルクス・アウレリウス・アントニヌスという三皇帝の登場である。彼らはいずれもバエティカ属州に定住した家系の出身者であり、ハドリアヌス以外の二人については、その父祖にも執政官経験者がおり、すでに中央政界で活躍していた。

このように、ヒスパニアは元老院議員と騎士の供給源として機能していたことは明らかであるが、その一方で、皇帝礼拝の祭司職を通じた社会的上昇については、ガリア・コマタと同様の傾向を示している。すなわち、ヒスパニア各属州の属州会議において選出された皇帝礼拝祭司は、一部例外を除くと、祭司職の後にさらなる出世を果たして元老院議員となることはなく、多くの場合、祭司職が経歴の頂点となっていたのである。

商工業者たちの絆

すでに述べたように、ガリア、とりわけナルボネンシス属州では、共和政末期から帝政初期にかけて多くの都市が創設または整備された。それに対し、ガリア・コマタでは新規の都市創設はわずかだったものの、既存の部族首邑を基に都市整備が行われ、結果的に各地に都市と呼べるような集住地が点在することとなった。そうした都市では、多種多様な商人、運送業者、職人が活動していたが、彼らはしばしば「組合」[12]と呼ばれる団体を形成した。こうした組合は、首都ローマやイタリア諸都市において数多く確認されており、これも一種のローマ的慣習の一つと見なしうる。一説によれば、ガリア全体では二三三の組合が確認されているが、こうした組合が特に活発に活動したのが、ナルボネンシスの諸都市と、ガリア・コマタのなかでもローヌ川およびその支流の流域、ならびにライン川とその支流の流域に立地する拠点都市であった。

組合の主な特徴については語句解説に譲るとして、組合に所属することで得られるメ

(12) 組合の結成目的については、第一に組合員相互の親睦を深めるためであったと考えられている。この点で、品質や価格統制といった実利を第一に活動していた西欧中近世のギルドとは性格を異にする。しかし、ローマ社会の組合が実利的側面と無縁だったわけではない。というのも、組合には保護者（注（13）参照）とよばれる名望家がついており、商工業者たちは組合員となることで組合を介してこの保護者が施与する様々な恩恵にあずかることができたからである。

リットのなかには、組合自体が提供する実利も存在した。それが、組合を介した社会的統合や社会的上昇である。組合は、その本拠とする都市にて催される公的な宗教祭儀でしばしば重要な役割を果たし、その意味で都市共同体の重要な構成要素であった。一方、組合には他都市・地域出身者も加入することができたが、こうした「よそ者」にとって組合は、移住先のコミュニティーへの定着・同化を果たすための重要な媒体となったのである。加えて、組合には、首都ローマや地方都市の公職階梯に似せた役職制度が存在し、組合内部にも高位役職に就くような「名望家」的な組合員と、そうではない平組合員というヒエラルキーが構築されていた。このヒエラルキーは決して固定的なものではなく、したがって、あくまでも少数事例ながら、平組合員が役職階梯を登ることで組合内部での出世を遂げる道も開けていた。そして、こうして有力組合員となった者の子孫が、今度は都市公職に就任し、最終的に都市名望家層へと登りつめることもあったのである。これも、長期的には社会的上昇を促す組合の働きと見なしうるだろう。

では、ガリア諸都市で確認される組合の活動を具体的に見ていこう。組合の存在が多く確認される先述の諸地域のなかでも、とりわけ活発な活動が見られたのが、ナルボネンシスのローヌ川下流域にあったアレラテ（現アルル）と、同川の中流域に位置するルグドゥヌムである。アレラテは、ローヌ河口よりわずかに遡った川沿いのローマ植民市であり、地中海からの外洋船と、後述するルグドゥヌム方面からの川船が行き交う海港兼河川港であった。この街では、多種多様な組合が結成されていたが、そのなかでもひときわ有力であったのが海洋船の船主組合である。この組合に所属する船主たちは、帝国政府との契約のもとに首都ローマへの穀物輸送業務を担っていたが、おそらくその業務を介し知り合った帝国官吏を組合の保護者に迎え(13)、帝国当局との結びつきを強化していた。一方で彼らは、アレラテの名望家層からも保護者を選任し、アレラテの都市当局

(13) パトロヌスと呼ばれる組合の保護者は、多くの場合、組合が本拠を置く都市の有力名望家が就任したが、帝国官吏や、他組合の有力者が就くこともあった。組合とその保護者の関係は、ローマ社会で広くみられたパトロネジ関係のまさに一例であり、保護者はその地位や財力を生かして組合員たちに対し様々な便宜や施しを行った一方で、組合員たちはそうした保護者の振る舞いを称えて記念碑等を建立し、保護者の社会的名声の増大に貢献した。

とも関係を深めていた。このように公権力との紐帯を重視する同組合の姿が垣間見えるが、彼らのネットワークは自身らよりも社会的上位を占める人々とのものだけにとどまらなかった。碑文史料からは、船主組合の組合員が、ローヌ川支流の河川水運業者組合や、アレラテ近郊の陸運業者組合の保護者を務めていたことが知られており、彼らが優位に立つ形のもと、アレラテ周辺で活動する他の運送業者たちといわば保護・被保護関係を結んでいたことが読み取れる。

これに対し、ルグドゥヌムの組合事情はやや異なる。この都市は、すでに触れたように、河川水運の要衝であると同時にローマ街道網の起点であり、ガリア・コマタのハブとして機能した。そのルグドゥヌムに拠点を置いていた組合のなかで卓越した地位を占めていたのは、ワイン商人組合といくつかの河川水運業者組合である。これらの組合は、前述の皇帝礼拝の役職就任者（ただし祭司は含まない）を保護者に選任し、あるいは都市ルグドゥヌムの名望家と結びつきを深めるなど、アレラテの船主組合同様、本拠地の都市当局や、都市以外の公権力との関係を育んでいた。しかし、その一方で、アレラテの船主組合とは異なり、これらルグドゥヌムの有力組合は、社会的影響力の点で自組合に劣る組合ではなく、ほぼ同等の勢力を誇る組合との関係強化を重視していたのである。つまり、史料から確認される限りにおいて、アレラテの船主組合は、自分たちの保護者を他組合の組合員から選ぶことはなかったが、ルグドゥヌムのワイン商人組合と河川水運業者組合は、相手組合の組合員を相互に保護者として指名していた。たしかに、ルグドゥヌムにおいても、有力組合と中小組合との格差を前提とした関係構築の例は確認されている。それでも、船主組合を頂点とする商工業者たちの上下垂直的な関係が顕著に窺えるアレラテとは異なり、ルグドゥヌムでは垂直方向のみならず水平的な紐帯も存在し、より複雑多様な商工業者たちのネットワークの一端を垣間見ることができる。

(14)　かつては皇帝礼拝を司る祭司団体と考えられてきたが、現在では何らかの宗教的役割を担っていた集団であったことは認めつつも、むしろ彼らの社会的役割を重視する研究が増えている。アウグスターレスは名望家である都市参事会員たちに次ぐ社会的地位を占め、それゆえ、その成員には元奴隷という出自のために財力はあっても都市参事会に入ることが叶わなかった解放奴隷（被解放者）

が多く見られた。また、彼らと都市参事会との結びつきの強さも指摘されている。

図4　イギリス・チチェスターで発見された碑文

職人組合とそこに所属する者たちが，自己資金で神々に神殿を捧げたことを伝える。ブリタンニアで確認される数少ない組合の一例（*CIL*, VII, 11）。

組合をめぐるこうしたガリアの状況に対し、ヒスパニアとブリタンニアの状況は対照的である。イベリア半島の三属州では、六九の組合が確認されており、なかでもバエティカ属州のグアダルキビル川における舟運を担った複数の河川水運業者組合は、その名声において抜きんでていた。それらは、アレラテの船主組合同様、首都ローマへの食糧輸送業務に従事し、その業務を通じて帝国官吏との関係を構築していたのである。しかし、ガリアとは異なり、これ以外の人的ネットワークについては、組合保護者に関係した史料が少ないこともあり不明なままである。さらに、ガリアの組合と明確に異なるのは、ヒスパニアの組合が社会的上昇の媒体としてはさほど重視されていなかった可能性である。

ガリアとの比較の点では、ブリタンニアの状況はより対照的である。史料上確認しうる組合数は一五前後と、ガリアに比して圧倒的に少なく、先述のごとき組合同士のネットワークについて窺い知る手掛かりも乏しい。その一方で、組合が担っていた社会的統合や社会的上昇の役割は、組合とはやや異なる形で担われていた。たとえば、ブリタンニア北部の植民市エボラクム（現 ヨーク）では、アウグスターレス[14]の中にガリア出身の商人と思しき人物が確認されている。この人物の出自は定かではないが、よそ者であるがために、エボラクムの都市共同体においてはその立場は必ずしも強固ではなかっただろう。しかし、アウグスターレスになることで、彼は準名望家ともいうべき地位とそれに伴う名声を獲得できた可能性が高い。

ライン辺境のローマ軍——駐屯状況

養父カエサルから征服間もないガリアを引き継いだアウグストゥス帝は、当初ライン川流域に軍事拠点を複数設置し、ガリア内陸部に駐屯していた軍団をすべて同川流域に

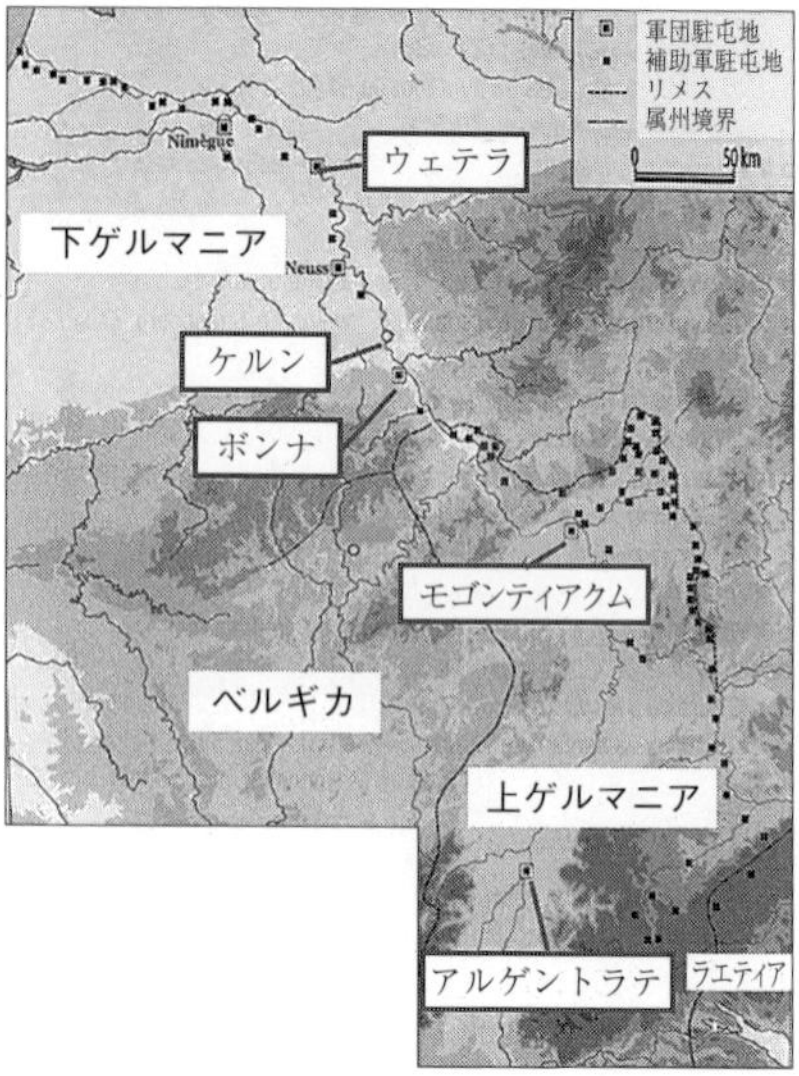

図5　ライン川流域のローマ軍配置状況（100年頃）
（C. Delaplace; J. France, *Histoire des Gaules* (*VIe siècle av. J.-C. - VIe siècle ap. J.-C.*), 4e édition, Armand Colin, Paris, 2011, p. 269 を一部改変）

集中配置した。彼はその後、ティベリウスとドゥルススの兄弟の指揮の下、さらに東方のエルベ川流域まで軍を進出させ、ライン川とエルベ川に挟まれた広大なゲルマニアの地の支配に乗り出す。ところが、九年、トイトブルクの森の戦いにおいて、ローマは三個正規軍団[15]のほぼすべてを失うという大敗北を喫する。一四年、アウグストゥスの跡を継いだティベリウス帝は、その後もライン東岸への遠征を繰り返し行わせたが、一六年を最後にライン東岸への大規模かつ長駆の遠征は断念することとなる。時代は降り、一世紀末のドミティアヌス帝治下には、新たにライン川下流域に下ゲルマニア属州、同上流域に上ゲルマニア属州がそれぞれ設置され、さらにドイツの現フランクフルト・アム・マイン周辺からドナウ川上流域に至るまでのライン東岸地域に、監視塔、砦、軍道からなるリメス（防衛線）が構築される。このライン東岸のローマ支配領域は三世紀後半には放棄されることになるが、それまでは、北海からライン川下流域を経て、ライン東岸のリメス、そしてドナウ川上流域に至る線がローマの国境・防衛線となり、これを守備すべくその近辺には多くの兵力が配置されたのである。

　では、その兵力は具体的にどれほどの規模であったのか。ティベリウス帝の即位時点で、ライン川流域には計八個の正規軍団が置かれていたが、二世紀になると下・上ゲルマニア属州それぞれに二個軍団、計四個の正規軍団の配置へと縮小される。各軍団は、下ゲルマニア属州ではウェテラ（現 クサンテン）、ボンナ（現 ボン）、上ゲルマニア属州ではモゴンティアクム（現 マインツ）、アルゲントラテ（現 ストラスブール）に恒常的な

(15) 一世紀初頭～三世紀初めの時期には、三三の正規軍団が主に国境地帯に配置されていた。一個軍団は、およそ五〇〇〇名の兵士から成り、その大半は歩兵であった。軍団指揮官は、帝政前期の間は元老院議員が務めた。帝政初期にはイタリア本土出身者が兵士の多くを占めたが、次第に属州出身者の比率が増え、二世紀初め以降は各属州の駐屯地周辺地域から新兵を補充することが一般的となった。

駐屯地を有していたが、各軍団からの分遣隊が各地に派遣され、石切場での石の切り出し等の労務に従事する場合もあった。また、これとは別に、ゲルマニア艦隊と呼ばれる海軍の河川艦隊が、下ゲルマニア属州の州都コロニア・アグリッピネンシウム（現 ケルン）の近郊に駐屯していた。

ここまで、ローマ市民からなる正規軍団の状況を見てきたが、北海からドナウ川上流域に至るゲルマニア防衛線の守備体制を考察するときに忘れてはならないのは、補助軍の存在である。帝政初期の補助軍部隊の多くは、その部隊指揮官を除けばローマ市民権を持たない属州住民から構成されており、彼らは約二五年の兵役期間を終えて退役する際にローマ市民権を受けとった。[16] ライン川流域には、この補助軍部隊が数多く駐屯しており、リメス沿いの前線基地等に配置されていたが、まさに帝国の最前線において、二〇〇年近くの間、多くの属州住民が兵役を通じてローマ市民社会へと参入していったのである。

ガリアのこうした状況に対し、ブリタンニアとヒスパニア両地方の状況はどのようなものか。ブリタンニアでは、クラウディウス帝による征服以降は四個正規軍団、そして八〇年代からは三個正規軍団が配置され、それぞれエボラクム、デウァ（現 チェスター）、イスカ（現 ケーリオン）に駐屯した。このうち、エボラクムは未征服の島北部への睨みを利かせる戦略的要衝であり、一方、デウァとイスカは、表向きはローマ領ながらも不穏な動きを見せるウェールズ地域を南北それぞれから監視できる位置にあった。このことは、ブリタンニア同様に国境に接するガリア地方においては、その国境沿いにほぼすべての兵力が集中配置されていたことと好対照をなす。この軍団配置からは、ローマによるブリタンニア支配の限界が透けて見えるのである。

このブリタンニアの状況により近似しているのが駐ヒスパニアのローマ軍である。ヒ

（16）帝政初期には、多くの場合指揮官を除いて非ローマ市民の兵士から編成されていた。彼らは約二五年の兵役を終えて退役する際にローマ市民権を付与された。当初は、ライン川周辺地域において部族単位で編成され、同川流域やブリタンニア等の国境地帯で防衛に当たったが、正規軍団と同様に次第に駐屯地周辺地域から新兵を補充するようになったため、部族的同質性は希薄化した。また、二〜三世紀になると、ローマ市民権保有者の入隊も一般的となった。

スパニア地方では、前述のアウグストゥス帝による征服時には八個正規軍団が活動していたが、その後三個軍団に削減され、そして最終的に一世紀後半には、属州タラコネンシス（かつてのキテリオル）の北西部に位置するレギオ（現 レオン）に一個正規軍団と、それ以外の地域にわずかな補助軍部隊、合わせて一万人未満の兵力を残すのみとなった。このヒスパニアの軍事面での特徴は、何よりもガリアやブリタンニアとは異なり国境に接していないこと、そして、それにもかかわらず一個正規軍団と補助軍が配備されていたことである。この点は、同じく駐屯する正規軍団が一個正規軍団といくらかの補助軍部隊のみながらも、南部において遊牧民と対峙する広大な国境地帯を抱えていた北アフリカ諸属州とも好対照をなしている。このヒスパニアの兵力は、外敵侵攻に備えるためではなく、むしろ先述のウェールズの駐屯軍と同様、不穏な動きを見せる在地勢力や、領内の治安維持、とりわけ地中海世界屈指の鉱山地帯[17]を保護するために配置されていたと考えられている。したがって、ヒスパニアにおいても、その北西辺縁部に対するローマの実効支配は必ずしも確固たるものではなかった可能性がある。しかし一方で、同地の軍隊は、皇帝の所有物である金・銀鉱山を守り、その円滑な採掘活動を保障するという特殊な任務を帯びていたことから、帝権にとってのこの地方の重要性を物語っているとも言えよう。

地域社会との交わり

すでに述べたように、帝政初期のライン川流域には、数多くの正規軍団や補助軍部隊が駐留していた。そのことが、当地域の社会に少なからぬ影響を与えることになる。以下、ライン川流域における地域社会と軍隊の関係について具体例を挙げつつ詳述したい。クラウディウス帝治下の四三年、後に上ゲルマニアの州都となるモゴンティアクムにて、

（17）帝政期、鉄鉱山を除く各種鉱山は基本的に皇帝の所有物であり、皇帝はその採掘権を民間事業者に貸借した。実際の採鉱には多くの奴隷が用いられたが、水力も積極的に活用された。ヒスパニアはローマ帝国でも有数の鉱山地帯であり、とりわけレギオが位置する半島北西部は、帝国随一の金の産出地域であった。そこでは、水路で引いて貯めた水を一度に放水することで、露天掘りの金鉱床を露わにさせる方法や、さらに、その水を坑道に勢いよく流し込むことによって人工的に地崩れを発生させ、それによって金鉱石を得るというより大掛かりな方法も取られた。

ローマ市民権を持った袋職人兼商人たちが、皇帝に彼の像を捧げている。これは一見すると、市民たちによる皇帝へのありふれた忠誠表明のように思われるが、注目すべきは、その奉納時期と、集団による奉納行為そのものである。四三年時点で、モゴンティアクムを含めたライン川流域には、駐屯する正規軍団の兵士や将校たちを除けば、ローマ市民権を持った住民はごくわずかであったと考えられる。そのような時期にモゴンティアクムに居住または滞在していた袋職人兼商人たちがローマ市民権を保有していたという事実は、彼らが必然的にガリアの他地域やイタリア等から到来した可能性を強く示唆する。では、前線に近い辺境の地に彼らはなぜわざわざやって来たのか。それは、ほぼ間違いなく、そこに駐留する兵士たち相手の商売のためであろう。こうした軍隊による需要喚起効果は、モゴンティアクムに限らず帝国各地の駐屯地周辺に兵士を相手とする様々な業種の人々を集め、一種の城下町のような集落（カナバエ）[18]の形成を促した。たとえば、現代のオーストリアの首都ウィーンもそうした例の一つであり、最終的にウィンドボナ（現ウィーン）の「城下町」集落は、三世紀初めに自治市に昇格している。そして、こうした民間人集落を伴った駐屯地のなかには、軍隊がその地を離れた後も街として存続し、都市として繁栄するものもあった。たとえば、ブリタンニアの数少ないローマ植民市の一つリンドゥム（現リンカン）がそうである。

袋職人兼商人たちによる皇帝像奉献にまつわるもう一つの注目点が、集団での奉献行為である。彼らが果たして組合を結成していたかどうかは定かではないが、皇帝や名望家に対する集団でのこうした行為は、組合の活動としてよく見られるものであることから、少なくとも、組合かそれに類する組織を形成していたと考えられる。ところで、先に詳しく触れた組合という社会現象は、ローマ帝国、特にその西方地域の都市社会において顕著に見られたものである。したがって、各地のキウィタス首邑の都市整備が本格

(18) 兵士目当てに、商人、職人、飲食業、娼婦等が集まった。さらに、二世紀末までは現役の兵士が結婚することは禁じられていた関係で、内縁の妻を持つ兵士もおり、そうした女性たちもカナバエで暮らした。また後述するように、退役兵の中にもカナバエに定着する者が見られた。ちなみに、本来的にカナバエは、現地駐屯の軍隊による一種の軍政下に置かれていた。

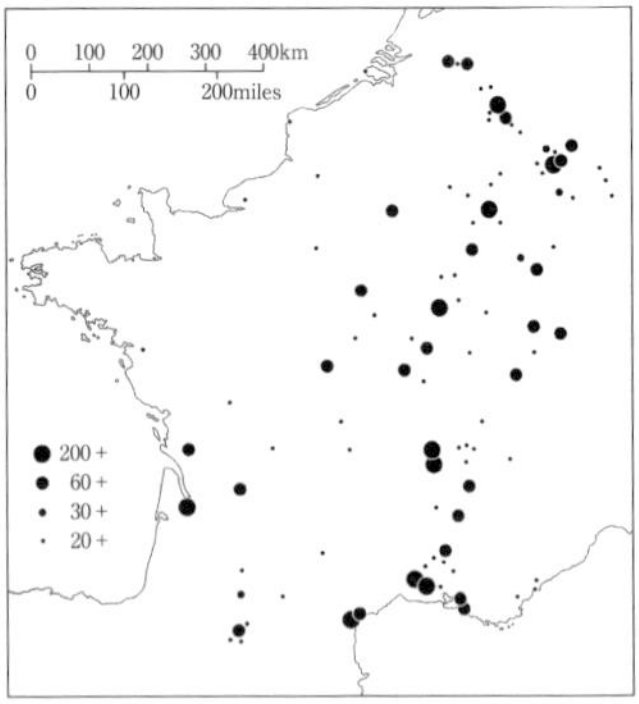

図6　ガリアの碑文分布図

(G. Woolf, *Becoming Roman. The Origins of Provincial Civilization in Gaul,* Cambridge University Press, 1998, p. 87)

化したばかりの一世紀中頃にあって、すでにこのような都市社会特有の現象が見られることは、やはり軍隊が都市化を促すきわめて効果的な触媒であったことを示唆している。

　このように、軍隊は様々な人々を惹きつけ、そのうえで近隣の都市化を促進する効果を発揮したわけだが、それらはすべて軍隊の外部で生じた現象というわけではない。つまり、軍隊自身も新兵という形で民間人を惹きつけ、そして退役兵という形で「新たな民間人」を地域に供給していたからである。帝政期も時が進むにつれて、属州に駐屯するローマ軍は、正規軍団にせよ、補助軍にせよ、次第に駐屯地域やその周辺から新兵を得るようになる。そこには地域社会と軍隊の結びつきを看取できるが、実は、満期除隊となり一民間人として軍営を去った退役兵も、地域社会において無視できない存在であった。なぜならば、彼らは退役にあたって特別給金と様々な特権を受けとっていたからである。すべての退役兵が、勤務した駐屯地周辺に定着したわけではないが、なかには特別給金を元手に、そして土地勘を生かして、周辺地域に土地を購入し地主となるか、または事業に乗り出した者もいたであろう。実際に、二世紀末のモゴンティアクムにて、当地に駐屯する第二二軍団を退役したある人物は、時の皇帝とある神に対し碑文を奉納しているが、その際その人物は自らを「刀剣商人」と名乗っている。これはまさに、慣れ親しんだかつての勤務地において、現役時代に習得した専門知識を生かして事業を起こした一例と言えるだろう。退役兵がもつ諸々の特権や重要な顧客である旧職場（＝軍隊）とのコネクションによって守られたこの人物は、民間出身の同業者からすれば厄介な商売敵となり、組合のような組織にも加盟できず「浮いた存在」であったかもしれない。しかし、それでも、地域社会の一員であることには変わらず、したがってここにも地域社会と軍隊の接点を見出すことができるのである。

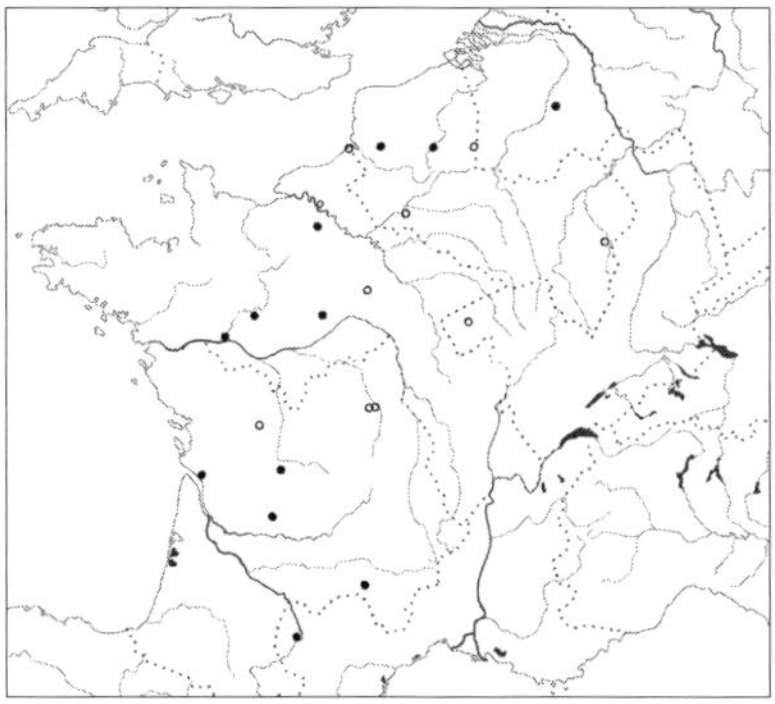

図7　ガリア北西部・西部の公共浴場分布図
白丸が1000平方メートル以上，黒丸が2000平方メートル以上の面積の浴場を表す（A. Bouet, *Thermae gallicae : Les thermes de Barzan*（*Charente-Maritimes*）*et les thermes des provinces gauloises,* Ausonius, 2003, fig. 173, p. 718）。

属州の「ローマ化」について

ここまで、ヒスパニアとブリタンニアの状況にも目を配りつつ、ガリアの名望家層と商工業者、そして駐留ローマ軍について具体例を引きながら解説してきた。それでは最後に、属州研究にとって不可避のテーマである「ローマ化」の観点からの考察をもって本章の結びとしたい。

駐留ローマ軍の存在が、当該地域におけるローマ的慣行の定着に一定の役割を果たしたことは二〇五頁で見たとおりである。しかし、その一方で、少なからぬ兵力が駐屯していたブリタンニアが、「ローマ化」の観点からすると、ガリア、ヒスパニアのいずれの地方よりも遅れをとっていたことは、その都市の数・規模だけをみても反論の余地はなかろう。しかし、そのブリタンニアよりも「ローマ化」が進んでいたと考えられるガリアについても、一九五〜一九七頁で触れたように、中央政界に飛躍するための踏み台が整い追い風も吹いていたにもかかわらず、ガリア・コマタではさして多くの名望家が踏み出すことはなかった。それに対し、ヒスパニアは、皇帝をはじめとする元老院議員を比較的多く輩出した。では、これをもって、ガリア、特にガリア・コマタは、「地元志向」にこだわり、ローマ帝国の原動力である社会的上昇志向の魅力を解さない「ローマ化」後進地方であったと断言できるだろうか。

後進地方であったことを印象づけるガリアの特徴は他にも存在する。たとえば、碑文を作成する習慣は、「ローマ化」の重要要素の一つとされるが、ガリアでは、ナルボネンシス属州と、一九九〜二〇〇頁、二〇一〜二〇三頁で取り上げたアレラテ、ルグドゥヌム、ライン川を結ぶ交易幹線沿線を除けば、発見碑文の数はきわめて限定的である。したがって、碑文習慣を基準にすれば、ガリアはたしかに「ローマ化」後進地方と見なしうる。しかし、興味深いのは、ガリアでもとりわけ碑文数の少ない大西洋沿岸地域において、碑文習慣と並んでしばしば「ローマ化」の指標の一つとされる公共浴場が一定数建設されたという事実である。このように、特定の基準でもって当該地方の「ローマ化」の程度を図ることは困難であり、さらに踏み込めば、それは必ずしも実りある議論とは言えないのである。むしろ重要なことは、名望家の中央政界進出の程度、組合とその社会的役割、碑文の数、浴場の数といった多種多様な社会的特徴を、各地方・地域の実態に即しながら丁寧に解釈・評価することだと言える。

読書案内

〈一次史料〉

カエサル（高橋宏幸訳）『ガリア戦記』岩波書店、二〇一五年

ストラボン（飯尾都人訳）『ギリシア・ローマ世界地誌』（全二巻）龍溪書舎、一九九四年

＊現存する数少ない古代の地誌の一つであり、一世紀初めに著された全一七巻のほぼすべての内容が現代に伝わる。西は、本章で取り上げたブリタンニア、ガリア、イベリア半島から、東はオリエント、インドに至る各地の地理的特徴を解説するが、歴史的出来事に関する説明も含む。

タキトゥス（國原吉之助訳）『ゲルマニア　アグリコラ』筑摩書房、一九九六年

＊一世紀末〜二世紀初めに活躍した歴史家タキトゥスによる『アグリコラ伝』、『ゲルマニア人の起源と状況』という二作品の邦訳を一冊にまとめたもの。前者は、九八年頃に著され、タキトゥスの岳父アグリコラが属州総督としてブリタンニアで活躍する様を描いたもの。後者は、前者の少し後に執筆され、ゲルマニアに暮らす多様な諸部族の生活・慣習を描出する。いずれも貴重な史料ではあるが、前者は岳父への讃辞であり、後者は民族学的に不正確な記述も含まれるため注意が必要。

〈二次史料〉

ジェラール・クーロン、ジャン＝クロード・ゴルヴァン（瀧本みわ・長谷川敬訳）『絵で旅するローマ帝国時代のガリア』マール社、二〇一九年、二〇八頁

＊一見すると一般的な図説のようであるが、実際は考古学の専門家が、最新の研究成果に基づいて、都市、円形闘技場、そして農場といった様々なテーマを詳説したものであり、豊富な復元イラストにもそうした研究成果が反映されている。

後藤篤子「第二章　ローマ属州ガリア」柴田三千雄・樺山紘一・福井憲彦編『世界歴史体系　フランス史一』山川出版社、一九九五年

阪本浩「第一章　古代のイベリア半島」関哲行・立石博高・中塚次郎編

『世界歴史体系　スペイン史一』山川出版社、二〇〇八年
志内一興「属州ヒスパニアの形成、「ローマ化」とヒスパニア先住民——コントレビア碑文を手がかりに」『史学雑誌』一一〇—四、二〇〇一年、四一～六三頁
長谷川敬「帝政ローマ前期ガリアにおけるナウタ組合——ある河川水運業者組合のパトローヌス選任に見る人的紐帯」『史学雑誌』一一七—一〇、二〇〇八年、一～三六頁
＊帝政前期のリヨンを拠点に活動した河川水運業者（ナウタ）たちの組合に関する碑文史料を検討し、一部の組合が、通例とは異なり自組合員を組合保護者に選任していることに着目。その選任理由として、同組合がワイン商人との連携効果を狙っていた可能性を指摘する。さらに、帝国西部の他地域とは異なり、リヨンの商工業者たちが、互いを結びつけるネットワークを築き、それによって社会上層からの恩恵施与に依存しない自立発展的な経済の創出に寄与していた可能性を示す。
南川高志『海のかなたのローマ帝国　古代ローマとブリテン島』（増補新版）岩波書店、二〇一五年
＊古代のブリテン島について、「ケルト」論争をはじめとする研究史や受容史がわかりやすくまとめられており、さらに、時系列に沿った解説を通じて、ブリテン島がローマ帝国による統治から受けた影響が限定的であったことを明らかにしている。また、増補新版は、初版では取り扱わなかった帝政後期のブリテン島について補足解説している。
本村凌二「属州バエティカの都市化と土着民集落」『西洋古典学研究』三〇、一九八二年、七八～一〇七頁

第11章

ローマの経済
——食料の生産・輸送・消費——

池口　守

古代ローマの経済活動はどのように展開したのだろうか。基幹産業の地位を占めた農畜産業と，その生産物の輸送・消費に焦点をあて，ローマの経済を解説する。農園の開設マニュアルをはじめとする文献資料に加え，ポンペイ，ヘルクラネウムなどの都市遺跡，農村のウィラ，海底に発見される難破船といった考古学資料も適宜参照しつつ，ローマの経済を読み解いてみたい。

オスティアの組合広場
（筆者撮影）

古代経済史論争とローマ農業史研究

「ローマの経済」という本章のタイトルから、読者の脳裏にどのようなイメージが浮かぶだろうか。約二〇〇〇年も前のことであるから、高度に発達した現代の経済とはまるで異なる原始的な営みを当然視するかもしれない。だが、古代経済と近現代の経済の類似・差異は、一九世紀末のドイツに始まり今なお続く「古代経済史論争」で激しく議論されてきた大問題である。二〇世紀には、ローマ帝政初期の経済発展と一定の資本主義性を認めるM・ロストフツェフ[1]の『ローマ帝国社会経済史』（一九二六年）により、古代と近現代の類似をみる「モダニズム」が優勢となったが、古代人が経済的利益より地位や名声に関心を向けたことを重視するM・I・フィンリー[2]の『古代経済』（一九七三年）で形勢が逆転し、近現代とは異質な世界を描く「プリミティビズム」が新しい正統の地位を得た。さらに近年では考古学資料を主な反証としてフィンリー説の見直しが進んでいる。

ただ、仮に帝政初期のローマで大きな経済成長があり、都市を中心に土器や工芸品の生産が拡大したとしても、人口の大部分が従事した農業（および畜産業）こそが基幹産業であったということは、プリミティビストのみならずモダニストも広く認めるところである。土地制度や労働力（ラティフンディア、奴隷制、小作制など）も農業と密接な関係があったし、農産物は地中海で頻繁かつ大量に輸送され、市場での取引と政府の配給を通じて民衆の生活を支えた。まさにローマ経済のバックボーンともいえる農産物の生産・輸送・消費について、近年の知見を含めて解説するのが本章の目的である。

ローマ農業史研究の基本史料は、前二世紀に大カトー、前一世紀にワロー、後一世紀にコルメラが書いた三つの現存する農事誌（農園の開設と経営の手引書）であり[3]、土地の選定からウィラ（農業に関連する別荘）の設計、労働力の調達、作物の栽培と加工に至るま

（1）ロストフツェフ（Michael I. Rostovtzeff 一八七〇～一九五二）はロシア生まれの古代史家で、革命後にアメリカへ渡りイェール大学などで教授職を務めた。「都市ブルジョワジー」をギリシア・ローマ文化の担い手と見なした。

（2）フィンリー（Moses I. Finley 一九一二～八六）はアメリカ生まれの古代史家。戦後のアメリカで政治思想を疑われて教授職を失い、渡英してケンブリッジ大学教授となる。二〇世紀後半のギリシア・ローマ社会経済史研究を主導した。

（3）大カトー（コンスル、ケンソルを務めた）は農園のモデルを提示して農業論の基礎を築き、ワロー（護民官、法務官などを歴任）は農耕のみならず牧畜も重視した。最も詳しい農業の手引きはコルメラのそれである。ほかに四世紀のパラディウスの農事誌も現存するが、内容はコルメラの農事誌に似た部分が多い。

で詳細な情報がここから得られる。ほかに後一世紀に書かれた大プリニウス『博物誌』の第八巻が動物を、第一二〜一九巻が植物を扱っていて、これも畜産・農耕に関する貴重な史料となっている。ディオクレティアヌス帝が三〇一年に発布した最高価格令(4)などの碑文、『学説彙纂（ディゲスタ）』(5)など写本の形で伝わる法文資料も重要である。近年はとりわけ考古学資料から大きな恩恵を受けており、ウィラの遺構だけでなく、土器、瓦、硬貨、工芸品、動植物の遺存体（花粉、炭化した穀物、獣骨等）、難破船とその積載物など、様々な考古学資料がローマ経済の実態を多面的に映し出すようになった。ただ、考古学資料は解釈が難しい場合も多いので、異なるタイプの考古学資料を相互に比較したり、文字資料との照合もするなどして、総合的に理解することが大切である。

以上を前提に、本章では共和政末期から帝政初期のイタリアを中心に、まず植物性食料の生産として農業を、ついで動物性食料の生産として畜産業と水産業を概観し、最後に食料の輸送と食生活について論じてみたい。

大農園経営とウィラ

農地の多くは家族単位で経営される小農場として始まったと思われるが、共和政中期から末期にかけて長期の対外戦争に従軍した農民が経済的に没落、農地も荒廃し、代わって戦争捕虜がイタリアに流入したことを背景に、大所領で奴隷を使用する農業が拡大する。そこでの商品作物生産は元老院貴族の主たる収入源であり、経済発展のメイン・エンジンとも呼べるものであった。そこで、まずこの大農園経営の様子を、文献資料と考古学資料をもとに確認していこう。

カトーは農園開設にまずもって必要な農地の購入について、作物の生育条件を考慮し、南向きの山麓で水気に富む土地を推奨しているが、これに加えて、街から近いか、航行

（4）貨幣改悪に伴う物価騰貴を抑制するため市場価格の上限を定めたもの。

（5）五三三年に東ローマ皇帝ユスティニアヌス一世により発布された五〇巻の法典で、『ローマ法大全』の中核をなす。引用された法学者の大部分が前二世紀から後三世紀の人物。

図1　トラペトゥム（ボスコレアーレ出土品収蔵館蔵）

図2　復元された秘儀荘のトルクラリウム（筆者撮影）

図3　ウィラ・レジーナのワイン醸造用ドリア（筆者撮影）

可能な川や交通量の多い道路に近いことが大切だとしており、ワローやコルメラの農事誌にも同様の記述がみられる。農園での必要物を調達することも念頭にあるが、大農園経営の主目的はワインやオリーブオイルの生産であったから、これらを近隣または遠隔の都市へと搬送することを重視した助言である。標準的な土地面積としてカトーは一〇〇ユゲラ（約二五ヘクタール）を推奨し、農園に必要な設備を列挙するくだりでは、ブドウ園についてやはり一〇〇ユゲラを、オリーブ園については二四〇ユゲラ（約六〇ヘクタール）を想定している（ワローもこれらの数字を参照）。

農園にはウィラを建設しなければならない。カトーによればこれはウィラ・ルスティカ（農業関連施設）とウィラ・ウルバナ（居住施設）からなり、コルメラはさらにウィラ・フルクトゥアリア（生産物貯蔵施設）を加える。ウィラ・ルスティカにはトラペトゥム（オリーブ破砕機：図1）やトルクラリウム（ブドウ搾汁機：図2）があり、絞り出た果汁をドリア（甕：図3）に入れてワインやオリーブオイルを製造・貯蔵し、アンフォラ（図4）に入れて輸送した。ウシなどが役畜として使用されたのでスタブルム（厩舎）もあったが、特に興味深いのがエルガストゥルム（奴隷の収容部屋）である。コルメラはこれを地下室として、手の届かない高い場所に細い採光窓を設け、また衛生状態を保つことを勧めている。ポンペイ近郊の秘儀荘[6]やウィラ・レジーナ（図5）などではトルクラリウムの跡やドリアが確認されており、エトルリア沿岸のコサ（現アンセドニア）に近いセッテフィネストレのウィラ[7]ではエルガストゥルムと思しきもの（多数の小部屋が中庭を囲む構造）がみられるなど、文献資料と考古学資料が符合するケースが目を引く。

奴隷制農園とラティフンディア

カトーは、二四〇ユゲラのオリーブ園には監視役やロバ引きなども含めて計一三名の

（6）バックス信者団への入信式の様子が壁に描かれた部屋があるため秘儀荘と呼ばれているが、トルクラリウムやドリアをもつためウィラ・ルスティカの機能も認められる大規模なウィラ。

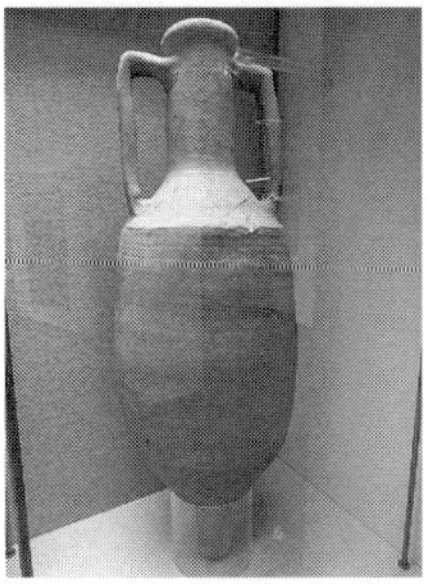

図４　アンフォラ（ボスコレアーレ出土品収蔵館蔵）

図５　ウィラ・レジーナ（筆者撮影）

労働者を、また一〇〇ユゲラのブドウ園には計一六名の労働者を想定している。ウィラ・ルスティカに必要な設備・備品を列挙するくだりであるから、これらの労働者は奴隷と考えられるが、これとは別に日雇いの自由人労働者に触れた部分もあり、ワローやコルメラの農事誌でもそのような言及がみられる。仮に労働者のすべてを奴隷で賄うなら、所有する奴隷の数を農繁期（特に収穫期）の必要数に合わせる必要があり、結果として農閑期には労働力余剰が生じることになるが、奴隷の購入は高額の投資であったから、これは収益性の低下を意味する。そこで農園主は奴隷数を一定以下におさえつつ、農繁期に不足する労働力を自由人労働者（近隣の小土地所有農民や都市住民）の季節的雇用により補ったと考えられる。イタリア各地での考古学的表面踏査(8)により、奴隷制農業が拡大したと思われる共和政末期についてもウィラと小家屋の併存がしばしば報告されており、大所領と小農場の相補的な関係を傍証すると考えられている。

　奴隷制農園に自由人労働者の雇用が不可欠だったことは奴隷制農業を理解するうえで重要な視点となるが、もう一つ注意すべきは「奴隷制ラティフンディア」という概念である。たしかに、家族経営の小農場（退役兵への土地分配は七ユゲラが基準であることを大プリニウスが伝えている）に比べれば、カトーが推奨する一〇〇ユゲラや二四〇ユゲラという奴隷制農園の規模は大きいが、これをラティフンディアと呼んでよいものか。実のところ、ラティフンディア（ラテン語で「大きな土地」を意味する）の定義は確定していないが、面積としては、公有地先占を五〇〇ユゲラに制限した前三六七年のリキニウス・セクスティウス法(9)をもとに、五〇〇ユゲラ以上の所領が想定されることが多い。この基準に照らせば、カトーとワローの農事誌で推奨・想定されている土地面積は、（ブドウ園とオリーブ園を足しても）ラティフンディアとは呼べないことになる。そもそもラティフンディアの問題が注目されてきたのは、「ラティフンディアがイタリアを、そして今や

（7）ウィラ・ルスティカの機能をもつ大規模なウィラで、タイルやアンフォラにみられる「LS」「SES」の刻印から、前二三年のコンスルであったルキウス・セスティウスの一族が所有者と考えられる。ここで生産されたワインはガリア等に向けて輸出された。

（8）主に農村部で建築物の遺構を観察したり、散乱する遺物を収集・分析す

属州さえも荒廃させている」という大プリニウス『博物誌』の一節があるからだが、その直前では、かつての（奴隷制）農園が適正規模の農地で効率的な経営を行っていた旨を述べているし、コルメラもやはり農地の適正規模を推奨している。そこで、権威ある『オックスフォード古典学事典』（*Oxford Classical Dictionary*）は、ラティフンディアは（監視が必要な）奴隷を集約的に使用する直営地には適さなかったので、（地代という安定的な収入が得られる）小作地への転換を促したという解釈をとっている。これにしたがえば、「奴隷制ラティフンディア」という概念は実態にそぐわないことになる。

ブドウ・オリーブの栽培

具体的な農作物として、まず商品作物であるブドウ・オリーブの栽培から確認してみよう。地中海地域では夏は降雨が少なく乾燥するが、ブドウやオリーブは根が発達して乾燥に強く、多雨により土壌が水分を含みすぎるとむしろ生育を阻害するし、同じ理由から保水力のある土壌よりむしろ排水性の高い土壌が栽培に適している。傾斜地では（排水性が高いため）品質の良いブドウが栽培できるのに対して、平地は品質より収穫量を重視した栽培に向くこと、またブドウには生食に向く品種とワイン醸造に適した品種があり、前者を栽培する場合は（新鮮なうちに販売するため）都市近郊に農園を開設する必要があることをコルメラが述べている。現在はトスカーナ地方でワインの生産量が多いが、古代においてはローマ南東のアルバ・ロンガや、カンパニア地方のアゲル・ファレルヌス、スレントゥム（ソレント）などで生産されるワインが有名であった。後一世紀のペトロニウスの小説『サテュリコン』[10]では、財をなした被解放奴隷トリマルキオが催す豪華な饗宴で、ワインの当たり年として有名だった前一二一年の最高級ファレルノ・ワインが供される（しかし古すぎて不味くなっていた）場面がある。

るなどして、家屋の地理的分布と時間的推移を把握し、農業構造とその変化についても知見を得ようとするもの。二〇世紀半ばにローマのブリティッシュ・スクールによって考案され、その後、広く普及した。

(9) 護民官であったリキニウスとセクスティウスが成立させた法で、①二人のコンスルのうち一人は平民たるべきこと、②借金は元金から既払いの利子を引いて三年分割で返済してよいこと、③公有地先占を一人五〇〇ユゲラまでとすること、などを定めた。前一三三年、ティベリウス・グラックスはこの③を根拠に富裕者の土地を没収して没落農民に分配する土地法を成立させた。

(10) 全一六巻（あるいは二〇巻）のうち一四～一六巻が部分的に現存。一五巻に含まれるトリマルキオの饗宴は悪趣味で、ネロ帝を諷刺した可能性が指摘されている。ペトロニウスはネロ帝の寵臣であったが、陰謀を疑われ自害した。

ブドウ園に関するコルメラの指南のうち特に興味深いのは、利益率の計算である。彼は計算を簡略化するために、一人の奴隷が耕作できる単位栽培面積として七ユゲラのブドウ園を想定したうえで、開園時の投資額として、土地の購入にHS七〇〇〇（HSは貨幣単位でセステルティウス黄銅貨）、有能な奴隷の購入に最大でHS八〇〇〇、ブドウの苗や支柱などの費用としてHS一万四〇〇〇の、計HS二万九〇〇〇を見込み、さらに実際にブドウが収穫できるまでの二年間にわたる収入の欠如（つまり機会費用）として、この金額を貸し付けた場合に得られるであろう六%の利息の二年分、HS三四八〇を加え、総額としてHS三万二四八〇の経費を見積もる。一方、ワインの販売から得られる利益は少なくともHS二一〇〇、しかし実際にはそれよりかなり多いとして、経費総額を貸し付けた場合の六%の利息（およそHS一九五〇）より高いことから、ブドウ園経営が成り立つことをコルメラは説く。この利益率の計算は、自由人労働者への報酬を計算から除外するなど、正確な計算とは言い難い面もあるが、古代ローマ人が一定の経済的合理性をもち、利益追求のために農園経営を行っていたことが窺える。

オリーブは実がなるまでの数年間は丁寧な栽培の必要があるが、その後は年二回の耕耘、秋の施肥、数年ごとの剪定などを除けば栽培自体には大した労働力を必要としない（ただし収穫には多くの労働力を要する）。実を結ぶ年と結ばない年を交互に繰り返す隔年結果の性質をもつため、オリーブ園を二つに分割して交互に実を結ぶようにし、全体として毎年一定の収穫を生み出すようにすべきこと、また土地が肥沃で間作（オリーブと穀物を同じ土地で同時に栽培）が可能な場合は、通常の倍程度の間隔（一二〜一八メートル）を空けて植樹すべきことをコルメラが説き、ブドウの場合と同様、生食に向く品種と加工（搾油）に向く品種についても詳しく解説している。オリーブオイルはローマ人のカロリー摂取源として穀物の次に重要で、食品としてだけでなく、ランプの燃料や薬品・

化粧品の原料など、様々な用途に利用された。

穀物と豆類の栽培

穀物栽培は大農園と小農場のいずれにおいても行われた。穀物はブドウ・オリーブよりも多くの水分を必要とするので、乾燥する夏を避けて冬を中心に栽培され、五月から六月にかけて収穫された。ただ、地中海地方では気候が安定せず、降水量が少ない年は不作の恐れがあるため、穀物畑の半分を休閑地として、雨水を土壌にため込むとともに地力の回復を図り、年ごとに耕作地と休閑地を入れ替える二圃式の乾地農法が一般的であった。

穀物を大麦（ホルデウム）、小麦（トリティクム）、雑穀（ミリウム、パニクム）に大別すると、大麦は古代ギリシアでは主食であったが、ローマでは共和政期に奴隷や病人が食べていたくらいで、帝政期には主に家畜の飼料となった。雑穀も奴隷の食料ないし家畜の飼料であったが、飢饉の際の非常食ともなった。ともあれ、ローマ人の主食は小麦であり、大プリニウスが「ローマ人は長いあいだパニス（パン）でなくプルス（粥）を食べて生活していた」と述べていることから、この頃までにローマ人の小麦の食べ方が粥からパンに変わった可能性がある。パンが膨らむのは小麦に含まれるグルテン（麩素）の作用によるが、古代の製粉技術では小麦の外皮の除去には加熱処理が必要で、このためグルテンが破壊されてしまうので、外皮のあるエマー小麦は粥に向き、外皮がなく加熱処理が不要のパン小麦やデュラム小麦がパンに適していた(11)。イタリアでも南部の気候はパン小麦の生産には不向きで、乾燥に強いデュラム小麦の栽培に適していた。属州としてローマの穀倉となったシチリア、アフリカ（地中海岸）、エジプトなども同様であるから、帝政期の首都で消費されたパンの大部分がデュラム小麦を原料とするパンだった

図6　オスティアのパン捏ね機（筆者撮影）

(11) パン小麦（ラテン語でシリーゴー）は白色の軟質小麦で現在もパンの主原料。デュラム小麦（シミラーゴー）は黄色味を帯びた硬質小麦で、現在は主にパスタの原料となるが、イタリアなどではパンにも使われる。

と思われる(12)。

ポンペイでは穀物にならんで豆類も炭化した状態で出土するので、豆類も重要な食料(および飼料)だったことがわかる。豆類は窒素を固定して土壌を肥沃にする効果もあるが、ローマ人も豆類が地力の回復に効果があることを知っており、コルメラはハウチワマメ、ソラマメ、レンズマメ、エンドウマメなどをその例にあげている。

ブタの飼育と豚肉

植物性食品たる穀物、ワイン、オリーブオイルが地中海世界の三大食品であって、動物性食品がローマ人一般の食生活に占める割合は大きくなかったと考えられているが、食肉や乳製品が一定程度消費されたのも事実であるし、皮革や羊毛に大きな需要もあったため、畜産は農業とならぶ重要な産業であった。三大家畜たるブタ、ウシ、ヒツジ・ヤギの飼育(13)、ウィラでの集約的畜産、さらに養殖を中心とする漁業にも注目したい。

古代ローマの食文化を語るうえでしばしば引用されるのが、一世紀の美食家アピキウスが著したとされる料理書(実際には四世紀のもので著者不詳)であるが、獣肉を使うレシピのうち三分の二を豚肉が占めること(残りが羊・山羊肉と牛肉)などを理由に、ローマ人は豚肉を好んだと考えられている。ブタは食肉生産以外に大した用途がないが、だからこそ飼育上の努力を肉質の改善に集中できたことが、豚肉への嗜好の背景にあると思われる。三世紀にはアウレリアヌス帝がアンノナ(14)に豚肉を加えたことからも、豚肉の消費量が一定の水準に達していたことが推測できる。動物考古学データは、特に首都ローマを中心とするイタリア中部地域でブタの飼育がさかんだったことを示しており、セッテフィネストレのウィラも、二世紀末までにワイン生産から養豚業へと生産の軸足を移したと考えられている。

(12) 古代の技術では硬質小麦をきめ細かく製粉することができず、目の粗い固めのパンになったと考えられる。

(13) ヒツジとヤギは飼育の目的が似ており、動物考古学的にも骨の区別がつかないことが多いので、一括して扱うことが多い。

(14) 政府が首都ローマ等の都市住民に対して行った食糧配給制度。前一二三年にガイウス・グラックスが固定価格での供給を始め、前七三年に一人一カ月あたり五モディイー(約四四リットル)とされ、前五八年に無料配給となった。

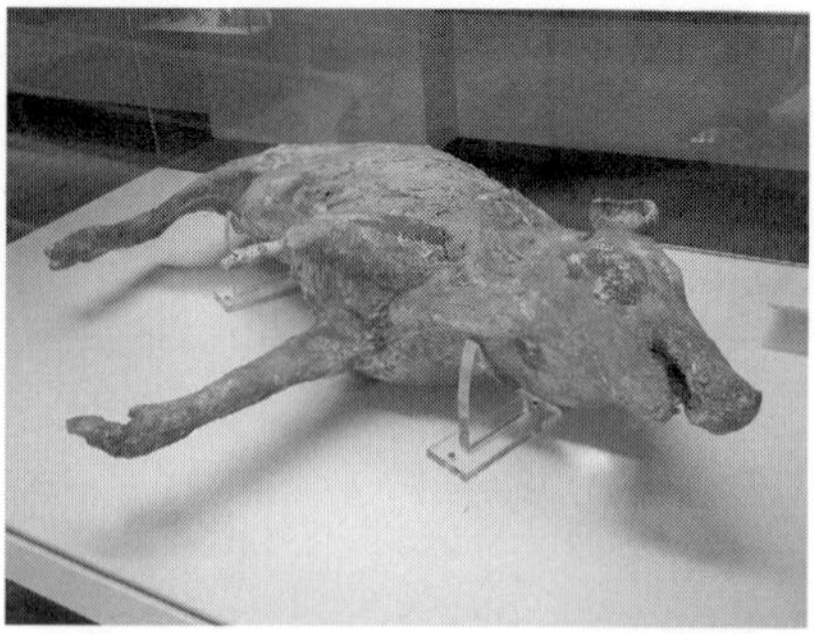

図7　ブタの石膏遺体（ボスコレアーレ出土品収蔵館蔵）

動物考古学者M・マッキノンによれば、遺跡から出土したブタの骨の分析から、ローマ期のイタリアでは大小二種のブタが飼育されていたことがわかる。製パン所で穀物のふすまを飼料とするなどして少数で舎飼いされた大型種（柔毛で短足）は見栄えがするため、彫像、レリーフ、絵画によく描かれたが、森で木の実を餌に群れで放牧された小型種（剛毛、長足で、外見はイノシシに近い：図7）のほうがより一般的だった。現在も最高品質のイベリコ豚はドングリを餌に飼育されているが、トリマルキオの饗宴でもドングリを餌に育てられた旨い豚の丸焼きが出てくる。また、コルメラは雄ブタを太らせるために去勢することを勧めている。

ウシ、ヒツジ、ヤギの飼育と利用

牛肉、羊肉、山羊肉の消費量は、豚肉に比べると取るに足らないものと考えられてきた。しかし、A・キングは獣骨のデータをもとに、イタリアを含む西地中海地方では豚肉の消費量が多いものの、ギリシアなどの東地中海地方では羊肉・山羊肉が、そしてアルプス以北では牛肉が主たる食肉であったとする。動物考古学の分野で、獣骨データの数量化の方法について確たる結論は得られていないが、各動物種の個体数や獣骨の破片数に一頭当たりの肉重量を加味して、実際に発生した肉重量の比率を得ようとするものがある[15]。この方法を用いた場合、イタリアでも牛肉の比率が他の獣肉を上回るため、古代イタリアの肉食の実態を再考する必要があると筆者は考えている。オスは去勢牛として農場での作業や荷車の牽引などに使用され、メスも役畜として使用されたほか搾乳もされたが、そのような用途に耐えなくなった老牛が屠殺されてその肉が食されたのではないかと考えられる（実際、獣骨データはウシの屠殺年齢の高さを示している）。ウシの皮革は靴や兵士の武具の材料となり、骨はヘアピンやドアの蝶番などの道具類を作るために

(15) サンプルに含まれる個体数として推定される最小値（最小個体数）や、動物種が同定された骨の破片数（同定破片数）に、一頭あたりの肉重量（ウシ二〇〇キログラム、ヒツジ・ヤギ二七・五キログラム、ブタ五〇キログラムなど）またはその比率をかけることにより、肉重量の比率の計算に一定の正確さを期すもの。

使われた。ヒツジとヤギの肉も食べられたが、これらの家畜の飼育はむしろ毛と乳の利用を主目的としていた。羊毛はローマ人の市民服（トガ）の材料となったため需要は大きかったし、羊乳や山羊乳についても農事誌等の史料に言及が多い。

ウシ、ヒツジ、ヤギは主に放牧により飼育された。夏季と冬季でイタリア半島を南北に縦断する移牧は牧羊の一つの類型ではあったが、政治権力による牧場道路の保護が不十分だったため、さほど普及しなかったと考えられている。ウシについてはワローとコルメラが、夏の高原と冬の海岸低地の間で垂直的移牧を行う必要を述べており、これは、（アペニン山脈が縦断する）イタリア半島の起伏に富んだ地形を活かした牧畜形態といえよう。また、ポー川とその支流、そして現在フォンタニーリと呼ばれる多数の湧き水などにより土壌が十分な水気を含むポー平原は、ウシの飼育に適した環境であった。ローマ時代に特にこの地域でウシの飼育がさかんだったことについては、文献資料と獣骨データの間に齟齬はない。

以上の家畜以外にも、役畜としてのウマ、ラバ、ロバなども飼育された。ローマの北東約七〇キロメートルに位置するレアテ（現 リエーティ）を含む盆地は、（雄ロバと雌ウマから生まれる）ラバの一大生産地として有名であった。

パスティオ・ウィラティカと水産業

ワローの農事誌第三巻とコルメラの農事誌第八巻はパスティオ・ウィラティカに絞って解説している。パスティオ・ウィラティカは、字義通りには「ウィラでの放牧」を意味するが、贅沢な食材を求める貴族の嗜好に合わせて主に都市近郊のウィラで行われた集約的な畜産のことであり、ワローによれば、これには①ウィラの敷地内に設置されるオルニトン（鳥小屋）、②ウィラに隣接するレポラリウム（ウサギ小屋）、③ウィラの近くに造られたピスキナ（養魚地）の二種がある。オルニトンではクジャク、キジバト、ツグミ、ガチョウ、カモなどの家禽類が、またレポラリウムではウサギだけでなく、イノシシ、ノロジカ、ミツバチ、カタツムリ、ヤマネなどが飼育された。ピスキナは淡水タイプと海水タイプの二種があり、後者は海とつないで水の新鮮な状態を保つ工夫をすることをコルメラが勧めている。

　魚介類の養殖は、ピスキナのように人手をかける集約的なタイプと、海岸の一部（潟湖など）を囲うだけの粗放的なタイプがあった。養殖される貝類としては、食用のカキと、紫色の染料となるアクキカイが特に重要であった[16]。養殖のほか沿海での漁業も一定程度行われ、オスティアに近い人工港ポルトゥス（後述）では艀船のほか中央に生簀を設置した漁船が出土しているが、沖合での漁業はあまりさかんではなかった。

　ローマ人にとって、魚介類は穀物や豆類ほど重要な地位を占めていたとはいえないが、貴族の食卓に彩りを与えたのは確かであるし、サバなどの魚を塩漬け、発酵させて作るガルム（あるいはリクアメン、アッレク）と呼ばれる魚醤が古代ローマの代表的な調味料であった。大プリニウスはポンペイ産のガルムが有名であることを伝えているが、実際にポンペイでは「サバを原料とするスカウルス製の最高級ガルム　ウンブリキウス工房より」などと表面に書かれたウルケウスという容器が出土しているし、ある邸宅の中庭はガルム工房に改装され、ガルムを作るためのドリアが六つ設置されていただけでなく、その一つにはガルムの沈殿物が確認された。

食糧の輸送

　小規模経営の農民は自給自足的で、流通にまわす余剰生産物は多くはなかったが、大農園からの生産物は近隣の都市で販売され、さらには地中海沿岸の諸都市に販路を得る

（16）紫は皇帝を象徴する高貴な色として珍重され、他の色の染料よりも高値で取り引きされた。三〇一年にディオクレティアヌス帝が発した最高価格令では紫の染料だけ種類が豊富で、高価である。

図8　ポンペイの街路に残る荷車の轍（筆者撮影）

ことも少なくなかった。とりわけ、帝政初期に約一〇〇万人の人口を抱えた首都ローマでの需要は大きく、地中海沿岸の多くの地域から食料を含む様々な物品が流入したし、首都に食糧を十分に供給することが政府の大きな役目でもあった。

内燃機関のなかった古代において、陸上輸送の動力は人力を除けば輓獣《ばんじゅう》・駄獣《だじゅう》（ウシ、ウマ、ロバ、ラバなど）に頼る以外になかった。輓獣としてはウシが使われることが多く、駄獣としては粗食に耐え丘陵地も苦にしないラバが重宝されたほか、隊商路ではラクダが使用された。輓獣が牽く荷車について、旋回を容易にするために前輪を旋回軸に据え付ける技術は稀であったと考えられているが、実際に旋回軸（およびサスペンション）をもつ乗用馬車が出土した例もある。いずれにしても古代の荷車や駄獣は、船舶に比べて積載可能量が小さいだけでなく速度も遅かったし（一日八〇キロメートルが限度）、単位距離あたりの輸送費は総じて高かったので、主に短・中距離で、水路が利用できない場合に用いられたと考えられる。なお、ポンペイの石畳の街路に深く刻まれた轍（図8）は荷車が都市内部でも使用されたこと、またホイールゲージ（左右の両輪の間隔）がある程度は標準化された可能性があることを示している。一定の水深の川があるか運河が掘られたところでは艀船が用いられ、遡上にはウシなどの輓獣が河岸から牽引したと考えられる。

長距離輸送の主役は海上輸送に用いられる船舶であった。オックスフォード・ローマ経済プロジェクトの成果によれば、ローマ時代の難破船のうち積載量一〇〇トン未満の小型船が全体の六〇％を占めたが、二〇〇トン以上積載可能なやや大型の船も一五％くらいはあった。ワイン、オリーブオイル、ガルムなどを容れたアンフォラを船倉に敷き詰めた船が地中海沿岸で多数発見されており、アンフォラの類型から内容物や出発地を推定することができる[17]。ローマを流れるテヴェレ川沿いにはモンテ・テスタッチョと呼

(17) 難破船のデータはもともとA・パーカーが収集・公表したのが始まりで、その後、オックスフォード・ローマ経済プロジェクトが引き継いでデータを更新した。一五〇〇年までの難破船のうちローマ時代のものが大半を占め、特に前一世紀と後一世紀に多いので、この時期に海上輸送がピークとなり、経済全体も活性化したと考えられている。

図9　ポルトゥスのホレア（筆者撮影）

ばれる高さ三六メートルの小高い丘があるが、これは後一～三世紀に主にスペインのバエティカからローマへのオリーブオイル輸送に用いたアンフォラが捨てられてできたものである。帝政中期頃からワイン輸送用の容器としては木樽が一般化したが、木樽は遺物としては残りにくく、アンフォラのように海底で難破船の船体を保護することもないので、帝政中後期のワイン輸送や難破船の数は過小評価される可能性が指摘されている。

港湾の整備

属州からローマへと運ばれた食糧のうち最も重要なものは穀物である。帝政初期に一〇〇万人に達した首都の人口は、年間に少なくとも二〇万トン、おそらくは約四〇万トンの穀物を消費したと考えられており、この莫大な食糧供給の安定化を図るために政府はアンノナの制度を定めたが、供給される穀物の大部分がアフリカやエジプトなどの属州から海上輸送されていたため、帝政初期の皇帝たちにとって港湾の整備は大きな関心事であった。エジプト産の穀物は、当初はナポリ湾のプテオリ（現 ポッツォーリ）で一旦荷揚げされて倉庫に保管され、そこからテヴェレ河口のオスティアへと転送されて、さらに艀船で川を遡上してローマへと運ばれた。しかしオスティアの河港では川が運ぶ土砂が堆積して船の接岸が難しくなり、沖合で艀船へと積み替える危険な作業が避けられなくなったとの説があり、いずれにしてもオスティアだけでは人口が増加した首都への物流を支えきれなくなった。

　クラウディウス帝は、この問題を解決すべく、オスティアの北に巨大な人口港ポルトゥスを築造したが、ネロ帝治下の六二年、嵐で港内の二〇〇艘の舟が沈没して安全性の不足が明らかとなったため、トラヤヌス帝の治世に正六角形の内港が加えられ、その周辺には穀物等を貯蔵する多くの倉庫（ホレア：図9）が建てられた。倉庫に接近するように掘られた複数の運河とテヴェレ川により、ポルトゥスはオスティアとも結ばれ、穀物、ワイン、オリーブオイルなどの食糧をはじめとする様々な物資が艀船によってローマへ搬送された。

　ポルトゥス・プロジェクト[18]がこれまでに確認した二世紀後半の倉庫面積は、ポルトゥスで約一四万五〇〇〇平方キロメートル、オスティアで約七万二〇〇〇平方キロメートルとなっており、これがすべて穀物用であれば計約二二万トンの穀物を貯蔵できたことになるが、実際にはその他の食糧や物資も貯蔵されたであろうから、この倉庫面積で首都の需要を十分に満たしたとは考えにくい。したがって、中継港としてのプテオリの地位は二世紀後半においてもある程度維持されたであろうし、ケントゥムケッラエ（現チヴィタヴェッキア）やタラキナ（現テッラチーナ）の港がポルトゥスの衛星港として機能していたのも[19]、同じ理由によるであろう。

食習慣

　最後にローマ人の食生活を概観しておきたい。古典古代一般に、消費カロリーに占める穀物の割合は七～八割と考えられている。穀物は既述のように粥としても食されたが、製粉機とパン焼き窯をもつ製パン所（ピストリヌム：図10）がポンペイやヘルクラネウム（およびオスティア）で確認され、八等分の放射状の切り込みをもつ膨らみのあるパン（図11）も炭化した状態で出土しているので、帝政初期のローマ人は外皮のない小麦（デュラム小麦など）を原料とするパンを食べていたことが確認できる。

　ワインを飲む習慣も普及していた。後一世紀までにワインの消費量が増大したと考えられており、その要因として、首都ローマの人口が増大したこと、またワインの大衆化がおこり、女性、下層市民、奴隷なども飲むようになったということがあるが、さらに

図10　ポンペイのピストリヌム（筆者撮影）

(18) サウサンプトン大学のS・ケイを中心として二〇〇〇年頃から続く大規模な国際的考古学調査プロジェクトで、ポルトゥスだけでなく、オスティア、その他のティレニア海沿岸の港湾、さらに地中海全体に視野を拡げて港湾の物理的構造やネットワークの可能性を調査し、大きな成果をあげてきた。

(19) ポルトゥスの内港と同様に、ティレニア海側のケントゥムケッラエとタラキナ、さらにアドリア海のアンコナの港をトラヤヌス帝が築造した。

図11　炭化したパン（ボスコレアーレ出土品収蔵館蔵）

図12　ポンペイのトリクリニウム（筆者撮影）

は粥からパンへの食習慣の変化がワインによる水分補給の必要性を高めたとする研究者もいる。ワインは大抵、水や海水で薄めて飲まれており、薄めずに飲むのは粗野な人々の悪習と考えられていた節がある。

肉食について、豚肉よりも牛肉の消費量が多かった可能性があることを述べたが、屠殺されるウシの多くが老牛だったことは、肉質の悪さ、したがって価格の低さにつながったと考えられる。四世紀初めの史料ではあるが、ディオクレティアヌス帝が定めた最高価格令で豚肉が牛肉の一・五倍の価格に設定されていることからも、旨くて高価な豚肉は主に富裕者が食べ、不味く比較的安価な牛肉が庶民の食卓にときどき上がったと想像される。搾乳はウシ・ヒツジ・ヤギに対して行われたが、ローマ人は（現代の日本人と同様に）乳糖不耐の傾向があり、生のミルクはあまり飲めなかったし、そもそも冷蔵設備もなかったから新鮮なミルクを都市に供給するのも難しかった。ミルクはほとんどがチーズに加工されたのであり、各動物のミルクから作ったチーズの特徴を二世紀の医学者ガレノスが詳しく述べている。

貴族は邸宅の屋内や庭園のトリクリニウム（コの字型の寝台：図12）に横になり、歓談しつつ食事をしたことが知られているが、一般庶民が間借りした部屋には台所さえなく、自宅で料理ができたとは考えにくい。テルモポリウム（居酒屋ないし食堂：図13）がポンペイだけで八九軒も確認されていることから、庶民には外食する習慣が根づいていたと思われる。テルモポリウムのカウンターに設置された細型のドリアから食べ物を取り出して客に提供したが、ドリアの底には詮がなく内部の洗浄が難しいので、ワインや水気を含む食べ物ではなく豆類などの乾燥した食物を入れていたとの説があり、理に適っているように思える。

図13　ポンペイのテルモポリウム（筆者撮影）

学際的ローマ経済史研究の進展

近年の経済史研究では考古学の貢献度が高いことを最初に述べた。かつては文字を扱う歴史学とモノを扱う考古学の棲み分けが暗黙の前提のようになっていたが、近年は特に欧米で両者の垣根が下がり、部分的に融合する状況さえみられる。一方、近年の考古学は埋蔵物の地中レーダー探査、動植物遺存体のＤＮＡ分析、都市遺跡のレーザースキャンなど、科学技術やコンピューター・サイエンスから大きな恩恵を受けており、今後もこの傾向はますます強まるであろう。

古代経済史研究においてもう一つ注目すべきは、経済学理論の扱いである。フィンリーのプリミティビズムが強い影響力をもった二〇世紀末にはあまりみられなかったことだが、近年では（フィンリー理論を検証する目的もかねて）経済学的な概念・理論を活用して古代経済を理解する試みが増えており、それに呼応して古代史家と経済学者の間で交流や議論も起こっている。

古代経済史研究における学際的アプローチの意義を強調しておきたい。

＊図1、図4、図7、図11はイタリア文化省・ポンペイ遺跡公園所蔵につき複製・転載を禁じる。

読書案内

池口守「古代イタリアにおける肉食の実態と変容――牛肉の生産と消費を中心に」櫻井万里子・師尾晶子編『古代地中海世界のダイナミズム』山川出版社、二〇一〇年

坂口明・豊田浩志編『オスティア・アンティカ研究の最前線』勉誠出版、二〇一七年

＊日本のオスティア研究グループの成果をまとめたもの。所収論文、池口守「ポルトゥスおよびオスティアの倉庫と港湾都市の盛衰」は、ポルトゥスとオスティアの倉庫面積をもとに首都への穀物の流通をシミ

ユレーションし、ポルトゥス建造が他の港湾都市（プテオリ等）に与えた影響を検討する。

ピーター・ガーンジィ（松本宣郎・阪本浩訳）『古代ギリシア・ローマの飢饉と食糧供給』白水社、一九九八年、四二〇頁

ケヴィン・グリーン（本村凌二監修、池口守・井上秀太郎訳）『ローマ経済の考古学』平凡社、一九九九年、四三一頁

＊K. Greene, *The Archaeology of the Roman Economy*, London, Batsford, 1986 の邦訳。輸送、貨幣、農業、土器など、経済の諸分野について考古学の成果を広く紹介するもので、考古学の成果を歴史学に取り込むための手引きにもなっている。経済史研究と考古学が接近する転機となった。

長谷川岳男・樋脇博敏『古代ローマを知る事典』東京堂出版、二〇〇四年

馬場典明（山本晴樹編）『ローマ大土地所有制研究』九州大学学術情報リポジトリ、二〇二〇年（https://catalog.lib.kyushu-u.ac.jp/opac_detail_md/?lang=0&amode=MD100000&bibid=4103493）

＊日本の代表的なローマ農業史研究者が出版を念頭にまとめていた遺稿を、機関レポジトリにより無料公開したもの。土器の銘文、アンフォラの類型、地所等の精緻な分析をもとに大農園経営の変化を論じる。

宮崎麻子『ローマ帝国の食糧供給と政治――共和政から帝政へ』九州大学出版会、二〇一一年

M・ロストフツェフ（坂口明訳）『ローマ帝国社会経済史』東洋経済新報社、二〇〇一年、上巻八三九頁、下巻六八八頁

＊M. Rostovtzeff, *The Social and Economic History of the Roman Empire*, 2nd ed., Oxford, Oxford University Press, 1957（初版は1926）の邦訳。広範な史料に裏づけられ、独創性にも富む名著。古代の経済と近代の経済は質ではなく量においてのみ異なるとした。訳者による巻末の解説も有用。

M. I. Finley, ***The Ancient Economy***, Updated Edition, Berkeley and Los Angeles, University of California Press, 1999

＊初版は一九七三年。古代人が経済的合理性を欠き、利潤より地位や名声を重視し、市場の機能も限定的だったことなどを指摘し、ロストフツェフとは対照的に、古代の経済と近代の経済は量的にではなく質的に異なるとして、学界に強い影響力をもった。

W. Scheidel (ed.), ***The Cambridge Companion to the Roman Economy***, Cambridge, Cambridge University Press, 2012

第12章 ローマの社会
——語学のテキストで悪口と借金を学ぶ社会——

樋脇博敏

古代ローマの歴史は，西ローマ帝国の滅亡までに限ってみても，優に1200年を超える。また，その最大版図は，現在の欧州連合（約420万平方キロ）よりも広く，500万平方キロほどもあったという。これほどの歴史と国土を有したローマ社会のありようは，時代によっても地域によっても実に様々だったので，そのすべてをわずかな紙幅で描き尽くすことはできない。そこで本章では，古代ローマの盛期とされる元首政期（前27～284年）に的を絞って，当時の社会を一瞥してみたい。

市場の様子
（1世紀，ポンペイのユリア・フェリックス邸のフレスコ画，Wikimedia Commons）

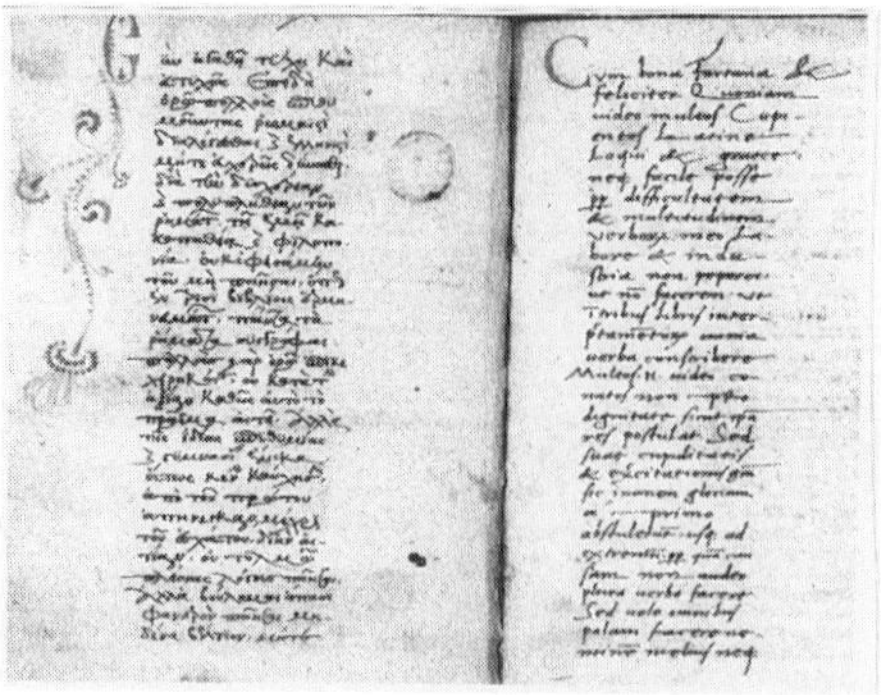

図1　『偽ドシテウスのヘルメネウマタ』所収の「会話表現集」
ギリシア語（左コラム）とラテン語（右コラム）で同じ内容の文章がそれぞれ書かれている（*The Colloquia of the Hermeneumata Pseudodositheana,* vol. 1）。

『偽ドシテウスのヘルメネウマタ』

本章では、『偽ドシテウスのヘルメネウマタ（Hermeneumata Pseudodositheana）』という、ローマ帝政期からルネサンス頃までのヨーロッパで使用されていたギリシア語・ラテン語学習用の教材集に着目して、そこから見えてくるローマ社会を紹介してみたい。ドシテウスは四世紀のローマで活動した文法学者で、ヘルメネウマタは「翻訳」という意味のギリシア語である。この教材集は、ギリシア語とラテン語の基礎を学ぶための教材を集めたもので、長らく『ドシテウスのヘルメネウマタ』と呼び習わされていたが、研究が進展するにつれて、ドシテウスは著者ではないことが判明し、現在では『偽ドシテウスのヘルメネウマタ』と呼ばれている。

『偽ドシテウスのヘルメネウマタ』に収録されている様々な教材は、以下の四種に大別できる。すなわち、①日常会話に役立つギリシア語表現とラテン語表現を並記した「会話表現集」、②動詞を中心とした単語をアルファベット順に列挙した「語彙集」、③名詞を中心とした単語をトピック（挨拶や衣服、文房具等々）ごとに列挙した「語彙集」、④アイソポス（イソップ）寓話やローマ法文からの抜粋を集めた「副読本」の四種である。本章では、これらのうち、ローマ社会に関する情報量が最も多い①の「会話表現集」に着目しようと思う。

「会話表現集」

『偽ドシテウスのヘルメネウマタ』所収の「会話表現集（Colloquia）」は、起床から就寝までのローマ人の一日[1]を、ギリシア語とラテン語それぞれの会話文で構成した内容となっている。ローマ人の一日のうち、午前の部は一人の少年が主人公となっており、夜明けとともに起床し、身支度してから、お供の奴隷と連れ立って教師のもとへと赴き、学友たちと一緒に勉強し、[2]昼食のために一時帰宅するまでの様子が記述されている（この午前の部は一般に「スクールブック」と呼称されている）。午後の部の主人公は一人の成人男性で、昼食や夕食の準備を家人に指示する様子、公衆浴場でさっぱりしたあと夕食を楽しむ様子、就寝の準備といった日常生活のルーティンに加えて、裁判への出席や病気の友人の見舞いといったあまり日常的とはいえない（しかし起こり得る）エピソードについても記述されている（この午後の部は一般に「フレーズブック」と呼称されている）。

　先行研究によれば、少年が主人公となっている「スクールブック」と、成人男性が主人公の「フレーズブック」は、元は別々に書かれ、のちに合本の形に集成されたと考えられている。「スクールブック」のオリジナル版は一世紀の帝国西部（ラテン語圏おそらくは都ローマ）で、「フレーズブック」の方は二世紀の帝国東部（ギリシア語圏）で作成されたらしい。

　「スクールブック」と「フレーズブック」は、帝国各地の初等・中等教師によって語学学習用の教材として使用され、その内容や言葉遣いは、時代の流れや地域の特性にあわせて改訂されていった。「スクールブック」の改訂は二世紀末頃まで、「フレーズブック」の改訂は四世紀頃まで行われていたと推測されている。こうした改訂作業によって、様々な版が作成され、現在までのところ、六種の版[3]が知られている。

　「スクールブック」と「フレーズブック」から成る「会話表現集」は要するに、ローマ元首政期の都市（当時、帝国内には二〇〇〇ほどあった）で暮らすローマ人の一日をたどりながら、これからローマ社会にデビューする者たちに、「ローマ的」な都市生活というのはこんな感じですよ、こんな場面ではこういうラテン語表現（あるいはギリシア語表現）を使うとよいですよ、と教えてくれる語学学習用の教材であり、ローマ・デビューのための手引書でもあった。ちなみに、「スクールブック」は、ギリシア語の教養を身

（1）古代ローマの時法は、日の出から日の入までを一二等分、日の入から日の出までを一二等分する自然時法だった。このため、昼間と夜間の長さが異なる夏と冬では、「一単位時間」の長さも異なっていた。

（2）古代ローマの初等・中等教育はもっぱら都市部で行われ、それなりの知識や教養を持つ者が生徒を個人的に教える「私塾」に近いものだった。小・中学校のような教育に特化した施設も、教員免許のような資格も存在しなかった。

（3）モナケンシア・アインジーデルン版（本文中ではMEと略記）、ライデン・ステファヌス版（LSと略記）、ステファヌス版（Sと略記）、ハーリー版（Hと略記）、モンペリエ版（Mと略記）、ケルテス版（Cと略記）。

（4）物やサービスの上限価格を定めた三〇一年の最高価格令では、生徒一人から受け取ってもよい月謝は、初等教師が五〇デナリウス、中等教師が二〇〇デナリウスだった。大工やパン焼き職人の日当が五〇デナリウスだったので、熟練労働者と同じ月収を稼ぐには、初等教師は二〇数名、中等教師は六～七名の生徒を教えなければならなかった。

図2　教師と生徒たち（180～185年頃，ノイマゲン出土の墓碑のレリーフ，Wikimedia Commons）

につけて立派な市民になろうとするラテン語圏の子どもたちに向けたものであった。一方の「フレーズブック」は、ラテン語を身につけてローマのルールが支配する都市で法曹として身を立てようとするギリシア語圏の若者たちを主な読者層として想定していたようである。

「会話表現集」は、帝国各地の初等・中等教師たちの手によって、数百年にわたって改訂され続けた。いわゆる庶民層に属する無名の初等・中等教師たち(4)が、これまた庶民層である生徒たちに向けて書いたという点で、「会話表現集」は、他の多くの史料たとえばキケロや小プリニウスといった元老院議員が書いた著作、ホラティウスやユウェナリスといった名だたる文学者が書いた作品とは異なる。「会話表現集」は言うなれば、庶民による庶民のためのローマ入門書だったと言えるだろう。

時代も地域も異なる複数の改訂者の手を経ることで、「会話表現集」は、個人の独断や身分階層に由来する偏見というものがだいぶ薄められているにちがいない。時代や地域を超えて、多くの人が「これこそがローマだ」と共感できるような風景、別言すれば、どこにもないがいかにもありそうなローマ社会の理念型のようなものが、「会話表現集」から見えてくるのではないだろうか。

「会話表現集」は、ローマ人の一日の流れに沿って話が展開してゆくので、本章でも「古代ローマ人の二四時間」といった態で記述したいところではあるが、それだと本章に許された紙幅では足りないので、また、すぐれた類書がすでに存在するので、ここでは別の方法をとる。これは私自身とても面白いと感じたことなのだが、「会話表現集」の午後の部である「フレーズブック」には、現代の語学のテキストではまず見かけないような会話表現が出てくる。具体的には、「人をののしる表現」と「金を借りる表現」である。こんな特殊な（と現代のわれわれには思える）表現がなぜ語学学習用の教材でわざわざ取り上げられているのか。悪口や借金に関わる会話表現が日常生活に役立つ社会とは、一体どんな社会だったのか。本章では、この疑問について考えてみたい。

人をののしる——人の種別

「フレーズブック」のなかで最も目をひくのが、人をののしる表現で、現代の語学教材では滅多にお目にかかれない内容である。いくつかその事例を拾い出してみよう。

「俺の悪口を言っているのか、この悪人め。十字架に架けられてしまえ。[5]」「ずいぶんと無礼だな。身のためにならないぞ。」「なぜだ?」「なぜなら、私は出生自由人で、おまえは無価値な奴隷だからさ。」「だまれ!」(H 18a—d)

「君が奴隷なのか解放奴隷なのか、知りたいもんだね。」「あんたに説明する気はないよ。」「なぜだ?」「あんたはそれに価しないからさ。」「ならば、君のご主人様のところへ行こうじゃないか。」「はいはい。」「私は出生自由人だ。そのことは誰もが知っている。それに私は家父長だ!」「あんたの顔にそう書いてあるな。」(H 18e—j)

喧嘩に役立つこのような罵詈雑言が、ギリシア語とラテン語でそれぞれ紹介されているのであるが、興味深いのは、これらの罵詈雑言が、身分制を背景にしている点である。ローマ法は次のように人の身分を規定している。すなわち、まず人は、①自由人か②奴隷か、に大別される。さらに自由人は、③生まれながらに自由な出生自由人か④奴隷身分から解放された解放奴隷か、に分類される。また自由人は、⑤ローマ市民か⑥ラテン人か[6]⑦外人か、に分類される。そしてローマ市民は、⑧自身で法律行為(遺言書の作成や財産の処分等)を実行できる自権者か⑨実行できない他権者か、に分類される。この

(5) 十字架刑は四世紀頃まで行われていた処刑方法の一つ。この残酷な方法で処刑されていたのは、海賊や反逆者、主人を殺害した奴隷たちだった。古代都市ポンペイの落書にも「あいつが十字架にはりつけられますように」(『ラテン碑文集成』第四巻二〇八二)という悪口が残っており、人をののしる定型句の一つだったらしい。

(6) ローマ市の南東に広がる一帯がラティウム(Latium)地方で、そこに住む人々がラテニ(Latini)と総称されていた(日本語表記ではラテン人)。前四世紀後半頃からローマはラテン人に対して通商権や通婚権などの権利(ラテン権)を与えるようになり、のちにはラテン人以外にもラテン権を与えるようになった。これにより、居住地、言語(ラテン語)、宗教を共有する種族としてのラテン人という意味は失われた。

人の種別の最上位に立つのが、自由な生まれのローマ市民であり、かつ自権者でもある家父長（パテル・ファミリアス）だった。実際、前出の悪口でも、奴隷や解放奴隷よりも出生自由人が上位にあり、家父長がさらにその上に立つという身分秩序が明確に意識されている(7)。

ローマ社会には、前述の法的基準による人の種別に加えて、家柄や職業といった社会的基準による人の種別もあった。たとえば、ローマ黎明期の名門家系に列なる貴族（パトリキ）と、貴族以外の共同体成員であった平民（プレブス）、共和政前半期の身分闘争を経て、新たに形成された貴顕貴族（ノビレス）といった身分があった。その他にも、国政を指導した元老院議員、身分的に元老院議員の下（実際にはその境界は曖昧だった）に位置づけられていた騎士、地方都市の運営を担っていた都市参事会員といったエリート層が存在し、その対極には、売春者や俳優、剣闘士や野獣闘士など、不名誉の烙印を押され、差別され、悪口の常套句——「野獣闘士風情が私の悪口を言ってるだと？　放してくれ。あいつの歯をへし折ってやる！」（H 24a）——にされていた者たちがいた。

警察

それにしても、なぜ古代ローマでは、人をののしる表現が役に立つと見なされていたのだろうか。その理由の一つとしては、ローマ社会では、日常のトラブルをうまく解決してくれる警察のような組織がきちんと機能していなかったことが指摘できる。共和政期ローマでは、毎年選挙で選ばれる按察官（アエディリス）が警察的な役割を担うことになっていたが、かれらは公共建造物の管理や国家祭事の運営など、都市機能の維持に関わる多種多様な業務に忙殺されていたので、市井の些末な争いごとにかかずらう余裕はほとんどなかった。

図3　ライオンと闘う野獣闘士（2世紀，バルド国立博物館蔵のモザイク，Wikimedia Commons）

（7）古代ローマは、男性とりわけ父を中心とする家父長制社会だった。「貴族」を指すパトリキ（patricii）、「保護者」を指すパトロヌス（patronus）、「財産」を指すパトリモニウム（patrimonium）といった、ローマ社会の根幹に関わるラテン語は、「父」を指すパテル（pater）に由来した。また、元老院議員が演説で同僚議員たちに呼びかけるときにも、「父たち」という表現を使っていた。

図４　37歳で没した夜警隊員クィントゥス・ユリウス・ガラトゥスの墓碑（１世紀，ローマ，www.researchgate.net）

帝政期になってようやくアウグストゥス帝が都ローマに都市警備隊（コホルテス・ウルバナエ）と夜警隊（ウィギレス）を創設して、治安維持と消防にあたらせた。とはいえ、都市警備隊は大規模な暴動の鎮圧を主務とし、夜警隊のそれは消火活動だったので、軽犯罪や私人間のもめごとの通報を受けて、すぐに出動し対処するというような体制もなければ、期待もされていなかった。

アウグストゥス帝はまた、常備軍を創設して、その一部を地方都市の治安維持に活用した。しかし、それは要衝に位置した一部の都市に限られていたし、官憲としての兵士は、むしろ住民の脅威となることも少なくなかったようである。これについては、二世紀半ばのアプレイウス『黄金のろば』（九・三九～四二）が興味深いエピソードを伝えている。ギリシア中部テッサリアのある貧しい野菜売りが、ロバを連れて家路を急いでいると、一人のローマ軍団兵が道をさえぎって、「荷も積まないでどこへそのロバを連れて行くのだ」と横柄な態度で尋ねてきた。野菜売りの男はラテン語を知らなかったので、そのまま黙って立ち去ろうとした。これを見て激怒した兵士は、持っていた杖でいきなり野菜売りを打った。野菜売りは瞿然として、自分はラテン語がわからないと言い訳すると、兵士は今度はギリシア語で同じ質問をし、それから、このロバを軍隊の荷運びのために徴発すると言い放って、ロバを奪おうとした。それで殴り合いの喧嘩となり、結果、野菜売りが兵士を打ちのめしてしまったのである。

兵士は、命令に従って軍需品を民間から徴発することができたが、帝政期の法学書やパピルス史料に残る住民からの請願書を見ると、兵士が無許可の不正徴発を少なからず行っていた様子がうかがえる。日常のトラブルを取り締まるよりも、引き起こすことの方が多かったような印象もあり、『黄金のろば』に登場する野菜売りがまさにその被害者であった。

武装した正義の執行者が職権濫用を始めたとき、人をののしる表現は役に立つどころか、身の破滅に直結しかねない。肝心なのは腕っぷしの強さ（野菜売り）か逃げ足の速さ（私）であり、運がよければ、「フレーズブック」で紹介されている、争いを回避する表現――「私を撲ろうとしているのですか？　私は怯えています。あなたは地位の高い人だから。」（H 17e）――が助けになったかもしれない。

興味深いのは、ギリシア語圏のテッサリアで、地元民にしか見えない（しかも学があるようにも見えない）野菜売りに、兵士が何のためらいもなくラテン語で話しかけていること、そして、ラテン語が通じないとわかると兵士はすぐさまギリシア語に切り替えていることである。このエピソードは、ラテン語が帝国の公用語つまり支配者の言語であり、ラテン語を解さないと不利になることがままあったという現実と、多言語社会であったローマ帝国[8]では、少なくともラテン語とギリシア語の二つは話せたほうがよかった、そして実際に、エリート層のみならず、軍団兵のような「中間層」の人たちのなかにもバイリンガルがいたという状況を示唆している。『偽ドシテウスのヘルメネウマタ』のようなギリシア語・ラテン語の語学教材が、広く長く使用され続けた理由もここにある。

以上で述べたように、古代ローマは、官憲を頼りにできない社会だった。このため、トラブルが生じても、まずは自分たちで何とかしなければならず、必然的に他者と衝突する場面も多かった。ローマ社会で生き抜いていくためには、「フレーズブック」の人をののしる表現（あるいは争いを回避する表現）を覚えておいて損はなかったのである。

法　廷

人をののしる表現が出てくるもう一つの理由は、「フレーズブック」が、ローマ法（それとラテン語）を学ぶ若者を主な読者層として想定していたからである。このことは、

（8）古代ローマの公用語はラテン語だったが、広大な帝国領内では、ギリシア語やフェニキア語、シリア語やコプト語、ケルト語など様々な言葉が使用されていた。ギリシア語は、アレクサンドロス大王以降、帝国東部における国際語の位置にあったので、ローマのエリート層が教養として身につけておくべき言葉とされていた。

「フレーズブック」に、裁判の様子を描いた場面がいくつか出てくること、「フレーズブック」の登場人物がたまたま散歩をしていると、知り合いに呼び止められて法廷での仕事を依頼されるといった場面が出てくること（法律家は仕事にあぶれることはないという誇大な読者サービスで、こんな幸運はそうそうなかった）、また、『偽ドシテウスのヘルメネウマタ』の副読本として、ハドリアヌス帝の勅法や奴隷解放をめぐる論攷などローマ法関連のテキストが収められていることからもわかるだろう。

では、法曹を志す者にとって、人をののしる表現がなぜ役に立つのか。

指紋やDNAといったような科学的証拠による立証が不可能な社会において、裁判の帰趨を決していたのは、証言だった。そして、古代ローマでは、証言の信憑性は、証言者の人となりに左右されていた。このため、嘘をつくのが習い性となっている（とローマのエリート層は決めてかかっていた）奴隷の場合、拷問によって得られた証言にのみ証拠能力があると考えられていた。「フレーズブック」の裁判の場面で、拷問の様子――「拷問係が被告の胸を殴る。被告は拷問台に縛られ、吊され、身体を引き伸ばされる。被告は鞭打たれ、棍棒で殴られる」（C 75b―c）――が生々しく描写されているのは、そうした状況を反映してのことである。

一方、ローマ市民に対しては、有罪確定前の拷問は原則禁じられていたので[9]、拷問の代わりに性格証言という手続きが取られていた。これは、原告・被告の双方が用意した証人が、訴訟当事者の人となりを紹介し、その人物がいかに信用できる人柄かを保証する手続きで、この性格証言を依頼される証人はたいてい元老院議員をはじめとする権威あるエリートたちだった。「フレーズブック」では、こうした性格証言をしてくれる有力者たちの助力のことを「パトロキニウム」と表現している。パトロキニウム（クリエンテラとも言う）とは、有力な保護者（パトロヌス）と被保護者（クリエンス）との間で結

（9）二一二年のアントニヌス勅法で帝国内のほとんどの自由人にローマ市民権が付与されたことにより、ローマ市民であることの価値が失われた。帝国住民は、市民権の有無ではなく貧富の差によって、「より名誉ある者たち（honestiores）」と「より卑しい者たち（humiliores）」に分けられるようになり、貧しいローマ市民にも拷問が科されるようになっていった。

ばれた互助的な親分子分関係のことを指す古い社会慣行のことで、この持ちつ持たれつの関係のなかで、ときに保護者は被保護者のために、自らが弁護人として、あるいは性格証言の証人として法廷に立つこともあった。「保護者」を意味するパトロヌスというラテン語に「弁護人」という意味が含まれていたのもそのためである。

裁判において弁護人は、性格証言をさらに補強するために、自分が弁護する人間がいかにすばらしい人物か（その証言は信じるに値する）、そして相手方がいかにひどい外道か（その証言は信じるに値しない）を、うんざりするほど能弁に語るのが常であった。その好例が、キケロによる『ウァティニウス尋問』である。相手方（原告側）の証人プブリウス・ウァティニウス[10]に対する反対尋問のなかで、キケロはこう口火を切る。「君（＝ウァティニウス）の醜い生きざまと家庭内の醜聞ゆえに、君の証言はまったく価値がないとみなされている。……君に話しかけたり、君と親しくなったり、君に投票しようと思う者は誰一人としていない。君がローマ市民権に価すると思う者もいないし、そもそも君が生きるに価すると思う者もいないのだ」。

『ウァティニウス尋問』は全四一節で成るが、そのうち、前五六年のこの裁判の争点となっている暴力事件とウァティニウスの証言内容との整合性を直接論じているのは、わずか数節にすぎない。その他の大部分では、ウァティニウスが生まれたときから今に至るまでの悪逆非道ぶりを指弾するばかりで、それは反対尋問というよりは、人格攻撃に他ならなかった。キケロ曰く、ウァティニウスは貧しい生まれで、隣の家に盗みに入った、母親を鞭で打った、法案成立を遅延させた、護民官権限を濫用して執政官を逮捕させた云々……。ウァティニウスへののしりはまだ止まず、挙げ句には、ウァティニウスの首にできた大きな瘤を、首を膨らませた蛇にたとえて揶揄している。ウァティニウスの身体障害をあざ笑う所業は、自他ともに認めるキケロ個人の尊大さによるもので

(10) 前五九年に護民官、前四七年に執政官を務めた。ポンペイウス、カエサルの後ろ盾を得て勢威をふるい、カエサルのガリア遠征にも従軍した。足と首に障害があり、しばしば揶揄されていたという。プルタルコスによれば、前六六年の法務官であったキケロにウァティニウスが何か頼み事をしたとき、なかなかウンと言わないキケロに対してウァティニウスが「自分が法務官ならこんなことで頭を傾げない」と言ったのに対して、キケロは「しかし私にはそんな太い首がない」と言い放ったという（『キケロ伝』九）。それ以来、二人は犬猿の仲になったが（背景には三頭政治派と元老院派の政治的対立もあったのだが）、『ウァティニウス尋問』のわずか二年後、舌の根も乾かぬうちにキケロは、収賄罪で告訴されたウァティニウスの弁護人を務めている。そして晩年の二人は、「君が元気なら、私はうれしい。私は元気だ。」と書き出す手紙をやり取りする仲になっていた。政治家特有の厚顔が二人を和解させたのだろうか。仲直りの理由はよくわからないが、少なくとも、互いが互いの身体障害を揶揄した過去を反省し、二人が許し合って友人になったとは思えない。というのも、その後もキケロは、た

はなく、劣る他者を区別し差別する身分制社会の宿痾であったと言えよう。実際、ウァティニウスの方も負けじとキケロの静脈瘤のことをからかっているのである。

古代ローマでは、英雄的な行為による身体障害は別として、不摂生や不注意による障害や先天的な障害はその人の内面性と結び付けられて、しばしば軽蔑の対象とされた。[11] そもそもが、人を区別し差別する身分制社会であったため、人権意識というものは希薄というか皆無といってもよい状態だった。本人ではどうしようもない貧しい生まれや身体障害ですら、法廷では攻撃のネタとなったのである。こうした無情かつ無神経なローマ社会の作法に忠実で、なおかつ能弁なキケロのこの反対尋問は、「フレーズブック」の人をののしる表現の上級篇ともいうべき作品なのである。ローマで法曹を目指す若者たちは、まず「フレーズブック」で悪口の初歩を学び、それからキケロの法廷弁論を学んで、立派な毒舌家へと成長していったにちがいない。

金を借りる――貸金業

「会話表現集」の午後の部である「フレーズブック」には、借金にまつわる表現も収録されており、これまた現代の語学教材ではあまりお目にかからない内容である。

「お金を借りたいのですが。」「いかほどご入り用でしょうか。」「可能なら五〇〇〇セステルティウス[12]、お借りしたい。」……「担保は必要ですか。」「とんでもない。必要ないですよ。お金を受け取ったと誓約してください。」「利息はどれほどですか。」「あなたの望む利息で。」「では、誓約しましょう。」「ありがとうございます。借用書を封緘してください。」「封緘しました。」「では、お金を数えてください。」「数えました。」「コインがすり減っていないか確認してください。」「確認しました。」「ご主人が受け

とえ不運による障害だったとしても、身の丈にあった節度ある振る舞いをしない障害者は公の場でからかわれてもよい、と指南しているからである。

(11) 元首政期においても障害者への差別は続いた。足と発声に障害があったクラウディウスは即位前、母アントニアから「人間の姿をした怪物」と言われ、祖母リウィアは彼と直接会話しないようにしたという。祖父アウグストゥスは、身体障害を「愚弄し、冷笑する癖のある民衆に、彼をもわれわれをも嘲笑させる材料を提示すべきではない」として、クラウディウスを一切の公職から遠ざけたという（スエトニウス「クラウディウス伝」四）。当時の民衆は、障害者をからかうだけでなく、怖れもした。大プリニウスによれば、てんかん持ちと右足が不自由な者は不吉とされていたので、かれらと出遭ってしまったときには、厄除けのために唾を吐きかける風習があったという（『博物誌』二八・三五）。

(12) セステルティウスは黄銅貨（五円玉と同じ）。他に、アス（銅貨）、デナリウス（銀貨）などがあり、元首政期の一デナリウスは四セステルティウス、一セステルティウスは四アスに相当した。一世紀末の軍団兵の月

収は一〇〇セステルティウスほど。二世紀初の公的アリメンタ制度（後出）で、嫡出の男子に支給された扶養補助は月に一六セステルティウス。

図5　**削り取られていない良貨**（4世紀，コンスタンティヌス2世の銀貨，Wikimedia Commons）

図6　**削り取られた悪貨**（4世紀，コンスタンティヌス2世の銀貨，Wikimedia Commons）

取ったのと同様の、すり減っていないコインで返済してください。」（ME 5a—e）

「フレーズブック」の借金の場面は架空の設定であるが、借金に関する実際の史料も少なからず残っている。たとえば、ネロ帝の師父でストア哲学者でもあったセネカが、友人に語った忠言が有名である。「最速で金持ちになる方法を君に教えてあげよう。……それにはまず、金を貸してくれる者（creditor）が必要だ。商売を始めるために、金を借りなければならないからだ。とは言え、返済保証業者（intercessor）を通して金を借りることはお勧めしない。融資代行業者（proxeneta）に君の名義をゆだねてしまうこともお勧めしない」（セネカ『道徳書簡集』一一九）。セネカの言にあるように、当時のローマには、融資に関わって様々な役割を担う業者が存在していた。それほどさかんに金の貸し借りが行われていたのである。実際、当のセネカも、人には徳や節制を説きながら、自らは法外な高利貸で三億セステルティウスもの財産を貯めこんだというからあきれる。

当時の借用書の現物も多数残っている。一例だけ紹介しよう。穀物商であったガイウス・ノウィウス・エウヌスの借用書である。彼は、南イタリアの港湾都市プテオリで金貸し業などを手広く営んでいたスルピキウス家から金を借りた。エウヌスは三七年六月一八日に、プテオリの公共穀物倉庫に保管されていた小麦やひよこ豆などを担保に一万セステルティウスを借り、債権者の望む期日に良質のコインで返済することを誓約している（『スルピキウス家文書』五一）。次いでエウヌスは、三七年七月二日に、前回と同じ穀物を担保として三〇〇〇セステルティウスを追加で借り（同文書五二）、三八年八月二九日にまた一一三〇セステルティウスを担保なしで借りている（同文書六七）。そして、三九年九月一五日に、記録に残る最後の借金一二五〇セステルティウスを担保なしで借

図7　家の守り神であるゲニウス（中央）**とラレス**（両隣），**多産豊穣の象徴である大蛇**（1世紀，ポンペイのウェッティウス邸の神棚，Wikimedia Commons）

(13) 古代ローマは、ギリシア宗教の影響を強く受けた多神教の世界だった。国家神の首座を占めたのは、ユピテル神（ギリシアのゼウス）、ユノ女神（ヘラ）、ミネルウァ女神（アテナ）の三柱。ゲニウスは、神々と人間の中間に位置し、人や場所に宿り守る超自然的存在。家の祭祀では家父長のゲニウス、皇帝崇拝では皇帝のゲニウスが信仰の対象となっていた。なお、「会話表現集」には、キリストの神は登場しない（キリスト教の影響は見られない）。

りている（同文書六八）。

「フレーズブック」でもエウヌスの借用書でも、すり減っていない良貨のことが言及されている。当時のコインの価値は、コインに含まれる金や銀などの貴金属の量に拠っていた。使われ続けて摩耗したコインや、意図的に一部が削り取られたコインだと損をする可能性があったので、借りる方も貸す方もコインの質にこだわっていたのである。

「フレーズブック」では担保不要となっているが、エウヌスの場合は最初の融資で、借りた金額以上の価値の穀物を担保に入れている。こうした扱いの差は、融資額の大小によるものだろう。興味深いのは、利息の扱いである。「フレーズブック」では借り手の「望む利息で」融資しましょうとあるが、そんなうまい話は教科書のなかだけの話であって、実際には双方で話し合って、六%から一二%（利息の上限）の間で取り決めていたと思われる。一方、エウヌスの例では、利息の話は一切出てこない。これはおそらく、双方で取り決めた利息分を貸金からあらかじめ差し引いた額を融資していたからだと推測されている。

前出のエウヌスは、三九年九月一五日の時点でまだ借金を完済できていなかった。商売があまりうまくいっていなかったのだろう。さすがに債権者もこれではまずいと思ったのか、それまでの融資では返済日は特定されていなかったが、この四回目の融資では一一月一日までに完済すること、完済できない場合には一日につき二〇セステルティウスの違約金を支払うこと、を借用書に明記させた。さらに、債権者はエウヌスに、最善最大の神ユピテル、神君アウグストゥスの神性とカリグラ帝の守護霊にかけて誓約することを求めている。

ローマの主神ユピテルと皇帝の守護霊（ゲニウス）(13)にかけて誓約するという行為は、裁判での証言や商売での契約でよく行われていた。皇帝の名にかけて誓約したことを履行しないのは沙汰の限りということで、鞭打ち刑が科されていた。また、これらの誓約は証人たちの前で行われていたので、誓いを破ることは自分の社会的信用を損なうことに直結した。加えて、現代人はあまりピンとこないかもしれないが、古代人にとって神にかけて誓約したことは、非常に重みのあることだった。「フレーズブック」でも、金を貸した貸さないでトラブルとなった場面が出てくるが――「誓えるか？」「君の望むんな場所ででも誓ってやるさ。」「よし、それじゃ行こう。神殿で誓ってもらう。」「神にかけて、君は私に金など貸していない、と誓う。」「よろしい、誓いを受け容れよう。」（H 23g―i）――、最終的には神にかけて誓約することで一件落着している。

生活レベル

ローマ史家のウォルター・シャイデルとスティーヴン・フリーセンは、二世紀半ばの帝国最盛期の人口を約七〇〇〇万人、[14]このうちエリート層（元老院議員層、騎士層、都市参事会員層、その他の富裕層）と兵士が占める割合を約三％と見積もっている。[15]そのうえでシャイデルとフリーセンは、年収ごと（主食の小麦を一年間にどれだけ購入できるか）の庶民層（エリート層と兵士を除く、残り九七％の人々）の人口構成を表1のように推計している。

シャイデルらによれば、当時のローマ帝国において衣食住をぎりぎり賄える年収は、小麦の量に換算すると、三三五～三九〇キロ、つまり、表1のレベル2の中間あたりに相当したという。ここで注目しておきたいことは、ぎりぎりの生活レベルにあった人々（レベル2）が帝国住民の六割弱を占めていたこと、そして、明日には野垂れ死ぬかもと怯えつつ暮らしていた人々（レベル1）が一～二割ほどもいたということで、これが最盛期とされる当時の現実でもあった。

(14) 関連史料が断片的にしか残っていないため、古い時代の人口を正確に見積もることは難しく、ローマ帝国も例外ではない。管見の限りでも、ローマ帝国の人口を四四〇〇万人と見積もる説、五五〇〇万人と見積もる説、五四〇〇～六〇〇〇万人と見積もる説、七〇〇〇万人と見積もる説があり、研究者によって様々であるという点には注意が必要。

(15) エリート層（表1のレベル8より上位）の人口・財産の内訳は以下の通り。元老院議員：六〇〇人、平均資産五〇〇万セステルティウス以上、平均年収三〇万セステルティウス以上。騎士：二万人、平均資産六〇万セステルティウス以上、平均年収四万セステルティウス以上。都市参事会員：一三万人、平均資産一五万セステルティウス以上、平均年収九〇〇〇セステルティウス以上。その他の富裕者：六万五〇〇〇～一三万人、平均資産一五万セステルティウス以上、平均年収九〇〇〇セステルティウス以上。兵士の数は三〇万人台。以上の数に彼らの家族の数を足すと、二〇〇万人ほどと見積もられる。

表1　年収ごとの庶民層の人口構成

レベル	購入可能な小麦の量（kg）	人口に占める割合（%）
8	3275～3930	0.4～0.8
7	2620～3275	0.6～1.2
6	1965～2620	1～1.8
5	1310～1965	1.5～2.7
4	655～1310	3.5～6.5
3	491～655	8～19
2	327～491	55～60
1	164～327	10～22

（W. Scheidel and S. J. Frisen, The Size of the Economy and the Distribution of Income in the Roman Empire, *JRS* 99（2009）, Table 7 より作成）

貧困・準貧困層が全人口の七～八割を占めていた背景には、当時の労働をとりまく状況の不安定さがあった。現代の公務員やサラリーマンのように長期かつ安定的に収入が保障されていた職業は、元首政期のローマ社会においては兵士くらいのものだった。家業を継ぐことができた一握りを除く大半の人々は、日雇いや数カ月単位の不安定な有期雇用で糊口をしのいでいた。

このような不安定な雇用状況において重要な役割を果たしていたのが公共事業である。ある技師が、わずかな費用で巨大な円柱を運び上げる技術の提供を申し出た際に、ウェスパシアヌス帝は技師の非凡な考案に感心して褒美を与えながらも、その申し出を断り、「私には貧しい労働者を雇わせてくれ」と答えたという（スエトニウス「ウェスパシアヌス伝」一八）。技術革新よりも雇用を優先したウェスパシアヌス帝の苦渋の選択は、不安定雇用による生活苦にあえぐ多くの帝国住民（とりわけ不熟練の単純労働者たち）の呻吟に耳を傾けざるをえなかった結果と言えるだろう。

元首政期のローマは平和と経済的繁栄を謳歌した時代だった。当時の碑文をみると、都ローマには少なくとも二六〇以上の職業が存在していた。これは、一八世紀のロンドンと比べても遜色ない数だという。当時のローマ社会はまさに「身過ぎは草の種」の状態だったと言えるのだが、にもかかわらず、為政者が技術の革新よりも雇用の確保に腐心せざるをえなかったのは、熟練労働者であった奴隷や解放奴隷という存在（全人口の約二〇%、労働力人口の四〇%近くを占めていた）が、自由な生まれの不熟練労働者の雇用機会を圧迫していたからと推測できる。大富豪の屋敷では、五〇を超える様々な役務に奴隷たちが従事している事例もあったという。奴隷たちは、日々これらの役務のどれかをこなすうちに、将来に役立つ職能を身につけることができた。言うなれば、職業訓練を強制的に受けさせられていたわけだ。そして、奴隷解放されたのちも、その能力を買われて元のご主人様の代理人を務めたり、あるいはその人脈を活かして商売で成功したりする者も少なくなかったのである（前出のエウヌスもこれにあたる）。

おそらく、就業よりも失業が常態だったレベル1やレベル2の人々の多くは、技能と人脈を持っていた奴隷や解放奴隷によって労働市場から圧し出された、自由な生まれの不熟練労働者たちだっただろう。そして、日銭を稼ぐのもままならなかったレベル1やレベル2の人々こそが、最も金を借りたい層だったにちがいないし、金の借り方や借りるときの言葉遣いは、かれらが真っ先に覚えておきたいことがらの一つだったにちがいない。

しかし、質草も持たない、返済できるかどうかも怪しいかれらに金を貸してくれるような貸金業者は、ほとんどいなかっただろう。貸金業者が相手にしたのは、前出のセネカが言及している、商売を始められるほどの元手や信用のある者たち、あるいは、エウヌスのような、商売をすでに始めていた者たちで、かれらはレベル3以上のいわゆる「中間層」だった。実際、「フレーズブック」で描かれている借金の場面でも、五〇〇〇セステルティウスとかなりの額の貸し借りとなっており、これは明日の生活費を工面するためのものではなかった。

ローマ史家のリチャード・サラーの見積もりによれば、元首政期の教師数は一万人ほど、生徒数は二〇万人ほどだったという。法曹を目指して、ラテン語とローマ法を学ぶ若者（「フレーズブック」の読者）がどれほどいたかは不明だが、いずれにしても、教師の「私塾」でギリシア語を学んでいた生徒（「スクールブック」の読者）とあわせても三〇万人は超えなかっただろう。そして、教師に月謝を払って母語以外の外国語を学んでいたかれらのほとんどは、レベル3以上の「中間層」の子弟であり、ぎりぎりの生活を送っていたレベル1やレベル2の者たちではなかった。(16) 実際、「スクールブック」の主人公の

（16）レベル1やレベル2の貧困・準貧困層の子どもたちは、読み書きの基礎教育を受けることなく就労する例がほとんどだった。仕事で必要な知識や技術は、親や年季奉公先で教え込まれた。レベル8より上のエリート層の子弟の場合は、大カトーのように、知識人である親自らが教育を施したり、グラックス兄弟のように、著名な学者を家庭教師に迎えたりしていた。

図８　トラヤヌス帝による公的アリメンタ（２世紀，ベネヴェントのトラヤヌス凱旋門，Wikimedia Commons）

少年は子守奴隷を伴って通学しているので、そのキャラクター設定は明らかに「中間層」の子どもである。

社会保障

古代ローマには、生活保護のような社会保障制度はほとんどなかった。「ほとんどなかった」というのは、「少しはあった」という意味で、たとえば、都ローマでは、前五八年のクロディウス法以降、穀物の無料配給が行われていた。しかし、配給の対象となっていたのはローマ市民二〇万人ほどで、これは都の住民の二〜三割にすぎず、しかも貧民に限られていたわけでもなかった。また、帝国の都市部を中心に、エリート層がポケットマネーで食糧や現金を都市民に支給する施与行為を行うこともあったが、これは個人の意思に任されていたので、継続性や定期性を欠いていた。

このようにローマは、「公助」を当てにできない社会、救貧・防貧の意識の薄い社会であったが、元首政期においては、平和と繁栄の余得ともいうべき制度が実現された。基金を設定して、そこから得られた利息分を貧しい自由民の子どもに支給するアリメンタ制度である。裕福な個人が基金を出資する私的アリメンタは一世紀半ば頃に始まり、帝国各地で実施された。皇帝が主導する公的アリメンタは、私的アリメンタに少し遅れて、ネルウァ帝の時代に始まり、イタリア内限定で実施された。

救貧・防貧を目的としたアリメンタ制度が行われるようになった背景には、人口の七〜八割を占めていた貧困・準貧困層の存在があったとみることができる。自由な生まれの子どもたちがアリメンタ制度の受給対象であったことに鑑みれば、貧困・準貧困層のなかでもとりわけ、その大半を占めていた自由な生まれの不熟練労働者とその子どもたちの存在が意識されていたのだろう。もちろん、アリメンタ制度の恩恵に与ることができたのは、これら細民のごく一部にすぎなかったが、それでも、収入が不安定で、金を借りる当てもなかった自由な生まれの不熟練労働者の一家にとっては干天の慈雨だったにちがいない。

　三世紀になりローマ帝国は、外敵の侵入、軍人皇帝の乱立、インフレ[17]の昂進による危機の時代を迎える。貨幣の改悪が続き、貨幣価値が低下したことで、基金と利息に頼るアリメンタ制度は破綻するに至った。この意味で、アリメンタ制度は、「ローマの平和」の産物だった。と同時に、この制度は、帝国住民の半分以上を貧困・準貧困層が占めていた厳しい現実の産物でもあった。平和と繁栄が失われて、アリメンタ制度は消滅したが、人口の過半を貧困・準貧困層が占めるという現実は残った。こうして帝政後期になると、アリメンタ制度に代わってキリスト教会が、救貧・防貧の機能を担うようになっていくのである。

「自助」の社会

以上、『偽ドシテウスのヘルメネウマタ』の「会話表現集」に出てくる、語学教材にはあまり似つかわしくない表現（悪口と借金）に着目し、それを導きの糸として、元首政期の社会を一瞥してみた。

　見えてきたのは、「公助」を当てにできない、まずは自分で何とかしなければならない「自助」の社会である。警察や司法が頼りにならず、もめごとや暴力沙汰が頻発していたローマ社会では、罵詈雑言が生活騒音の大きな部分を占めていたにちがいない。古代都市ポンペイの家壁に残る落書が、人をののしる下品な悪口であふれている事実が、当時の空気感をよく伝えている。「会話表現集」が人をののしる表現を採録しているのも、こうした文脈のなかで理解できるだろう。

(17) アルフレッド・ウォシンクの研究によれば、アウグストゥス帝からディオクレティアヌス帝までのインフレ率は、前二七～二五〇年が年率〇・七%、二五〇～二九三年が年率三・六五%、二九三～三〇一年が年率二二・九%で、物価指数の推移は、アウグストゥス帝時代（前二七～一四年）を一〇〇とした場合、ネロ帝時代の六四年頃が七五～八五、セプティミウス・セウェルス帝時代の二〇〇年頃が二〇〇、カラカラ帝時代の二一五年頃が二六七、デキウス帝時代の二五〇年頃が三〇〇、アウレリアヌス帝時代の二七四年頃が七〇〇、ディオクレティアヌス帝時代の二九三年が一四〇〇、同じくディオクレティアヌス帝時代の三〇一年が七〇〇〇と推測されている。ネロ帝の時代に一時的なデフレが発生したが、それを除けば緩やかなインフレが三世紀半ばまで続いた。しかし、三世紀後半からインフレが進み、三世紀末のディオクレティアヌス帝の時代になると、ハイパーインフレがローマ帝国を襲った。かくしてディオクレティアヌス帝は三〇一年に、一四〇〇〇ほどの商品やサービスの価格の上限を定める最高価格令を発布して、物価の狂乱と闘った。

ローマ社会は、差別が内在化された身分制社会だった。人をののしるときにも、奴隷や剣闘士などの劣格身分をほのめかす表現が好んで使われ、身体障害を揶揄する表現でさえ容赦なく堂々と使われていた。そうした光景は、法廷だけでなく、議場や日常生活の場においても、ありふれたものとなっていた。法的にも文化的にも人を区別し差別する社会、相手をののしることが世渡りに必要な汎用能力の一つとなっていた社会に、人権意識のようなものが根付くのは難しかったにちがいない。興味深いのは、おそらく歴史上はじめて「愛」を教義とする宗教すなわちキリスト教が、こんなローマ社会で誕生し発展したということだ。男のエゴを下敷きとした家父長制社会、差別を内在化した身分制社会に組み敷かれ、ののしられていた無数の社会的弱者たち（女性や障害者、奴隷や「賤業」従事者など）の存在が、隣人愛を説くキリスト教誕生の腐植土となってくれたのかもしれない。

　ローマ社会はまた、人口のわずか一％強にすぎないエリート層が帝国の富の二〇％前後を所有する格差社会だった。こうした富の偏在の結果、帝国住民の七〇～八〇％ほどの人々は、ぎりぎりか、またはそれ以下の生活を余儀なくされていた。ローマ社会には、保護者による支援（パトロキニウム）や、会費制の葬儀組合(18)といったような「共助」の仕組みもあるにはあったが、その恩恵にあずかることのできた貧民は多くはなかっただろう。

　ローマは、その最盛期にあっても、貧困率の高い社会、金を借りられるなら借りたい人々であふれていた社会だった。融資の仕組みは確かに整っていたが、貸倒れを恐れる貸金業者が貧困層を相手にすることはまずなかった。生活保護のような「公助」もなく、「共助」もあまり当てにできなかった社会のなかで、「自助」を求められながらその手段を多く持てなかった貧困層の暮らしぶりは、推して知るべし、である。空腹と頻発する

(18) 一三六年にラヌウィウムの町（ローマ市の南三〇キロほど）で設立された、ディアナ女神とアンティノウス（ハドリアヌス帝の愛人で死後に神格化された）を祀る組合の規程が、大理石板に刻まれて残っている。それによれば、組合への入会金が一〇〇セステルティウス、月会費が五アスで、会員は名簿順に従って当番年度に饗宴を主宰する義務を負った。会員が死亡したときには、二五〇セステルティウスの弔慰金が遺族等に支払われた（自殺の場合や会費未納の場合は除く）。また、ラヌウィウムから遠く離れた地で会員が死亡した場合にも、会員から選ばれた三名がわざわざ死没地に赴いて、葬儀の手配をすることになっていた。興味深いのは、（おそらくご主人様の許可を得た）奴隷にも入会が認められていたことである。ローマ世界では、埋葬も供養もされない死者はレムレスと呼ばれる浮かばれない亡霊となって生者の世界を脅かす、共同体全体に害を及ぼすと信じられていたので、自助を強く求めるローマ社会であっても、こと葬儀に関しては共助・互助の仕組みが自然と形成され、身分制社会の底辺に位置した奴隷ですら排除されることはなかった。

もめごとに直面して、貧民たちの口をついて出てきたのは、罵詈雑言のたぐいが多かったにちがいない。「会話表現集」が人をののしる表現と金を借りる表現を採録しているのは、突拍子もないことではなく、ローマ社会の現実を踏まえてのことだったと言える。

読書案内

E. Dickey, ***The Colloquia of the Hermeneumata Pseudodositheana, vol. 1, Colloquia Monacensia-Einsidlensia, Leidense-Stephani, and Stephani***, Cambridge, 2012

E. Dickey, ***The Colloquia of the Hermeneumata Pseudodositheana, vol. 2, Colloquium Harleianum, Colloquim Montepessulanum, Colloquium Celtis, and Fragments***, Cambridge, 2015

＊本章で扱った『偽ドシテウスのヘルメネウマタ』と、それに収められている「会話表現集」は、歴史学の分野ではあまり知られていない史料なので、残念ながら史料の日本語訳も日本語による研究もほとんどない。その意味で、「会話表現集」の史料訳と詳細な註釈を英語で読むことができるこの二冊の史料集は、実にありがたい存在である。

E. Dickey, ***Stories of Daily Life from the Roman World: Extracts from the Ancient Colloquia***, Cambridge, 2017

＊前掲の史料集の著者による一般向けの書。「会話表現集」から見えてくるローマ人の一日を簡叙している。また、関連するパピルス史料などの英訳も巻末にまとめてあって便利。

アルベルト・アンジェラ（関口英子訳）**『古代ローマ人の二四時間――よみがえる帝都ローマの民衆生活』**河出文庫、二〇一二年

＊ローマ人の一日の流れに沿って、トラヤヌス帝時代のローマ社会を活写している。著者はジャーナリストで歴史家ではないが、内容は概ね正確で、何より読んで面白い。

J. Carcopino, tr. by E. O. Lorimer, ***Daily life in ancient Rome: the people and the city at the height of the empire***, London, 2004

＊原著はフランス語。初版は一九四〇年と古いが、元首政期ローマの社会や人々の日常生活について学ぶ際に、まず参照されるべき一冊。本書の第二部は、ローマ人の一日を追体験する形で記述されている。

ロバート・クナップ（西村昌洋・増永理考監訳）**『古代ローマの庶民たち――歴史からこぼれ落ちた人々の生活』**白水社、二〇一五年

＊貧民や解放奴隷、兵士や娼婦といった社会階層ごとに、元首政期の庶民の暮らしぶりを詳細に描写している。

樋脇博敏**『古代ローマ人の生活』**角川ソフィア文庫、二〇一五年

＊人口や寿命、結婚や相続といったテーマごとに、共和政末期から元首政期にかけての社会のありようを簡潔にまとめている。

W. Scheidel and S. J. Frisen, The Size of the Economy and the Distribution of Income in the Roman Empire, ***JRS* 99** (2009), pp. 61-91

R. Saller, Human Capital and the Growth of the Roman Economy, ***Princeton/Stanford Working Papers, Classics Paper*** No.

060809 (2008), pp. 1-14

A. Wassink, Inflation and Financial Policy under the Roman Empire to the Price Edict of 301 A. D., *Historia* 40-4 (1991), pp. 465-493

第13章

ローマ帝国の衰亡と「古代末期」の気候変動

――気まぐれな自然が蝕んだ帝国の回復力《レジリエンス》――

南雲泰輔

ローマ帝国の衰亡に対して，気候変動はどのような影響を及ぼしたのであろうか。近年，「古代末期」に生じた変化について，古気候学の成果を取り入れつつ，環境史の視点から新たな議論が提示されている。本章では，ローマ帝政後期の変容や学説史の展開を概観したうえで，「古代末期」の気候変動と，ローマ帝国の人口動態に大きな影を落とした疫病の役割を取り上げ，帝政後期における古代世界の変容について解説する。

患者の腹部を診察するギリシア人医師
（アテナイ出土の墓碑，２世紀頃，大英博物館蔵）

ローマ帝国の変容――「古代末期」

一八世紀の啓蒙主義的歴史家ギボンが「人類史上最も幸福な時代」と呼んだいわゆる五賢帝時代（九六～一八〇）が終わると、ローマ帝国はかつてない変容の時代へと移行していった。アウグストゥス帝から始まったローマ帝政前期の統治構造は、三世紀を分水嶺として大きく変化した。すなわち、政治的、社会的、経済的、文化的、宗教的に、それまでとは異なる特質を持った「世界」が、地中海とそれに隣接する領域に徐々に形成されていったのである。この古典古代世界から中世西欧世界・ビザンツ世界への移行期を、一九七〇年代以降の学界では、単なるローマ帝国衰亡の時代ではなく、それ自体独自で固有の意義を持つ時代と見なし、「古代末期 Late Antiquity」と呼んでいる。

五賢帝時代最後の皇帝で、ストア派哲学者としても名高いマルクス・アウレリウス・アントニヌスの治世（在位、一六一～一八〇）ののち、ローマ帝国は疫病の蔓延と政治的・軍事的不安定のために、社会と経済の両面に大きな問題を抱えるようになった。帝国内部では、皇帝セウェルス・アレクサンデルの殺害（二三五年）以後、約五〇年間に二六人もの軍人たちが次々に「皇帝」として即位し、政治的・社会的な無秩序が拡大するとともに（いわゆる「軍人皇帝時代」）、通貨の濫発や品位低下のため経済的には著しいインフレが進行した。同じ頃、帝国の東方では、よく組織された官僚制と徴税システムを備えたサーサーン朝ペルシア（二四一～六五一年）が勃興し、アルシャク朝（パルティア）に代わってローマと対峙する一大勢力へと成長していった。帝国の北方では、ゲルマン人諸集団がドナウ川・ライン川の国境地帯をたびたび侵犯した。さらに、帝国の東西で「分離国家」(1)が同時多発的に形成された。このような混乱はしばしば「三世紀の危機」と総称されてきたが、不安定の度合いは帝国内でも地域差が大きく、北アフリカやエジプトでは相対的な安定と繁栄が享受されていた。

（1）ガリア（現在のフランス）ではポストゥムス（二五八～二七三）が、ブリテン島ではカラウシウス（二八六～二九三）が、パルミラでは女王ゼノビアとその息子（二七〇～二七三）が、それぞれ地方政権を樹立し、帝国の一体性を揺るがした。

（2）四帝統治制度（テトラルキア）は、帝国を四分して正帝・副帝を置き、正帝が一人退位するときは同時にもう一人の正帝も退位し、副帝が正帝に繰り上がるという、帝国の分割統治と帝位継承の安定化をはかる制度。

図1　テトラルキアの彫像（ヴェネツィア，サン・マルコ広場，Wikimedia Commons）

図2　ミラノ司教アンブロシウス（右）**に謝罪するテオドシウス1世**（左）（ファン・ダイク画，17世紀，Wikimedia Commons）

不安定な帝国秩序を再び安定させたのが、軍人皇帝ディオクレティアヌス（在位、二八四～三〇五）である。彼は効率的な統治を目指し、四帝統治制度（テトラルキア）の導入をはじめ、中央・地方行政再編、最高価格令によるインフレ対応、身分固定化による社会流動抑制、跪拝礼導入による皇帝神聖化、キリスト教・マニ教の迫害など様々な政策を導入した[2]。コンスタンティヌス一世（在位、三二四～三三七）は、ディオクレティアヌスの改革を基本的には受け継いで帝政後期の骨格を形作ったが、四帝統治制度を廃して帝位を世襲とし、のちに帝国東部の中心となる新都市コンスタンティノープルを建設したばかりでなく、キリスト教信仰を認めるなどの新機軸をも取り入れた。

四世紀から五世紀にかけては、帝国にとって外敵への対処が大きな課題となった。フン人に圧迫されたゲルマン人諸集団は当初難民として帝国内に流入してきたが、彼らは飢饉の際のローマ側の対応に反発して暴徒化し、三七八年に帝国東部の都市アドリアノープルでローマ軍を破り壊滅的被害を与えた。帝国東部の再建を期待されて即位したテオドシウス一世（在位、三七九～三九五）は、テッサロニケ住民虐殺事件（三九〇年）をめぐってミラノ司教アンブロシウスに謝罪したのち、異教祭儀を禁じる勅令を発布したが、アルボガストとエウゲニウスによる反乱やゲルマン人諸集団の侵入への対処に追われるなかで病没した。

以後、帝国はそれぞれに幼帝を頂く東西両宮廷間の深刻な対立と、その隙を突いたゴート王アラリックの勢力拡大により、修復不能な分裂に陥った。さらに、四〇六年末にはヴァンダル、スエウィ、アラニの諸集団が大挙して凍結したライン川を渡って侵入し、ガリアにおける属州統治を混乱させ、四〇九年にはブリテン島が帝国支配から離脱、そして四一〇年八月には、アラリックが「永遠の都」ローマを劫略して、深い精神的衝撃を同時代人に与えた。当時ベツレヘムにいた聖職者ヒエロニュムスは、ローマ劫略を世

図3
アウグスティヌス
（ボッティチェリ画，15世紀，Wikimedia Commons）

図4　テオドシウスの城壁（イスタンブール，筆者撮影）

界の終わりだと嘆き、ヒッポ（北アフリカの都市）にいた司教アウグスティヌスは、異教徒たちの批判に対してキリスト教を擁護すべく『神の国』を執筆した。

帝国分裂と「永遠の都」劫略以後の東西の歩みは、まったく異なるものとなった。帝国西部では、ガリア北部を中心にフランクやブルグンドなどゲルマン人諸集団が各地に定着し、のちの国家建設の基礎を着実に準備しつつあった。帝国東部では、テオドシウス二世（在位、四〇八～四五〇）の約半世紀にわたる長い治世のあいだに、堅固な城壁で守られた新しい「首都」コンスタンティノープルを中心とする帝国統治体制が整備され、東方のサーサーン朝との関係も安定した。

このように新たな展開に進み始めた帝国の東西両部を翻弄したのが、アッティラ率いるフン人の帝国である。東西両宮廷による必死の外交努力にもかかわらず、アッティラは五世紀前半にたびたび帝国領土を侵犯し混乱させた。四五一年六月、カタラウヌムの戦いで敗れたアッティラは、翌年ローマ市を劫略すべく再びイタリアへ向かったが、軍内の食糧不足と疫病（天然痘とされる）に悩まされ実現しなかった。彼が四五三年に暗殺されたのち、その帝国は直ちに瓦解したが、ローマ帝国もまた、西部ではまもなく皇帝が廃位されて静かに音もなく崩壊し、東部ではテオドシウス家が断絶して再び軍人皇帝が姿を現してくる。

ユスティニアヌス一世（在位、五二七～五六五）の治世には、失われた帝国西部領域を再征服し、地中海を内海とする古代ローマ帝国の復活が試みられたが、サーサーン朝の侵攻や天災・疫病による人口減少のため、帝国財政は疲弊した。ユスティニアヌス没後、帝国東部とサーサーン朝の交戦に加え、アヴァール人、ブルガール人、スラヴ人ら諸集団の移動、そしてとりわけ七世紀におけるイスラーム勢力の勃興により、「古代末期」は終わりを迎え、時代は中世へと移ってゆく。

図5　ユスティニアヌス1世（ラヴェンナ，サン・ヴィターレ聖堂のモザイク画，Wikimedia Commons）

このように、「古代末期」におけるローマ帝国の変容は長期かつ広範囲にわたるものであったが、その背後には同時代における環境の変化がつねに見え隠れする。本章では、おおむね二世紀後半から八世紀前半までを対象に、ローマ帝国の衰亡とその背景としての気候変動の影響関係を取り上げ、特に人口動態に大きな影を落とした疫病の役割に焦点を当てながら、ローマ帝政後期における古代世界の変容の様相について解説する。

ローマ帝国衰亡論と気候の歴史

「古代末期」におけるローマ帝国の変容の問題は、伝統的にはローマ帝国衰亡論の範疇で議論されてきた。この衰亡論は、内因論と外因論に大別される。内因論とは、身分の固定化や官僚制の腐敗など帝国内部にその衰亡要因が存在したと考える立場であり、外因論とは、ゲルマン人諸集団の侵入やサーサーン朝からの外圧など帝国外部からの影響によって帝国崩壊がもたらされたと考える立場である。もとよりローマ帝国衰亡を単一の原因に帰するなどということは不可能であり、複数の要因が複雑に絡み合ったものと理解することが適切であろう。ドイツの古代史研究者デーマントによれば、これまでに提示されてきた衰亡原因論を分類整理すると、迷信や専制主義、農奴制、農業問題、入浴習慣、破産、蛮族化、キリスト教など、二一〇を数えることができるという。それぞれの時代を生きた人々が、自らの時代のはらむ諸問題を映し出す鏡／鑑として、さらには将来への「処方箋」として、ローマ帝国の衰亡へ様々な角度から眼差しを注いでいたことが、衰亡原因論がこのように多岐に及ぶという事実に端的に示されている。その限りでは、衰亡要因の議論は同時代的な制約から逃れえないものであり、常に相対化の要請にさらされていることに留意しなければならない。

これらの諸要因のなかには、気候変動も含まれている。地球環境の変化が、ローマ帝

図6　エルスワース・ハンティントン（1876～1947年，Wikimedia Commons）

（3）代替データ（プロキシ・データ）とは、樹木の年輪、氷床コア、氷河、洞窟内二次生成物（石筍や鍾乳石など）、海洋底・湖沼堆積物とその年縞、花粉、貝殻、同位体（ベリリウム同位体、炭素同位体など）など、過去の気候変化の痕跡を保存し、古気候を復元するために用いられる。

国の衰亡に何らかの影響を及ぼした可能性は古くから指摘されてきた。たとえば、二〇世紀前半のアメリカの地理学者ハンティントンは、カリフォルニアにおける年輪年代学の知見を応用して、帝国の没落原因は降雨量の変化に起因する農業の衰退にあったとし、気候変動と民族・文明の移動や興亡との密接な関連について、先駆的な仮説を提示した。しかし、彼の学説は典型的な環境決定論であったばかりでなく、気候変動をローマ人の人種的純粋性の喪失に結びつけるなど優生学的色彩を濃厚に帯びていたため厳しく批判され、その後顧みられることは多くなかった。

　歴史に対する気候の影響について学界状況が大きく変化したのは、アナール派の歴史学者ル・ロワ・ラデュリの『気候の歴史』刊行（原著一九六七年。邦訳：稲垣文雄訳、藤原書店、二〇〇〇年）によってである。彼の研究は古代史を対象としたものではないが、それまでの歴史学者たちの気候学的知見に対する無関心と怠慢を痛烈に皮肉り、ハンティントンのローマ衰亡気候変動原因説についても、単なる「堅き信念」にすぎないと一蹴した。ル・ロワ・ラデュリは、歴史に対して気候が決定的な影響を与えたという考え方は、人間中心的な先入観に基づく空想的気候史だと述べて、史資料中に断片的に記されたエピソードによらない、純粋に科学的な気候の歴史を構築しようと試みたのである。

　もとより環境史は、歴史学や考古学のみならず、自然科学の複数分野にまたがって多様な知見を必要とする統合知（コンシリエンス）の領域である。とりわけ気候史の領域では、近年、気候変動を追うために利用可能な代替データ[3]が増加し、いっそう正確な分析が可能となってきたため、過去の気温や降雨量の変化について、古気候学の新たな成果を積極的に取り入れた議論が始まっている。実際、アメリカの古代史研究者モリスやシャイデルらは、こうした研究の進展を踏まえ、聖書のヨハネ黙示録に示された支配、戦争、飢饉、疫病をもたらす四人の騎士になぞらえて、政治的変革や戦争のみならず、気

図7　トマス・ロバート・マルサス（1766～1834年。リネル画，19世紀，Wikimedia Commons）

候変動と疫病流行の歴史的意義もまた重視されるべきことを主張している。

良好な気候条件に恵まれ、ユーラシア規模で海陸両方の長距離交易活動がさかんに行われたローマ帝国時代は、同時に感染症の移動の時代でもあり、人々が未知の病原菌に遭遇する可能性がこれまでになく高まった時代であった。そもそも古代にあって住環境を取り巻く衛生状態は決して良好でなく、特に多くの人々が密集して住む都市は、古典古代文明の象徴である一方、マラリアや結核などの疫病にはきわめて脆弱で、新しい病原菌に対して免疫を持たない人々の死亡率も必然的に高くならざるをえなかった。

こうした生態学的観点からの研究は、古くは聖職者・経済学者マルサスが『人口の原理』（原著初版一七九八年。ローマ衰亡に関する記述があるのは、一八二六年の第六版。邦訳：大淵寛ほか訳、中央大学出版部、一九八五年）で帝国衰亡との関連を示唆した古典的学説があり、また疫病史の名著であるジンサーの『ネズミ・シラミ・文明――伝染病の歴史的伝記』（原著一九三五年。邦訳：橋本雅一訳、みすず書房、一九六六年）やマクニールの『疫病と世界史』（原著一九七六年。邦訳：佐々木昭夫訳、中公文庫、二〇〇七年）でも、ローマ社会の人口動態上、疫病は人口減少や死亡率増加にとり無視できない要因として認識されてきた。近年では、発掘された遺骨から採取したＤＮＡの分析から、疫病の病原菌やその移動経路を分子生物学的に特定しようとする研究も行われている。

環境の変化に対して、ローマ帝国はどのように対処しえたか。何らかの打撃や損害を受けたとき、複雑に専門分化した統治システムや社会は、その衝撃をいかに吸収し、どれほど迅速かつ効率的に回復しえたか。ギボンが『ローマ帝国衰亡史』で驚愕したように、その長期にわたる存続こそがローマ帝国の歴史的特質であったとすれば（「西ローマ帝国滅亡の総括」）、それを可能にしたのは帝国の回復力（レジリエンス）に他ならない。食糧危機、飢饉、旱魃、地震、火山噴火、津波、洪水など、環境に起因する危機の影響の規模と深刻さは多様であり、凶作やティベル川の洪水のように影響が相対的に短期的で早期に回復可能なものもあれば、都市ポンペイやヘルクラネウムを壊滅させたウェスウィウス火山の噴火（七九年）のように、破局的で回復不能な惨禍もある。

では、気候変動と疫病流行に対して、ローマ帝国の回復力は果たして有効に機能しえたのであろうか。気候変動と疫病流行は、ローマ帝国の回復力をいかに侵食したのであろうか。気候変動と疫病流行が帝国の回復力の閾値を超えるほどの影響を及ぼしたとき、その結果はどのようなものになったであろうか。近年の重要な研究を参照しつつ考えてみたい。

ローマ気候最適期とその終焉

ローマ帝国が地中海各地に進出して領土を拡大し、繁栄を享受していた時代は、地質学上の時代区分では完新世後期[4]に相当する。完新世の気候は太陽活動の変動に影響を受けており、完新世後期（前二二五〇年頃以後）に入ると全般的な寒冷化に向かった。前四〇〇年頃からサブ・アトランティック期と呼ばれる現在まで続く冷涼湿潤な段階に入ったが、完新世後期のなかでも前二〇〇年頃から後一五〇年頃までの期間は、例外的に最も温暖湿潤かつ安定した気候となり、「ローマ気候最適期」と呼ばれる。ちなみに、ローマ帝国は、地理的には西経九度から東経三八度、北緯五六度から二四度の間に位置し、地域によって差はあるものの、地中海を中心に抱くその気候は、概して北大西洋振動[5]の影響を強く受けることが知られている。

ローマ気候最適期には、地中海世界の大部分で気候が安定し、緯度の高いガリア、ライン川流域、ブリテン島などでも作物の生育期間が長くなった。特に、エルニーニョ・南方振動[6]が弱まり、夏期に発生するナイル川の氾濫が豊かな実りをもたらしたことは、

表1　ローマ時代の気候区分

前200年頃～後150年頃	ローマ気候最適期（Roman Climate Optimum）
150年頃～450年頃	ローマ移行期（Roman Transitional Period）
450年頃～700年頃	古代末期小氷期（Late Antique Little Ice Age）

（K. Harper, *The Fate of Rome : Climate, Disease, and the End of an Empire*, Princeton/Oxford, 2017, p. 15）

（4）完新世は、前一万年前から始まり、現在に至る相対的に温暖で安定した間氷期のこと。

（5）北大西洋振動は、アゾレス高気圧とアイスランド低気圧の間の気圧差の周期的変化であり、二つの気圧の変動が偏西風の進路と強さに影響し、北半球の平均気温やヨーロッパの降雨量に大きな影響を及ぼす。

表2　前50年から165年の期間にローマ帝国で発生した疫病

疫病発生年	概　要
前43	おそらく前44年の火山噴火に続き，疫病発生。ティベル川の洪水に続いて発生したマラリアと推定。ほぼイタリア全域へ波及。
前23	ティベル川洪水。ローマで疫病発生。
前22	ティベル川洪水に続き疫病発生。イタリア全域へ波及。
65	イタリアで荒天。秋にひどい疫病発生。３万人が死亡。
77	ローマで疫病発生。
79/80	ウェスウィウス火山噴火。ローマで前例のない疫病発生。１日の死者１万人。
90	ローマ・全世界で疫病発生？
117-138	飢饉・疫病・地震発生。
148頃	アシアの多くの都市で炭疽病発生。

(K. Harper, *The Fate of Rome : Climate, Disease, and the End of an Empire*, Princeton/Oxford, 2017, p. 89)

(6)　エルニーニョ・南方振動は、太平洋熱帯域で生じる大規模な気圧・海面水温の偏差パターンを指し、その変動は気候に対して世界規模で影響を与える。

ローマ社会の回復力を支える重要な環境要因となった。農業生産高の増大は人口増加につながり、都市化の進行と交易の活発化を促し、結果として政治的・経済的発展が現出した。火山活動は、例外はあるものの総じて低調で、疫病の発生頻度も低下した。歴史家リウィウスの記録によれば、共和政期のローマ帝国を襲った疫病は、前四九〇年から前二九二年までに二四回（平均八・二五年に一度）発生したのち、約八〇年間の空白を挟んで、前二一二年から前一六五年の期間では一〇回（平均四・八年に一度）に増加した。そして、その後ははっきりと減少に転じる。ローマ帝国の地中海世界への勢力拡大と支配の安定は、このような良好な環境のなかでこそ実現しえたものだったといってよい。

しかし、その繁栄は二世紀後半になると徐々に陰り始めた。ローマ気候最適期ののち、約三世紀間にわたって気候が大規模に不安定化した時代を、アメリカの古代史研究者ハーパーは「ローマ移行期」と呼ぶ。その前半期は、太陽活動の低下と日射量減少のため気候が冷涼となり、アルプスの氷河が拡大した。アルプス地方東部の年輪データによると、二四三〜二五三年に急速な寒冷化が進み、三一五年頃まで徐々に冷涼となり、再び温暖になるのは三六五年頃を待たねばならなかった。加えて、エルニーニョ・南方振動が強まりナイル川の氾濫が弱まった結果、エジプトで穀物収量が減少し、二四〇年代には北アフリカやパレスティナでも旱魃や深刻な食糧危機が頻発した。三世紀半ばの証言によれば、冬期の降雨量は減少し、春になっても気温が上がらず、夏期の日照は穀物の成長に充分ではなく、秋の実りは乏しかったという（キュプリアヌス『デメトリアヌスへ』三）。この不安定な期間に、ローマ帝国は二度の大きな疫病流行を経験した。アントニヌスの疫病とキュプリアヌスの疫病である。好ましい気候が終わりを迎えるとともに襲来したこれら二つの疫病は、従来の研究ではローマ帝国の回復力を侵食し、帝国衰退の大きな要因となったと理解されてきたが、近時、その実相の評価は見直されつつある。

図8　マルクス・アウレリウス・アントニヌス（ローマ，カピトリーノ美術館蔵，Wikimedia Commons）

アントニヌスの疫病――一六五～一八〇年

一六五年、マルクス・アウレリウス・アントニヌスの治世に大きな疫病が発生した。この疫病は、皇帝の名にちなんで「アントニヌスの疫病」と呼ばれ、およそ一五年間にわたって流行した。四世紀の史料である『ローマ皇帝群像』に記された疑わしい記録によると、マルクス帝の共同皇帝であったルキウス・ウェルスによるパルティア遠征の帰路、麾下の兵士がバビロニアのアポロン神殿で金の小箱を開けたところ、そこから噴き出た瘴気（ミアスマ）によって疫病が広がったという（「ウェルスの生涯」八）。

もっとも、史料に疫病の発生が記録されていても、最初の発生地や病名を確定することは困難である。そもそも古代において有害な病気は、南方・東方からもたらされるものとするのが一般的な理解であった[7]。さらに、細菌やウイルスなど病原微生物の存在は認識されておらず、病気は弁神論[8]や食物、とりわけ瘴気に由来するものと考えられていた。また、記録された症状の正確さにも問題があり、たとえば史料中に「発疹」が言及されていても、単なる隆起なのか、あるいは膿胞や潰瘍を伴うのかなどがわからなければ、現代の医療水準で期待される「確定診断」は望むべくもない。

ともあれ、後代の史料のなかでウェルスによる東方遠征との関連が示唆されたこの疫病は、東方のペルシアと小アジアでまず広がったようであり、続いてイタリア、ダキア、ノリクム、アテナイ、エジプトへと拡大していった。アントニヌスの疫病については、これを実際に経験した同時代人三名による記録が残されている。弁論家アエリウス・アリスティデス、小説家ルキアノス、そして医師ガレノスによるものである。

感染拡大の初期にあたる一六五年夏、小アジアのスミュルナで疫病に襲われたアリスティデスによれば、隣人や使用人、家族のほか、自身も罹患し、さらに家畜にも感染が広がったという。アリスティデス自身は、医師に見放されたにもかかわらず奇跡的に回

(7) たとえば、前四三〇年にアテナイで発生し、軍に甚大な影響を与えた有名な疫病は、歴史家トゥキュディデスによってエチオピア起源と記録された（『歴史』第二巻第四八節）。この病気は、現在では、DNA分析によって腸チフスの一種とされている。また、ローマ時代に流行した「メンタグラ」という皮膚の伝染性疾患は、大プリニウスによれば小アジア起源とされた（『博物誌』第二六巻二～三節）。

(8) 世界の創造者たる全能な神の善性と、世界における悪の存在とは矛盾しないとする考え方。

復したが、代わりに子どもをおそらく同じ病気で失ったようであり、深い悲嘆を記している（『聖なる話』二・四四）。また、疫病流行中にギリシアに居住していたと思しきルキアノスは、当時、偽の預言者であるアレクサンドロスなる人物が「髪を刈らざるポイボスが、悪疫の雲を遠ざけておくであろう」（『偽預言者アレクサンドロス』三六。内田次信訳）という託宣を方々へ送付したこと、にもかかわらず多数の人々が死亡したことを記している。しかし、いずれの記述からも病気が最初に発生した場所や病名の特定は困難である。この点で、医師ガレノスが、この疫病を「大疫病」「非常に長い疫病」と表現し、患者の高熱、下痢、喉の潰瘍、そして黒色で潰瘍化した丘疹など、症状について唯一の記録を残していることは貴重な証言である（『自著について』、『治療法について』など）。現在の学界では、ガレノスによる記述から推定して、疫病の正体は出血性の天然痘とする説が有力である(9)。

一六六年、疫病は首都ローマに到達した。ローマ市は人口の稠密と帝国全域からの移民のために、他のどこよりも死亡率が高かったという。このときガレノスは、当時滞在していたローマ市から、故郷ペルガモン（小アジアの都市）へ向けて慌ただしく旅立った(10)。その後、一六八年末にアクィレイア（北イタリアの都市）で疫病が発生したとき、ガレノスはマルクス帝に召喚され、同地で治療行為に当たった。「医者や舵取りが患者に熱のあるのや逆風の吹くのを驚くのも恥ずかしいことである」（『自省録』八・一五。神谷美恵子訳）と記したマルクスからすれば、当時高名な医師であったガレノスが患者の治療に携わるのは当然と思われたのかもしれない。しかし、治療の甲斐なく多くの人々が亡くなった。それはウェルスやマルクスのような皇帝たちも例外ではなかった。

アントニヌスの疫病による影響の評価は、研究者間で相違が大きい。この疫病を破局的なものとみる説では、帝国全体で一五～三三％（マクニール説）あるいは一五～三〇

図9　医師ガレノス（18世紀の銅版画，Wikimedia Commons）

(9) ガレノス自身は体液説論者であったためか、天然痘の特徴である体表面の発疹を中心にした詳細な議論は残されていない。かつての学界で提案された炭疽病や麻疹など、別の病気が同時に発生し流行した可能性も指摘されている。

(10) この行動について、ガレノスが疫病流行を前にしてなす術もなく逃亡したとする説もあるが、古代史研究者マターンは、先に疫病に襲われていた故郷の状況を慮ったがゆえの行動であった可能性を推定している。

図10　カルタゴ司教キュプリアヌスの殉教
（15世紀の木版画，Wikimedia Commons）

％（スタタコプロス説）の死亡率を推計し、人口の急激な減少、特に軍における人的資源の欠乏が、その後の帝国衰亡の要因と位置づけられた。他方、衰亡要因とするのは誇張で、実際の影響は大きくなかったとする説では、一六〇年代に失われたのは帝国総人口の一～二％に過ぎず、死亡者数は約一〇〇万人と推測された。最近では、ハーパーが帝国総人口の一〇～二〇％程度が死亡したとみている。実際、アントニヌスの疫病は確かに大きな災禍であったが、にもかかわらず、それによって帝国が直ちに崩壊することはなかった。続く時代の「危機」は、決してアントニヌスの疫病とそれによる人口減少が唯一の原因だったのではなく、当時の帝国で進行中だったインフレのような経済的要因や、外部集団の侵入など外的要因の影響もまた大きかったとするのが妥当であろう。

キュプリアヌスの疫病――二四九～二七〇年

二四九年から二七〇年にかけて、北アフリカ（おそらくエチオピア）を起源とする疫病がローマ帝国を襲った。二四〇年代の異常気象による環境変化が疫病発生をもたらした可能性が指摘されており、カルタゴ司教キュプリアヌスによるまとまった証言が残されていることから、「キュプリアヌスの疫病」と呼ばれる。ハーパーによれば、この疫病は、アントニヌスの疫病と比べ従来注目されることが少ない「忘れられた疫病」であったが、実際にはアントニヌスの疫病よりも多くの同時代史料が残されている。とりわけ、この疫病の実情を明らかにするうえで中心的な重要性を持つのは、疫病発生当時の目撃者であるアレクサンドリア司教ディオニュシオスの書簡と、同じく目撃者であり、かつ疫病の名前の由来となったカルタゴ司教キュプリアヌスの説教である。

アレクサンドリア司教ディオニュシオスの書簡は、後代のカエサレイア司教エウセビオス著『教会史』に引用されて伝存する。おそらく二四九年春に書かれた書簡のなかで、ディオニュシオスは、当時アレクサンドリアで発生した騒擾に言及するとともに、ナイル川流域を襲った旱魃と洪水、そしてそれらに引き続き疫病が発生し、多数の死者が生じたことを記録している。これがキュプリアヌスの疫病に関する最初の報告である。彼は、「かつては四〇歳から七〇歳までの人たちがあまりにも多かったので、現在の数は、一四歳から八〇歳までの人たちが公けの食糧配給を受ける者として登録され勘定されたとしても、かつての数には及びません」と述べ、「地上の人間という種族が絶えず減少し、消滅していく」と嘆いている（『教会史』七・二一。秦剛平訳）。オーストラリアの古代史研究者パーキンは、この記述から、アレクサンドリアの総人口を五〇万人、平均余命を二五歳と仮定し、同市の総人口の六二％が疫病流行期間中に失われたと推計した。

興味深いことにディオニュシオスは、翌二五〇年に書かれた書簡で、多数の死者が生じ、「悲嘆の声が町中に響きわたっています」と嘆くのみならず（『教会史』七・二二。秦剛平訳）、キリスト教徒にとってこの疫病は試練であるとも述べる。というのも、キュプリアヌスによれば、患者は、「腹部の流血が元での体力の消耗、喉に傷が生じ、骨髄に達するほどの烈火のような高熱と激痛に焼かれること、連続的な嘔吐による腸痙攣に悩まされること、血圧の力で両目が真赤に燃え充血すること、足または体の一部が悪疫に感染して朽ち落ちること、あるいは歩行困難をきたしたり、聴覚・視覚障害を起こしたり、身体の一部を消失または破損したりして、突然襲われる苦しみ」にさらされたが（『死を免れないことについて』一四。吉田聖訳）、こうした患者を放置・放棄した伝統宗教の信者たちとは異なり、キリスト教徒らは献身的に病人の看護を行い、自身が病気で死亡したとしても殉教者として扱われたからである。それゆえ、アメリカの社会学者スタークは、キュプリアヌスの疫病が、以後の時代におけるキリスト教の普及拡大に大きく貢献する出来事であったことを説得的に論じた。もっとも、当時のキリスト教会が、この災厄を組織的に利用する準備を十分に整えることができていたかどうかを疑問視する向きもある。

疫病は、アレクサンドリアとカルタゴをはじめ、アンティオキア、ローマなど大都市へ拡大したほか、都市と農村とを問わず帝国規模で流行した。『ローマ皇帝群像』によれば、ローマ市やアカイア（ギリシア）の諸都市で一日に五〇〇〇人が死亡したという（「ガリエヌスの生涯」五・五）。病気の正体については、天然痘、麻疹、ペスト、髄膜炎菌性髄膜炎、細菌性赤痢、インフルエンザ、ウイルス性出血熱などが候補として挙げられているが、確定していない。キュプリアヌスの疫病が及ぼした社会的・経済的・政治的・文化的影響については、現在の学界では、アントニヌスの疫病と同程度か、それよりもはるかに破壊的で、「西洋の最悪の時期」だったとする説が有力である。

とはいえ、アントニヌスとキュプリアヌスの両疫病について、史料に記された数字を文字通りに受け取ることには慎重であらねばならない。疫病の影響に関する評価が研究者間で相違することが多いのは、史料中の言及が断片的・簡潔で、古代における罹患率と死亡率に関する統計の数字に裏づけとなる直接的な証拠が乏しく、さらには史料に偶然残された個別地域の事例を、帝国全体の状況理解へと敷衍することも困難だからである。もとより、これら二つの疫病を経ても、帝国はなお存続した。それゆえ、二・三世紀の疫病の影響は、ローマ帝国の回復力の閾値を超えるものではなかったといえよう。

古代末期小氷期の到来とユスティニアヌスの疫病——五四一～七四九年

二、三世紀に猛威を振るった二つの疫病ののち、ローマ移行期の後半（三〇〇～四五〇頃）は、日射量の増加に伴い、特に四世紀は温暖で、貨幣経済の活発化と継続的な人

表3　ローマ移行期後半に発生した疫病

疫病発生年	概　要
304-305年	ガレリウスとマクシミヌス治世に飢饉・疫病発生。
312-313年	帝国東部で冬の旱魃後，飢饉・疫病発生。
333年	シリア，キリキア，アンティオキア，キュロスで飢饉・疫病発生。
346年3-7月	エジプト・テーバイスの修道院で疫病発生。修道士の死者100名以上。
359年夏	ペルシア遠征中，攻囲されたアミダで疫病発生。
360年？	アンブラダとその後背地で旱魃・疫病発生。
360-361年夏	エジプトのプボウ（テーバイス）で疫病発生，1～2日で多数の修道士死亡。
363年夏	ユリアヌス戦死とヨウィアヌス登位の直後，ペルシア国境地帯で飢饉・疫病発生。
378-379年頃	イリュリクム地方で飢饉・疫病（人獣共通感染症？）発生。
383年	マケドニアで疫病発生。
384-385年	アンティオキアで飢饉・疫病発生。死者多数。
395-396年／396-397年	冬期にアラリックによるペロポネソス半島劫略中，疫病発生。
397-398年	ローマで飢饉・疫病発生。ティベル川洪水と関連か。
399-400年以後	彗星目撃。帝国全体で飢饉・疫病発生。
406年頃	パレスティナで蝗害・疫病（人獣共通感染症）発生。
405年／406-407年	ククソス（カッパドキア）で飢饉・疫病発生。
408年晩秋から冬	ローマで飢饉・疫病発生。
410年	スペインで飢饉・疫病発生。食人発生。
418年	帝国全体で飢饉・疫病が発生した可能性。
434年？	パンノニアで疫病が発生した可能性。
440年代？	テラニッソス（アンティオキア）で飢饉・疫病が発生した可能性。
442年	彗星目撃。帝国全体で疫病が発生した可能性。
445年	コンスタンティノープルで疫病（人獣共通感染症）発生。
446年	コンスタンティノープルで飢饉・疫病発生。
447年	コンスタンティノープルと後背地で飢饉・疫病（人獣共通感染症）発生。
451-454年	フリュギア，ガラティア，カッパドキア，キリキア，パレスティナで飢饉・疫病発生。
451-452年	イタリアで飢饉・疫病発生。
452-458年	コンスタンティノープルで食糧不足・疫病が発生した可能性。
467年春	ローマと後背地で疫病発生。
471年10月-472年7月	ローマで飢饉・疫病発生。
494-495年	エデッサで疫病（天然痘？）発生。
496-497年	エデッサで疫病（天然痘？）発生。
500年3月-502年6月	エデッサで飢饉・疫病発生。
507年	アレクサンドリアで疫病（マイコトキシン？）発生。
525-531年	帝国東部で疫病が発生した可能性。
537年夏	ローマで飢饉と疫病発生。
539年春から夏	イタリアで飢饉・疫病発生。死者多数。ポー川の水の飲用に起因か。

（D. Stathakopoulos, *Famine and Pestilence in the Later Roman and Early Byzantine Empire : A Systematic Survey of Subsistence Crises ad Epidemics,* Farnham, 2004, pp. 177-277に基づき作成）

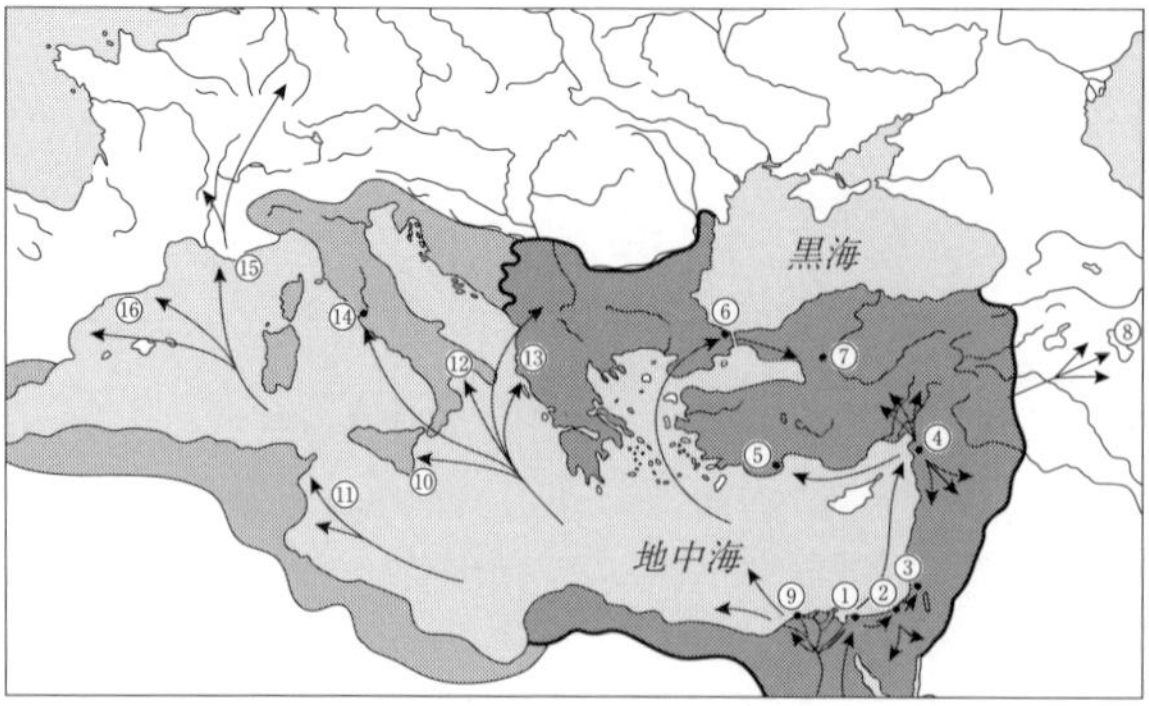

図11
ユスティニアヌスの疫病の伝播
（P. Horden, Mediterranean Plague in the Age of Justinian, M. Maas ed., *The Cambridge Companion to the Age of Justinian,* Cambridge, 2005, pp. 136–137 および J. Haldon, *The Palgrave Atlas of Byzantine History,* Basingstoke, 2005, p. 23 に基づき作成）

口増加をみた。しかし、気候は不安定だった。北大西洋振動の影響が強まり、ヨーロッパ北部や中東では降雨量が増え湿潤となる一方、スペインから中央アジアに至る緯度帯は乾燥気味となり、旱魃や食糧不足、そして疫病もたびたび発生した。

五世紀半ばになると「古代末期小氷期」と呼ばれる寒冷期に突入した。五二〇〜五三〇年代には食糧不足と飢饉が頻発した。特に五三五年から翌年にかけ、一年半以上にわたって太陽や月の光が弱くなり、深刻な冷夏と不作が複数の史料に記録されている。五三〇〜五四〇年代は、完新世後期で最も寒冷な期間となったのである。六世紀半ばに地球規模での異常気象が発生したことは、こうした史料の記述のほか、年輪・氷縞など代替データの分析によって確証されたが、その原因については小惑星や彗星の衝突、火山噴火が想定されてきた。

イギリスのジャーナリストであるキーズは、氷縞に残る硫酸層のデータから火山噴火説を有力視し、五三五年に発生した、三〇〇〇年に一度という火山の大噴火（インドネシアのクラカタウ火山説が有力）による、いわゆる「ダスト・ヴェイル・イヴェント」が、全世界的な異常気象をもたらして人口を激減させ、スラヴ人とアヴァール人の移動やサーサーン朝によるローマ帝国東部領域占領の引き金となり、さらにはイスラームの勃興さえも促したと論じた。気候変動が直接・間接のきっかけとなって、六世紀半ばに政治・経済・軍事・文化が全般的に不安定な状態に陥ったというのである。

この不安定化の主たる構成要素の一つとされてきたのが、気候変動に伴って発生した疫病流行である。五四一年七月半ば、エジプトのナイル川デルタ東端部に位置する港町ペルシウムで、疫病の発生が報告された。感染者は突然の高熱に続き、目の充血と腫れ、下痢、下腹部・腋・耳の後ろ・大腿部のリンパ節の腫れ、昏睡や譫妄などが生じ、数日以内に死に至ったという。身体に黒色の膿疱ができ、血を吐いて死ぬ者もいたらしい。

▩ユスティニアヌス１世治世のローマ帝国領域（再征服事業前）
▒ユスティニアヌス１世治世に再征服された領域（530–554年頃）

①ペルシウム（541年７月）
②ガザ（541年８月）
③イェルサレム（542年）
④アンティオキア（542年夏）
⑤ミュラ（542年夏）
⑥コンスタンティノープル（542年３月／４月）
⑦シュケオン（542年夏）
⑧メディア・アトロパテネ（542年秋）
⑨アレクサンドリア（541年９月）
⑩シチリア（542年12月）
⑪チュニジア（543年１月／２月）
⑫イタリア（543～544年）
⑬イリュリクム（543年）
⑭ローマ（543年）
⑮ガリア（543年）
⑯スペイン（543年）

この疫病は、発生当時のローマ帝国東部の皇帝の名から「ユスティニアヌスの疫病」、あるいはより中立的に、「中世初期パンデミック」と呼ばれる。一四世紀と一七世紀にヨーロッパを襲った二度の黒死病（ペスト）と並び、西洋世界を震撼させた歴史的なパンデミックの一つであり、シリア語・アラビア語・ギリシア語・ラテン語の四言語による記録が残されている。

　この疫病の原因は、感染者とされる遺骸のＤＮＡ分析から、ペスト菌（イェルシニア・ペスティス）と考えられている。ペスト菌は、まずはインド洋交易のルートを経由して、アフリカ中央部からザンジバル島とアクスム王国（エチオピア）へ広がった。五三〇年代の気温低下は、ペスト菌を保菌するアレチネズミの生息域を拡大させた。疫病は、これらの地域から紅海交易の舟船を介して、ペルシウムへと到達した可能性がある。五四一年八月半ばには東進してガザへ、同九月には西進してアレクサンドリアへ、疫病は瞬く間に拡大し、翌春には帝国東部の首都コンスタンティノープルへ到達した。最初の感染拡大は、五四一年から五四三年まで、三年間にわたって猛威を振るった。歴史家プロコピオスによれば、同市での死者は一日五〇〇〇人に上り、やがて一万人に達して、遺体は葬儀もなく都市内に遺棄された（『戦史』二・二三・一～二）。同時代のエフェソス司教ヨハネスは、シリア語で書かれたその年代記において、三〇万人が路上で死んだとしている。ある推計では、五四二年のコンスタンティノープルの死者総数は、都市総人口約四〇万にたいし八万人を数えたという。

　疫病は、陸路ではゆっくりと、海路では速やかに拡大した。トゥール司教グレゴリウスは、イタリア、スペイン、ガリア、ブリテン島を襲った「鼠蹊部の疫病」について（『歴史十書』四・五ほか）、ベネディクト会修道士パウルス・ディアコヌスは、六世紀に北イタリアを襲った疫病について（『ランゴバルドの歴史』二・四）、それぞれ記している。

表4　ユスティニアヌスの疫病の経過

年　月	経　過
541年7月半ば	ペルシウムでペスト発生。
541年8月半ばから12月	ガザ，アスカロン，ネゲブでペスト発生。
541年秋？	アレクサンドリアでペスト発生。エジプト，特にアレクサンドリアで人口減少，死者の埋葬に深刻な問題発生。
542年初頭？	イエルサレムと後背地でペスト発生。
542年春？	ゾラ（アズラ）でペスト発生。
542年	アンティオキアでペスト発生。
542年	エピファネイアまたはアパメイアでペスト発生。
542年？	エメサでペスト発生。
542年春？	ミュラでペストと食糧不足発生。
542年4-8月	コンスタンティノープルで疫病・飢饉発生。1日の死者数が5000，7000，12000，16000人と増加。30万人以上が路上で死亡。
542年初夏？	シュケオン（ガラティア）でペスト発生。
542年	おそらく北アフリカでペスト発生。
542年？12月	シチリアでペスト発生。
543年	イタリアとイリュリクムでペスト発生。
543年1月-2月	北アフリカのスフェトゥラ（スペイトラ）でペスト発生。
543年11月-544年2月？	ローマでおそらくペスト発生。
544年夏	ベリサリオスが攻囲したオトラントで飢饉・疫病発生。
545-547年	メソポタミアで疫病・飢饉が発生。
550-551年夏	アルカエオポリス近郊のラジカで飢饉・疫病発生。
551-552年	帝国東部で牛とおそらく人間の疫病発生。
554年秋	ヴィットーリオ（ヴェネト）で疫病発生。
554年12月-555年	ローマと後背地で疫病発生。
557-558年	アミダで疫病（ペスト？）発生。3か月で約3万5千人死亡。
558年2-7月	コンスタンティノープルでペスト発生。ユスティニアヌスのペストの第二波。
558-559年	アミダで疫病発生。約13万人死亡。
560-561年	キリキア，アナザルボス，アンティオキア，またおそらくメソポタミア，ニシビスでペスト発生。
565-578？年	アンキュラで疫病（人獣共通感染症）発生。
565年以後，571年まで？	イタリア，リグリアでペスト発生。
567-568年	おそらく帝国東部で旱魃・疫病発生。
569年	イタリアで飢饉・疫病発生。
570年	イタリアとガリアで下痢・発疹を伴う疫病発生。
571年	イタリアとガリアでペスト発生。
573-574年	コンスタンティノープルと帝国東部でペストとおそらく飢饉発生。
580-581年	おそらくアンティオキアで地震・蝗害・疫病発生。
585-586年	コンスタンティノープルで疫病発生。40万人の住民（誇張か）が死亡。
590年1月-4月？	ローマでペスト発生。
590-591年	おそらく帝国東部で疫病発生。
591-592年	ナルニ，ラヴェンナ，グラド，イストリアでペスト発生。
591-592年	アンティオキアでペスト発生。
597年夏	テッサロニカと後背地でペスト発生。
598年春？	ドリジペラ（トルコ）でペスト発生。
599年？	コンスタンティノープル，ビテュニア，アシアでペスト発生。コンスタンティノープルで38万人から318万人（？）が死亡。

年　月	経　過
599年	シリア，地中海東部でペスト発生。
599年８月-600年	北アフリカとイタリアでペスト発生。
600年頃？	ラヴェンナと沿岸諸都市でペスト？発生。
601年頃？	ヴェローナでペスト？発生。
607-608年頃？	おそらく帝国全体で疫病が発生した可能性。
608-615年	ローマで疫病・飢饉発生。
618-619？年	コンスタンティノープルで飢饉・ペスト発生。
（609-）619年	アレクサンドリアでペスト？発生。
626-627年	パレスティナでペスト発生。
627-628年	ペルシアでペスト発生。
634-635年	シリアとパレスティナで疫病発生。
639年1-9月	シリア，パレスティナ，イラクでペスト発生。
646-647年頃	ゲルマニケイア（マラシュ），シリア，メソポタミアで飢饉・疫病発生。
664-665年	ローマで疫病発生。
665年頃	小アジア南部のアラブ軍のあいだで天然痘流行。
669-670年	クーファ（イラク）でペスト発生。
672-673年	エジプト，パレスティナ，クーファでペスト発生。
676-678年	ローマで疫病発生。
680年6-9月	ローマとパヴィアでおそらくペスト発生。
683-684年	シリアで飢饉・疫病発生。
687年	シリアで飢饉・疫病発生。
689年春	バスラ（イラク）でペスト発生。一日の死者数が70000，72000，73000人と増加。
689-690年	エジプトでペスト発生。
698年春から夏	シリアでペスト発生。
698年晩春から夏？	コンスタンティノープルでペスト発生。
699-700年	イラク，シリア，メソポタミアでペスト発生。
704-705年	シリア，特にセルーグ地方でペスト発生。全人口の1/3が死亡。
706年9-10月	シリア，イラク，バスラ，クーファ，ワーシトでペスト発生。
711-740年	クレタ島で疫病（ペスト？）・食糧不足発生。
713年	シリアでペスト発生。犠牲者多数。
714-715年	エジプトで飢饉・ペスト発生。
718年春から夏	コンスタンティノープル周辺で飢饉・疫病発生。
718-719年	バスラ，イラク，シリアでペスト発生。
724年春	エジプトでおそらくペスト発生。
725-726年	シリアとメソポタミアでペスト発生。
732-735年	シリア，エジプト，パレスティナ，イラクでペスト発生。
735年	小アジアで飢饉とおそらくペストが発生。
743-744年（-768年）	エジプトと北アフリカで飢饉・ペスト発生。
744-745年	メソポタミア，シリア，イラクで飢饉・ペスト発生。犠牲者40万人。バスラで一か月間毎日２万人が死亡。
745-746年	シチリア，カラブリア，ローマ？，モネンヴァシア，ヘラス，島嶼部でペストが発生。
747-748年	コンスタンティノープルでペスト発生。ビザンツ帝国における最後のペスト感染爆発。犠牲者多数。
748-750年	バスラ，アルメニア，シリア，メソポタミアでペスト・飢饉発生。

（D. Stathakopoulos, *Famine and Pestilence in the Later Roman and Early Byzantine Empire : A Systematic Survey of Subsistence Crises ad Epidemics,* Farnham, 2004, pp. 277-386に基づき作成）

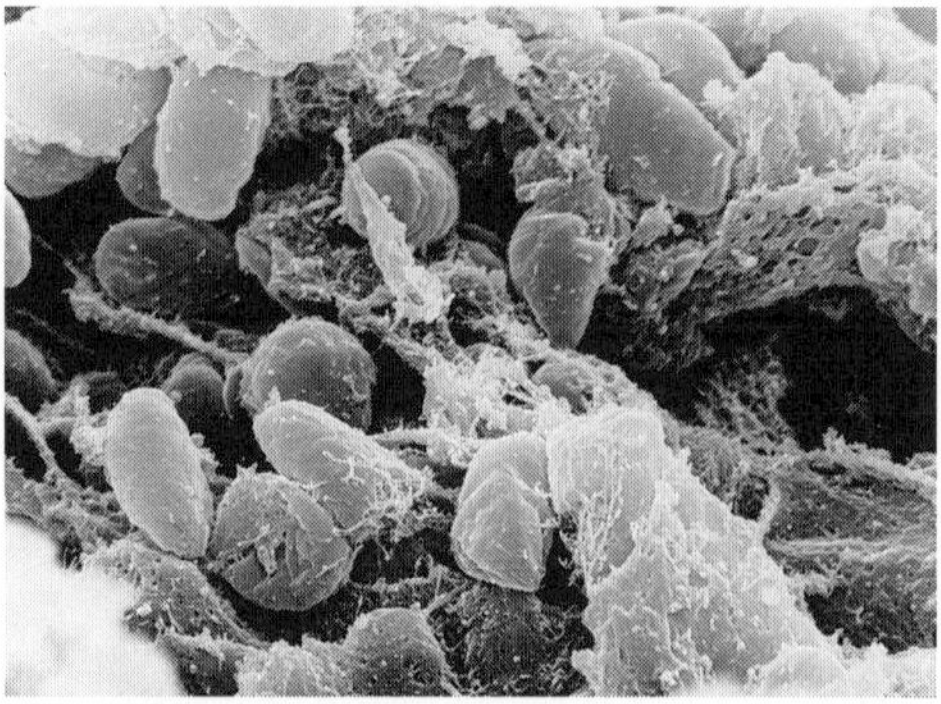

図12　ペスト菌（イエルシニア・ペスティス，Wikimedia Commons）

東方ではペルシア、北方ではフィンランド、南方ではイエメンといったように、遠隔地にも疫病は波及した。当時知られていた「世界《オイクメネ》」の全体を襲ったのである。その影響については、先行する二つの疫病よりも長期間にわたって深甚な影響を及ぼし、人口の五〇%を失ったとする説もあれば、高い死亡率と広範囲にわたる影響を否定し、同時代史料の描写を修辞的誇張と退ける説もある。しかし、疫病の第一波到来後、ユスティニアヌス一世が労働賃金の高騰を制限する勅令（新法一二二、五四四年四月）を公布したことは、高い死亡率による人口減少とこれに起因する大規模な社会変化の出来《しゅったい》を裏づけるものとみてよいであろう。

ユスティニアヌスの疫病は、以後約二世紀間にわたって繰り返し発生し、七五〇年頃にようやく収束したらしい。この疫病は、先行する二つの疫病よりも長期間にわたって流行した。そして、はるかに深刻に帝国の回復力を侵食したのである。

「古代末期」世界から中世世界へ

日照不足、気温低下、降雨量の不安定化、旱魃、洪水、飢饉、そして疫病といった環境要因は、ローマ帝国の回復力を侵食し、脆弱ならしめた。「古代末期」において、かつてローマ帝国によって達成された地中海世界の統一を維持ないし再現することは困難となり、古代世界の秩序は崩壊し断片化して、中世世界へ向けての再編を促された。ユスティニアヌスの疫病が断続的に流行した五四一年から七五〇年にかけての時期に、「古代末期」の世界は、来たるべき世界へと変容していったのである。アメリカの中世史研究者リトルによれば、このおよそ二一〇年間に、ローマ帝国東部がビザンツ帝国へと姿を変え、帝国西部ではゲルマン諸王国のなかから、ガリアにおいてカロリング朝フランク王国が登場してきた。さらに、新しい修道制とローマ教皇体制が顕在化し、ケルト人やゲルマン人のあいだにキリスト教が徐々に浸透するなど、宗教状況も変化した。そしてこの変化は、イスラームの登場と、続くアラブ帝国の急速な統合と拡大によって、いっそう激化してゆく。

ハーパーの言葉を借りるまでもなく、自然は絶えず変動する気まぐれな存在である。環境だけが歴史の決定要因ではもとよりない。しかし、気候変動と疫病が、ローマ帝国の回復力に対して強力な影響を及ぼし、帝国の運命をも左右する力を持ったことは否定しえない。帝政後期の歴史的展開のなかで、自然や環境の変化がどのような役割を果たしたかについて、さらに考察を深化させる必要があるだろう。

読書案内

井上文則『シルクロードとローマ帝国の興亡』文春新書、二〇二一年

ピーター・ガーンジィ（松本宣郎・阪本浩訳）『古代ギリシア・ローマの飢饉と食糧供給』白水社、一九九八年

＊原著は一九八八年。著者は西洋古代史研究者。ギリシア・ローマ社会における飢饉と食糧不足の実態を、膨大な史資料を用いて論じる。飢饉・食糧不足と併せて、しばしば言及される気候変化・疫病流行への着眼が興味深い。

デイヴィッド・キーズ（畔上司訳）『西暦五三五年の大噴火――人類滅亡の危機をどう切り抜けたか』文藝春秋、二〇〇〇年

ヴァルター・シャイデル（鬼澤忍・塩原通緒訳）『暴力と不平等の人類史――戦争・革命・崩壊・疫病』東洋経済新報社、二〇一九年

ロドニー・スターク（穐田信子訳）『キリスト教とローマ帝国――小さなメシア運動が帝国に広がった理由』新教出版社、二〇一四年

＊原著は一九九六年。著者は社会学者。ローマ帝国におけるキリスト教の普及拡大について、社会学の概念と理論を使って説明を試みる。第四章で疫病流行がキリスト教拡大に多大な影響を及ぼしたことを論じる。

スーザン・P・マターン（澤井直訳）『ガレノス――西洋医学を支配したローマ帝国の医師』白水社、二〇一七年

イアン・モリス（北川知子訳）『人類五万年　文明の興亡――なぜ西洋が世界を支配しているのか』上下、筑摩書房、二〇一四年

＊原著は二〇一〇年。著者は西洋古代史・考古学者。副題の「なぜ西洋が世界を支配しているのか」という問いに対し、「社会発展」の観点から東洋・西洋の両世界の歩みを壮大なスケールで検討する。

K. Harper, *The Fate of Rome : Climate, Disease, and the End of an Empire*, Princeton/Oxford, 2017

＊著者はアメリカの古代史研究者で、奴隷制や性的規範に関する研究で知られる。本書は、ローマ帝国衰亡の原因として、気候変動と疫病流行の関係と意義を、最新の科学的知見を織り込みつつ論じる。本章の内容は、本書に多くを負っている。

L. K. Little (ed.), ***Plague and the End of Antiquity : The Pandemic of 541–750***, Cambridge: Cambridge University Press, 2007

O. Nicholson (ed.), ***The Oxford Dictionary of Late Antiquity***, 2 vols., Oxford, 2018

＊時代的には三世紀半ばから八世紀半ばまで、地理的にはヨーロッパ・北アフリカ・西アジア・中央アジアを対象とした、「古代末期」研究の基本となる事典。当該領域について、現時点で最新の情報を得ることができる。

D. Stathakopoulos, ***Famine and Pestilence in the Later Roman and Early Byzantine Empire : A Systematic Survey of Subsistence Crises ad Epidemics***, Farnham, 2004

第14章

ギリシア・ローマ世界のサヴァイヴァル

――なぜその叡智は我々に伝わったのか――

長谷川岳男

長きにわたり栄華を誇ったローマ帝国は，西側では476年に最後の皇帝ロムルス・アウグストゥルスがオドアケルにより廃位され消滅した。東側では「ローマ人」を自称する人々の世界が，1453年にオスマン帝国により滅ぼされるまで継続したが，その領土や体制，社会，文化などは大きく変質したものになっていた。しかしここまで本書で述べてきたギリシア・ローマ世界は，後世に大きな遺産を残すことになり現在に至っている。最後に西洋文明の伝統におけるその遺産の継承について紹介したい。

アリストテレス『形而上学』のアラビア語の翻案版写本
（Wikimedia Commons）

図1　オリュンピアの競技場
（筆者撮影）

現代に残る古代ギリシア・ローマ

本書をここまでお読みになった方は、スパルタの章（第2章）で生まれた子どもが虚弱な場合、谷底に捨てたという伝承がナチスの優生思想に影響を与えたこと、マケドニアの章（第5章）では旧ユーゴスラヴィアのマケドニア共和国（現 北マケドニア共和国）が独立した際に、その国号にマケドニアという名称を使用したこと、そして首都に巨大なアレクサンドロス像を建設したことなどをめぐって、アレクサンドロスの古代マケドニアを自らの歴史とするギリシア共和国から激しいクレームを受けたこと、さらにギリシアの連邦についての章（第7章）では、アメリカ合衆国憲法制定の論争において、古代の連邦制が参考にされたことを知ったことであろう。またローマ帝国が後世の西洋世界の「帝国」のモデルになったことも第8章で触れられていた。

このように古代ギリシア・ローマ世界はその実体が消滅しても、後世の西洋世界の伝統のなかで忘れられることなく、理念や文化という形で生き続けることになり、現在でもわれわれには気づかれず身の回りにその痕跡が遍在しているのである。たとえば近代オリンピックが四年に一度の開催であるのは、そのモデルとなった古代オリュンピア祭が四年おきであったことに由来するものである。また民主主義を意味するデモクラシー（democracy）が、古代ギリシア語で「民衆が権力を握る体制」を意味するデモクラティア（demokratia）を、そして共和国を意味するリパブリック（republic）が、ローマの共和政を意味するレス・プブリカ（res publica）をそれぞれ語源とするとともに、これらの政体は現代の政治体制の構築に多大な影響を与えてきた。

さらに西洋の言語での月名は多くがローマで用いられたものを語源とし[(1)]、また二月が二八日しかなく四年に一度、二九日であるのもローマの暦が由来である。加えて一日が二四時間であることもローマの計時法の系譜にある。このようにわれわれは知らないう

（1）一月（January）Januarius Janus（門の神）から、二月（February）Februarius februa（浄め）から、三月（March）Martius Mars（戦の神）から、四月（April）Aprilis aperio（花開く）から、五月（May）Maius Maia（豊穣の女神）から、六月（June）Junius Juno（結婚の女神）から、七月（July）Julius Julius＝Caesarから、八月（August）Augustus Augustusから、九月（September）September September（七番目）から、一〇月（Octorber）Octorber Octorber（八番目）から、一一月（November）November November（九番目）から、一二月（December）December December（一〇番目）から。

図2　日時計（エフェソス博物館蔵，筆者撮影）

（2）科学技術の進歩により焼けて炭になったパピルスの解読も可能になっており、近年ではヴェスビオ火山の噴火でポンペイとともに埋もれた、ヘラクレネウムの図書室で炭となった多くの書物の解読が進められている。

ちにローマ世界の暦や計時法に従って毎日の暮らしを送っているのである。

これらのこと一つを取ってみても古代ギリシア・ローマ世界のインパクトが、西洋世界の伝統において大きいものであったことは明らかであろう。そこで本章ではギリシア・ローマの伝統が実体の消滅後もいかにして生き延びたのかについて、最も試練であった中世における状況を中心に紹介したい。しかしそのためには、後世に継承されたこの世界の文化が、古代世界でいかに形成されたのかという話から始める必要がある。

古典古代文化（フマニタス humanitas）の形成

古代世界で展開したギリシア・ローマの様々な文化が、そのままの形で残っているわけではないことには注意が必要である。現在、古典として高い評価を得ている著作は、当初はパピルスに書かれ、巻本という形で流布した。しかしパピルスは、地中海性気候での二〇〇〇年という年月には耐えることができない材質であり、消滅するさだめにあった。そのため、現存する著作は写本という形で書き継がれ、生き延びたものに限られるのである。すなわち偶然残って、われわれが知ることになる可能性があるのは、エジプトの特殊な環境で砂に埋もれたパピルスくらいであろう（第6章で述べられたように、ここから貴重な情報が多く得られている[2]）。

パピルスで巻本の形態のものは消耗が激しく、需要のあるものは頻繁に筆写されたので後代に残ったが、それほど需要のないものは筆写されないまま、古代の段階で永久に失われることになった。そして後二世紀以降、本の形態も巻本から綴本へと移行が進み、ローマ帝国内でこの段階でどの著作が残されるかの選別がさらに進んだ。それゆえ特にローマ需要があったものだけが主に中世へと継承され、後世に伝えられたのであった。

ローマは広大な領域を征服して帝国を形成する過程で、ギリシア文化を筆頭に、支配下においた文化を摂取しながら、彼らが考えるところの「文明」なるものを共和政末期から元首政期に確立した。これがラテン語でフマニタス（humanitas）と呼ばれるもので、「教養」とか「文明」などと訳される語にあたり、帝国内の各地のエリートがローマ人として認知されるために習得が必須なものとして、広がっていったのである。

　かつてはこの現象を「ローマ化（Romanisation）」と呼び、各地を「文明化」したと捉えられたが、現在では各地の住民が一様に、そして一方的に受容したわけではなく、取捨選択したこと、そして摂取に積極的な層が限られていたと見なされている。とはいえこのフマニタスに含まれるものこそが後世、ルネサンス(3)で「再生」の対象となったものであり、後世の伝承を考えるうえで見逃すことはできない。

　またローマ帝国の文化はアウグストゥス帝期の詩人ホラティウスが、「征服されたギリシアが、粗野な征服者（ローマ人）を捕らえたのだ」と述べた言葉に代表されるように、ローマ人がギリシア文化の虜となり、全面的にそれを受け入れたと考えられていたが、この認識も現在では修正されている。ローマ人がギリシア文化に大きく影響されたことは事実であるが、そこで取捨選択を行っており、特に古典期以前のギリシアの文化や言葉を好み、ヘレニズム期以降のギリシア人の生み出したものを低く見る傾向にあった。そしてそのことが、今日まで伝えられたギリシア語著作の選別を大きく左右することになったのである。

　ローマ人が古典期アテナイで用いられていたギリシア語を好んだ結果、帝国内のギリシア人もこの方言を使用した擬古文を書くようになった。一方で公文書などもこの方言で書かれているものが最も格調高いとされた。その結果、文章や修辞のお手本として古典期アテナイで生み出された著作の需要が高まり、多くの写本が作成されたため、後世に残ることになるのである(4)。またこの時期のギリシア人は、支配者であるローマ人の好

（3）ルネサンス（renaissance）とはフランス語で「再生」を意味する。

（4）特に教育で用いられたものが多く残存した。劇作を例に取れば、アイスキュロス、ソフォクレス、エウリピデスという三大悲劇作家は、題目が分かるだけで三名で約三〇〇の著作を生み出したが、断片を除いて現存するのは三三のみで、そのうちアイスキュロス、ソフォクレスが各七つ、エウリピデスが一九となっており、前者二名は教育で用いられたもののみしか残らず、エウリピデスが多いのは、彼の著作の写本の一つが偶然、残存したためであった。

（5）第二次ソフィスト運動と呼ばれる、

みに合わせた世界の現出に腐心した結果、その最盛期をローマ人が評価した古典期とする歴史認識を有するようになり、自分たちの本質、特徴なども古典期以前のものと見なす傾向が強まり、これが後世のギリシア認識の基本となった(5)。

一方でローマ人は共和政末期のキケロやカエサルなどにより、ラテン語による叙述が完成され(6)、アウグストゥス帝期のウェルギリウス、ホラティウス、オウィディウス、リウィウスなどにより、後に「金の時代」と呼ばれるローマ文学の代表的な著作が多く生み出された。一方でセメントの発明により可能となった、パンテオンのようなドーム型の建造物に代表される建築、ガイウスの『法学提要』、さらにはユスティニアヌス帝が編纂を命じた『ローマ法大全』に見られるように法学なども発展し、後の西洋文明の幹を形成するものを創り出していった。ここに先に述べたようにローマ人の好みで選ばれたギリシア文化の一部を含む形でフマニタスが完成するのである。

さらに帝国下で誕生したキリスト教も、その教義への批判に応答するために、多くの面で対立する部分はあるものの、フマニタスの枠組みのなかで教父たちがその理論を練り上げていった。この結果、中世以降もキリスト教の教義理解のためにフマニタスの素養は不可欠となり、ローマ帝国の滅亡とともにフマニタスが死に絶えることはなかった。では中世世界にフマニタスがいかに継承されたのかを次に見ていこう。

キリスト教世界の中心としてのローマ

四七六年に西欧における実体としてのローマ帝国は永久に姿を消したが、それでも都市ローマには世界の中心としての地位が依然と提供されることになる。なぜならキリスト教公認後に設置された五大司教座のうち、帝国が四世紀末に東西に分裂すると西側に存在したのはローマのものだけであった(7)。さらにローマはペテロとパウロが殉教したと

古典期アテナイの文化を目指す文化的思潮が一世紀から三世紀にかけてギリシアの文人でさかんとなった。

(6) ラテン語による一定の長さを有した最初の叙述は前二四〇年代に、ギリシア人奴隷のリウィウス・アンドロニクスによるホメロスのラテン語訳だったと言われ、ギリシア語の著作を参考にラテン語は練り上げられていき、キケロやカエサルによって完成されたと考えられている。

図3　パンテオン
（Wikimedia Commons）

(7) 他の大司教座はコンスタンティノポリス、アンティオキア、イェルサレム、アレクサンドリアである。

図4　パルテノン神殿
オスマン帝国占領後は尖塔（ミナレット）が加えられモスクになった（筆者撮影）。

伝えられた地であり、一方で一五世紀にヴァラが偽書と立証するまで、この地はコンスタンティヌス帝がローマ教会に寄進したという書状が存在したこともあり、西欧世界のキリスト教の中心地となり、その権威が失われることはなかった。そしてローマ教会の司教は歴史的には「教皇」と呼ばれ、絶大な権威を有するようになる。

さらにビザンツ（東ローマ）帝国との対立からローマ教会はフランク王国との連携を深め、世俗的な力も有するようになる。ピピンが所領を寄進したことを受けて、教皇が彼を王と認めて新たなカロリング朝が成立するのが八世紀半ばのことであった。その後継であったカール大帝のときにフランク王国は絶頂期に達し、八〇〇年に教皇レオ三世が彼をローマ皇帝として戴冠したことにより、理念としてのローマ帝国は復活を見るのである。この後、一〇世紀にはオットー一世にも皇帝の座を認め、これがナポレオンに敗れて消滅するまで続いた「神聖ローマ帝国」の始まりとなり、ローマの理念は継続された。このように「ローマ」の権威は中世以降も維持されることになったのであった。

建築物の運命

しかし理念としてのローマ帝国は存続したが、実態の部分に目を向けるとギリシア・ローマの遺産の運命には、多くの試練が待ち受けていた。古代の遺跡であるパルミラが、過激派組織イスラミック＝ステートにより無残に破壊されたことは記憶に新しいが、同じように一神教であったキリスト教が支配した中世世界においても、同じようなことが比較にならない規模で起こったことを忘れてはならない。なぜなら異教と見なされたギリシア・ローマの神々にまつわるものが破壊の対象になったからである。

オリュンポス十二神などを祀る神殿や神域は破壊、石材の調達場の対象になるか、教会などに改造された。アテネのパルテノン神殿は、ここが処女神（パルテノス）アテナに捧げられた関係から聖母マリアの教会となり、ローマのパンテオン（汎神殿の意）も、七世紀初頭に聖母マリアとすべての殉教者のための教会に改造されたため、辛うじて破壊を免れた。またコロッセウムやハドリアヌスのマウソレウム（廟）は城砦として使用された結果、現在まで残ることになったが、時代が下るにつれ都市ローマの荒廃はひどさを増していった。

彫像の類いも偶像ということで多くが焼却され、大理石のものは石灰とされ、ブロンズ製のものも溶かされて教会などに再利用され、著名なものの多くが失われてしまった。六世紀前半にユスティニアヌス帝の使者としてローマを訪れた歴史家プロコピオス[8]が、古典期アテナイの著名な芸術家であるフェイディアス[9]作の像などを目撃したと記録しているが、これがその存在を伝える最後の証言である。

一方で、建造物は大理石の採掘場と化し、教会建設などの他の用途に多くが転用されることになった。さらに理念として世界の中心であったローマの建築物の一部を、自らの権威を高めるために自国に持ち帰って装飾に使うことがなされ、たとえばカール大帝はその都アーヘンの建造物にそれを用いた。また手の込んだ石棺や装飾品などは、当時の有力者が好んで自分用に再利用したので、後世に残されることになった。加えてすべてを破壊するには数も多すぎたため、少なからぬ建造物や彫像などが生き延びて[10]、後の建築や造形美術に多大な影響を与えた。

古代の叡智のゆくえ

一方で著作の生き残りはさらに厳しい状況にあった。まずエジプトがイスラーム勢力に征服されてパピルスの供給が途絶えると、本の材質は羊皮紙となり、これは高価であったため、筆写の選別はさらに絞られた。加えてキリスト教が圧倒的な影響力を有した

図5　ハドリアヌス廟

後に要塞として利用され，現在ではサンタンジェロ城と呼ばれている（Wikimedia Commons）。

（8）ユスティニアヌスの将軍であったベリサリウスのスタッフとして活動し、『ユスティニアヌス戦史』を執筆した。歴史家としての力量は後世、高く評価された。

（9）古代で最も著名な彫刻家。ペリクレスと親交があり、パルテノン神殿建設の監督を任され、同神殿のアテナ・パルテノス像やオリュンピアのゼウス神殿のゼウス像（世界七不思議の一つ）を制作した。

（10）彫像などには廃棄され埋められて生き残ったものも多い。

中世において筆写する著作は、その教義に抵触しないことを最重要の基準として取捨選択されたため、多くの著作のサヴァイヴァルを妨げることになった。なぜなら古代の著作のうち、多神教的な要素のあるものやキリスト教の世界観に反するものは除外され、わずかなものしか後世に伝えられないことになったからである。

ただし羊皮紙は耐久性があるため、そのおかげで古代の著作はほんの一部に過ぎないが、われわれが手にすることができるようになった。(11) それではそのサヴァイヴァルの状況を西欧、ビザンツ世界、そしてペルシア・イスラーム世界に分けて紹介してみよう。

西欧の状況

かつての西ローマ帝国側はラテン語圏で、この言語が一九世紀まで学術用語として共通語であったこともあり、古代ローマ時代にラテン語で著された著作は後世、判読が可能であったため継承されやすい状況にあった。しかしギリシア語はほぼ理解不能となり、ラテン語に訳された著作以外はほぼ継承されなかったが、新約聖書がギリシア語で書かれたこともあり、この言語への一定の関心は維持された。

ラテン語の著作でよく読まれたのはウェルギリウス(12)、ホラティウス、スタティウス(13)、オウィディウス(14)、キケロ(15)、セネカ(16)などであったが、内容的にキリスト教の教えに背くものもあり、その扱いには工夫が必要となった。たとえばケント（cento）と呼ばれるキリスト教の教えに抵触しない部分の寄せ集めとして読まれることも多く、ここで最も利用されたのがウェルギリウスであった。また著作の内容に寓意が含まれているとして、その意味を探る試みもさかんに行われ、特にオウィディウスの『変身物語』などが対象となった。さらにその読書を正当化するため、著者は実はキリスト教徒であったとされることもあった。これらのことの前提として、この時代の教育カリキュラムは古代ローマ

(11) 羊皮紙の最古のギリシア語古典の写本は九世紀のものである。ラテン語のものには一五〇〇年以上前のものもある。

(12) アウグストゥス帝と親交もあった文人で、ローマの建国譚である『アイネーイス』、他にも『農耕詩』、『牧歌』などを執筆して後世の西洋文学に大きな影響を与えた。ダンテの『神曲』では地獄と煉獄の案内人を務めた。

(13) ドミティアヌス帝期の後九〇年代に活動した詩人。『テバイス』、『シルウァエ』などの著作が知られる。後世、ダンテやチョーサーに影響を与えた。

(14) アウグストゥス帝期に活動した詩人。『恋の技法』、また後世に広く流布するギリシア神話の原型である『変身物語』、あるいはローマの暦を今日に知らせる『祭暦』などの著作が知られる。『変身物語』はシェイクスピア、ゲーテなどの詩人のみならず、ミケランジェロ、ラファエロ、ティッツィアーノ、レンブラントなどの芸術家にも題材を提供した。

(15) 共和政末期の政治家、弁論家、文人。コンスルも務めた政治家である一方、膨大な著作が現在に伝えられる文人であり、法廷弁論などを中心にラテン文学の創成期の巨人で、後世の西

のものを継続しており、ラテン語の読み書きの模範として、古代の著作が重要となった点には注意が必要であろう。

しかし帝国滅亡後の動乱のなか、ギリシア語やギリシアに関する知識は著しい打撃を受けた。七世紀にはすでにギリシアについての地理的知識は曖昧となり、さらに西欧の人々はローマ人の末裔としてのアイデンティティを有していたため、古代ローマ人が抱くギリシア人への不信も受け継いでおり、この時代の古代ギリシア人の描かれ方も否定的なものが優勢であった。たとえば一〇世紀以降、騎士物語やロマンスが流行した際にホメロスはラテン語訳で読まれたが、ここではローマ人の祖先と見なされたトロイア側に関心があり、特にヘクトール(17)、アエネアス(18)などが支持され、逆にギリシア人はトロイの木馬のエピソードで代表される狡猾さが強調された。

そのなかでも評価されたギリシア人が、アレクサンドロスとアリストテレスの師弟コンビであった。後三世紀に作成され、アレクサンドロスに随行した歴史家カリステネス（アリストテレスの甥）の名で伝わる、アレクサンドロスをめぐる現実離れした話も含むアレクサンドロス・ロマンスは、この世界でも人気があり、特に師のアリストテレスは叡智の象徴とされた。またキリスト教の理論がフマニタスの枠組みで形成されたため、アリストテレスに代表されるギリシアの論理学はキリスト教理解にとって不可欠であった。それゆえスコラ学(19)で明らかなように彼への関心は高く、一三世紀半ばにはラテン語に翻訳された彼の論理学に関する著作は、一般教材となっていた。彼の他の著作の収集も進められたが、自然科学に関する内容はキリスト教の教えと対立するために、一二一〇年にパリで教えることが禁じられた。

結局フマニタスを基本とするものが継承された西欧世界では、著作の内容はわからないものの、多くのギリシア人の名前が権威としてあげられていたため、ギリシア人の

洋文明に多大な影響を与えた。

(16) ネロの家庭教師であったが、最後は彼に命じられて自殺した。一方でストア派の哲学者で『道徳論集』などを著し、また悲劇も創作し、その著作も現存して、中世以降の作家にもその影響が見られる。

(17) トロイア戦争においてトロイア王プリアモスの子で、パリスの兄。その勇猛果敢さでギリシア勢を恐怖に陥れたが、アキレウスとの戦いに敗れて戦死した。

(18) ギリシアではアイネイアスと呼ばれている。アンキセスとアフロディテ（ウェヌス）の子でトロイア王家の一員。トロイア陥落後、アンキセスや子とともに脱出し、放浪の後、イタリア半島に上陸し、ローマ初代の王ロムルスの祖先となる。その冒険譚を記したのがウェルギリウスの『アエネーイス』である。

(19) 中世の哲学全般を指すが、特に一三世紀にトマス・アクィナスに代表される、アリストテレスの思想を取り入れた神学をもって頂点とされた。

図6　ハギア・ソフィア大聖堂
4世紀に建てられたが，その後，何度か焼失し，現存するものは6世紀のユスティニアヌス帝時のものである（Wikimedia Commons）。

「叡智」に対する関心が絶えることはなく、一〇世紀以降、ビザンツ帝国やイスラーム世界から古典の収集がなされ、十字軍などを経て時代が下るにつれてその収集がさらに進められた。そしてこのことがルネサンス期の人文主義者の活動へとつながることになったのである。

ビザンツ世界

ギリシア人が暮らし、七世紀以降は公用語もギリシア語化が進んだ東側のローマ帝国は、ゲルマン民族の移動、イスラーム勢力の台頭などの厳しい対外情勢のなか、一四五三年にオスマン帝国が帝都コンスタンティノポリスを占領するまで存続した。ただし国家体制や社会も大きな変化を遂げてビザンツ帝国と呼ばれることが多いので、ここでも中世のローマ帝国はビザンツ帝国と呼ぶことにしよう。通説的な理解だと、そこで古代ギリシアの叡智も保存され、ルネサンスに多大な影響を与えたということになる。

この世界が古代ギリシアの著作を多く西欧世界にもたらしたことは事実であるが、彼らは自らを「ローマ人」と呼び、かつてギリシア人が自らの名称として用いた「ヘレネス」を偶像崇拝者や多神教徒を意味する言葉として用いた。それゆえヘレネスとは自分たちではなく、異教徒であるイスラーム教徒、ロシア人や中国人のことになってしまった。このように彼らのアイデンティティはローマ帝国の民であり、この世界における叡智のゆくえも、ローマ帝国に形成されたフマニタスの枠組みで継承された点には注意が必要であろう。

ただし、この世界はギリシア語圏であったため、西欧とは異なり古代ローマ帝国下で教育に用いられたギリシア語の著作は、数を減らしながらも筆写され続けた。今日、科学記号などでも用いられるギリシア文字の小文字は、この世界で筆写のために編み出されたものである。とはいえ、ビザンツ帝国は皇帝がコンスタンティノポリスの総主教の上位にある皇帝教皇主義であったこともあり[20]、世俗権力とキリスト教の権威が並置していた西欧以上にキリスト教の教えに厳格な社会であったため、残される文献の選別に大きな影響を与えたことも忘れてはならない。

　この世界で特に需要のあった著作は、ホメロス[21]、ヘシオドス[22]、抒情詩などのアルカイック期の著作、そして古典期アテナイの方言で執筆された著作などであった。ここでそこから漏れたものは永久に消失されることとなったのである。たとえばキリスト教の理論と対立する著作には厳しい環境であったが、西欧と同じくキリスト教神学の論理的基礎はギリシア哲学の分析的・論理的手法に負っていたため、ギリシア哲学の理解が不可欠となり、これに関連する著作は生き延びることができた。またキリスト教を教えるため、そして官吏として文書作成のためにも修辞学・弁論術の伝統も必要であったことから、アリストテレス、デモステネス[23]の著作も重宝された。

　このような状況のなか、古代ギリシア人の著作に多大な関心を寄せる者も知られ、一一世紀から一二世紀にかけて生きた皇女アンナ・コムネナ[24]は、多くの古代の著作に通暁していたことで有名である。またキリスト教文化を補強する意味でも必要と考えられて、七世紀からの二世紀に及ぶ動乱により多くの著作が消失したこともあり、その後の九世紀半ばから古典の収集がさかんになされた。そこでフォティオス[25]による約二八〇冊に及ぶ古典の抜粋や抄本の集成、一〇世紀には現在は消失した様々な情報が盛り込まれた『スーダ』と呼ばれる事典が作成され、現存するそれらの著作を通して多くの古典の内容が後世に伝えられたことは意義深い。

　さらに一二〇四年に第四回十字軍がコンスタンティノポリスを占領してラテン帝国を建てると、ビザンツ帝国では西方のラテン世界への対抗から、「ビザンツは父、ギリシ

(20) ただし総主教がつねに皇帝の命令に従ったとは限らなかった。

(21) ギリシア世界で最古、そして最大の叙事詩人と見なされ、後の時代に多大な影響を与えた。前八世紀頃に活動したと考えられ、トロイア戦争を題材とした『イリアス』、その後日談である『オデュッセイア』が彼の名で現在に伝わっている。

(22) ホメロスよりいくぶん後に活動した叙事詩人。『仕事と日』、『神統記』などの著作が現存している。

(23) 前四世紀のアテナイの弁論家・政治家。反マケドニア政策を主導したことで有名であるが、一方で弁論家として、多くの法廷弁論、政治弁論を執筆し、その多くが弁論術の手本として高い評価を得て、後世に継承された。

(24) 皇帝アレクシオス一世の娘。父とコムネノス家の台頭を描いた『アレクシアス』を執筆した。この著作は古代アッティカ方言で、トュキュディデスやポリュビオスを模した擬古文で書かれている。

(25) コンスタンティノポリス総主教（八一〇／八二〇頃〜八九三）。

アは母」という言葉に代表されるように、古代ギリシアに自分たちのアイデンティティを求める意識が高まった。その結果、ラテン帝国からコンスタンティノポリスを奪還し、ビザンツ最後の王朝となるパレオロゴス朝においてギリシア文化復興の高まりが見られた。これをパレオロゴス・ルネサンスと呼ぶ。

ここで異教時代のギリシア文化の再評価が行われ、キリスト教世界との連続を意識して、原典の整備、保存に努めた。そしてオスマン帝国の台頭により帝国の先行きが絶望的な状況のなか、多くの研究者がイタリアに渡り西欧世界に影響を与えることになる。たとえば一四世紀末から一五世紀初頭にかけて、学者であったクリュソロラス(26)はイタリア各地やパリ、ドイツに行き、ギリシア語の文法を教えたり、ホメロスなどをラテン語に訳した。特にそれまでまともなギリシア語学習メソッドがなかった西欧に文法書を与え、ルネサンス以降のギリシア語習得を大いに助けた点は注目に値する。

一方で一五世紀前半には古代ギリシアを称揚し、プラトンの研究をしていたゲミストス・プレトンがイタリアでプラトンの講義を行い、当地でのプラトンブームを起こした。彼の著作はキリスト教の教えに背くところもあり、そのため彼の死後、焚書処分にあったが、やはりルネサンスにつながる意味で意義深いものであった。このような経緯で、ビザンツ帝国でのギリシア語著作の継承は、ルネサンス以降の西洋文明の伝統に大きな役割を果たしたのである。

ペルシア・イスラーム世界

西欧世界でフマニタスに対する関心が非常に喚起されたルネサンスにおいて、特にギリシアで生み出された著作を多く伝えたのが、ビザンツ帝国とともにイスラーム世界であった。そしてイスラーム世界になぜ多くのギリシアの著作が存在したのかを考える際

(26) 一四世紀末から一五世紀初頭にかけて、皇帝マヌエル二世によりオスマン帝国からの防衛のために西欧に数度、遣わされた。その過程で当地の多くの人文主義者と親交を深め、ギリシア語を教授した。

に重要となるのが、ローマ帝国下でのキリスト教における正統の決定、そしてサーサーン朝ペルシアである(27)。

イエス＝キリストはなにか教義を自ら著したわけではなく、彼の死後にその言行が記録されて『新約聖書』という形で継承され、それを教父たちが解釈してその教義が形成されていったが、非合法であったため、公然とその動きを進めることはできなかった。その結果、三一三年にコンスタンティヌス帝がキリスト教を公認すると教義の統一が図られ、アタナシウスが主張する三位一体説を正統とし、テオドシウス帝時にキリスト教がローマの公的宗教となると、異端とされたアリウス派などは帝国内での布教が認められず、帝国外に活路を見出さざるをえなかった。エフェソス公会議（四三一）で異端とされたネストリウス派も東方への布教を行うが、その際にギリシア文化を伝えることになった(28)。

サーサーン朝は第1章で詳述されたアケメネス朝の後継を自認しており、ゾロアスター教(29)を信仰していた。この宗教は多神教でキリスト教の布教も認められたため、布教活動は容易であった。その際、ネストリウス派などの人たちは布教するとともに、その基礎となるギリシア哲学なども講じた。そのためにギリシア語の著作をシリア語に翻訳して伝えたが、そこには天文学や錬金術、医学などの自然科学的な著作も含まれた。これらの著作はこの地域の人々にとって実用的な知識を多く含み、需要が高まったため、彼らはホスロー一世(30)の庇護を受け、ヒポクラテス(31)、ガレノス(32)、アリストテレスの自然科学の著作などを熱心にシリア語に訳することになった。さらに六世紀半ばにビザンツ帝国のユスティニアヌス帝の命令で、プラトンが開いたアテナイのアカデメイアが閉鎖されると、多くの哲学者もこちらに亡命してきた。

ここで受け入れられたギリシアの著作や関心が、ローマ帝国で異端とされたキリスト

(27) 第1章参照。サーサーン朝ペルシアは三世紀にパルティアに代わって中近東からペルシア地域を支配した。

(28) ネストリウス派は中国まで伝えられ、景教と呼ばれた。

(29) 遅くとも前七世紀までにはペルシア地方を中心に広まっていた多神教。アフラ＝マズダを最高神として崇め、祭儀で聖火を護持することから「マズダ教」、「拝火教」とも呼ばれる。イスラーム教が七世紀に台頭すると衰えた。

(30) 在位、五三一～五七九。サーサーン朝中興の祖で、社会的混乱を収束させ、版図を拡大した。

(31) 前五世紀から前四世紀にかけて活動した古代ギリシアの医師。彼の名で伝わる『ヒポクラテス全集』は後世の西洋医学に計り知れない影響を与えた。

(32) 後二世紀に活動したヒポクラテスの影響を受けたローマ世界では最大の医師。その所説は西欧中世やアラビア世界で権威とされた。

教徒に由来している点は興味深い。つまりキリスト教に相反するものは基本的に避けられ、またローマ帝国下で受容されたギリシアの著作に限られている点も、ビザンツ帝国での状況に似ていると言えよう。そしてサーサーン朝が七世紀にイスラーム教徒に滅ぼされた後も、この関心はイスラーム世界に継承された。

特にアッバース朝[33]のハールーン・アッラシードの治世下でその受容は最盛期を迎え、ギリシア語の著作への関心も高まり、ビザンツとの戦いで小アジアへ出兵した際には多くの写本の収集も行った。彼の治世、そしてその子マームーンが建てた「知恵の館」において、アリストテレスの多くの著作をはじめとして、エウクレイデス[34]（ユークリッド）の『原論』やプトレマイオス[35]の『アルマゲスト』、プラトンの『ティマイオス』など多くの著作がアラビア語に訳された。彼らはギリシア人の特質を「賢さ」とし、神はギリシア人には脳、中国人には手、アラブ人には舌という違う部位に賢さを与えたと考えた。

特にその代表とされたのが他の地域と同じくアリストテレスであり、大半の著作が翻訳された。サーサーン朝以来、このようにギリシア文化に高い関心を寄せた理由はその実用性であり、それゆえ医学や天文学などが特に好まれた。逆に文学論や政治学などの理解は浅かった。一方で彼はここでもアレクサンドロスの師としても有名であった。アレクサンドロス大王はこの地域を征服したこともあり、自分たちの歴史上の人物として多くの人を惹きつけた人物であったのである。イスカンダル、あるいはシカンダルなどと呼ばれ、アリストテレスとともに諸国を旅して悪人や怪物を退治する民話は広く流布していた。

しかしギリシア文化への関心は、ガザーリー[36]などにより一一世紀にイスラーム教哲学が確立してくると実用的なものに限定され、哲学などは批判対象となりその伝統は消滅していった。世界史的には医学者のイブン＝シーナー[37]（アヴィケンナ）やスコラ学に影響

（33）七五〇年にウマイア朝を滅ぼして成立した。第五代カリフであったハールーン＝アッラシードの治世が最盛期。

（34）前三〇〇年頃、アレクサンドリアで活動した数学者。『原論』は後の数学的合理性のモデルとなった。

（35）後二世紀にアレクサンドリアで活動した数学者、天文・占星学者、地理学者。『アルマゲスト』は天体の運行に関する著作で、後世、天動説の代表的著作の地位を維持した。

（36）一一世紀末から一二世紀にかけて活動したイスラーム世界でも最大の思想家の一人。ギリシア哲学を取り入れたイスラーム哲学を厳しく批判した。

を与えたイブン＝ルシュド[38]（アヴェロエス）が有名であるが、イスラーム世界では異端であった。

とはいえ、この世界に保存されたギリシアの叡智はイベリア半島、シチリア、あるいは地中海交易などを通じて西欧にもたらされ、ルネサンス以降のギリシア・ローマ文化への関心の再興に大きく寄与したのである。

西洋文明におけるフマニタスのゆくえ

このように試練の時代を乗り越えて生き残ったフマニタスの一部は、一四世紀に入ると、後代にルネサンス（再生）と呼ばれる文化思潮により[39]、永遠の命が保障されることになった。この時代は教皇庁がローマから北のアヴィニョンに移され[40]、ここに西欧南北の知識人が交流できたことも大きな原動力となったが、とりわけペトラルカ[41]の出現により、フマニタスの再生が大きく進められることになる。

それ以前よりラテン語の詩などの収集はさかんになっていたが、ペトラルカは多くの古典写本の収集のみならず、その内容の分析や各テクストの校訂や校合を行い、古代世界を再現する意義を謳い、当時の人々に多大な影響を与えた。当初はキケロやリウィウス[42]などのラテン語作品への関心が主体であったが、そこで言及されるギリシア語の著作へ関心は広がり、一五世紀に入る頃にはオスマン帝国に脅かされたビザンツ帝国の使者、当地から西欧へ逃げてきた研究者などにより、ギリシア語の著作の収集も進められた。前述したようにクリュソロラスによるギリシア語習得メソッドの確立、プレトンのプラトンに関する講演、さらにはビザンツからの使者としてイタリアを訪れた後、ローマ教会の枢機卿になったベッサリオンなどにより、ギリシア語作品も西欧世界に定着していった。この時期から現在までわれわれが知りうる古典作品の数には大きな変化はなく[43]、

(37) 一二世紀前半に活動した哲学者、医学者。そのアリストテレス研究はトマス＝アクィナスに影響を与え、彼の『医学典範』も一七世紀頃まで、西欧医学で重要な書であった。

(38) 一二世紀にスペインのコルドバで活動した哲学者。アリストテレスの大半の注解を著し、西欧世界に大きな影響を与えた。

(39) この時代の文化思潮をルネサンスと呼ぶのは、一九世紀にフランスの歴史家ミシュレにこの語が用いられて以来のことである。

(40) 一三〇九～七七年の間、教皇庁はアヴィニョンに置かれてフランス国王の影響下にあり、アヴィニョン捕囚と呼ばれる。

(41) 一四世紀にイタリアを中心に活動した詩人で人文学者の先駆け。主に古代ローマのラテン語の著作を収集し、一方でラテン語で詩作も行い古代文化復興を推進した。

(42) アウグストゥス帝期の歴史家。建国から後九年までのローマの歴史を全一四二巻で著し、その一部が現存する。

(43) 新たに発見された著作は大半がエジプトの砂の中に埋もれたパピルスのものである。

現在のギリシア・ローマ世界の理解はこの時期の著作収集に大きく依拠していると言えよう。

まさに古典の収集がさかんになった一五世紀半ばに、グーテンベルクによる活版印刷術が開発され、一方で紙が羊皮紙に代わって普及するようになると、大量の本の刊行が可能になった。そのためまずラテン語作品が大量に出版されるようになり、一方でギリシア語作品も文字の違いやアクセント記号などの問題があったが、一六世紀に入るとアルドゥス・マヌティウス(44)の尽力で大叢書が刊行された。このような動きにより、一定の校訂を経たギリシア・ローマの作品が広く知られることになった(45)。

これらの著作を通じて古代世界を範とする志向が高まり、マキャベリ(46)は政体に関してローマの共和政を王政、貴族政、民主政の要素を併せ持つ混合政体として高い評価をして、その理想の政体論は啓蒙思想につながっていった。一方でアリストテレスの『詩学』の写本の発見が文芸評論の画期をなし、さらにプラトンのイデア論の影響を受け、芸術家の地位も職人から知識人として高まることになった。

一方でこの時代まで残存した彫像や建造物などへの評価も日増しに高まり、多くの芸術家にインスピレーションを提供した。そのため彫像、あるいはカメオなどが熱狂的に収集され、これらの作品や建造物も後世に生き残ることになったのであった。

この時期はフマニタスを一体のものとして再生が試みられていたが、一八世紀半ばに『ギリシア美術模倣論』を発表した美術史家のヴィンケルマン(47)が、ギリシア美術の本質を「高貴なる単純と静謐なる偉大さ」と評価して、ローマ時代のものと区別すると、この新古典主義の思潮のなか、古代世界の理解においてギリシアとローマは分離し始めた。啓蒙思想期には古代と当時の社会との優劣がさかんに議論され、自分たちの時代を理解する指標として、ギリシア・ローマ世界は重要な位置を占めることになる。

(44) 一五世紀末にヴェネツィアに印刷所を開き、アリストテレスやアリストファネスなどのギリシア語によるテクストを校訂、出版して文芸復興に貢献した。

(45) たとえばアリストテレスの版本は一六〇〇年頃までに三〇〇〇を数えるほどであった。ただし大半はラテン語訳である。

(46) 一五世紀末からヴェネツィアで外交官として活動したが、政治思想家、歴史家として後世では有名である。『君主論』などの著書により近代政治学の祖と見なされる。

(47) 一八世紀のドイツ人美術史家。ギリシア美術を高く評価して古代美術史研究を創始するとともに、新古典主義に精神的基盤を与えた。

そしてイギリス革命、アメリカ合衆国の独立、フランス革命時には、彼らの目指す政体のモデルとして、スパルタやアテナイ、そしてローマの政体や政治思想が参照され、さらにその意義は高まった。一方でローマから分離したギリシアは、一八世紀から一九世紀にかけて高い評価を受けるようになり、オスマン帝国からの独立戦争をギリシア人が起こすとピークに達して、多くの信奉者を生み出した。(48) そのためこの時代の建築物は、大英博物館に代表されるように古代ギリシアの神殿をモチーフとして建てられ、現在でも欧米各地でその名残を見ることができる。しかし一九世紀後半に欧米が帝国主義の時代を迎えると、その後継者であるという自覚や植民地支配のモデルとして、今度はローマ帝国への関心も高まった。

古典語教育も近代のエリート教育において重視され、社会学者ブルデューが言うところの「文化資本」として、(49) 新興層や大衆との差別化で利用された。その結果、特にエリート層の共通認識として、ギリシア・ローマ世界から継承した著作や作品の理解が不可欠となり、この世界を学ぶ古典学（Classics）は高等教育機関でも特別な地位を占めたのであった。

しかし二〇世紀に二度の大戦を経て大衆社会が出現すると、古典学や古典語教育はエリート主義的なシンボルとも見られるようになり、また実学的なものが評価される風潮においてその特別な地位は、時代が下るにしたがって低下の一途をたどっており、今もその渦中にいると言えるであろう。しかしこのプロセスにおいて、かつての理想的な姿への疑義から、そのヴェールを剝がす作業が二〇世紀の後半には進み、二一世紀に入ると新たな古代像が出現しており、その成果の一端が本書となる。

では古代世界の意義は消失してしまったと考えてよいのであろうか。その答は否である。好むと好まざるとにかかわらず現在の西洋文明は、ギリシア・ローマ世界の伝統の

(48) これらの支持者を親ギリシア主義者（philhellenist）と呼び、その代表がギリシア独立戦争（一八二一〜三〇）に参加して客死した詩人のバイロンである。一方でギリシア人たちの間にもヘレネスというアイデンティティがこの頃、復活することになった。

図7　大英博物館
前面がギリシア神殿を模した形になっている（筆者撮影）。

(49) 文化資本とは家庭環境や教育を通じて身体化された教養の類いで、これを所有することにより権力や社会的地位が確保されると考えられた。

上に形成されたわけで、先人たちは生き残ったフマニタスを熟考して新たな世界を築き上げたのであり、西洋文明を理解するためにこの世界の知識が不可欠であることは変わらない。昨今では、この伝統を後世がいかに受容したのかに注目して、各時代を理解するためのツールとして当時の古代世界の認識のあり方を探る、「受容史（Reception Studies）」という研究ジャンルもさかんである。(50)

さらに世界各地の古代文明のなかでも、著作や作品を通じて飛び抜けて多くの情報が残っており、従来の先入観を持たずに数ある古代文明の一つとして向き合い、他の地域の文明との比較、そして文化人類学、社会学などとの提携による学際的なアプローチにより、人類の原初的な社会のあり方の理解を深めることに資するところ大であるという意味において、この世界への関心が絶えることはないと思われるのである。

(50) このジャンルでは特に近代以降の文学、絵画、演劇、音楽、政治論、ジェンダー論などにおける古代認識に加え、映画、ゲームにおける古代の表象の仕方への分析もさかんに行われている。

読書案内

日本で古代ギリシア・ローマ世界の後世への伝承を包括的に扱った書物はない。しかしテーマを絞って扱ったものは刊行されており、以下紹介する。

L・D・レイノルズ、N・G・ウィルソン（西村賀子・吉武純夫訳）『古典の継承者たち――ギリシア・ラテン語テクストの伝承に見る文化史』国文社、一九九六年

＊古代ギリシア・ローマで生み出された書物が、いかなる経緯で後世に伝わったのかを古代から現代までを対象に説明し、さらにそこで伝承されたテクストをいかに扱うのかを論じている。

藤縄謙三編『ギリシア文化の遺産』南窓社、一九九三年

＊ギリシア文化が西洋世界でいかなる意味を有したのかを、ヘレニズム世界、ローマ帝国、ビザンツ世界を中心に、各々、その時代の専門家が論じたもの。

樺山紘一『異境の発見』東京大学出版会、一九九五年

＊ルネサンス期の認知世界の広がりを論じたもので、そこで古代文化がいかに発見されたのかについて扱っている。

長谷川岳男「西洋古典史料の成り立ち――その限界」『資料学の方法を探る（一五）』愛媛大学「資料学」研究会、二〇一六年、八～一六頁

＊古代における写本の形成とそこでのジャンルの偏りについて論じたもの。

C. G. Carol (ed.), *Path from Ancient Greece*, Leiden, 1988
K. J. Dover (ed.), *Perceptions of the Ancient Greece*, Oxford, 1992
＊欧文でも手軽に包括的に扱ったものはないが、ギリシア人認識の変遷についてはこの二冊が基本となる。

C. W. Kallendorf (ed.), *A Companion to the Classical Tradition*, Chichester, 2010
＊近年の受容史研究についてはこちらを参照のこと。

索　引

（＊は人名）

あ　行

か 行

さ　行

た　行

な　行

は　行

ま　行

や　行

ら・わ　行

西洋古代史年表

年	関　係　事　項
前2000頃	ギリシア人の南下
前1300頃	ミュケナイ文明の最盛期
前1200頃～	ミュケナイ文明の混乱が始まる
前776	第一回オリュンピア祭（古代オリンピック）
前753	伝承上のローマ建国（現実は前600前後）
前750頃	大植民の時代（～前550頃）
前700年前後	第一次メッセニア戦争（第二次は前７世紀後半）
前621/620	ドラコンの立法（アテナイ）
前594	ソロンの改革（アテナイ）
前６世紀前半	リュクルゴス体制の成立（スパルタ）
前561/560	ペイシストラトスが僭主に（アテナイ）
前６世紀半ば	ペロポネソス同盟結成
前550	キュロス二世によるメディア征服，アケメネス朝ペルシア帝国の創建
前525	ペルシア王カンビュセス二世によるエジプト征服
前522	ダレイオス一世即位（～前486　ペルシア）
前510	ペイシストラトス家の僭主政打倒（アテナイ）
前509	ローマ，共和政成立
前508/507	クレイステネスの改革（アテナイ）
前499	イオニア反乱（～前493）
前497頃	アレクサンドロス一世即位（～前454頃　マケドニア）
前494	聖山事件（ローマの身分闘争開始）・護民官創設
前492	マルドニオスのギリシア北部遠征
前490	ダティス指揮下，ギリシア遠征（マラトンの戦い）
前486	クセルクセス一世即位（～前465　ペルシア）
前481	クセルクセス一世のギリシア親征（～前479　アルテミシオンの海戦・テルモピュライの戦い〔前480〕，サラミスの海戦〔前480〕，プラタイアの戦い・ミュカレの戦い〔前479〕）
前478/477	デロス同盟（第一次アテナイ海上同盟）結成
前451	ペリクレスの市民権法（アテナイ）
前450	ローマで十二表法制定
前449	カリアスの和約？（アテナイ・ペルシア間）
前446頃	ボイオティア連邦が政治的な組織に発展
前431	ペロポネソス戦争勃発
前430	アテナイで大疫病（断続的に前426頃まで）
前421	ニキアスの和約で休戦
前415	アテナイのシケリア（シチリア）遠征（～前413）
前411	アテナイで四百人寡頭政成立
前405/404	アルタクセルクセス二世即位（～前358　ペルシア）・エジプトの独立
前404	アテナイの降伏でペロポネソス戦争終結・三十人僭主成立（アテナイ）
前403	アテナイの民主政復活
前399	ソクラテス裁判（アテナイ）
前396	ウェイイ占領（ローマ）
前395	コリントス戦争（～前387）
前390	ガリア人によるローマ市占領（前387という説もある）
前387/386	大王の和約（アンタルキダスの和約）

年	関　係　事　項
前378	ボイオティア連邦再結成
前378/377	第二次アテナイ海上同盟結成
前371	レウクトラの戦い
前367	リキニウス・セクスティウス法（ローマ）
前360/359	マケドニアのフィリポス二世即位
前343	ペルシア王アルタクセルクセス三世によるエジプトの再征服
前340	ラテン戦争（～前338　ローマ vs. ラテン同盟諸国，分割統治の始まり）
前338	カイロネイアの戦い
前337	コリントス同盟結成
前336	フィリポス二世暗殺・アレクサンドロス三世（大王）即位・ダレイオス三世即位（～前330　ペルシア）
前334	アレクサンドロスの東征開始（グラニコス川の戦い〔前334〕，イッソスの戦い〔前333〕，ガウガメラ〔アルベラ〕の戦い〔前331〕）
前332	アレクサンドロスのエジプト入城（ファラオに）
前331/330	アギス戦争（スパルタによる対マケドニア反乱）
前330	アケメネス朝ペルシア滅亡
前327	第二次サムニウム戦争（～前304　ローマ vs. サムニウム人）
前323	アレクサンドロス没・ラミア戦争（～前322　ギリシア本土でマケドニアとギリシア人の戦争）
前305/304	プトレマイオス一世即位（～前283/282　エジプト）
前301	イプソスの戦い（アンティゴノス・デメトリオス父子 vs. カサンドロス・リュシマコス・セレウコス）
前298	第三次サムニウム戦争（～前290　ローマ vs. サムニウム人・エトルリア人・ガリア人など）
前287	ホルテンシウス法（ローマ）
前281	クルペディオンの戦い（セレウコス vs. リュシマコス）
前280	ピュロス戦争（～前275　エペイロス王ピュロス・タレントゥム vs. ローマ）・この頃，アカイア連邦再結成
前279	アイトリア連邦がデルフォイのガリア人襲撃を撃退
前269/268	クレモニデス戦争（～前263/262頃　アテナイ・スパルタ・プトレマイオス朝など vs. アンティゴノス朝マケドニア）
前264	第一次ポエニ戦争（～前241　ローマ vs. カルタゴ）
前243	アギス四世即位（～前241　スパルタ）
前235	クレオメネス三世即位（～前222　スパルタ　前227　クレオメネスの改革　前222　セラシアの戦い）
前221	同盟市戦争（～前217　マケドニア・アカイア連邦 vs. アイトリア連邦・スパルタ）
前218	第二次ポエニ戦争（～前201）
前217	ラフィアの戦い（セレウコス朝 vs. プトレマイオス朝）
前214	第一次マケドニア戦争（～前205　アンティゴノス朝 vs. ローマ）
前211	アイトリア連邦がローマと同盟
前206	エジプトで大反乱（～前186）
前205	ナビス即位（～前192　スパルタ）
前200前後	ローマがイベリア半島東部と南部に属州を設置
前200	第二次マケドニア戦争（～前197）
前196	イストミアでのフラミニヌスによるギリシアの自由宣言
前192	スパルタがアカイア連邦に加盟
前191	ローマとセレウコス朝・アイトリア連邦との戦争（～前188　通称シリア戦争）
前171	第三次マケドニア戦争（～前168　アンティゴノス朝マケドニア滅亡）
前149	第三次ポエニ戦争（～前146　カルタゴ滅亡）
前146	アカイア戦争（アカイア連邦 vs. ローマ），ギリシアが属州へ
前133	ペルガモン王アッタロス三世没，王国領はローマに遺贈・グラックス兄弟の改革
前107	マリウスの軍制改革
前91	同盟市戦争（～前89　ローマ vs. イタリアの同盟市）

年	関　係　事　項
前89	第一次ミトリダテス戦争（～前84）
前82	スラ独裁官に（～前79）
前73	スパルタクスの乱（～前71）
前64	セレウコス朝シリア滅亡
前60	第一回三頭政治（ポンペイウス・クラッスス・カエサル）
前58	カエサルのガリア遠征（～前51）
前49	カエサルのルビコン渡河
前48	ファルサロスの戦い（カエサル vs. ポンペイウス）・ポンペイウス，エジプトで暗殺・アレクサンドリア戦争（カエサル vs. プトレマイオス13世）
前44	カエサル終身独裁官・カエサル暗殺
前43	第二回三頭政治（オクタウィアヌス・レピドゥス・アントニウス）
前31	アクティウムの海戦（オクタウィアヌス vs. アントニウス・クレオパトラ）
前30	プトレマイオス朝エジプト滅亡
前27	オクタウィアヌスにアウグストゥスの称号
前23	アウグストゥスの属州総督権限の拡大・護民官権付与
9	トイトブルク森の戦い
14	アウグストゥス没・ティベリウスが後継
43	クラウディウスのブリタンニア遠征・属州へ
64	ローマ大火
68	ネロ自殺（ユリウス＝クラウディウス朝途絶）
69	ウェスパシアヌスが皇帝へ（フラウィウス朝開始）
79	ウェスウィウス火山の噴火・ポンペイ埋没・ウェスパシアヌス没・ティトゥスが後継
96	ドミティアヌス暗殺（フラウィウス朝途絶）・ネルウァが皇帝へ（五賢帝時代開始）
101	トラヤヌスのダキア遠征（～106　この年属州へ）
122	ハドリアヌス，ブリタンニアに長城建設開始
165	アントニヌスの疫病（～180）
180	マルクス＝アウレリウス没（五賢帝時代の終焉）
197	セプティミウス＝セウェルス，単独皇帝に（セウェルス朝開始）
212	アントニヌス勅法（カラカラ勅令　帝国全土の自由民にローマ市民権を付与）
235	セウェルス＝アレクサンデル暗殺（セウェルス朝途絶）・軍人皇帝時代開始
249	キュプリアヌスの疫病
284	ディオクレティアヌス即位（ドミナトゥス政へ）
301	ディオクレティアヌスの最高価格令
303	最後のキリスト教徒大迫害の開始
306	コンスタンティヌス即位
313	ミラノ勅令（キリスト教公認）
324	コンスタンティヌス単独統治
325	ニカイア公会議（三位一体説〔アタナシウス派を正統に〕）
330	コンスタンティノポリス（コンスタンティノープル）開都
376	ゴートのローマ領内への侵入
378	アドリアノープルの戦い（ウァレンス敗死）
379	テオドシウス即位
380	キリスト教を国教とする
392	キリスト教以外の信仰を禁止
395	テオドシウス没・二人の息子アルカディウス，ホノリウスがローマ帝国の支配を東西で分割
406	「蛮族」のライン渡河
410	ゴートのアラリックがローマ市劫掠
476	オドアケル，西ローマ皇帝ロムルス＝アウグストゥルスを廃位（西ローマ帝国滅亡）
527	ユスティニアヌス即位（東ローマ）
541	ユスティニアヌスの疫病（～750）
1453	オスマン帝国がコンスタンティノポリス占領（ビザンツ〔東ローマ〕帝国滅亡）

執筆者紹介（所属，執筆分担，執筆順，＊は編者）

＊長谷川《はせがわ》　岳《たけ》　男《お》（東洋大学文学部教授，はじめに，第２章，第８章，第14章）

阿《あ》　部《べ》　拓《たく》　児《じ》（京都府立大学文学部准教授，第１章）

師《もろ》　尾《お》　晶《あき》　子《こ》（千葉商科大学商経学部教授，第３章）

齋《さい》　藤《とう》　貴《たか》　弘《ひろ》（愛媛大学法文学部教授，第４章）

澤《さわ》　田《だ》　典《のり》　子《こ》（千葉大学教育学部教授，第５章）

髙《たか》　橋《はし》　亮《りょう》　介《すけ》（東京都立大学人文社会学部准教授，第６章）

岸《きし》　本《もと》　廣《こう》　大《た》（同志社大学文学部准教授，第７章）

志《し》　内《うち》　一《かず》　興《おき》（流通経済大学経済学部准教授，第９章）

長谷川《はせがわ》　　敬《たかし》（慶應義塾大学文学部准教授，第10章）

池《いけ》　口《ぐち》　　守《まもる》（久留米大学文学部教授，第11章）

樋《ひ》　脇《わき》　博《ひろ》　敏《とし》（東京女子大学現代教養学部教授，第12章）

南《な》　雲《ぐも》　泰《たい》　輔《すけ》（山口大学人文学部准教授，第13章）

《編著者紹介》

長谷川岳男（はせがわ・たけお）

1959年　生まれ。

1991年　上智大学大学院文学研究科史学専攻博士後期課程満期退学。

現　在　東洋大学文学部教授。

主　著　「ギリシア「古典期」の創造――ローマ帝政期におけるギリシア人の歴史認識」『西洋史研究』新輯第32号，2003年。

『大学で学ぶ西洋史［古代・中世］』（共著）ミネルヴァ書房，2006年。

「大レトラとタラス建市――古典期スパルタ社会の形成について」『東洋大学文学部紀要（東洋大学文学部紀要第73集史学科篇）第45号，2020年。

はじめて学ぶ西洋古代史

2022年10月30日　初版第1刷発行　〈検印省略〉

2023年12月10日　初版第2刷発行

定価はカバーに
表示しています

編著者　長谷川　岳　男

発行者　杉　田　啓　三

印刷者　江　戸　孝　典

発行所　株式会社　ミネルヴァ書房

607-8494　京都市山科区日ノ岡堤谷町1

電話代表　(075)581-5191

振替口座　01020-0-8076

共同印刷工業・坂井製本

ISBN978-4-623-09433-2

Printed in Japan